Voies d'exécution

DANS LA MÊME COLLECTION

Droit privé

AUBERT Jean-Luc, SAVAUX Éric, *Introduction au droit*, 12e éd., 2008

BOURASSIN Manuella, BRÉMOND Vincent, JOBARD-BACHELLIER Marie-Noëlle, *Droit des sûretés*, 2e éd., 2010

CITEAU Jean-Pierre, BAREL Yvan, *Gestion des ressources humaines*, 5e éd., 2008

CŒURET Alain, GAURIAU Bernard, MINÉ Michel, *Droit du travail*, 2e éd., 2009

CONTE Philippe, MAISTRE DU CHAMBON Patrick, *Droit pénal général*, 7e éd., 2004

CONTE Philippe, MAISTRE DU CHAMBON Patrick, *Procédure pénale*, 4e éd., 2002

COUCHEZ Gérard, *Procédure civile*, 15e éd., 2008

COUCHEZ Gérard, *Voies d'exécution*, 10e éd., 2010

COURBE Patrick, *Droit de la famille*, 5e éd., 2008

FLOUR Jacques, AUBERT Jean-Luc, SAVAUX Éric, *Les obligations*. Tome 1 : *L'acte juridique*, 13e éd., 2008

FLOUR Jacques, AUBERT Jean-Luc, SAVAUX Éric, *Les obligations*. Tome 2 : *Le fait juridique*, 13e éd., 2009

FLOUR Jacques, AUBERT Jean-Luc, SAVAUX Éric, *Les obligations*. Tome 3 : *Le rapport d'obligation*, 6e éd., 2009

FLOUR Jacques, CHAMPENOIS Gérard, *Les régimes matrimoniaux*, 2e éd., 2001

HOUTCIEFF Dimitri, *Droit du commerce et des affaires. Droit commercial. Actes de commerce, commerçants, fonds de commerce, instruments de paiement et de crédit*, 2e éd., 2008

LARGUIER Jean, CONTE Philippe, *Droit pénal des affaires*, 11e éd., 2004

LE CORRE Pierre-Michel, LE CORRE-BROLY Emmanuelle, *Droit du commerce et des affaires. Droit des entreprises en difficulté*, 2e éd., 2006

LEGEAIS Dominique, *Droit commercial et des affaires*, 18e éd., 2009

MALAURIE-VIGNAL Marie, *Droit de la concurrence interne et communautaire*, 4e éd., 2008

MALAURIE-VIGNAL Marie, *Droit de la distribution*, 2006

MATHIEU-IZORCHE Marie-Laure, *Droit civil. Les biens*, 2006

VÉRON Michel, *Droit pénal spécial*, 12e éd., 2008

Droit public

CHANTEBOUT Bernard, *Droit constitutionnel*, 26e éd., 2009

DUPUIS Georges, GUÉDON Marie-José, CHRÉTIEN Patrice, *Droit administratif*, 11e éd., 2009

GODFRIN Philippe, DEGOFFE Michel, *Droit administratif des biens*, 9e éd., 2009

ISAAC Guy, BLANQUET Marc, *Droit communautaire général*, 9e éd., 2006

LEBRETON Gilles, *Libertés publiques et droits de l'Homme*, 8e éd., 2009

OBERDORFF Henri, *Les institutions administratives*, 5e éd., 2006

PACTET Pierre, MÉLIN-SOUCRAMANIEN Ferdinand, *Droit constitutionnel*, 28e éd., 2009

HORS COLLECTION

BUFFELAN-LANORE Yvaine, LARRIBAU-TERNEYRE Virginie, *Droit civil : introduction, biens, personnes, famille*, 16e éd., 2009

BUFFELAN-LANORE Yvaine, LARRIBAU-TERNEYRE Virginie, *Droit civil. Deuxième année : les obligations*, 11e éd., 2008

De
30

Gérard Couchez
Professeur émérite de l'Université Paris Ouest Nanterre La Défense
Doyen honoraire

Voies d'exécution

10e édition

2010

SIREY

DALLOZ

31-35, rue Froidevaux – 75685 PARIS CEDEX 14

ISBN 978-2-247-08458-6

Sommaire

LIVRE II. La saisie immobilière

TROISIÈME PARTIE. LES PROCÉDURES DE DISTRIBUTION

Avant-propos

Le présent ouvrage est destiné à compléter le volume consacré à la Procédure civile, également publié dans la collection « Université », Sirey (15e éd.). Il a été rédigé dans le même esprit que ce dernier. L'auteur a donc eu la volonté de présenter, aussi clairement que possible, les éléments fondamentaux des voies d'exécution (et procédures de distribution), en ne sacrifiant pas pour autant certains « détails » sans la connaissance desquels l'on n'aurait qu'une vue par trop imparfaite d'une matière complexe qui demeure d'une brûlante actualité, notamment (et non exclusivement) en raison de la réforme de la saisie immobilière intervenue en 2006. Certaines dispositions issues de cette réforme ont (déjà) été modifiées en 2009. Cette même année, les règles relatives à la saisie des véhicules terrestres à moteur ont fait l'objet de quelques retouches, et un texte (législatif) important est également intervenu, en vue de sauvegarder (automatiquement) la partie insaisissable du solde bancaire. L'actualité de la matière objet de cet ouvrage est en outre attestée par les perspectives d'évolution concernant le juge de l'exécution et la recherche des informations par l'huissier de justice. Par ailleurs, il semble que l'on puisse s'attendre à la publication, au cours de l'année 2010, d'un code consacré aux procédures civiles d'exécution.

15 octobre 2009

Introduction

§ 1. Présentation générale de la matière et « limites » des procédures d'exécution forcée

1. – L'enseignement des voies d'exécution a essentiellement pour objet l'étude de procédures connues sous le nom de *saisies*. Ces dernières sont des moyens légaux mis à la disposition des créanciers qui ne peuvent obtenir de leurs débiteurs l'exécution volontaire des obligations dont ceux-ci sont tenus à leur égard. Elles tendent donc à l'exécution *forcée* desdites obligations. Ainsi, pour s'en tenir à l'exemple (simple) de saisie portant sur des biens corporels appartenant à un débiteur, cette voie d'exécution permet, selon l'expression classique, de faire placer lesdits biens « sous main de justice » et d'en poursuivre la vente en vue du paiement des créanciers sur le prix obtenu.

Dès l'abord, l'étude de cette matière apparaît comme le complément de celle de la « procédure civile » présentée dans un précédent volume[1]. On sait que celle-ci s'entend de règles permettant de *sanctionner en justice* les droits et obligations des particuliers entre eux. Cependant, si la sanction judiciaire est un aspect important de la « concrétisation des droits », elle peut ne pas être suffisante : un débiteur, même condamné en justice, refuse parfois d'exécuter son obligation. La décision du juge, en raison de sa *force exécutoire,* permet alors le recours aux voies tendant à obtenir l'exécution forcée. L'*effectivité* des droits passe donc, dans certains cas, par l'utilisation des voies d'exécution[2].

2. – La présentation ci-dessus témoigne d'un *lien* entre la matière qui fait l'objet du présent volume et la « procédure civile » préalablement étudiée. Il faut préciser que ce lien – qui ne doit évidemment pas être négligé – n'est cependant pas « *nécessaire* ». On aura en effet l'occasion de constater que le recours à une voie d'exécution n'est pas toujours fondé sur une décision de justice : des titres *autres* que des jugements peuvent en effet servir de support à l'exécution forcée.

Il n'en demeure pas moins que les saisies sont elles-mêmes des « procédures » (on parle d'ailleurs de « voies » ou « procédures civiles » d'exécution)[3]. En outre, si la plu-

---

1. Couchez, *Procédure civile* (Sirey), 15e éd., 2008.

2. À la vérité, cette « effectivité » peut également être assurée par d'autres moyens (v. par ex., *infra,* no 4). Pour une réflexion générale sur « La place des procédures civiles d'exécution », v. Ph. Théry, *RTD civ.* 1993 (no spéc. consacré à « La réforme des procédures civiles d'exécution »), p. 1 et s. – Il convient de remarquer à ce propos que l'effectivité des droits peut être aussi la conséquence de l'activité de personnes procédant au « recouvrement amiable de créances » pour le compte d'autrui. Cette activité fait actuellement l'objet d'une réglementation précise (v. Décr. no 96-1112 du 18 déc. 1996).

3. V. Perrot et Théry, *Procédures civiles d'exécution,* Dalloz, 2e éd., 2005. Ces auteurs soulignent au demeurant (no 1, p. 1) que le terme « procédure » doit être entendu « dans son sens étymologique le plus large », donc compris comme une « façon d'avancer ».

part de celles-ci n'ont pas en principe un caractère judiciaire, certaines supposent l'intervention d'un juge. Le recours à ce dernier peut d'ailleurs s'imposer même dans le cadre de voies d'exécution qui n'ont pas normalement de caractère judiciaire, dès lors que surgissent certains incidents qui ne peuvent être réglés qu'en justice[1].

3. – Si les voies d'exécution (comme la « procédure civile », et souvent dans le prolongement de celle-ci) contribuent à assurer la « concrétisation des droits », il faut cependant observer qu'elles ne permettent pas toujours aux intéressés d'obtenir la satisfaction qu'ils pouvaient escompter, eu égard au contenu de leurs droits.

C'est qu'en effet, le seul mode d'exécution véritablement satisfaisant pour un créancier est l'exécution *en nature,* c'est-à-dire celle qui correspond *exactement* à l'objet de l'obligation. Or les moyens légaux d'exécution ne sauraient, en toute hypothèse, procurer un tel résultat.

Sans doute, le créancier d'une *somme d'argent* peut, en saisissant les biens de son débiteur (et à condition évidemment que la valeur de ces biens soit suffisante), obtenir exactement ce qui lui est dû : une somme d'argent devait lui être versée, et c'est bien une telle somme, correspondant au montant de sa créance, qu'il percevra. Les voies d'exécution sont donc parfaitement adaptées à l'exécution forcée d'obligations de sommes d'argent.

Il en va différemment en matière d'obligations ayant un autre objet. Ainsi, on ne peut forcer à exécuter (en nature) une obligation de *faire* (comme celle qui résulte de l'engagement d'accomplir une tâche déterminée), impliquant, pour la satisfaction du créancier, une activité *personnelle*[2] de celui qui s'est engagé (songeons à l'obligation ayant sa source dans un contrat conclu *intuitu personae*)[3].

Cela ne signifie nullement que toute exécution forcée est exclue en pareille hypothèse, mais il ne peut alors s'agir que d'une exécution *par équivalent.* On sait au demeurant qu'aux termes de l'article 1142 du Code civil, « Toute obligation de faire ou de ne pas faire se résout en dommages et intérêts, en cas d'inexécution de la part du débiteur ». En application de ce texte, le créancier peut obtenir des dommages et intérêts, c'est-à-dire la condamnation du débiteur à lui verser une *somme d'argent* destinée à compenser le préjudice subi du fait de l'inexécution; si le débiteur refuse alors de payer ces dommages et intérêts, une voie d'exécution peut être pratiquée sur ses biens (s'agissant en effet désormais d'exécution forcée d'une obligation de somme d'argent, on retrouve l'hypothèse envisagée plus haut).

---

1. Même en pareil cas, la procédure d'exécution a une certaine spécificité : v. en ce sens Civ. 2e, 18 févr. 1999, *Bull. civ.* II, n° 35, *JCP* 1999. II. 10139, obs. du Rusquec, *RGP* 1999. 708, obs. Putman; Civ. 2e, 20 nov. 2003, *Rev. huissiers* 2004. 160, obs. Salati (l'article 4, alinéa 2, du Code de procédure pénale est inapplicable car il vise l'action civile et non la poursuite d'une voie d'exécution).

2. Cette solution ne remet pas en cause le *principe* de l'exécution en nature, que l'article 1184, alinéa 2, du Code civil, avant même l'article 1er de la loi du 9 juillet 1991 (*infra,* n° 13) invite à souligner (« La partie envers laquelle l'engagement n'a point été exécuté a le choix ou *de forcer l'autre à l'exécution* de la convention lorsqu'elle est possible, ou d'en demander la résolution avec dommages et intérêts »). Même s'agissant d'obligation de faire, des textes en témoignent. On songe d'abord à l'article 1144 du Code civil (que la loi 91-650 du 9 juillet 1991 a d'ailleurs complété) qui permet au créancier, sous réserve d'y être autorisé, de faire exécuter l'obligation par un tiers aux frais du débiteur (lequel peut aujourd'hui être condamné à faire l'avance des sommes nécessaires à cette exécution). On songe aussi aux dispositions relatives à la saisie-appréhension (*infra,* nos 205 et s.), permettant l'exécution forcée en nature de certaines obligations de faire. Par ailleurs, en dehors des moyens d'exécution proprement dits, une procédure comme celle permettant d'obtenir une injonction de faire (art. 1425-1 à 1425-9, C. pr. civ.; v. Couchez, *op. cit.,* n° 291 *bis*) illustre l'importance attachée à l'exécution en nature.

3. Ainsi qu'on peut le constater, n'est pas prise en compte, dans ce développement introductif, l'existence de certains modes d'exécution susceptibles d'entraîner une *coercition sur les personnes,* par le recours à la force publique. L'exécution *manu militari* a en effet un domaine d'application restreint en matière civile. V. toutefois, s'agissant de la matière de l'*expulsion, infra,* nos 21 et s.

4. – Les développements ci-dessus mettent en lumière certaines « limites » des voies d'exécution. Sous quelques réserves, ces procédures ne constituent des moyens *directs* d'exécution forcée en nature que dans les cas d'obligations de sommes d'argent.

Cette affirmation incite à souligner, à l'opposé, la possibilité d'une contrainte *indirecte,* par l'utilisation de moyens tendant à amener le débiteur à une exécution en nature qui, seule – on le sait –, est susceptible de procurer pleine satisfaction au créancier[1].

Il importe à cet égard de mentionner le procédé de l'*astreinte,* création de la jurisprudence que le législateur devait consacrer[2]. Ce procédé consiste pour le juge à ajouter à la condamnation principale du débiteur à exécuter son obligation une condamnation accessoire[3] de celui-ci à payer une certaine somme par jour (voire par semaine ou par mois) de retard dans l'exécution de ladite obligation : dès lors, plus le débiteur tarde à exécuter, plus le montant de la somme due au titre de l'astreinte augmente. Il s'agit donc d'un moyen de contrainte qui est, certes, indirect, mais efficace, parce que le débiteur a intérêt à exécuter rapidement[4].

L'astreinte est généralement étudiée dans le cadre des enseignements de droit civil (droit des obligations). On indiquera donc simplement quelques règles essentielles en la matière.

L'astreinte, moyen de contrainte, « est indépendante des dommages-intérêts » (art. 34, al. 1, L. n° 91-650 du 9 juill. 1991)[5]. Elle peut être prononcée par *tout juge,* même d'*office,* pour assurer l'exécution de sa décision[6], étant précisé que le juge de l'exécution peut assortir d'une astreinte une décision rendue par un autre juge si les circonstances en font apparaître la nécessité (art. 33, L. 1991; v. *infra,* n° 117).

L'astreinte est *normalement* provisoire, mais elle peut être définitive (dans ce dernier cas, son taux ne peut être modifié lors de sa liquidation) (art. 34, al. 2 et 36, al. 2, L.)[7] :

---

1. On s'en tient évidemment aux moyens *actuels,* sans insister donc sur le procédé de la *contrainte par corps* (également qualifiée de « prison pour dettes »), consistant à faire incarcérer (pour une durée limitée) le débiteur, dans l'espoir que ce moyen de pression l'incitera à payer sa dette. Une loi du 22 juillet 1867 a en effet *supprimé* la contrainte par corps en matière *civile* et *commerciale.* Sur la question, v. Perrot et Théry, *Procédures civiles d'exécution* (Dalloz), 2e éd., n° 97.

2. Cette « consécration » date de la loi 72-625 du 5 juillet 1972 (art. 5 à 8), mais les dispositions relatives à l'astreinte de ce texte ont été abrogées par la loi 91-650 du 9 juillet 1991, aujourd'hui applicable en la matière (v. aussi articles 51 à 53 du décret n° 92-755 du 31 juillet 1992). Sur les dispositions actuelles, v. notamment Perrot, *Gaz. Pal.* 1991. D. 801, et Chabas, *D.* 1992. chron. 299.

3. En conséquence de ce caractère *accessoire,* la réformation d'une décision assortie d'une astreinte entraîne de plein droit l'obligation de restituer les sommes versées à ce titre : Civ. 2e, 28 sept. 2000, *D.* 2000. IR. 254, *RTD civ.* 2000. 899, obs. Perrot; v. ég., pour l'anéantissement des décisions de liquidation de l'astreinte, Civ. 2e, 6 janv. 2005, *D.* 2005. 241.

4. L'objectif est l'exécution *rapide*... et pas seulement l'exécution ! Si celle-ci est tardive, le débiteur ne saurait se prévaloir de l'exécution pour échapper à la liquidation de l'astreinte : Civ. 2e, 8 déc. 2005 (deux arrêts), *RTD civ.* 2006. 157, obs. Perrot; v., précisant la solution, un *autre* arrêt Civ. 2e, 8 déc. 2005, *RTD civ.* 2006. 379, obs. Perrot, et Civ. 2e, 9 nov. 2006, *RTD civ.* 2007. 179, obs. Perrot (cette décision réaffirme la solution dans l'hypothèse d'exécution tardive *avant* toute *demande* en liquidation). Sur la situation consécutive à la condamnation de plusieurs parties, v. C. Lefort, *Rev. huissiers* 2006. 351 (à propos de Civ. 2e, 11 mai 2006).

5. Il convient donc de ne pas tenir compte du préjudice pour la liquider : Civ. 2e, 28 oct. 1999, *RTD civ.* 2000. 162, obs. Perrot. – Moyen de pression, l'astreinte ne peut valablement courir que contre celui qui n'a pas exécuté son obligation : Paris, 1er avr. 1999, *D.* 1999. J. 438, note Prévault. Par ailleurs, en raison du caractère *personnel* de ce moyen de contrainte, tout recours en garantie est exclu : Civ. 1re, 3 avr. 2002, *D.* 2002. 1464, *Bull. civ.* I, n° 104, et Civ. 2e, 30 avr. 2002, *D.* 2002. 1595, *Bull. civ.* II, n° 83. Sur ces deux arrêts, v. Perrot, *RTD civ.* 2003. 144; v. encore Civ. 2e, 14 sept. 2006, *D.* 2006. 2414.

6. L'astreinte ne peut prendre effet à une date antérieure au jour où la décision est devenue exécutoire (Civ. 2e, 22 mars 2001, *Bull. civ.* II, n° 58, *Rev. huissiers* 2001. 244, obs. Hoonakker, *RTD civ.* 2001. 551, obs. Perrot; Civ. 2e, 8 juill. 2004, *D.* 2004. 2193, *RTD civ.* 2004. 777, obs. Perrot), même si la décision disposait que l'astreinte courait à compter de sa date (Civ. 2e, 14 sept. 2006, *D.* 2007. 1387, obs. Julien, *Rev. huissiers* 2007. 43, obs. S. Poisson). – L'astreinte ne peut courir que si l'obligation a force exécutoire : Soc. 27 mai 2008, *D.* 2008. 1700, *RTD civ.* 2008. 552, obs. Perrot.

7. V. toutefois la possibilité de suppression de l'astreinte prévue à l'article 36, alinéa 3, de la loi précitée, dans l'hypothèse où une *cause étrangère* justifie l'inexécution ou le retard dans l'exécution de l'injonction du juge.

on remarquera qu'une astreinte définitive ne peut être ordonnée qu'après le prononcé d'une astreinte provisoire et pour une durée que le juge détermine (art. 34, al. 3, L.).

S'agissant de liquider une astreinte[1], même définitive, compétence est attribuée au juge de l'exécution, sauf si le juge qui l'a ordonnée reste saisi de l'affaire ou s'en est expressément réservé le pouvoir (art. 35, L.; v. *infra,* n° 117).

Il importe enfin de souligner que si une astreinte non liquidée ne peut donner lieu à une *mesure d'exécution,* elle ouvre cependant la possibilité d'une *mesure conservatoire* pour une somme provisoirement évaluée par le juge compétent pour prononcer la liquidation (art. 53, Décr. n° 92-755 du 31 juill. 1992).

5. – Il faut aussi observer que si – comme on l'a dit – les voies d'exécution ne peuvent être en principe des moyens *directs* d'exécution forcée en nature en dehors du cadre des obligations de sommes d'argent, cela ne doit pas conduire à méconnaître le rôle qu'elles peuvent *indirectement* jouer, pour l'obtention d'une exécution « volontaire » en nature, quel que soit l'objet de l'obligation.

Il arrive en effet qu'un débiteur, qui s'est d'abord montré récalcitrant, décide finalement d'exécuter son obligation lorsqu'il s'aperçoit que son créancier est décidé à recourir à une saisie sur ses biens : en particulier, l'accomplissement du premier acte d'une procédure d'exécution ou même simplement conservatoire (qui marque la détermination du créancier) peut constituer un *moyen de pression* extrêmement efficace à cet égard. Il faut être conscient de ce rôle particulier des voies d'exécution lorsque l'on aborde l'étude de la matière.

§ 2. Sources des règles applicables aux voies d'exécution[2]

6. – Quelques observations générales relatives à la *diversité des sources* en la matière (A) précèdent la *présentation de la réforme* des voies d'exécution (B).

A. Diversité des sources

7. – Sans insister ici sur la *Convention européenne des droits de l'homme*, dont on aura l'occasion de constater (v. par ex. *infra,* n° 13 et la note) qu'elle a (aussi) sa place en la matière[3 et 4] – ce qui ne saurait surprendre ! – et pour nous en tenir aux sources purement internes, on distinguera entre les *sources légales et réglementaires* (a) et les *autres sources* (b).

a) Sources légales et réglementaires

8. – Au sein même de cette catégorie, on peut constater la diversité des sources.

---

1. Le montant de l'astreinte liquidée ne saurait être supérieur à celui de l'astreinte ordonnée : Civ. 2e, 11 mai 2006, *D.* 2006. 1702.

2. Sous réserve de quelques indications relatives aux raisons qui ont conduit à réformer les voies d'exécution (*infra,* nos 11 et s.), les aspects historiques de la matière sont négligés dans ces développements. Sur certains de ces aspects, v. Prévault, « L'évolution de l'exécution forcée en droit français », *Rev. huissiers* 2001. 72 et s.

3. … comme a *aujourd'hui* sans doute sa place la *Charte des droits fondamentaux de l'Union européenne.* Pour une présentation des sources européennes, on lira avec intérêt, A. Leborgne, *Voies d'exécution…*, Précis Dalloz, 2009, nos 38 et s.

4. On ne négligera pas, dans le cadre européen, la procédure d'injonction de payer : v. Règlement (CE) n° 1896/2006 du 12 déc. 2006 (*infra,* n° 84), pas plus que le titre exécutoire européen (v. ég. n° 84). Pour un bilan de l'année 2008, v. Leborgne, *D.* 2009. 1170 (2e col.) et 1171 (1re col.). – v. aussi sur l'idée de saisie européenne des avoirs bancaires, Leborgne, *D.* 2008. 1168 (2e col.).

Tout d'abord, s'agissant, d'une part, des *principes* qui gouvernent l'ensemble des voies d'exécution, d'autre part des règles spécialement applicables aux *saisies mobilières* (et à la procédure de distribution consécutive), la source essentielle est la loi n° 91-650 du 9 juillet 1991, complétée par le décret n° 92-755 du 31 juillet 1992.

Ensuite, s'agissant de la *saisie immobilière* (et de la distribution du prix de vente de l'immeuble), les textes de base sont les articles 2190 à 2216 du Code civil (consécutifs à l'ordonnance n° 2006-461 du 21 avril 2006) qui, pour leur application, ont fait l'objet du décret n° 2006-936 du 27 juillet 2006.

On peut espérer que les différents textes régissant les procédures civiles d'exécution seront très prochainement codifiés. La codification est prévue depuis 1991 (v. art. 96, L. 9 juill.), mais le retard pris à cet égard s'explique par le fait que la réforme de la matière n'a été « achevée » qu'en 2006. On a toutefois aujourd'hui quelques raisons de penser que la publication du code ayant pour objet les voies civiles d'exécution devrait intervenir au cours de l'année 2010.

Quoi qu'il en soit, d'autres sources ne doivent pas être négligées, notamment le Code de procédure civile, qui peut avoir à s'appliquer, eu égard aux prévisions des auteurs de la réforme des voies d'exécution (v. art. 1er, Décr. 31 juill. 1992 et art. 11, Décr. 27 juill. 2006). On peut également citer (sans être exhaustif) le Code de l'organisation judiciaire ou encore le Code du travail, dont on verra que certaines dispositions intéressent la matière examinée dans le présent ouvrage.

b) Autres sources

9. – S'agissant de la *jurisprudence,* on remarquait volontiers, jusqu'à une époque relativement récente, que si la saisie immobilière faisait l'objet d'un contentieux important, il en allait différemment dans l'ensemble en ce qui concernait les saisies mobilières (encore que, sous l'empire des textes antérieurs à la réforme des voies d'exécution, la « saisie-arrêt » ait donné lieu à un nombre non négligeable de décisions)[1]. Il importe toutefois de souligner aujourd'hui que l'application des « nouveaux textes » – même si ces derniers (s'agissant des saisies mobilières) tendent à la « déjudiciarisation » des procédures[2] – est un facteur d'élaboration d'une jurisprudence abondante, à laquelle il convient d'être attentif[3].

10. – S'agissant de la *doctrine* – dont le rôle ne saurait être négligé, même si elle n'est pas une source directe du droit – on dispose de plusieurs ouvrages extrêmement précieux pour l'étude de la matière[4]. La consultation des répertoires de procédure civile

---

1. Vincent et Prévault, *Voies d'exécution,* 19e éd., n° 8.

2. Ph. Théry, *Petites Affiches,* 6 janv. 1993, p. 12.

3. En dehors de la jurisprudence proprement dite, il convient de tenir compte d'*avis* de la Cour de cassation, dont l'importance en la matière a été soulignée : M. Douchy, « Les avis de la Cour de cassation en matière de procédures civiles d'exécution », *Justices* 1997 (n° 8), p. 51 et s.

4. Perrot et Théry, *Procédures civiles d'exécution,* Dalloz, 2e éd., 2005; Leborgne, *Voies d'exécution et procédures de distribution*, Dalloz, 2009; Vincent et Prévault, *Voies d'exécution et procédures de distribution,* Dalloz, 19e éd., 1999; Brenner, *Voies d'exécution,* Dalloz, 5e éd., 2009; Donnier, *Voies d'exécution et procédures de distribution,* Litec, 8e éd., 2008; Julien et Taormina, *Voies d'exécution et procédures de distribution,* LGDG, 2000; Piedelièvre, *Droit de l'exécution*, PUF, 2009; Robin, *Procédures civiles d'exécution*, Vuibert, 2004; Tendler, *Les voies d'exécution,* Ellipses, 1998; Véron et Nicod, *Voies d'exécution et procédures de distribution,* 2e éd., Armand Colin, 1998; Vinckel, *Droit de l'exécution forcée*, Gualino, 2008. – Il existe aussi des ouvrages essentiellement « pratiques »; v. par ex. Guinchard et Moussa (dir.), *Droit et pratique des voies d'exécution,* Dalloz Action, 2010-2011; Woog et Sari, *Stratégie contentieuse du créancier,* Dalloz, 2007; Brenner et Crocq, *Droit de l'exécution forcée*, Lamy, 2006. – Parallèlement aux ouvrages généraux (théoriques ou pratiques) indiqués ci-dessus, nous tenons à citer, pour une réflexion originale, L. Camensuli-Feuillard, « La dimension collective des procédures civiles d'exécution » (Préface de Y. Desdevises), Dalloz, 2008.

(Dalloz, Juris-Classeurs), qui font l'objet de mises à jour, est également recommandée. Il existe par ailleurs de nombreux articles et commentaires portant sur la réforme des voies d'exécution, qui sont cités soit avec la présentation générale de celle-ci (*infra,* n° 12), soit dans les développements ultérieurs, avec l'étude des questions qu'ils intéressent.

B. Présentation de la réforme des voies d'exécution

11. – La réforme des procédures civiles d'exécution a été longtemps attendue. Sa nécessité n'était guère discutée : il était en effet devenu impérieux de prendre en compte les données économiques et sociales de notre temps, bien différentes de celles de l'époque à laquelle avaient été édictés les textes contenus dans l'ancien Code de procédure civile (dont une grande partie des dispositions était encore applicable en la matière). Cependant, la réalisation de la réforme devait être laborieuse.

La lenteur de cette « gestation »[1] a sans doute des causes diverses. Parmi elles, on ne saurait négliger la difficulté de concilier deux courants de pensée sensiblement différents : en effet, pour certains, une simple *adaptation* des règles existantes, avec une formulation plus *moderne,* paraissait, dans l'ensemble, suffisante; pour d'autres, une réforme *radicale* du droit de l'exécution forcée s'imposait.

Comme on pourra le constater, les dispositions issues de la réforme illustrent, selon le cas, l'une ou l'autre de ces préoccupations : ainsi, par exemple, (et pour s'en tenir aux saisies mobilières), si, en dehors d'un domaine d'application plus vaste, la saisie-vente diffère assez peu, dans l'ensemble, de la saisie-exécution à laquelle elle a succédé, on ne saurait dire, au contraire, que la substitution de la saisie-attribution à la saisie-arrêt n'a constitué qu'un simple changement de dénomination !

12. – Quelles qu'aient pu être les difficultés qui ont retardé leur consécration législative, les principes de la réforme des procédures civiles d'exécution ont été posés dans la substantielle loi n° 650 du 9 juillet 1991 (à laquelle divers textes ont, par la suite, apporté quelques modifications). Encore doit-on remarquer qu'il a fallu attendre ensuite... quinze ans pour voir compléter la réforme, avec les textes relatifs à la saisie immobilière (et à la distribution du prix de vente de l'immeuble) dont la partie législative a fait l'objet de l'ordonnance n° 2006-461 du 21 avril 2006.

Quoi qu'il en soit, il importe de souligner que l'intervention du législateur était nécessaire en la matière (la nécessité de recourir à la voie législative ayant au demeurant contribué à retarder la réalisation de la réforme). C'est qu'en effet, l'exécution forcée intéresse la *liberté des personnes* ainsi que les *principes fondamentaux* du *droit de propriété* et des *obligations,* matières qui, en vertu de l'article 34 de la Constitution du 4 octobre 1958, sont du domaine législatif.

Toujours est-il que la loi a dû être précisée par la voie réglementaire. Tel a été l'objet, après la loi du 9 juillet 1991, de l'important décret n° 755 du 31 juillet 1992 (texte qui a aussi subi quelques modifications depuis), auquel il convient d'ajouter le décret n° 93-977 du 31 juillet 1993, dont l'intérêt est beaucoup plus limité (sur ce dernier texte, v. *infra,* n°s 327 et s.). Quant à l'ordonnance du 21 avril 2006, elle a donné lieu au décret n° 2006-936 du 27 juillet 2006 (mod. par Décr. n° 2006-1805 du 23 déc. 2006 et n° 2009-160 du 12 février 2009)[2].

---

1. Sur celle-ci, v. Vincent et Prévault, *op. cit.,* n° 12; Perrot et Théry, *op. cit.,* n°s 11 et s.

2. Sur le décret du 12 février 2009, v. A. Leborgne, *Rev. huissiers* 2009. 128. – Sur les autres textes, v. note suivante.

Sur la base de ces différents textes[1], il convient à présent de mettre successivement l'accent sur les *objectifs* qui ont été *assignés à la réforme* (a) et sur le *domaine* de celle-ci (b).

a) Objectifs assignés à la réforme

13. – À l'évidence, toute procédure de saisie a pour objectif la satisfaction du *créancier* saisissant. Il s'agit d'assurer l'*effectivité* du droit de créance dont celui-ci est titulaire. Significatif est à cet égard le texte de l'article 1er, alinéa 1, de la loi du 9 juillet 1991, par lequel est solennellement affirmé le *droit à l'exécution forcée* : « Tout *créancier* peut, dans les conditions prévues par la loi, *contraindre*[2] *son débiteur défaillant à exécuter* ses obligations à son égard ». On notera avec intérêt à ce propos que le droit à l'exécution forcée d'un titre exécutoire doit être considéré comme impliqué dans le droit à un procès équitable reconnu par l'article 6 de la Convention européenne des droits de l'homme[3].

Encore faut-il que les procédures d'exécution soient *efficaces* (1°). Toutefois, si les intérêts du créancier sont nécessairement au premier plan en la matière, une certaine protection du débiteur doit être garantie : la prise en considération des intérêts (légitimes) de celui-ci est au demeurant un aspect non négligeable des objectifs assignés à la réforme (2°).

1° Efficacité des procédures d'exécution

14. – L'objectif essentiel du législateur a été la « revalorisation » du *titre exécutoire*. Était-il en effet admissible, notamment dans l'hypothèse où le titre exécutoire était un

---

1. Sur les textes de 1991-1992, on peut lire, entre autres : H. Croze, *JCP* 1992. I. 3555 et 3585; Ph. Delebecque, « Les nouvelles procédures civiles d'exécution », *RTD civ.* 1993 (n° spéc.), p. 15 et s.; M. Boitelle-Gousseau, « La réforme des procédures civiles d'exécution », *Gaz. Pal.* 1992. D. 371; M. Santa-Croce, *Rev. jur. Ouest* 1993. 29 et s.; Ph. Théry, *Rev. trim. C. app. Versailles* 1993 (n° 27), p. 27 et s. On notera le n° spéc. de la *RTD civ.* (1993), ainsi que celui des *Petites Affiches* (6 janv. 1993), consacrés l'un et l'autre à la réforme des procédures civiles d'exécution. – Une importante partie du n° 27 (janv. – mars 1993) de la *Rev. trim. C. app. Versailles* a également pour objet cette réforme; v. ég. B. Nicod, *ALD* 1994. 15. Du même auteur, *La réforme des procédures civiles d'exécution. Un an d'application,* Dalloz, 1994; v. aussi Moussa, « Réforme des procédures civiles d'exécution, bilan rapide de trois années », *Gaz. Pal.* 1996. II, D. 211; v. par ailleurs Y. Desdevises, « Équilibre et conciliation dans la réforme des procédures civiles d'exécution », *Mélanges Perrot,* p. 99 et s. – Sur les textes de 2006, v. notamment A. Leborgne, « Éclairage sur l'ordonnance n° 2006-461 du 21 avril 2006 réformant la saisie immobilière », *Rev. huissiers* 2006. 188; « L'huissier de justice et la réforme de la saisie immobilière », *Rev. huissiers* 2007. 7; A. Leborgne et O. Salati (à propos du décret du 23 décembre 2006), *Rev. huissiers* 2007. 64; Ph. Hoonakker, « Présentation schématique des nouvelles procédures de saisie immobilière et de distribution du prix de vente de l'immeuble », *Gaz. Pal.* 21 déc. 2006-4 janv. 2007, 2 et s.; « Toilettage préventif des nouvelles procédures de saisie immobilière et de distribution du prix d'un immeuble », *Gaz. Pal.* 21-23 janv. 2007, 31; v. ég. pour un dossier consacré à la réforme, *D.* 2007. 234 et s., par J.-J. Bourdillat, A. Leborgne et F.-J. Pansier. – Sur le décret du 12 févr. 2009, on rappelle A. Leborgne, *Rev. huissiers* 2009. 128.

2. E. Putman, « La contrainte dans le droit de l'exécution », *Rev. rech. jur. Droit prospectif* (PU Aix-Marseille), 1994-2, p. 341 et s.

3. CEDH 19 mars 1997, *D.* 1998. J. 74, note Fricero; 21 avr. 1998, *D.* 1998. somm. 369, obs. Fricero, *RTD civ.* 1998. 993, obs. Marguénaud. – N. Fricero, « Le droit européen à l'exécution des jugements », *Rev. huissiers* 2001. 6; v. encore, pour la consécration du droit à l'exécution des décisions de justice, partie intégrante du droit à un tribunal, CEDH 11 janv. 2001, *RTD civ.* 2001. 447, obs. Marguénaud; v. aussi, en ce sens, CEDH 15 nov. 2002, *Rev. huissiers* 2003. 87, obs. Fricero et Menut. – Pour la nécessité de tenir compte de la durée de la procédure d'exécution pour apprécier le caractère raisonnable de la durée du procès civil, v. CEDH 8 mars 2001, *D.* 2002. 687, obs. Fricero; 7 mai 2002, *Rev. huissiers* 2002. 290, obs. Fricero. – On remarquera l'affirmation de CEDH 18 avr. 2002 (*D.* 2002. 2572, obs. Fricero) selon laquelle le droit à l'exécution n'est attaché qu'à des décisions *définitives* et obligatoires (la protection du créancier par la CEDH est donc à cet égard plus limitée qu'en droit interne). Cpr. Civ. 2e, 10 févr. 2005, *Rev. huissiers* 2005. 295, obs. Lefort, *RTD civ.* 2005. 455, obs. Perrot. – V. par ailleurs, à propos du CEDH 20 déc. 2007 et de l'exigence d'exécution effective des décisions de justice dans un délai raisonnable, ainsi que de la responsabilité de l'État du fait des huissiers de justice, N. Fricero, *Rev. huissiers* 2008 (n° 2), Cahier DPI, p. 9.

jugement, d'imposer au créancier un (nouveau) procès, et donc d'attendre (encore !) de longs mois avant de pouvoir obtenir satisfaction ? On relèvera d'ores et déjà à cet égard qu'il s'est agi de « revaloriser » *tout* titre exécutoire, même celui qui n'a pas encore un caractère « définitif » : est ainsi consacrée la règle selon laquelle, sous réserve de dispositions propres à la saisie immobilière (*infra,* n° 403-2°), « l'exécution forcée peut être poursuivie *jusqu'à son terme* en vertu d'un titre exécutoire *à titre provisoire* » (art. 31, al. 1, L. 9 juill. 1991 mod. par Ord. 21 avr. 2006), donc, par exemple, en vertu d'une ordonnance de référé[1].

La volonté de « revalorisation » dont il est question a conduit à séparer plus nettement que naguère les mesures d'*exécution,* ouvertes à ceux qui disposent précisément d'un titre exécutoire, des simples mesures *conservatoires,* offertes à ceux dont la créance *paraît* seulement fondée. Il en est résulté notamment la disparition de la saisie-arrêt dite « de droit commun », laquelle avait une nature *mixte* (elle comportait en effet une phase conservatoire *et* une phase d'exécution).

15. – L'efficacité des procédures d'exécution passe par la prise en compte de certaines évolutions, spécialement quant au *contenu des patrimoines* : non seulement les fortunes sont aujourd'hui, le plus souvent, *mobilières,* mais les meubles qui les constituent sont essentiellement *incorporels.* Il s'est donc agi d'inciter les créanciers à exécuter sur ces biens, en créant des conditions favorables à une telle exécution. Tel a été l'objet de règles permettant une bonne *information* des créanciers sur une fortune qui – comme on l'a observé au cours de l'élaboration des textes dont il est question –, parce que plus « abstraite », est par là même « plus discrète en même temps que plus mobile ». Pour permettre ou faciliter la délivrance de certaines informations nécessaires aux poursuites, il est prévu que l'*huissier de justice* – dont le rôle d'agent chargé de l'exécution est solennellement affirmé et dont les obligations sont précisées – peut, le cas échéant, recourir au *ministère public* et même aujourd'hui (en conséquence d'une loi du 11 février 2004), obtenir *directement* de l'administration fiscale *certains* renseignements (*infra,* n°s 107 et 108 – Sur la perspective d'extension des possibilités offertes à l'huissier, *infra* n° 107 *bis*).

Même si les meubles incorporels occupent à notre époque une place prépondérante dans les patrimoines, le législateur n'a pas voulu pour autant se désintéresser des meubles corporels et, dans ce cadre également, l'évolution depuis l'ancien Code de procédure civile a été prise en considération : c'est ainsi qu'ont été spécialement prévues des procédures de saisies portant sur des *véhicules terrestres à moteur.*

16. – L'efficacité passe également par des procédures *simples* et *rapides.* De telles procédures ne doivent pas, autant que possible, requérir l'intervention du juge : il importe en effet que le créancier n'ait pas à engager un procès (voire un *nouveau* procès) pour obtenir satisfaction. Aussi bien le postulat de la législation actuelle est-il qu'une procédure de saisie *mobilière* fondée sur un titre exécutoire est en principe *extrajudiciaire.*

On ne saurait cependant être trop optimiste en la matière ! Les mesures d'exécution peuvent être à l'origine de multiples incidents, dont le règlement implique la saisine du juge (il ne faut pas oublier par ailleurs que, s'agissant de mesures conservatoires, une autorisation judiciaire préalable est en principe requise).

---

1. Pour le rappel de la règle en matière de saisie-vente, v. Civ. 2e, 28 janv. 1998, *Bull. civ.* II, n° 37, *D.* 1998. IR. 83.

Il importait donc de permettre aux intéressés de recourir, le cas échéant, à un juge *spécialisé,* sans se heurter aux épineux problèmes de compétence que posait l'application des textes antérieurs. À cette préoccupation correspond l'institution du *juge de l'exécution*[1], (*v. infra*, n°s 111 et s. et spéc. sur les perspectives d'avenir, n° 113 *ter*). Ce juge – dont la compétence a été au demeurant étendue par les textes de 2006 aux procédures de saisie immobilière et de distribution consécutive du prix de l'immeuble – a vocation à connaître de tout le *contentieux* provoqué par les *mesures d'exécution* ainsi que celui lié aux *mesures conservatoires,* et à régler, selon une procédure qui a été voulue simple et rapide, les difficultés soulevées à ce propos. La volonté de « *concentrer* entre les mains » d'un seul juge « toutes les questions relatives à l'endettement et aux poursuites exercées par les créanciers »[2] a conduit à attribuer également compétence à celui-ci pour connaître des mesures de traitement des situations de *surendettement* des particuliers et de la procédure de *rétablissement personnel.*

2° Prise en considération des légitimes intérêts du débiteur

17. – Si les voies d'exécution sont organisées en vue d'assurer la satisfaction des créanciers, on ne saurait négliger pour autant l'impératif de protection du débiteur.

Sans doute ne peut-on aller trop loin à cet égard, sous peine de voir le droit à l'exécution forcée reconnu au créancier annihilé par un droit... à l'inexécution dont bénéficierait le débiteur !

Il n'en demeure pas moins que le législateur a, fort opportunément, entendu édicter des règles visant à « humaniser » les procédures d'exécution, en évitant tout d'abord, autant que possible, de « traumatiser » le débiteur, et en ayant ensuite le souci de prendre en considération les difficultés qui ont pu placer celui-ci dans la situation inconfortable dans laquelle il se trouve[3].

18. – À la première préoccupation correspondent notamment des dispositions qui tendent au respect du logement et de l'« environnement » du débiteur[4]. On songe à ce propos non seulement aux textes gouvernant l'expulsion (*infra,* n°s 21 et s.), mais aussi à des règles applicables en matière de saisie-vente : ainsi, s'agissant de saisie pratiquée sur des biens se trouvant dans un local servant à l'habitation du débiteur, une telle mesure d'exécution ne peut, sauf autorisation du juge, être utilisée que *subsidiairement* (la saisie d'un compte de dépôt ou de rémunérations du travail étant la voie normale) pour le recouvrement d'une « petite » créance, autre qu'alimentaire (v. *infra,* n° 143).

C'est encore la préoccupation d'éviter des mesures qui peuvent être traumatisantes qu'illustre la règle selon laquelle les biens *mobiliers* du débiteur ne sont vendus aux enchères publiques que dans la mesure où celui-ci ne procède pas à leur vente amiable, dans les conditions prévues par la loi (v. *infra*, n°s 170 et s.). Dans le même esprit, s'agissant de la saisie *immobilière*, les auteurs des textes de 2006 ont prévu la possibilité d'une vente amiable par le débiteur, sous la condition toutefois d'une autorisation du juge. Par ailleurs, ils ont entendu, dans l'hypothèse de vente forcée, permettre au débiteur

---

1. Une loi du 5 juillet 1972 contenait déjà une solution de ce type, mais cette solution ne put être appliquée, faute de textes réglementaires.
2. Vincent et Prévault, *op. cit.,* n° 15.
3. M. Santa-Croce, *op. cit.,* p. 35 à 37.
4. M. Santa-Croce, *op. cit.,* p. 36.

d'éviter que son immeuble (quelle qu'en soit au demeurant l'affectation) soit vendu à un prix dérisoire, en lui offrant la possibilité de contester une mise à prix (fixée par le poursuivant) manifestement insuffisante (v. *infra*, n° 400 *ter*).

19. – Au souci de tenir compte de la situation difficile du débiteur correspondent les règles des articles 1244-1 à 1244-3 du Code civil en vertu desquels le juge a le pouvoir d'aménager le règlement de la dette (voire, dans une certaine mesure, le montant même de celle-ci), dès lors que cette dette n'est pas alimentaire : en effet, le juge peut non seulement, dans la limite de deux années, reporter ou échelonner le paiement des sommes dues, mais encore, s'agissant des sommes correspondant aux échéances reportées, réduire le taux des intérêts (le taux ne pouvant toutefois être inférieur au taux légal) ; le juge peut aussi décider que les paiements s'imputeront d'abord sur le capital (art. 1244-1). Il importe de souligner que de telles décisions entraînent *de plein droit* la *suspension des procédures d'exécution* qui auraient été engagées par le créancier ; en outre, les majorations d'intérêts ou les pénalités encourues à raison du retard cessent d'être dues pendant le délai fixé par le juge (art. 1244-2). Toute stipulation contraire aux dispositions des deux articles précités est réputée *non écrite* (art. 1244-3).

Ces règles complètent celles relatives au *surendettement* des particuliers (art. L. 330-1 et s., C. consom.)[1] qui ont au demeurant subi diverses modifications[2] tendant à protéger davantage des personnes surendettées. Toujours est-il que les dispositions dont il est ci-dessus question assurent, de leur côté, une certaine protection du débiteur qui, sans être surendetté, est tout de même, par hypothèse, endetté !

b) Domaine de la réforme

20. – La réforme a concerné essentiellement l'*exécution sur les biens,* laquelle constitue au demeurant le domaine habituel des procédures civiles d'exécution. Sans doute la mise en œuvre de certaines de ces procédures peut-elle parfois nécessiter l'utilisation de moyens contraignants pour la *personne* même entre les mains de laquelle une saisie est pratiquée : on verra ainsi que l'huissier de justice peut être conduit à requérir le concours de la force publique pour mener à bien les opérations d'exécution dont il est chargé. Il ne s'agit pas pour autant d'exécution sur la personne : même si la force publique est requise pour vaincre la résistance opposée par le débiteur (voire par un tiers) à une procédure de saisie, la finalité de la mesure demeure l'exécution sur les biens et non sur la personne.

Le législateur n'a toutefois pas entendu limiter son intervention à la seule exécution sur les biens. En 1991, il a eu également le souci de fixer le cadre juridique des véritables mesures d'exécution sur la personne que sont les mesures d'expulsion. En 1998, il

---

1. M.-H. Monserie et C. Saint-Alary-Houin, « Procédures civiles d'exécution et surendettement des particuliers et des familles », *Petites Affiches,* 6 janv. 1993, p. 29 et s.

2. V. la loi n° 98-46 du 23 janvier 1998 renforçant la protection des personnes surendettées en cas de saisie immobilière (sur cette loi, v. Croze et Moussa, *JCP* 8 avr. 1998, *Actualité;* Laporte, *Procédures* 1998, n° 3, p. 5) ; v. aussi la loi n° 98-657 du 29 juillet 1998 d'orientation relative à la lutte contre les exclusions (art. 84 et s.) (sur ce texte, v. Croze, *Procédures* 1998, n° 10, p. 4) et le décret n° 99-65 du 1er décembre 1999. – Sur le régime (consécutif à ces textes) de traitement du surendettement, v. ég. Chatain et Ferrière, *D.* 1999. chron. 287. V. par ailleurs, après la loi du 1er août 2003 qui a notamment institué la procédure de « rétablissement personnel », Bellivier, *RTD civ.* 2003. 752 ; Vigneau, « La réforme du surendettement », *Rev. huissiers* 2004. 47 ; v. aussi L. 18 janv. 2005 mod. art. L. 331-2, al. 2, C. consom., et L. 5 mars 2007, art. L. 331-3-1 C. consom.

a entendu apporter quelques améliorations au système retenu, en se préoccupant aussi d'ailleurs de *prévention* en la matière[1].

Toujours est-il que la gravité des *mesures d'expulsion* commande qu'on leur accorde quelque attention (1°) avant que ne soit précisé le domaine de la réforme quant à l'*exécution sur les biens* (2°), matière à laquelle sont ensuite exclusivement consacrés les développements du présent ouvrage.

1° Exécution sur la personne : les mesures d'expulsion

21. – Les textes applicables en la matière sont les articles 61 à 66 de la loi du 9 juillet 1991 et 194 à 209 du décret du 31 juillet 1992, auxquels il convient d'ajouter quelques dispositions du Code de la construction et de l'habitation (art. L. 613-1 et s.)[2]. Encore faut-il remarquer que la loi du 26 mai 2004 relative au divorce, ajoutant un article 66-1 à la loi de 1991 *a écarté l'applicabilité* des textes susvisés dans l'hypothèse de l'*expulsion* du *conjoint violent* ordonnée par le juge aux affaires familiales sur le fondement de l'article 220-1 du Code civil[3]. C'est donc en tenant compte de cette limitation (réduite, même si elle ne doit pas être négligée) de leur domaine d'application qu'il convient d'étudier les règles présentées ci-dessous.

Les mesures d'expulsion sont – on l'a déjà souligné – des mesures *graves,* dont les conséquences peuvent être *dramatiques* pour ceux qui les subissent, lesquels sont souvent des locataires qui, faute de moyens, ne paient pas leurs loyers, voire des personnes qui occupent sans titre le local dont on veut les expulser, et dont le « relogement » risque de poser des problèmes sérieux, sinon insurmontables.

Aussi bien des exigences sont-elles posées par les textes, en vue d'offrir quelques *garanties* aux personnes menacées d'expulsion.

22. – Ainsi, non seulement l'expulsion ou l'évacuation d'un immeuble ou d'un lieu habité ne peut être poursuivie (comme toute mesure d'exécution) qu'en vertu d'un titre exécutoire, mais en outre ce titre doit être une *décision de justice* ou un *procès-verbal de conciliation exécutoire*[4]. *De plus, la mesure ne peut être exécutée qu'après signification* d'un *commandement* d'avoir à libérer les locaux (art. 61, L.; sur les mentions de ce commandement, v. art. 194, Décr.)[5].

---

1. S'agissant spécialement de *prévention,* on notera que la loi nº 98-657 du 29 juillet 1998, dite « d'orientation relative à la lutte contre les exclusions », a, en son article 108, créé l'article L. 616 du Code de la construction et de l'habitation (mod. par Ord. 1er février 2007), qui prévoit qu'« En cas de vente sur saisie immobilière d'un immeuble ou d'une partie d'immeuble constituant la *résidence principale* d'une personne qui remplit les conditions de ressources pour l'attribution d'un logement à loyer modéré, il est institué, au bénéfice de la *commune,* un *droit de préemption* destiné à assurer le *maintien dans les lieux du saisi…* » (pour plus de précisions, v. le texte).

2. Sur la question, v. J. Beauchard, « Le logement et les procédures civiles d'exécution », *RTD civ.*, nº spéc. 1993, p. 109 et s. (spéc. nos 34 à 49); M.-T. de Givry, « Les mesures d'expulsion », *Rev. trim. C. app. Versailles,* 1993 (nº 27), p. 101 et s.

3. V., en application de l'art. 220-1, C. civ., art. 1290, CPC; sur la question, v. Bourdillat, « De l'expulsion du conjoint violent dans et après la procédure de divorce », *Rev. huissiers* 2005. 18.

4. La règle doit être entendue strictement. Ainsi, une transaction homologuée ne peut permettre l'expulsion : Cass. (avis), 20 oct. 2000, *D.* 2000. IR. 296, *Bull. civ.*, av. nº 9, *JCP* 2001. I. 311, nº 6, obs. Cadiet, *JCP* 2001. II. 10479, note Desdevises, *RTD civ.* 2001. 213, obs. Perrot. Contrairement à la solution qu'avait retenue la jurisprudence avant la réforme de la saisie immobilière (sur cette jurisprudence, v. 8e éd. du présent ouvrage, p. 11, note 1 et p. 238, note 4), il est actuellement prévu que « Le jugement d'adjudication constitue un titre d'expulsion à l'encontre du saisi » (art. 2210, C. civ.).

5. Le défaut d'indication, dans le commandement d'avoir à libérer les locaux, de la date à partir de laquelle les lieux devront être libérés constitue un vice de forme (l'annulation de l'acte suppose donc la preuve d'un grief) : Civ. 2e, 8 mars 2007, *Rev. huissiers* 2007. 225, obs. Salati. – Ce commandement ne peut être signifié à domicile élu (art. 196, Décr.) – On remarquera que s'il s'agit d'expulser des personnes non dénommées, l'acte est remis au parquet à toutes fins (art. 61, *in fine*, L.).

Par ailleurs, dès lors que l'expulsion porte sur un *local affecté à l'habitation principale* de la personne expulsée ou de tout occupant de son chef[1], la mesure ne peut être exécutée qu'*après* l'expiration d'un délai de *deux mois* qui suit le commandement (lequel doit comporter dans ce cas des mentions supplémentaires par rapport au commandement plus haut visé : v. art. 195, Décr.), étant entendu que – comme c'était déjà le cas antérieurement – il ne peut pas en principe être procédé à l'expulsion pendant la période dite « d'hiver » (1er nov.-15 mars) (art. L. 613-3, CCH; v. toutefois al. 2 de cet art.)[2].

On remarquera cependant que la règle imposant un délai minimum de deux mois entre le commandement et l'expulsion ne s'applique pas nécessairement. Il est en effet prévu que le juge peut, par décision spéciale et motivée, réduire ou même supprimer ce délai, *notamment* lorsque les personnes dont l'expulsion a été ordonnée sont entrées dans les locaux par *voie de fait* (art. 62, al. 1, *in fine,* L.) (on sait que la conjoncture économique et sociale que nous connaissons rend fréquents les cas d'occupation par des « squatters »).

À l'inverse, le juge peut aussi parfois intervenir pour *proroger* le délai légal : il peut le faire (pour une durée n'excédant pas trois mois) lorsque l'expulsion aurait pour la personne concernée des conséquences d'une *exceptionnelle dureté* (art. 62, al. 2, L.)[3].

23. – Le meilleur moyen de prévenir de telles conséquences est évidemment d'assurer le « relogement » de la personne qui fait l'objet d'une mesure d'expulsion. C'est la raison pour laquelle il est prévu que *dès le commandement d'avoir à libérer les locaux,* à peine de *suspension* du *délai* avant l'expiration duquel l'expulsion ne peut avoir lieu, l'huissier de justice chargé de l'exécution de la mesure doit en *informer* le représentant de l'État dans le département en vue de la prise en compte de la demande de relogement de l'occupant dans le cadre du plan départemental d'action pour le logement des personnes défavorisées (art. 62, al. 4, réd. L. 29 juill. 1998, et art. 197, Décr.)[4].

On notera à ce propos que le juge des référés ou le juge de l'exécution (selon le cas) du lieu de situation de l'immeuble dont une personne doit être expulsée peut accorder des délais renouvelables aux locataires ou occupants de locaux d'habitation ou à usage professionnel chaque fois que le relogement des intéressés ne pourra avoir lieu dans des conditions normales, sans que les occupants aient à justifier d'un titre à l'origine de

---

1. S'agissant d'un tel occupant, on notera que l'expulsion peut en principe être poursuivie sans qu'il soit nécessaire de requérir un titre complémentaire contre lui : Civ. 2e, 4 déc. 2003, *Rev. huissiers* 2004. 164, obs. Bourdillat; v. par ailleurs Civ. 2e, 30 nov. 2005, *Rev. huissiers* 2006. 152, obs. Salati (il n'est pas nécessaire de notifier au sous-locataire la décision fondant l'expulsion).

2. La loi du 29 juillet 1998 (art. 120) a complété la loi du 9 juillet 1991 en y ajoutant un article 21-1 (mod. Ord. 21 avr. 2006) qui déclare inapplicables en matière d'expulsion les articles 20 et 21 (mod. Ord. 21 avr. 2006) de ce même texte (sur ces articles, *infra,* n° 152), en précisant toutefois que « l'huissier de justice chargé de l'exécution de la mesure d'expulsion peut procéder comme il est dit aux premier et deuxième alinéas de l'article 21 pour constater que la personne expulsée et les occupants de son chef ont volontairement libéré les locaux postérieurement à la signification du commandement prévu à l'article 61 ».

3. À compter de la signification du commandement d'avoir à libérer les locaux, est compétent pour connaître des demandes de délais le juge de l'exécution du lieu de situation de l'immeuble (art. 198, Décr.).

4. R. Martin, « Expulsion : préfet et huissier de justice », *Rev. huissiers* 2003. 215. Peu de temps avant que la loi du 29 juillet 1998 en précise la sanction (v. nouv. al. 4, art. 62, L. 1991, préc.), la Cour de cassation avait souligné l'importance de cette formalité en affirmant qu'en l'absence de celle-ci, il y avait *omission* d'un acte et non simple vice de forme, la validité de la procédure étant en conséquence affectée sans que la personne expulsée ait à justifier d'un grief (Civ. 2e, 25 juin 1998, *D.* 1998. IR. 185); v. pour l'applicabilité de la règle de l'article 62, alinéa 4, susvisé, à l'expulsion dans le cadre du divorce, Civ. 2e, 23 nov. 2000, *Rev. huissiers* 2002. 37, obs. Bourdillat. – La formalité d'information du préfet (en vue de faciliter le relogement) n'est imposée qu'en cas d'expulsion d'une personne de son habitation *principale* : Civ. 2e, 20 janv. 2005, *D.* 2005. 389, *Rev. huissiers* 2005. 177, obs. Leborgne, *D.* 2005. 1612, obs. Julien et Taormina.

l'occupation (art. L. 613-1, CCH, mod. L. 25 mars 2009; v. également art. L. 613-2 mod. par L. préc, qui dispose que la durée des délais prévus à l'article précédent ne peut, en aucun cas, être inférieure à un mois ni supérieure à un an). Il convient de remarquer que le législateur de 1998 a précisé que le juge qui ordonne l'expulsion ou qui, avant la délivrance du commandement d'avoir à libérer les locaux, *statue* sur une demande de *délais* (dont il vient d'être question) peut, même d'office, décider que sa décision sera transmise, par les soins du greffe, au représentant de l'État plus haut visé, en vue de la prise en compte d'une demande de relogement de l'occupant, dans les conditions précédemment indiquées (art. 62, al. 3, nouv., L. 1991, résultant L. 29 juill. 1998; v. aussi art. L. 613-2-1, CCH, aj. par L. 29 juill. 1998).

24. – Sous réserve de l'application de dispositions générales[1] et des règles ci-dessus, notamment de celles relatives aux délais, il est procédé à l'expulsion[2], l'huissier de justice ayant à dresser un procès-verbal des opérations (sur le contenu du procès-verbal, v. art. 199, Décr.). Les contestations éventuelles sont portées devant le juge de l'exécution du lieu de situation de l'immeuble (art. 209, Décr.)[3 et 4].

25. – Cela étant, bien que l'expulsion vise des personnes, des problèmes peuvent corrélativement se poser à propos des *meubles* restant sur place après le départ de l'occupant[5].

Il est prévu que ces meubles sont remis, aux frais de la personne expulsée, en un lieu que celle-ci désigne. À défaut, ils sont laissés sur place ou entreposés en un autre lieu approprié et décrits avec précision par l'huissier, avec sommation à la personne expulsée d'avoir à les retirer dans le délai d'un mois (art. 65, L. et 201, Décr.)[6].

À l'expiration de ce délai et sur autorisation du juge de l'exécution du lieu où sont situés les meubles, les parties entendues ou appelées, il est procédé à la mise en vente aux enchères publiques de ces biens[7] (encore que le juge de l'exécution puisse déclarer abandonnés les meubles qui ne sont pas susceptibles d'être vendus). Le produit de la vente est remis à la personne expulsée après déduction des frais et de la créance du bailleur (art. 66, L.).

---

1. V. notamment art. 28, L. 9 juill. 1991 (sur ce texte, *infra*, n° 94). Encore faut-il que ces dispositions générales ne soient pas écartées : v. à ce propos art. 21-1, L. 1991, aj. par art. 120, L. 29 juill. 1998.

2. Sur la question du concours de la force publique, v. R. Martin, art. préc., *Rev. huissiers* 2003. 215. Pour la possibilité reconnue à l'État de refuser ledit concours en raison d'une remise de la dette locative consentie dans une transaction, v. CE 29 sept. 2003, *Rev. huissiers* 2004. 99, obs. Bourdillat.

3. Pour « l'exécution des ordonnances et jugements autorisant l'expulsion », la loi du 29 juillet 1998 a prévu, s'agissant d'engager une instance devant le juge de l'exécution, des formes simplifiées. En effet, par dérogation au principe imposant une assignation (*infra*, n° 124), la demande relative à l'exécution d'une décision de justice ordonnant l'expulsion *peut* être formée au greffe du juge de l'exécution, par lettre recommandée avec demande d'avis de réception ou par déclaration faite ou remise contre récépissé (v. art. 118, L., et art. 17, Décr. 31 juill. 1992, réd. Décr. 30 oct. 1998), étant précisé que la demande doit comporter certaines mentions (objet de cette demande, exposé sommaire de ses motifs, éléments d'identification des parties) (art. 18, Décr. 31 juill. 1992, réd. Décr. 30 oct. 1998). Lorsque ces formes simplifiées sont utilisées, il incombe au greffe de convoquer les parties en vue de leur comparution devant le juge (la convocation est faite par lettre recommandée avec demande d'avis de réception, encore que le demandeur puisse être convoqué verbalement contre émargement lors de la présentation de la demande) (pour plus de détails, v. art. 19, Décr. 31 juill. 1992, réd. 30 oct. 1998). Il est enfin précisé que le juge s'assure qu'il s'est écoulé un temps suffisant entre la convocation et l'audience pour que la partie défenderesse ait pu préparer sa défense (art. 20, Décr. 31 juill. 1992 mod.).

4. Pour l'affirmation que l'intérêt à agir de l'ex-occupant (intérêt qui s'apprécie au moment de l'introduction de l'instance) subsiste après l'expulsion, v. Civ. 2e, 13 févr. 2003, *D.* 2003. 805.

5. Bourdillat, « Du sort des meubles dans les mesures d'expulsion », *Rev. huissiers* 2001. 355.

6. Le bailleur n'est pas fondé, après cette sommation, à prétendre interdire à la personne expulsée l'accès aux locaux pour retirer les meubles qui y restent : Civ. 3e, 9 juill. 2003, *Rev. huissiers* 2004. 33, obs. Bourdillat.

7. Civ. 2e, 5 mars 2009, *Rev. huissiers* 2009. 221, obs. Vinckel.

2° *Exécution sur les biens*

26. – Pour l'essentiel, la réforme examinée concerne l'exécution sur les biens.

À la vérité, toutes les mesures portant sur des biens et entrant dans le champ de la réforme ne sont pas des mesures d'*exécution* à proprement parler. Certes, les textes font une place prépondérante aux dispositions spécialement consacrées à celles-ci. Il n'en demeure pas moins que les mesures *conservatoires* (qui comprennent non seulement les saisies conservatoires, mais également les sûretés judiciaires) font aussi l'objet de dispositions spécifiques[1].

Il importe de souligner par ailleurs qu'avant d'édicter des règles propres à l'une ou l'autre des deux grandes catégories de mesures visées ci-dessus, le législateur a consacré un certain nombre de dispositions contenant des règles d'ordre *général*, qui, sous quelques réserves, ont donc vocation à s'appliquer à l'ensemble de la matière des voies d'exécution[2]. On peut constater aussi qu'au-delà des procédures de saisies proprement dites, les procédures de *distribution* (du produit de la vente des biens saisis) ont été prises en compte[3].

27. – Toujours est-il que la réforme a été réalisée en deux temps.

– Dans un premier temps, la loi du 9 juillet 1991 et le décret du 31 juillet 1992 ont permis (au-delà des dispositions d'ordre général dont il est question plus haut) de réformer les saisies *mobilières* (donc portant sur des meubles), ainsi que la procédure consécutive de « distribution des deniers ».

Ce premier volet de la réforme est entré en vigueur le 1er janvier 1993.

– Dans un second temps, l'ordonnance du 21 avril 2006 et le décret du 27 juillet 2006 ont eu pour objet la saisie *immobilière* (permettant l'exécution sur des immeubles) et la procédure de distribution du prix de l'immeuble.

Ce second volet de la réforme est entré en vigueur le 1er janvier 2007 (v. toutefois dispositions transitoires de l'art. 168, Décr. 27 juill. 2006 mod. Décr. 12 févr. 2009).

§ 3. Caractère d'ordre public des règles relatives aux voies d'exécution

28. – Traditionnellement, le *principe* est que les voies légales d'exécution sont d'*ordre public,* les intéressés ne pouvant donc valablement y déroger sur la base de leur commun accord.

Cette solution repose notamment sur une volonté de *protection du débiteur* : celui-ci ne risque-t-il pas en effet, sous la pression du besoin, de se voir en réalité imposer par le créancier des clauses qui le privent des garanties légales ? Le souci de protéger les *autres créanciers* peut, par ailleurs, constituer une justification complémentaire : les formalités d'exécution prévues par la loi tendent également à assurer le respect de leurs droits : en ce qui les concerne aussi, il y a danger à écarter les règles légales.

---

1. Art. 67 à 79, L. 9 juill. 1991, 210 à 265 et 278, Décr. 31 juill. 1992.

2. Art. 1er à 38, L. 9 juill. 1991. D'assez nombreuses dispositions générales figurent aussi dans le décret du 31 juill. 1992.

3. Art. 38, L. 9 juill. 1991 et 283 à 293, Décr. 31 juill. 1992; art. 2214 à 2216, C. civ. (réd. Ord. 21 avr. 2006) et 107 à 125-1, Décr. 27 juill. 2006.

À la vérité, si le caractère d'ordre public des dispositions relatives aux voies d'exécution est traditionnellement affirmé, l'évolution a conduit à en tempérer la rigueur, tout d'abord sous l'impulsion de la jurisprudence, ensuite en raison de textes récents.

29. – Sans doute, s'agissant de la *saisie immobilière*, notre droit connaît toujours une règle importante, naguère énoncée à l'article 742 de l'ancien Code de procédure civile, que les auteurs de l'ordonnance du 21 avril 2006 ont reprise à l'article 2201, alinéa 2, du Code civil. Aux termes de ce texte, « Est nulle toute convention portant qu'à défaut d'exécution des engagements pris envers lui, le créancier peut faire vendre les immeubles de son débiteur en dehors des formes prescrites pour la saisie immobilière ».

Autrement dit, le débiteur ne saurait consentir valablement à une clause prévoyant qu'à défaut de paiement à l'échéance, le créancier pourra poursuivre la vente des immeubles de ce débiteur à l'amiable, donc sans respecter les formalités légales de la saisie immobilière.

Cette clause est, selon l'expression classique, appelée « clause de voie parée ». Elle était en usage dans l'Ancien droit, et avait été ensuite estimée valable par la Cour de cassation au XIXe siècle, mais fut peu après *condamnée* par une loi du 2 juillet 1841. Cette dernière solution (reprise aujourd'hui à l'article 2201, alinéa 2, du Code civil), bien que pouvant être justifiée (comme on l'a dit plus haut) par le légitime souci de protéger le débiteur (et les autres créanciers), méconnaît cependant le fait qu'il peut être tout de même intéressant d'échapper aux *lenteurs* (et *frais*) qui découlent de l'application des règles légales.

Aussi bien s'explique-t-on que la prohibition de la « clause de voie parée » ait été interprétée restrictivement par la jurisprudence, ce qui permet de considérer comme valables certaines stipulations autorisant le créancier à ne pas respecter les formalités de la saisie immobilière. La jurisprudence ne déclare en effet nulles de telles clauses que si elles figurent dans l'*acte même* constatant l'obligation ou dans un *acte contemporain* de la naissance de celle-ci. Au contraire, la validité de la clause est admise lorsque celle-ci a été acceptée postérieurement[1].

30. – Jusqu'à une époque récente, il fallait tenir compte aussi d'autres textes qui, comme la disposition prohibant la clause de voie parée, témoignaient du caractère d'ordre public des règles relatives aux voies d'exécution. Ces textes avaient pour objet de rendre inefficace le *pacte commissoire*, c'est-à-dire la convention tendant à permettre au créancier, en raison du seul défaut de paiement par le débiteur, de devenir propriétaire d'un bien appartenant à celui-ci. La prohibition intéressait aussi bien la convention relative à des meubles (faisant l'objet d'une constitution de gage) (anc. art. 2078, C. civ.) qu'à des immeubles du débiteur (anc. art. 2088, C. civ., concernant l'antichrèse, mais dont on avait admis l'extension à l'hypothèque). À vrai dire, comme à propos de la clause de voie parée, la jurisprudence avait entendu restrictivement la prohibition, la nullité n'étant encourue que si la clause avait été consentie *avant* ou *au moment* de la naissance de l'obligation[2], de telle sorte qu'une clause acceptée postérieurement était valable[3].

Quoi qu'il en soit, avec la réforme du droit des sûretés opérée par l'ordonnance du 23 mars 2006, a été remise en cause l'interdiction du pacte commissoire[4]. Les textes

---

1. Civ. 25 mars 1903, *DP* 1904. I. 273, note Guénée.
2. Com. 13 janv. 1965, *JCP* 1965. II. 14469.
3. Req. 8 mai, *S.* 1934. I. 342; Civ. 17 nov. 1959, *Gaz. Pal.* 1960. I. 62, *RTD civ.* 1960. 138, obs. Solus.
4. S. Hébert, « Le pacte commissoire après l'ordonnance du 23 mars 2006 », *D.* 2007. 2052.

actuellement applicables prévoient en effet la validité d'un tel pacte, tout en offrant des garanties au débiteur.

C'est ainsi qu'en matière *mobilière*, il est disposé à l'article 2348 du Code civil qu'« Il peut être convenu, lors de la constitution du gage ou postérieurement, qu'à défaut d'exécution de l'obligation garantie, le créancier deviendra propriétaire du bien gagé » (al. 1). Il est toutefois précisé que « La valeur du bien est déterminée au jour du transfert par un expert désigné à l'amiable ou judiciairement, à défaut de cotation officielle du bien sur un marché organisé au sens du Code monétaire et financier. Toute clause contraire est réputée non écrite » (al. 2 ; v. également les précisions de l'alinéa 3, concernant l'hypothèse où la valeur du bien excède le montant de la dette garantie).

De même, en matière *immobilière*, on peut lire à l'article 2459 du Code civil : « Il peut être convenu dans la convention d'hypothèque que le créancier deviendra propriétaire de l'immeuble hypothéqué. Toutefois, cette clause est sans effet sur l'immeuble qui constitue la résidence principale du débiteur ». Il est précisé à l'article 2460 que « l'immeuble doit être estimé par expert désigné à l'amiable ou judiciairement » (v. égal. les précisions de l'alinéa 2, dans le cas où la valeur de l'immeuble excède le montant de la dette garantie)[1].

§ 4. Plan général de l'ouvrage

31. – Le droit des voies d'exécution étant essentiellement celui des *saisies*, l'étude de celles-ci constitue dont l'objet principal de cet ouvrage. Il s'agit de présenter ces *différentes* procédures d'exécution, mais après avoir souligné l'existence de règles qui ont un certain caractère de *généralité* et qui constituent des règles *fondamentales* gouvernant la matière.

Il faut voir cependant qu'il ne suffit pas de saisir et de faire vendre les biens du débiteur. Il y a lieu ensuite de *distribuer* le prix de vente obtenu au(x) créancier(s).

En conséquence, le présent volume comprend trois parties :

PREMIÈRE PARTIE	Règles fondamentales du droit des saisies
DEUXIÈME PARTIE	Les différentes saisies
TROISIÈME PARTIE	Les procédures de distribution

1. On remarquera par ailleurs qu'en dehors de toute convention, l'article 2458 ouvre au créancier hypothécaire un *choix* entre la saisie immobilière et une attribution en justice du bien hypothéqué (avec estimation de l'immeuble par expert, en application de l'article 2460). Cette deuxième possibilité est exclue lorsque l'immeuble constitue la résidence principale du débiteur. On remarquera également que les dispositions des articles 2458 à 2460 s'appliquent aussi à l'antichrèse (v. le renvoi à ces textes de l'art. 2388, al. 2, C. civ.).

Première partie

Règles fondamentales du droit des saisies

32. – Cette partie est divisée en deux titres :

Titre I
Conditions des saisies

33. – Ces conditions sont relatives aux **personnes** concernées par la procédure de saisie (Chapitre 1), aux **biens** sur lesquels porte la mesure (Chapitre 2) et enfin à la ou aux créances **causes** de la procédure considérée (Chapitre 3).

Chapitre 1

Conditions relatives aux personnes

34. – La saisie oppose celui qui la fait pratiquer, c'est-à-dire le **saisissant** (Section I), à celui qui la subit, à savoir le **saisi** (Section II). À côté de ces personnes qui sont, à l'évidence, **parties** à la procédure de saisie, il convient de faire une place à des **tiers** (Section III) appelés à jouer également un rôle dans le cadre d'une telle procédure.

Section I
Le saisissant

35. – Celui-ci est le *titulaire* du *droit de saisir* (§ 1). Pour l'*exercice* de ce droit, il faut tenir compte de certaines conditions de capacité et de pouvoirs (§ 2).

§ 1. Le droit de saisir

36. – « Tout *créancier* peut, dans les conditions prévues par la loi, *contraindre* son *débiteur défaillant* à *exécuter* ses obligations à son égard » (art. 1, al. 1, L. 9 juill. 1991) : le droit à l'*exécution forcée* est donc ainsi solennellement affirmé par le législateur, étant précisé que le créancier se voit également offrir la possibilité, au lieu de recourir (tout au moins immédiatement) à une telle exécution, de « pratiquer une *mesure conservatoire* pour assurer la sauvegarde de ses droits » (même art., al. 2). On rappelle en outre (v. *supra*, n° 13) que le droit à l'exécution est aujourd'hui « rattaché »[1] à l'article 6 de la Convention européenne des droits de l'homme[1 et 2].

---

1. A. Leborgne, *Voies d'exécution*, n° 101. De ce rattachement découle le caractère « fondamental » du droit à l'exécution.
2. Le droit à l'exécution forcée d'un titre exécutoire doit être considéré comme impliqué dans la nécessité du procès équitable que vise l'article 6 de la Convention européenne des droits de l'homme, et l'Administration elle-même doit s'y plier : CEDH 19 mars 1997, *D.* 1998. J. 74, note Fricero; 21 avr. 1998, *D.* 1998. somm. 369, obs. Fricero, *RTD civ.* 1998. 993, obs. Marguénaud. V. sur l'ensemble de la question, Leborgne, *cf. civ*, n°s 100 et s.; N. Fricero, « Le droit européen à l'exécution des jugements », *Rev. huissiers* 2001. 6. Pour la nécessité de tenir compte de la durée de la procédure d'exécution en vue d'apprécier le caractère raisonnable de la durée du procès, v. CEDH 8 mars 2001, *D.* 2002. 687, obs. Fricero. V. ég. à propos de CEDH, 20 déc. 2007 et de l'exigence d'exécuter dans un délai raisonnable ainsi que de la responsabilité de l'État du fait des huissiers de justice, Fricero, *Rev. huissiers* 2008 (n° 2), Cahier DPI, p. 9. – Pour la limitation du droit à l'exécution, qui n'est attaché qu'à des décisions définitives et obligatoires, v. CEDH 18 avr. 2002, *D.* 2002. 2572, obs. Fricero (Cpr Civ. 2e, 10 févr. 2005, *Rev. huissiers* 2005. 291, obs. Lefort, *RTD civ.* 2005. 455, obs. Perrot). V. par ailleurs, affirmant que le droit à l'exécution d'un jugement est partie intégrante du *droit à un tribunal*, CEDH 11 janv. 2001, *RTD civ.* 2001. 447, obs. Marguénaud. V. encore, pour la référence au droit à un tribunal, CEDH 15 nov. 2002, *Rev. huissiers* 2003. 87, obs. Fricero et Menut.

Toujours est-il qu'un créancier peut, le cas échéant, *saisir* les biens de son débiteur. Il peut le faire soit dans le cadre d'une procédure d'exécution, soit dans celui d'une procédure conservatoire. En principe, son droit de saisir implique d'ailleurs la *liberté de choix* « des mesures *propres* à assurer l'exécution ou la conservation de sa créance » : encore faut-il toutefois que l'exécution de ces mesures n'excède pas « ce qui se révèle nécessaire pour obtenir le paiement de l'obligation » (art. 22, al. 1, L. 9 juill. 1991 ; sur les procédures *inutiles* ou *abusives*, v. al. 2, art. préc., et *infra*, n° 80)[1].

37. – Il importe de remarquer que le droit de saisir est attaché à la qualité de *créancier* sans qu'il y ait au demeurant à distinguer entre créanciers chirographaires et créanciers bénéficiant d'une sûreté. Cette règle est une conséquence du *droit de gage* de tout créancier sur l'ensemble des biens de son débiteur, droit résultant des articles 2284 et 2285 du Code civil. Le second de ces textes souligne en effet le caractère *commun* dudit gage, et fait apparaître en outre que l'intérêt de la distinction entre les créanciers chirographaires et ceux dont la créance est garantie par une sûreté ne se manifeste que lors de la *distribution* des deniers provenant de la vente des biens saisis (sur les procédures de distribution, *infra*, n°s 544 et s.).

Encore faut-il observer que la perspective du concours – au moment de cette distribution – avec des créanciers bénéficiant de sûretés peut dissuader les créanciers chirographaires de saisir, si la valeur des biens sur lesquels porte la procédure d'exécution est inférieure au montant des créances assorties d'un droit de préférence. Ainsi, il est sans intérêt pour un créancier chirographaire de saisir un immeuble s'il apparaît que le prix de vente de celui-ci ne permettra même pas de désintéresser ceux qui bénéficient, sur cet immeuble, d'un privilège ou d'une hypothèque.

38. – La logique du caractère général du droit de gage conféré au créancier commande de reconnaître en principe à celui-ci la faculté de faire porter la saisie sur n'importe quel bien (saisissable) de son débiteur. Il faut toutefois tenir compte de certaines règles qui limitent ce droit.

Ainsi doit-on d'abord citer l'article 2192 du Code civil, dont le second alinéa reprend au demeurant une solution antérieure à la réforme de la saisie immobilière de 2006 : « Le créancier ne peut saisir les immeubles qui ne sont pas hypothéqués en sa faveur que dans le cas où l'hypothèque dont il bénéficie ne lui permet pas d'être rempli de ses droits ». On comprend aisément la raison de cette solution, qui explique au demeurant que celle-ci s'applique non seulement en cas d'hypothèque proprement dite, mais également dans le cas de privilège spécial immobilier : dès lors qu'un immeuble est spécialement affecté à la garantie de certaines créances, il importe que les créanciers concernés ne puissent faire vendre d'autres biens du débiteur que si l'immeuble considéré n'a pas une valeur suffisante pour permettre de les désintéresser.

Il y a lieu en outre de ne pas négliger la règle énoncée au premier alinéa du même article et consécutive à la réforme de 2006 : « Le créancier qui a procédé à la saisie d'un immeuble de son débiteur ne peut engager une nouvelle procédure de saisie sur un autre bien immobilier de celui-ci que dans le cas d'insuffisance du bien déjà saisi ». On peut voir dans cette règle une application particulière de la disposition précitée de l'article 22, alinéa 1, de la loi du 9 juillet 1991 (*supra*, n° 36, *in fine*).

---

1. V. en outre les solutions prévues à l'article 22-1 de la loi du 9 juillet 1991 (aj. par L. 11 févr. 1994), dans l'hypothèse où la créance contractuelle motivant la mesure d'exécution a sa cause dans l'activité professionnelle d'un entrepreneur individuel.

Il convient enfin de mentionner la règle (introduite par les auteurs de la réforme de 1991-1992) limitant la possibilité de pratiquer une saisie-vente sur des biens (par hypothèse mobiliers corporels) se trouvant dans un local servant à l'habitation du débiteur, lorsqu'il s'agit de recouvrer une « petite » créance (autre qu'alimentaire) (art. 51, al. 1, L. 9 juill. 1991 et art. 82, Décr. 31 juill. 1992 mod. Décr. 27 avr. 2001 ; v. *infra,* n° 143).

§ 2. L'EXERCICE DU DROIT DE SAISIR

39. – Exercer le droit de saisir ne consiste évidemment pas à pratiquer soi-même la saisie (!), mais à *requérir* une mesure d'exécution ou une mesure conservatoire (l'exécution de la mesure ressortissant normalement aux pouvoirs exclusifs des huissiers de justice) (*infra,* n° 101). On remarquera d'ores et déjà à ce propos que la personne qui fait procéder à la saisie *ne peut* même *pas* en principe *assister aux opérations d'exécution* (il n'en va autrement que sur autorisation du juge, lorsque les modalités de l'appréhension l'exigent) (art. 4, Décr. 31 juill. 1992). La raison de cette solution est assez évidente, tout au moins dans l'hypothèse où la saisie est pratiquée entre les mains du débiteur lui-même : il s'agit en effet de prévenir tout risque de querelle entre ce dernier et son créancier !

40. – Toujours est-il qu'il est permis d'affirmer, en négligeant (provisoirement !) le cas de représentation, que le droit de faire pratiquer une saisie est exercé par le créancier lui-même. Il peut au demeurant ne pas s'agir du créancier originaire, car la créance a pu être transmise. Aussi bien affirme-t-on que les ayants cause du créancier peuvent saisir : la saisie peut être ainsi le fait tant des ayants cause universels ou à titre universel, lesquels continuent la personne du défunt, que d'un ayant cause particulier en raison de la créance qui lui a été transmise. À vrai dire, même dans ces hypothèses, c'est encore le titulaire du droit de saisir qui l'exerce, puisque ce droit appartient évidemment à celui qui a la qualité de créancier *au moment où la saisie est pratiquée,* ce dernier pouvant ne pas être le créancier originaire[1].

Si ces situations méritent cependant d'être signalées, c'est surtout en raison de questions de *preuve*. L'ayant cause doit en effet justifier de son droit de saisir. Ainsi, en cas de transmission universelle ou à titre universel, l'héritier justifiera de son droit en *notifiant* au débiteur l'acte de décès de son auteur ainsi qu'un acte de notoriété attestant qu'il est héritier, et le légataire en informant de la même manière l'intéressé de l'existence et du contenu du testament.

En cas de transmission à titre particulier (legs d'une créance, cession de créance, subrogation...), l'ayant cause devra également notifier son titre au débiteur. On notera toutefois qu'en ce qui concerne la cession de créance, dont l'opposabilité au débiteur cédé implique normalement une signification de l'opération faite à ce dernier (art. 1690, C. civ.), le cessionnaire aura, par hypothèse, satisfait à la condition d'information du débiteur[2].

Cela étant, l'étude de l'exercice du droit de saisir conduit essentiellement à examiner les conditions relatives à l'*aptitude* requise pour faire pratiquer une mesure d'exécution ou une mesure conservatoire, ladite aptitude pouvant au demeurant – on le verra – être envisagée sous le double aspect de la capacité et des pouvoirs.

---

1. Le cessionnaire de la créance constatée dans un acte notarié de prêt et cédée dans les formes de l'article 1690 du Code civil est titulaire d'un titre exécutoire l'autorisant à pratiquer une saisie-attribution (Civ. 2e, 3 nov. 2005, *D.* 2005. 2826).
2. V. à ce propos Civ. 2e, 3 nov. 2005 préc.

Il est classique de s'interroger à cet égard sur deux questions : l'exercice du droit de saisir constitue-t-il un acte *judiciaire*, impliquant donc l'aptitude requise pour agir en justice, ou, au contraire, un acte *extrajudiciaire*, avec la conséquence inverse ? L'exercice de ce droit constitue-t-il un simple acte d'*administration* ou un véritable acte de *disposition*, cette dernière qualification débouchant sur des conditions normalement plus exigeantes que la première quant aux conditions de capacité ou de pouvoirs, selon le cas.

S'agissant de la première question, on peut être tenté de répondre aujourd'hui que, sauf en ce qui concerne la saisie immobilière, laquelle suppose nécessairement une procédure judiciaire (*infra*, n°s 398 et s.), l'exercice du droit de saisir est un acte extrajudiciaire : on sait en effet que la volonté des auteurs de la réforme des voies d'exécution a été de faire en sorte que les saisies mobilières aient, en principe, un caractère extrajudiciaire (*supra*, n° 16). On peut donc songer à préconiser, pour ces saisies, une moindre exigence quant à l'aptitude requise. Cependant, ne serait-ce que pour permettre à la partie poursuivante (la remarque étant d'ailleurs valable pour toute partie à la procédure de saisie) de faire régler par le juge un incident (toujours possible), il paraît finalement assez raisonnable de poser la règle selon laquelle l'aptitude normalement requise pour agir en justice est nécessaire en la matière.

Sans s'embarrasser de la première question, les auteurs de la réforme des voies d'exécution ont, au contraire, entendu clairement répondre à la seconde. On peut lire en effet à l'article 26 de la loi du 9 juillet 1991 que « Sauf disposition contraire, l'exercice d'une mesure d'exécution et d'une mesure conservatoire est considéré comme un acte d'administration, sous réserve des dispositions du Code civil relatives à la réception des deniers ». Autrement dit, sauf en ce qui concerne la saisie immobilière (*infra*, n° 403, 1°) et la réception des deniers, expressément visée, qui requièrent l'aptitude à accomplir des actes de disposition, la capacité et (ou) le pouvoir d'administrer suffisent pour l'exercice des voies d'exécution[1].

Encore convient-il de préciser quelque peu les solutions qui découlent de ces principes, sans négliger la distinction entre la *capacité* et les *pouvoirs*.

A. Capacité

41. – Pour faire pratiquer une saisie, il faut normalement être *majeur*, c'est-à-dire avoir dix-huit ans accomplis, âge à partir duquel on peut en principe accomplir tous les actes de la vie civile[2]. Il y a lieu toutefois de tenir compte du fait que cette capacité (sous quelques réserves, qui ne concernent pas la matière examinée) est également reconnue au mineur émancipé[3]. Celui-ci peut donc pratiquer une saisie.

Par ailleurs, il convient de rappeler que certains majeurs peuvent être placés sous un régime de protection. Cela ne leur interdit pas nécessairement de pratiquer une saisie. Ainsi, un majeur placé sous sauvegarde de justice, qui conserve en principe l'exercice de ses droits[4], peut faire procéder à une mesure d'exécution forcée, sauf s'il a constitué un administrateur de ses biens[5]. De même, en réservant la saisie immobilière (considé-

---

1. En conséquence, le représentant du créancier saisissant n'a pas à justifier d'un pouvoir spécial : dès lors, pour pratiquer une saisie-attribution, un pouvoir de gestion courante suffit : Civ. 2e, 15 janv. 2004, *D.* 2004. 471, *Rev. huissiers* 2004. 218, obs. Hoonakker.

2. V. C. civ., art. 414.

3. C. civ., art. 413-6.

4. C. civ., art. 435, al. 1.

5. C. civ., art. 435, al. 1 et 437, al. 2.

rée comme un acte de disposition), une procédure d'exécution peut en principe être menée à l'initiative d'un individu en curatelle[1].

Toutefois, dans les hypothèses d'administration légale et de tutelle, et qu'il s'agisse d'ailleurs de mineurs ou de majeurs, la possibilité pour le titulaire du droit de saisir de l'exercer lui-même doit être écartée. Il est donc nécessaire que l'intéressé soit *représenté,* mais c'est alors un problème de *pouvoir* qui se pose (v. *infra*).

B. Pouvoirs

42. – Cette question de pouvoirs se pose lorsque la saisie est pratiquée par une autre personne que le créancier lui-même, laquelle assure donc la *représentation* de ce dernier.

Le pouvoir peut être *légal* : c'est le cas lorsqu'un administrateur légal[2] ou un tuteur saisit pour le compte de la personne qu'il représente. Un tel représentant peut agir en principe sans aucune autorisation[3], encore qu'il faille réserver, relativement au tuteur, le cas de la saisie immobilière[4]. Il peut s'agir aussi d'un pouvoir *conventionnel.* On relèvera à cet égard qu'un mandat général suffit actuellement, quelle que soit la saisie envisagée, encore que l'on tende à réserver, à ce propos, l'hypothèse de saisie immobilière[5].

À côté des hypothèses de représentation qui viennent d'être évoquées, l'on mentionnera celle où une saisie est pratiquée par la voie *oblique.* Si un débiteur néglige de procéder à une mesure d'exécution (et donc de faire entrer certains éléments d'actif dans son patrimoine), son créancier doit se voir reconnaître en principe le pouvoir de pratiquer la saisie en ses lieu et place (et donc pour le compte du débiteur), en application de l'article 1166 du Code civil.

43. – S'agissant des *époux*[6], le régime matrimonial qui leur est applicable a naturellement des répercussions sur les pouvoirs dont ils disposent pour pratiquer des saisies.

---

1. C. civ., art. 467.

2. Le singulier est utilisé par souci de simplification, mais l'on sait qu'il s'agit souvent *des* administrateurs légaux (père *et* mère du mineur non émancipé).

3. C. civ., art. 504.

4. Sur les pouvoirs actuels du tuteur en matière de voies d'exécution, v. Leborgne, *op. cit.*, n° 65.

5. V. sur la question, eu égard au fait que la saisie immobilière est considérée comme un acte de disposition « virtuel », Perrot et Théry, 2e éd., n° 124 *in fine.*

6. Seul le statut des époux est pris en compte dans le texte. Il convient toutefois aujourd'hui de prendre aussi en considération les conséquences, en matière de saisies, du *pacte civil de solidarité* (PACS) (L. n° 99-944 du 15 nov. 1999 mod. L. n° 2006-728 du 23 juin 2006). Sur le PACS, v., entre autres, Hauser, *RJPF*, nov. 1999. 7; Lemouland, *D.* 1999. chron. 483; Revet, *RTD civ.* 2000. 173; Piastra, *D.* 2000. chron. 203 et, spécialement sur la réforme du 23 juin 2006, Rochfeld, *RTD civ.* 2006. 624 (3 *ter*). S'agissant de l'exercice du droit de saisir, chaque partenaire ayant normalement, sur ses propres biens, des pouvoirs d'administration et de disposition, a vocation à pratiquer seul toute saisie (mobilière ou immobilière) pour le recouvrement de droits de créance dont il est personnellement (et exclusivement) titulaire. Encore faut-il tenir compte du fait que les partenaires se voient offrir, par le biais des stipulations du pacte, une grande liberté (sous quelques réserves) pour « organiser leur vie commune » (art. 515-1, C. civ.) et que l'un peut ainsi confier à l'autre des pouvoirs sur ses propres biens (ils peuvent au demeurant se confier mutuellement de tels pouvoirs). Dans ces conditions, des saisies pourront, le cas échéant, être pratiquées pour le recouvrement de créances personnelles du partenaire (des pouvoirs d'administration permettant des saisies mobilières, étant entendu que seuls des pouvoirs de disposition sont susceptibles d'autoriser des saisies immobilières). Par ailleurs, dans la mesure où certains biens peuvent être *indivis* (v. art. 515-5-1, C. civ.), il en résulte que, sous réserve de la possibilité qui doit être reconnue aux partenaires de préférer le régime conventionnel de l'indivision, les dispositions des articles 815 et s. C. civ. sont applicables. Dès lors, pour pratiquer toute mesure d'exécution en vue du recouvrement d'une créance relative à un bien dont les partenaires sont propriétaires indivis (par exemple, une créance de loyers), le consentement des deux est *en principe* nécessaire, (solution à laquelle conduit en la matière les dispositions de l'art. 815-3, C. civ., réd. L. 23 juin, 2006, visant aussi bien à cet égard des actes d'administration que de disposition). On s'en tient évidemment ici à quelques indications schématiques.

Cela étant, et schématiquement, on peut dire que chaque époux peut librement pratiquer des saisies relativement aux créances faisant partie des biens qu'il lui appartient d'administrer : ainsi, dans le régime légal institué par la loi du 13 juillet 1965 (communauté d'acquêts), compte tenu de la réforme opérée par la loi du 23 décembre 1985, chaque époux a vocation à exercer *seul* une saisie pour la sauvegarde ou le recouvrement de créances communes (appl. art. 1421, C. civ.), encore que la règle doive être écartée s'agissant de saisie immobilière (art. 1424, C. civ.); par ailleurs, dans le régime susvisé comme dans ceux de séparation de biens et de participation aux acquêts, chaque époux a le pouvoir de pratiquer des saisies nécessitées par l'administration de ses biens propres (appl. art. 1428, 1536 et 1569, C. civ.).

Il ne faut pas négliger par ailleurs, outre la possibilité de mandats entre époux (art. 218, 1431, C. civ.), les hypothèses d'habilitation judiciaire permettant à un époux de représenter son conjoint. De telles techniques peuvent évidemment être utilisées pour permettre, entre autres, de pratiquer des saisies (v. art. 219, 1426 et 1429, C. civ.).

Section II
Le saisi

43 *bis*. – Seront successivement indiquées les solutions de *principe* (§ 1) et celles qui y *dérogent* (§ 2).

§ 1. Les solutions de principe

44. – Généralement, le saisi est le *débiteur* du saisissant. Au demeurant, une saisie peut en principe être pratiquée contre tout débiteur.

Celui-ci peut être le débiteur originaire, mais il est parfois procédé à la saisie contre un ayant cause de celui-ci, ce qui ne contredit pas le principe ci-dessus énoncé : ce qui importe en effet, c'est la qualité de débiteur *actuel* (c'est-à-dire au moment où est engagée la procédure d'exécution). Le saisi peut donc éventuellement être un héritier de celui qui a contracté la dette, ce qui est d'ailleurs souligné par l'article 877 du Code civil[1]. Toutefois, il résulte de ce même texte que les créanciers ne peuvent entreprendre ou continuer l'exécution que huit jours après avoir signifié leur titre à l'héritier[2].

45. – Normalement, le débiteur est non seulement celui *dont les biens* sont saisis, mais aussi celui contre lequel la *procédure* est dirigée. Cette affirmation vaut en principe alors même que les biens à saisir, n'étant pas entre les mains du débiteur lui-même, sont appréhendés entre celles d'un tiers (art. 13, L. 9 juill. 1991).

Il arrive néanmoins, dans certaines hypothèses, que la procédure soit menée contre une autre personne que le débiteur lui-même.

---

1. La loi n° 2006-728 du 23 juin 2006 a permis de simplifier (et moderniser) la rédaction de ce texte.

2. Civ. 2e, 11 juill. 2002, *Rev. huissiers* 2003. 36, obs. Brenner a précisé que les significations et dénonciations auxquelles donnent lieu les mesures d'exécution contre la succession ne peuvent être annulées au seul motif que les héritiers ont renoncé par la suite à la succession.

Il en va ainsi en cas de *représentation* de ce dernier, que celle-ci soit légale ou conventionnelle. S'agissant de la représentation légale, on rappellera[1] qu'elle ne s'applique pas nécessairement dès lors qu'une personne est soumise à un régime de protection. Sans doute, le mineur non émancipé doit être représenté : la procédure est alors menée contre l'« administrateur légal » (soit père *et* mère, soit père ou mère) ou le tuteur (étant bien entendu que les biens saisis sont ceux du représenté). Toutefois, en ce qui concerne le majeur en curatelle, la procédure doit pouvoir être dirigée contre lui personnellement, tout au moins en principe[2], étant entendu cependant que toute *signification* faite à celui-ci *doit l'être aussi à son curateur,* à peine de nullité[3].

46. – S'agissant de saisies pratiquées contre des *personnes mariées*[4], la consultation des règles qui gouvernent les relations patrimoniales des époux est évidemment indispensable tant pour savoir sur quels *biens* une saisie peut porter que pour déterminer contre lequel des époux la *procédure* peut être dirigée.

Il faut tout d'abord tenir compte de dispositions qui s'appliquent quel que soit le régime matrimonial, comme par exemple l'article 220, alinéa 1, du Code civil, dont il résulte que les époux sont solidairement tenus des dettes relatives à l'entretien du ménage ou l'éducation des enfants : en conséquence de ce texte, les biens de chaque époux (de même évidemment que leurs biens communs, au cas de communauté), peuvent faire l'objet de saisies ayant pour cause ces dettes dites « ménagères » (v. cep. les alinéas 2 et 3 de l'article susvisé, écartant cette solidarité en cas de « dépenses manifestement excessives », de même qu'*en principe* pour des achats à tempérament ou des emprunts).

Il y a lieu également de tirer les conséquences des règles propres au régime matrimonial applicable[5]. Sous les régimes de séparation de biens ou de participations aux acquêts, chaque époux peut être poursuivi sur son patrimoine propre par ses créanciers personnels[6] (et ne peut normalement l'être que par ceux-ci). Dans les régimes communautaires, la solution qui vient d'être évoquée vaut encore pour les propres de chaque époux, mais s'agissant de la masse commune, on peut dire actuellement (compte tenu de la réforme opérée par la loi du 23 décembre 1985) que le paiement des dettes dont chaque époux est tenu, pour quelque cause que ce soit, pendant la communauté, peut toujours être poursuivi sur les biens communs, à moins qu'il n'y ait eu fraude de l'époux

---

1. Rappr. les explications données à propos du saisissant, *supra,* n°s 42 et s.

2. V. C. civ., art. 467, al. 1. Il faut réserver l'application en la matière de l'article 471 du Code civil.

3. V. C. civ., art. 467, al. 3.

4. Seule la situation consécutive au *mariage* est examinée dans le texte. S'agissant des personnes ayant conclu un *pacte civil de solidarité* (PACS) (v. déjà *supra*, note sous n° 43), on ne saurait manquer de relever l'article 515-4, alinéa 2, C. civ., qui est quasiment le décalque de l'art. 220, al. 1 et 2 du même code, dont il est question dans notre développement. En vertu de l'art. 515-4, al. 2, « Les partenaires sont tenus solidairement à l'égard des tiers des dettes contractées par l'un d'eux pour les besoins de la vie courante. Toutefois, cette solidarité n'a pas lieu pour les dépenses manifestement excessives ». Sous cette dernière réserve, pour les dettes « de la vie courante », des saisies peuvent donc être pratiquées non seulement sur les biens du partenaire qui les a contractées, mais aussi sur les biens de l'autre. Il en va différemment en principe pour les autres dettes, les biens d'un des partenaires ne pouvant alors être saisis que sur le fondement de ses dettes personnelles. En ce qui concerne les biens *indivis* (v. art. 515-5-1, C. civ), il importe de tenir compte de l'article 815-17, C. civ., et notamment de l'impossibilité pour les créanciers personnels d'un indivisaire de saisir la part de celui-ci dans les biens indivis (v. alinéa 2 de ce texte; sur l'article 815-17, v. *infra*, n° 405).

5. Pour l'inopposabilité aux créanciers d'un changement de régime matrimonial opéré frauduleusement en vue de faire échec à leurs droits : Civ. 1re, 17 févr. 1987, *Gaz. Pal.* 25 mai 1987, *RTD civ.* 1987. 604, obs. Perrot.

6. Encore faut-il que le poursuivant apporte la preuve de la propriété exclusive des biens en cause par son débiteur, les règles de preuve de l'article 1538 du Code civil excluant l'application de l'article 2279 (aujourd'hui art. 2276) : Civ. 1re, 27 nov. 2001, *Rev. huissiers* 2002. 175, obs. Bourdillat).

débiteur et mauvaise foi du créancier (art. 1413, C. civ.)[1]. Bien entendu, il ne s'agit là que d'indications fragmentaires[2 et 3].

§ 2. Les solutions dérogatoires

47. – Le principe selon lequel le saisi est le débiteur (étant acquis que la procédure peut être, dans certains cas, dirigée contre un représentant de celui-ci) est écarté dans des hypothèses importantes, qui intéressent la saisie immobilière. En cette matière, le *droit de suite* qui est reconnu à certains créanciers, tels que les créanciers hypothécaires, permet à ces derniers de saisir l'immeuble grevé de la sûreté qui garantit leur créance entre les mains du *tiers détenteur* de cet immeuble (sous réserve de certains droits reconnus à ce tiers). De même, une procédure d'exécution peut éventuellement être menée contre le propriétaire d'un immeuble qui, sans s'obliger personnellement à la dette d'autrui, a cependant accepté d'hypothéquer son immeuble pour garantir le paiement de cette dette[4].

48. – Par ailleurs, si, en règle générale, tout débiteur est susceptible d'être le sujet passif de saisies, il ne faut pas négliger cependant l'existence d'*immunités d'exécution*, aujourd'hui visées (sans précisions particulières) à l'article 1er, alinéa 3, de la loi du 9 juillet 1991. Les personnes qui bénéficient d'une telle immunité peuvent opposer celle-ci en vue d'échapper à une saisie : il en résulte que leurs biens sont insaisissables[5].

– C'est ainsi tout d'abord que l'on ne peut pratiquer de saisies contre des personnes morales *françaises* de droit *public* (État, départements, communes, établissements publics). Les raisons généralement avancées à l'appui de cette solution (présomption de *solvabilité* de ces personnes, ou nécessité de respecter les règles de la *comptabilité publique*) peuvent ne pas convaincre[6]. Il y a là un véritable privilège, que seule l'idée de puissance publique peut expliquer, sinon justifier[7].

---

1. Paris, 23 nov. 1995, *D.* 1996. J. 326, note Prévault; Civ. 1re, 16 mai 2000, *D.* 2000. IR. 174; v. les précisions données aux articles 1414 et 1415 du Code civil. Sur la saisie des comptes dont les époux communs en biens sont titulaires, v. Décr. 31 juill. 1992, art. 48 (application de l'art. 1414, al. 2, C. civ.). V., pour la nécessité d'une mise à disposition *immédiate*, conformément à l'article 48 susvisé, des sommes dont il est question dans ce texte, Civ. 2e, 27 mai 2004, *D.* 2004. 1773. À propos d'une saisie de compte joint entre époux séparés de biens, v. les précisions de Civ. 2e, 10 juill. 1996, *RTD civ.* 1996. 990, obs. Perrot.

2. Sur la seule question de savoir contre qui la procédure doit (ou peut) être dirigée, il faut naturellement tenir compte aussi des règles relatives à la représentation des époux entre eux.

3. Pour d'intéressantes précisions quant à l'incidence de la situation matrimoniale du débiteur en la matière, v. Leborgne, *op. cit.*, nos 156 et s.

4. V. *infra*, nos 408, 435 et s.

5. Comme on l'a relevé (Vincent, *Voies d'exécution,* 14e éd., no 21 *bis*), il s'agit là d'une insaisissabilité qui tient d'abord à la *personne* du débiteur, et non à la nature des biens, ce qui justifie que l'on en traite à propos des parties à la saisie.

6. Joly, *Procédure civile et voies d'exécution* (Sirey, 1969), T. II, no 315.

7. V. cep., soulignant que le bon fonctionnement du service public ne doit pas être affecté par des mesures portant sur des biens et deniers permettant précisément d'assurer un tel fonctionnement, Leborgne, *op. cit.*, no 684. – La Cour de cassation a reconnu le bénéfice de l'immunité d'exécution aux *établissements publics* à caractère *industriel* ou *commercial* : Civ. 1re, 21 déc. 1987, *Bull. civ.* I, no 348, p. 249, *RTD civ.* 1989. 145, obs. Perrot, *Gaz. Pal.* 1988. J. 685, note Véron, *JCP* 1989. II. 21183, note Nicod. On notera que le législateur (L. no 80-539 du 16 juill. 1980 sur les astreintes prononcées en matière administrative, et l'exécution des jugements par les personnes morales de droit public) a entendu *atténuer* les conséquences de cette immunité d'exécution (sans cependant remettre celle-ci en cause). – V. la première application « positive » de la loi susvisée par CE 17 mai 1985 (*Dame Menneret*), *D.* 1985. J. 583, note J.-M. Auby; v. le complément apporté à l'article 1er L. 16 juill. 1980 par la loi no 94-504 du 22 juin 1994 (art. 9); v. par ailleurs sur l'exécution des décisions de juridictions administratives, L. 95-125 du 8 févr. 1995, art. 62 (v. actuellement art. L. 911-1 et s. et R. 911-1 et s., C. just. adm.). Sur ces textes, v. R. Debbasch, « Le juge administratif et l'injonction : la fin d'un tabou » *JCP* 1996. I. 3924; A. Cammilleri, « Le pouvoir d'injonction du juge administratif : une révolution avortée », *JCP* 1997. I. 3992; S. Deygas, « Le juge administratif, juge de l'exécution », *Procédures* 1998, no 7, p. 3.

– Ensuite, les États étrangers[1] et les organisations internationales, les chefs d'État et souverains étrangers, de même que les agents diplomatiques étrangers, bénéficient également d'immunités d'exécution. Ces personnes jouissent même d'immunités de juridiction, qui leur permettent de dénier tout pouvoir aux tribunaux français pour connaître d'instances qui seraient engagées contre elles[2]. On relèvera que l'immunité d'exécution, qui permet aux personnes étrangères ci-dessus visées d'échapper aux saisies (et qui, seule, nous intéresse ici) a une portée plus large que l'immunité de juridiction, ce qui se traduit notamment par le fait qu'une renonciation à cette dernière n'emporte pas (tout au moins nécessairement) renonciation à l'immunité d'exécution[3].

49. – Le principe selon lequel une saisie peut être pratiquée (ou poursuivie) contre tout débiteur connaît d'autres exceptions ou tempéraments qui méritent d'être indiqués.

Il convient ainsi tout d'abord de souligner les *arrêts* ou *interdictions* de *poursuites individuelles* qu'impose la loi, en conséquence du jugement d'ouverture d'une procédure de *sauvegarde*, de *redressement* ou *liquidation judiciaire* (et s'agissant des créanciers antérieurs au jugement d'ouverture), à l'égard des débiteurs contre lesquels sont menées de telles procédures[4 et 5]. Cela ne signifie pas que les créanciers ne pourront pas recouvrer leurs créances (tout au moins partiellement); toutefois, ils ne pourront le faire que dans le cadre de la procédure *collective* engagée[6].

---

1. Bien que mandé de payer ses dettes par la communauté internationale (Conseil de Sécurité des Nations unies), un État ne perd pas pour autant son immunité d'exécution : Civ. 1re, 25 avr. 2006, *Rev. huissiers* 2006. 286, obs. Cuniberti. – v., par ailleurs, pour la reconnaissance de l'immunité d'exécution relative aux biens détenus ou gérés par des banques centrales ou autorités monétaires étrangères, art. L. 153-1, C. mon. et fin. Sur ce texte : Micaud, *Rev. huissiers* 2006. 128; Dymant, *Rev. huissiers* 2006. 259.

2. V. cep., sur les limites de cette immunité (à laquelle l'on peut d'ailleurs renoncer), Batiffol et Lagarde, *Droit international privé* (LGDJ), 7e éd., T. II, no 693-2; Loussouarn et Bourel, *Droit international privé,* Dalloz, 8e éd., nos 480 et s.; Mayer et Heuzé, *Droit international privé,* 8e éd., Montchrestien, no 325, Holleaux, Foyer et de Geouffre de La Pradelle, *Droit international privé,* Masson, nos 883 à 887; Audit, *Droit international privé,* Economica, 3e éd., no 401; Niboyet et de Geouffre de La Pradelle, *Droit international privé,* LGDJ, nos 454 et s. – Sur l'immunité d'*exécution,* v. Loussouarn et Bourel, *op. cit.*, no 483; Mayer et Heuzé, *op. cit.*, nos 326 et s.; Audit, *op. cit.*, no 405; Niboyet et de Geouffre de La Pradelle, *op. cit.,* nos 549 et s.

3. Sur la question, v. Batiffol et Lagarde, *op. cit.,* nos 693-3 et 694; Mayer et Heuzé, *op. cit.*, no 328; Niboyet et de Geouffre de La Pradelle, *op. cit.*, no 544. V. toutefois limitant le domaine de l'immunité d'exécution, Civ. 1re, 6 juill. 2000, *D.* 2000. 209, *Rev. arb.* 2001. 214, note Leboulanger, *Clunet* 2000. 1054, note Pingel-Linuzza, *Gaz. Pal.* 31 janv. 2001, p. 6, note Piedelièvre : l'engagement pris par l'État signataire de la clause d'arbitrage d'exécuter la sentence dans les termes de l'art. 24 du règlement d'arbitrage CCI impliquait renonciation de cet État à l'immunité d'exécution (v. à propos de cet arrêt, Théry, « Feue l'immunité d'exécution », *Gaz. Pal.* 10-12 juin 2001, no spéc. « Contentieux judiciaire international et européen »). V. égal. Paris, 12 déc. 2001, *D.* 2002. 617. – V. par ailleurs, soulignant que, dans l'hypothèse où le bien saisi se rattache, non à l'exercice d'une activité de souveraineté, mais à une opération de droit privé, l'immunité est écartée, Civ. 1re, 25 janv. 2005, *D.* 2005. 616, avis Sainte-Rose. – Pour une remarquable synthèse relative aux « biens protégés » par l'immunité, v. Niboyet et de Geouffre de La Pradelle, *op. cit.*, no 550.

4. Art. L. 622-21, L. 631-14 et L. 641-3, C. com., réd. Ord. 18 déc. 2008. – L'arrêt des poursuites individuelles s'applique tant que la procédure d'exécution n'a pas produit ses effets (par la vente des biens saisis en cas de saisie-vente) : Civ. 2e, 19 mai 1998, *D.* 1998. J. 405, concl. Tatu (v. aussi d'ailleurs la formule de l'art. L. 622-21 préc.). – V. Théry, « L'incidence d'une procédure collective sur les procédures civiles d'exécution », *Rev. huissiers* 2002. 140. – V. ég. Scholastique, « Titre exécutoire et procédures collectives », *Rev. huissiers* 2005. 7. – On relèvera l'absence de rétroactivité du jugement prononçant l'extension de la procédure collective en raison de la confusion des patrimoines : Com. 28 sept. 2004, *Rev. huissiers* 2005. 87, obs. Le Corre.

5. Par ailleurs, v. déjà, dans le cadre de la procédure de *conciliation* consécutive aux difficultés des entreprises, l'arrêt ou l'interdiction des poursuites individuelles découlant de l'accord constaté ou homologué, pendant la durée d'exécution de cet accord (art. L. 611-10-1, C. com.).

6. Sur les dérogations prévues au profit des créanciers qui bénéficient d'un privilège spécial, d'un gage, d'un nantissement ou d'une hypothèque et du Trésor public pour ses créances privilégiées, v. art. L. 643-2, C. com., mod. Ord. 18 déc. 2008. – V. ég. *infra,* no 406, *in fine.* – Les procédures collectives font l'objet d'enseignements (et d'ouvrages) spécialisés : v., par ex., Jeantin et Le Cannu, *Droit commercial,* (Dalloz, 7e éd.). – V. spécialement à propos de la question envisagée ci-dessus, Théry, art. préc., *Rev. huissiers* 2002. 140 et Scholastique, art. préc., *Rev. huissiers* 2005. 7.

Ensuite, il faut de même citer la *suspension* des *procédures d'exécution* attachée à l'utilisation par le juge des pouvoirs qu'il tient de l'article 1244-1 du Code civil (v. ce texte et art. 1244-2, C. civ.) ainsi que les possibilités de telles suspensions prévues dans le cadre du traitement des situations de *surendettement* des particuliers (art. L. 331-5, C. consom., mod. L. 23 janv., 29 juill. 1998 et Ord. 21 avr. 2006), en relevant la suspension découlant de la saisine du juge aux fins de *rétablissement personnel* (L. 331-3-1, C. comsom., L. 5 mars 2007) ou du jugement d'ouverture de cette procédure (art. L. 332-6 du même code, L. 1er août 2003 mod. Ord. 21 avr. 2006 et L. 5 mars 2007)[1].

Section III
Les tiers[2]

50. – Il convient de préciser la *notion de tiers* (§ 1), avant d'indiquer les *obligations* qui pèsent sur les personnes entrant dans cette catégorie (§ 2).

§ 1. La notion de tiers

51. – Cette notion n'est pas univoque. Comme dans d'autres secteurs du droit, on peut le constater en matière de voies d'exécution.

Sans doute oppose-t-on les tiers aux parties[3]. Les personnes déjà rencontrées – créancier saisissant, qui poursuit la procédure de saisie et débiteur saisi, contre lequel cette procédure est poursuivie – entrent indiscutablement dans la deuxième catégorie. Toutefois, des personnes qualifiées de « tiers » peuvent, le cas échéant, avoir en réalité également la qualité de parties.

On a déjà cité l'hypothèse d'une saisie immobilière poursuivie contre le tiers détenteur d'un immeuble hypothéqué : dans ce cas, le « tiers » en question a même la qualité de *saisi* (bien que n'étant pas *personnellement* tenu de la dette cause de la saisie)[4].

Il faut également mentionner toutes les hypothèses dans lesquelles une saisie est pratiquée *entre les mains* d'un tiers, alors que la procédure n'est pas dirigée contre ce dernier (mais *contre* le débiteur saisi) : c'est qu'en effet, les saisies « peuvent porter sur tous les biens appartenant au débiteur alors même qu'ils seraient détenus par des tiers » (art. 13, al. 1, L. 9 juill. 1991) : le tiers peut ainsi détenir des meubles corporels dont le débiteur est propriétaire; il peut aussi être lui-même débiteur... du débiteur saisi, ce qui

---

1. Putman, « Le sort des procédures civiles d'exécution en cas de surendettement », *Rev. huissiers* 2007. 248. – V. par ailleurs, sur la question particulière de la suspension des poursuites accordées, à certaines conditions, aux rapatriés d'Algérie, Taormina, *D.* 2004. 1488, citant les divers textes successifs (à propos de Civ. 2e, 9 oct. 2004). Pour l'inapplicabilité d'une telle suspension, s'agissant de l'expulsion d'un bien immobilier dont l'adjudication est devenue irrévocable, v. Civ. 2e, 1er déc. 2005, *Rev. huissiers* 2006. 165, obs. Leborgne. – v. plus généralement, s'agissant de la contrariété à la Convention européenne des droits de l'homme de l'ensemble du dispositif, A.P. 7 avr. 2006 et D. Mouralis, *Rev. huissiers* 2006. 193. V. encore Civ. 2e, 8 mars 2007, *RTD civ.* 2007. 643, obs. Perrot.

2. Pour une étude générale de la matière, v. Lebeau, *J.-Cl. pr. civ.*, Fasc. 2200; Vinckel, *J.-Cl. voies d'exécution*, Fasc. 410; Ruellan, *Droit et pratique des voies d'exécution*, 2007-2008, nos 161 et s.

3. V. d'ailleurs à cet égard l'intitulé de la 4e section du chapitre 2 de la loi du 9 juillet 1991 (« Les parties et les tiers »).

4. *Infra*, no 407.

peut permettre une saisie portant sur la créance dont ce dernier est titulaire à l'égard du « tiers saisi ». Dans ces dernières hypothèses, on peut considérer que celui que l'on qualifie de « tiers » est en réalité, malgré cette qualification, partie à la procédure de saisie, car – comme on l'a dit plus haut – cette procédure, bien que n'étant pas dirigée contre cette personne, est pratiquée *entre ses mains*.

52. – En dehors de ces « tiers »... qui n'en sont pas (et dont le rôle et les obligations devront être précisés avec l'étude de chaque saisie), il y a lieu de tenir compte de personnes qui méritent cette qualification, et que l'on peut donc opposer aux parties, mais qui jouent néanmoins un rôle lors des opérations d'exécution.

Les personnes ici visées sont très diverses.

On peut songer tout d'abord à des personnes dont le concours peut s'avérer nécessaire à l'exécution de la mesure, telles que le serrurier chargé par l'huissier d'ouvrir (et refermer) les portes d'accès aux lieux des opérations (art. 30, L. 9 juill. 1991), ou le déménageur appelé à appréhender un meuble (art. 56, L.), ou encore le garagiste auquel il est demandé d'enlever un véhicule immobilisé sur la voie publique (art. 173, Décr. 31 juill. 1992).

Il convient également de mentionner les personnes auxquelles des informations sont demandées en vue de permettre la mesure envisagée (art. 39, L.).

Par ailleurs, on verra qu'à côté de certaines personnes, déjà visées, appelées à concourir directement aux opérations d'exécution, des tiers peuvent voir leur rôle limité à une simple *présence* au moment des opérations : « témoins » (au nombre de deux) dont ladite présence, à défaut de celle de certaines autorités, est nécessaire pour permettre à l'huissier de pénétrer dans un local en l'absence de son occupant ou si ce dernier en refuse l'accès (art. 21, L.), ou, en dehors de toute exigence préalable, personnes qui, se trouvant sur les lieux au moment où il est procédé à la mesure, assistent à celle-ci (v., en matière de saisie-vente, pour les indications relatives à ces personnes – et la signature de ces dernières – qui doivent figurer dans l'acte de saisie, art. 94, Décr. 31 juill. 1992).

Encore faut-il observer que les développements qui précèdent ne sauraient permettre de dresser une liste limitative des « tiers ». D'autres personnes, non spécialement mentionnées ci-dessus, ont cette qualité : tel est le cas, par exemple, du gardien nommé par l'huissier de justice dans l'hypothèse où, une saisie-vente étant pratiquée entre les mains d'un tiers, ce dernier refuse la garde des biens saisis (ou demande ultérieurement à en être déchargé) (art. 104, Décr.).

§ 2. Les obligations pesant sur les tiers

53. – On distinguera entre des règles visant les tiers en général (A) et celle relative à l'hypothèse de mesure pratiquée entre les mains d'un comptable public (B)[1].

A. Obligations pesant sur les tiers en général

54. – La *nature* de ces obligations (a) puis les *sanctions* qui sont attachées à celles-ci (b) doivent être présentées.

---

1. À la vérité, il existe d'autres obligations *spéciales* pesant sur des tiers, qui seront présentées avec l'étude des matières particulières qu'elles concernent.

a) Nature des obligations

55. – Cette nature dépend de la manière dont le tiers est appelé à intervenir.

Certains tiers ont vocation à jouer un rôle *actif* dans les opérations de saisie (ou pour permettre celles-ci), auquel cas ils sont tenus d'obligations *positives*. Tel est le cas des tiers qui sont *légalement requis* d'apporter leur *concours* aux procédures conservatoires ou d'exécution (art. 24, al. 1 *in fine*, L. 9 juill. 1991)[1].

Lorsque leur concours n'est pas requis, les tiers ne sont pas pour autant dispensés de toute obligation, mais celle-ci consiste en un devoir *de ne pas faire obstacle* à la procédure engagée (art. 24, al. 1, L.). Il s'agit donc d'un devoir d'*abstention* : les tiers doivent s'abstenir de tout comportement susceptible d'empêcher ou de rendre plus difficile l'exécution de la saisie.

b) Sanctions

56. – Ces sanctions sont prévues aux alinéas 2 et 3 de l'article 24 de la loi du 9 juillet 1991.

Elles sont en principe applicables dès lors que le « tiers » n'a pas satisfait aux obligations qui pèsent sur lui. Toutefois, il faut réserver l'hypothèse où l'inexécution desdites obligations est *justifiée* par un *motif légitime*.

En dehors des cas où un tel motif peut être invoqué, le tiers qui « se soustrait à ses obligations peut être contraint d'y satisfaire, au besoin à peine d'*astreinte,* sans préjudice de *dommages-intérêts* » (art. 24, al. 2, L.).

B. Obligation de l'ordonnateur dans l'hypothèse de saisie à pratiquer entre les mains d'un comptable public

57. – Cette obligation découle de la disposition de l'article 25 de la loi du 9 juillet 1991, texte ainsi rédigé : « Lorsque la mesure doit être effectuée entre les mains d'un comptable public, tout créancier porteur d'un titre exécutoire ou d'une autorisation de mesure conservatoire peut requérir de l'ordonnateur qu'il lui indique le comptable public assignataire de la dépense ainsi que tous les renseignements nécessaires à la mise en œuvre de la mesure »[2].

---

1. Encore faut-il que l'on puisse leur reprocher la méconnaissance d'*obligations* : Civ. 2e, 8 avr. 1999, *Bull. civ.* II, nº 69, *D.* 1999. 513, note Martin, *JCP* 1999. II. 10123, note Bonneau, *RGP* 1999. 710, obs. Putman.

2. Sur ce texte et son intérêt pour le créancier, v. Véron et Nicod, *Voies d'exécution et procédures de distribution* (A. Colin), 2e éd., p. 31.

Chapitre 2

Conditions relatives aux biens saisis

58. – Si la saisissabilité des biens est le **principe**, il importe cependant que les contours de celui-ci soient précisés (Section I). Il conviendra de souligner ensuite que si l'**insaisissabilité** des biens est exceptionnelle, son domaine ne doit pas être pour autant négligé (Section II).

Section I
Le principe de saisissabilité

59. – Aux termes de l'article 2284 du Code civil « Quiconque s'est obligé personnellement, est tenu de remplir son engagement sur *tous ses biens* mobiliers et immobiliers, présents et à venir ». On peut donc tirer de ce texte la règle (au demeurant reprise à l'article 13, alinéa 1, de la loi du 9 juillet 1991) selon laquelle tous les biens sont en principe saisissables, dès lors tout au moins qu'ils appartiennent à une personne *tenue de la dette* motivant la saisie.

On souligne volontiers les conséquences de la condition contenue dans cette dernière formule; ainsi, affirme-t-on, de même que l'on ne saurait vendre valablement la chose d'autrui, de même il ne saurait être question de procéder régulièrement à une saisie sur les biens d'autrui[1] et[2]. Le tiers qui serait victime d'une méconnaissance de cette règle disposerait d'une « action en distraction » (ainsi qualifiée parce qu'elle a pour objet de « distraire » de la saisie, et donc de faire échapper à celle-ci, le bien appartenant au tiers)[3].

Il convient cependant de remarquer que la règle selon laquelle les biens saisis doivent être la propriété du débiteur n'a pas une valeur absolue. Il faut en effet tenir compte de l'importante exception, déjà rencontrée[4], qui concerne la saisie immobilière : celle-ci peut

1. L'insaisissabilité (relative) des biens indivis, résultant actuellement de dispositions qui visent toutes les indivisions, y compris mobilières, mais qui seront spécialement envisagées avec la saisie immobilière (*infra*, n° 405), est présentée comme une conséquence indirecte de cette règle.
2. Au regard du principe examiné, les dispositions relatives à la *fiducie* ne sauraient manquer d'alimenter (et de renouveler) la réflexion. On remarquera spécialement l'article 2025, alinéa 2, du Code civil, en vertu duquel « En cas d'insuffisance du patrimoine fiduciaire, le patrimoine du *constituant* constitue le gage commun » des titulaires de créances nées de la conservation ou de la gestion du patrimoine fiduciaire (que vise l'alinéa 1er, *in fine*), donc de créanciers qui ont vocation à poursuivre sur le patrimoine fiduciaire. Le même texte permet une « stipulation contraire du contrat de fiducie mettant tout ou partie du passif à la charge du *fiduciaire* » ! (v., jugeant un tel texte « invraisemblable », Larroumet, « La loi du 19 février 2007 sur la fiducie. Propos critiques », *D.* 2007. 1350 et s., spéc. 1353, col. 2). – V. ég. *infra*, n° 74 *ter*.
3. V. *infra*, nos 190 et s., 529 et s.
4. *Supra*, n° 47.

parfois être pratiquée contre un *tiers*, par exemple au cas où celui-ci a acquis un immeuble hypothéqué sans avoir procédé à la purge des hypothèques, et où les créanciers hypothécaires du vendeur exercent leur droit de suite[1].

60. – Le principe de saisissabilité ne s'applique que dans la mesure où le bien à saisir est *disponible* entre les mains de celui contre lequel la voie d'exécution est pratiquée. Cette condition peut parfois ne pas être remplie.

Ainsi en est-il au cas d'existence d'une saisie *antérieure* sur les mêmes biens. C'est qu'en effet, cette procédure ayant pour effet, entre autres, de rendre *indisponible* le bien qui en est l'objet, on ne saurait faire porter sur celui-ci une nouvelle saisie. Cette solution, que l'on exprime par la maxime « saisie sur saisie ne vaut »[2], n'a cependant pas le sens que l'on pourrait être tenté de lui attribuer : elle ne conduit pas nécessairement à priver un créancier de tout droit sur le bien saisi dès lors qu'un autre a pris, avant lui, l'initiative d'une exécution forcée; elle signifie simplement que le bien considéré ne peut plus faire l'objet d'une saisie *indépendante* de celle déjà pratiquée. Cela n'empêche pas, le cas échéant, les créanciers autres que celui qui a engagé la procédure d'exécution de s'*associer* à celle-ci et de bénéficier de ses résultats, selon des modalités qui seront précisées ultérieurement[3].

Section II
Les biens insaisissables

61. – Par exception au principe plus haut examiné, certains biens sont insaisissables, et ne font donc pas partie du gage général des créanciers[4]. L'insaisissabilité est parfois simplement la conséquence de l'*inaliénabilité* des biens qui en sont frappés : il va de soi que la saisie tendant à la vente, les biens inaliénables sont nécessairement insaisissables (§ 1). Il faut également tenir compte des hypothèses, nombreuses, où des biens *aliénables* sont néanmoins *insaisissables* (§ 2).

§ 1. L'INSAISISSABILITÉ CONSÉCUTIVE À L'INALIÉNABILITÉ

62. – L'inaliénabilité (dont découle l'insaisissabilité) est parfois impérativement prévue par la loi[5].

---

1. *Infra*, n°s 407 et s.
2. Il s'agit là d'un principe traditionnel, dont certains textes actuellement applicables constituent des illustrations : v., par ex., art. 121, Décr. 31 juill. 1992.
3. Rappr. de cette hypothèse la situation, déjà évoquée (*supra*, n° 49), résultant des procédures consécutives aux difficultés des entreprises.
4. On s'en tiendra aux seules hypothèses de véritable insaisissabilité, en écartant donc les cas de biens qui, tout en étant saisissables, ne peuvent être saisis *indépendamment* d'autres (v. pour l'interdiction de saisir un immeuble par destination indépendamment de l'immeuble par nature auquel il est attaché, l'art. 14, dern. al., L. 9 juill. 1991).
5. Classique est à cet égard l'exemple de l'inaliénabilité des biens dotaux. À vrai dire, même si son intérêt n'est pas encore d'ordre exclusivement historique dans la mesure où les époux qui s'étaient mariés sous le régime dotal (par hypothèse avant la mise en vigueur de la loi du 13 juillet 1965) ont pu le conserver malgré l'abrogation des textes applicables à ce régime, la portée pratique de cet exemple est singulièrement réduite : le régime dotal ne pouvant plus actuellement (et depuis assez longtemps) être adopté, les cas concrets de biens inaliénables parce que dotaux sont, au fil des ans, de plus en plus exceptionnels !

Il existe en effet certaines catégories de biens nécessairement inaliénables (et donc insaisissables) : ainsi, les droits d'*usage* et d'*habitation*, dont les articles 631 et 634 du Code civil interdisent la cession. La solution tient au fait que de tels droits sont *attachés à la personne* de leur titulaire. La même considération commande l'application d'une règle identique à l'*usufruit légal des père et mère* sur les biens de leurs enfants jusqu'à seize ans (art. 383, al. 2 et 384, C. civ.), encore que – comme on l'a relevé – c'est l'ordre public qui imprime alors au droit son caractère personnel[1]. C'est au demeurant encore l'ordre public qui impose l'insaisissabilité d'un *office ministériel* en tant que tel, étant donné que le titre, qui en constitue un élément nécessaire, est « hors commerce », et donc non cessible[2].

63. – L'inaliénabilité, ainsi que l'insaisissabilité qui en est l'accessoire, sont parfois le résultat de la *volonté*. Les conditions de l'inaliénabilité volontaire sont strictes. Elles sont expressément prévues actuellement – s'agissant de clauses affectant un bien donné ou légué – par l'article 900-1 du Code civil : l'inaliénabilité doit être justifiée par un *intérêt sérieux et légitime* et il faut en outre qu'elle soit *temporaire*[3].

Tant que dure l'inaliénabilité résultant d'une telle clause (répondant, par hypothèse, aux exigences ci-dessus), les biens qui en sont frappés sont donc insaisissables par voie de conséquence.

§ 2. L'INSAISISSABILITÉ DE BIENS ALIÉNABLES

64. – L'insaisissabilité précédemment examinée n'était que le *corollaire* de l'inaliénabilité. Il s'agissait donc d'insaisissabilité à titre *accessoire*. Or il existe également une insaisissabilité à titre *principal*, laquelle affecte des biens qui sont *aliénables*. Tout comme l'insaisissabilité accessoire, elle peut être *légale* (A) ou *volontaire* (B).

A. L'insaisissabilité légale

65. – L'insaisissabilité s'explique par le souci de prendre en compte tantôt des *intérêts généraux* (a), tantôt des *intérêts particuliers* (b).

a) La prise en considération d'intérêts généraux

66. – L'intérêt que l'on entend protéger par l'insaisissabilité de certains biens peut être l'intérêt *général* proprement dit (1°); il arrive que la volonté de protection ait pour objet des intérêts *collectifs* (2°).

---

1. Vincent et Prévault, *Voies d'exécution,* 19e éd., no 98. – L'insaisissabilité de cet usufruit légal n'exclut pas toute possibilité de saisir les revenus, dès lors tout au moins que ceux-ci excèdent les charges visées à l'article 385 du Code civil.

2. C'est l'État qui confère le titre : v. Couchez, *Procédure civile,* (Sirey), 15e éd., no 142. – La raison de cette insaisissabilité commande au demeurant d'en limiter la portée. On sait que l'incessibilité du titre n'empêche pas la « cession » des offices, dans la mesure où ces charges comportent un autre élément (le « droit de présentation » ou la « finance »); dès lors, une fois l'office cédé, on peut admettre qu'une saisie-attribution porte sur le prix de la cession.

3. On notera que l'article 900-1 du Code civil prévoit la possibilité d'obtenir du *juge* l'autorisation de disposer du bien légué ou donné malgré l'inaliénabilité dont il a été frappé si l'intérêt qui justifiait la clause a disparu ou s'il advient qu'un intérêt plus important l'exige.

1° La protection de l'intérêt général

67. – L'insaisissabilité des *rentes sur l'État* doit être tout d'abord mentionnée. Cette solution, applicable depuis des lois du 8 nivôse an VI et 22 floréal an VII, et reprise par certains textes postérieurs, a été à l'origine dictée par la volonté de procurer quelque avantage « compensatoire » aux rentiers qui, sous la Révolution, avaient été victimes de la banqueroute des deux tiers (il s'agissait, comme on l'a dit, de « consoler » ceux qui avaient vu leur créance sur l'État réduite à un tiers, dit « consolidé », de son montant). Par la suite, la règle de l'insaisissabilité des rentes considérées devait être présentée comme favorable au renforcement du crédit de l'État, et de nature par là même à attirer les souscripteurs éventuels.

La solution n'était cependant pas sans inconvénient puisqu'elle permettait de faire échapper au gage des créanciers toute la partie de l'actif du débiteur qui consistait en des rentes sur l'État. Certains débiteurs usèrent et abusèrent de cette possibilité (à leur profit... et à celui de leurs héritiers) : pour éviter que les fonds dont ils disposaient fussent saisis, il leur suffisait en effet de les investir en rentes sur l'État !

On comprend que la jurisprudence ait entendu réagir, surtout à partir du moment où, le crédit de l'État s'étant amélioré, l'insaisissabilité ne put plus être présentée comme nécessaire à celui-ci. C'est ainsi que la Cour de cassation, soucieuse de ménager les droits des créanciers, devait décider dès la fin du XIXe siècle que seuls les arrérages des rentes (par opposition aux titres eux-mêmes) bénéficiaient de l'insaisissabilité[1].

L'intérêt du *commerce* a commandé par ailleurs l'insaisissabilité de certains biens. Ainsi, les *effets de commerce* sont insaisissables : il s'agit en effet de favoriser leur libre circulation et le crédit[2]. De même, mais cette fois pour la protection de l'ensemble des créanciers et les nécessités de la procédure collective, les textes réglementant le redressement et la liquidation judiciaires interdisent toute opposition sur les sommes versées à la Caisse des dépôts et consignations[3].

S'agissant du commerce *maritime*, on remarquera qu'après avoir interdit la saisie des navires en partance, le législateur a prévu un régime particulier applicable au cas où une voie d'exécution serait pratiquée sur un tel bien : actuellement, malgré une saisie, « le président du tribunal de grande instance, statuant en la forme des référés, peut autoriser le départ du navire pour un ou plusieurs voyages déterminés. Pour obtenir cette autorisation, le requérant doit fournir une garantie suffisante ». Le président fixe en outre « le délai dans lequel le navire devra regagner le port de la saisie » (voir en application de l'art. 70, L. nº 67-5 du 3 janv. 1967, art. 27 et s., Décr. nº 67-967 du 27 oct. 1967)[4].

---

1. Req. 2 et 16 juill. 1894, *S.* 95. 1. 5, note Lyon-Caen, *D.* 94. 1. 497, note Glasson; Civ. 23 nov. 1897, *S.* 98. 1. 161, note Lyon-Caen, *DP* 1898. 1. 39. – Telle est la solution consacrée par la jurisprudence *judiciaire*. On notera que la jurisprudence administrative a, au contraire, refusé de limiter ainsi le domaine de l'insaisissabilité (CE 8 juill. 1898, *S.* 1900. 3. 94), ce qui, en pratique, a conduit l'administration à s'opposer à toute saisie de rentes sur l'État (sur la question, v. Perrot et Théry, *Procédures civiles d'exécution*, 2e éd., nº 216).

2. V. par exemple, art. L. 511-31, C. com., relatif à la lettre de change (la solution étant étendue à tous les effets à ordre : art. L. 512-3, C. com.). V., à propos d'un billet à ordre, l'affirmation générale de l'insaisissabilité d'une *créance* cambiaire, Com. 27 sept. 2005, *D.* 2005. 267, obs. Delpech, *D.* 2006. 1614, note Boujeka, *RTD civ.* 2006. 382, obs. Perrot. Ainsi l'opposition est-elle interdite, sauf en cas de perte ou de redressement ou liquidation judiciaire du porteur.

3. V. art. L. 662-1, C. com.; v. aussi, s'agissant de l'insaisissabilité de fonds déposés à titre de garantie dans le cadre de la vente d'immeubles à construire, art. L. 261-15, al. 3 CCH.

4. Sur la délimitation des domaines des textes généraux de 1991-1992 et des dispositions particulières susvisées de 1967, v. Perrot, *RTD civ.* 1998. 483.

2° *La protection d'intérêts collectifs*

68. – Il convient de signaler ici la disposition de l'article L. 2132-4, alinéa 2, du Code du travail qui déclare insaisissables les *meubles* et *immeubles* nécessaires aux *syndicats* pour leurs réunions, bibliothèques et formations, les syndicats ayant traditionnellement pour mission – on le sait – d'assurer la défense d'intérêts *collectifs* (même si leur est actuellement reconnue la mission d'assurer également la défense d'intérêts individuels)[1].

b) La prise en considération d'intérêts particuliers

69. – Certains *textes* ont pour objet de protéger les intérêts du débiteur lui-même. Ils reposent sur des considérations d'*humanité* : il s'est agi de tenir compte du caractère *vital* pour l'intéressé de certains de ses biens, et donc de faire échapper ceux-ci à la saisie. L'insaisissabilité qui résulte de ces textes concerne soit des meubles *corporels* (1°), soit des meubles *incorporels* (2°).

1° *Insaisissabilité de certains biens mobiliers corporels*

Sont *en principe* insaisissables des *biens mobiliers nécessaires à la vie et au travail* du saisi et de sa famille (art. 14-4°, L. 9 juill. 1991). En application de ce principe a été établie une liste de biens qui ne peuvent être saisis, parmi lesquels figurent les vêtements, la literie, le linge de maison, les objets et produits nécessaires aux soins corporels et à l'entretien des lieux, les denrées alimentaires, certains objets de ménage, les appareils de chauffage, la table et les chaises permettant de prendre les repas en commun, un meuble pour abriter le linge et les vêtements et un meuble pour ranger les objets ménagers, une machine à laver le linge, les livres et autres objets nécessaires à la poursuite des études ou à la formation professionnelle, les objets d'enfants, les souvenirs à caractère personnel ou familial, certains animaux, les instruments de travail nécessaires à l'exercice personnel de l'activité professionnelle[2], un poste téléphonique permettant l'accès à un service téléphonique fixe (v. art. 39, Décr. 31 juill. 1992 mod. Décr. 17 avr. 1997)[3].

Les biens ainsi énumérés ne sont donc en principe saisissables pour *aucune créance, même de l'État* (art. 41, Décr.). Malgré ce que pourrait laisser entendre cette dernière précision, le principe n'a pas une portée absolue.

Tout d'abord, la loi dispose que les meubles considérés peuvent normalement être saisis pour *paiement de leur prix* (art. 14-4°, L. 9 juill. 1991)[4]. Cette solution est précisée dans les textes réglementaires : les biens visés sont saisissables « pour paiement des sommes dues à leur fabricant ou vendeur, ou à celui qui aura prêté pour les acheter, fabriquer ou réparer » (art. 41, Décr. 31 juill. 1992).

---

1. Sur les limites de cette extension de leur mission, v. Couchez, *Procédure civile*, (Sirey), 15e éd., no 155.

2. V. toutefois, l'art. 22-1, L. 9 juill. 1991 (aj. par L. 11 févr. 1994). – Pour l'appréciation souveraine des juges de la qualification d'instrument de travail, v. Civ. 2e, 15 déc. 2005, *Rev. huissiers* 2005. 170, obs. Salati (en l'espèce, le véhicule d'un médecin n'a pas été considéré comme un instrument de travail nécessaire à l'exercice personnel de son activité professionnelle).

3. Il va de soi que ces dispositions, prises en application de l'article 14-4°, L. 9 juill. 1991, ne peuvent bénéficier qu'à des personnes physiques, et non à des personnes morales : v., par exemple, TGI Lyon (J. ex.), 14 juin 1994, *D.* 1995. J. 207, note Prévault.

4. Toutefois, par dérogation à cette dernière règle, ces biens *ne peuvent être saisis, même pour le paiement de leur prix*, « lorsqu'ils sont la propriété des *bénéficiaires* de *l'aide sociale à l'enfance* prévue aux articles 150 à 155 du Code de la famille et de l'aide sociale » (art. 14, al. 7, L. 9 juill. 1991).

Le législateur a en outre prévu d'autres exceptions au principe de l'insaisissabilité des biens figurant dans la liste indiquée plus haut, lesquels sont (tout au moins *a priori*) nécessaires à la vie et au travail du saisi et de sa famille. C'est ainsi que de tels biens « demeurent cependant saisissables » dans un certain nombre de cas, à savoir (v. art. 14-4°, L.) :

– s'ils se trouvent dans un *lieu autre* que celui où le saisi *demeure* ou *travaille* habituellement;

– s'ils sont des *biens de valeur*, en raison notamment de leur importance, de leur matière, de leur rareté, de leur ancienneté ou de leur caractère luxueux;

– s'ils *perdent leur caractère de nécessité* en raison de leur *qualité*;

– s'ils constituent des *éléments corporels* d'un *fonds de commerce*.

70. – À côté des biens qui font l'objet du développement précédent, qui sont donc insaisissables (sous réserve des exceptions qui viennent d'être signalées), le législateur a entendu ménager une place particulière aux « objets indispensables aux personnes *handicapées* ou destinés aux soins des personnes *malades* » (art. 14-5°, L.).

Il importe de remarquer qu'à la différence des précédents, ces biens sont *absolument insaisissables* : ils « ne peuvent *jamais* être saisis, *pas même pour paiement de leur prix*, fabrication ou réparation » (art. 42, Décr. 31 juill. 1992)[1].

2° Insaisissabilité de certains biens mobiliers incorporels

71. – Parmi les biens insaisissables, figurent les *créances* ayant un caractère *alimentaire*. La loi vise précisément à cet égard les « provisions, sommes et pensions à caractère alimentaire », lesquelles ne peuvent donc être saisies, *sauf* toutefois « pour le paiement des aliments déjà fournis par le saisissant à la partie saisie » (art. 14-2°, L.)[2] et [3].

Pour l'application de cette règle d'insaisissabilité, « le débiteur qui prétend que les sommes reçues par lui ont un caractère alimentaire peut saisir le juge de l'exécution qui détermine la fraction saisissable », étant précisé que le juge « se réfère, en tant que de besoin, au barème fixé pour déterminer l'insaisissabilité des rémunérations du travail » (art. 43, Décr.)[4].

72. – C'est qu'en effet, s'agissant de ces dernières, le débiteur saisi bénéficie également de dispositions favorables, en ce sens que les *rémunérations du travail ne sont pas intégralement saisissables*. Il existe ainsi une *fraction insaisissable* de celles-ci (fraction

---

1. Il s'agit là d'une solution introduite par les auteurs de la réforme des voies d'exécution, solution qui mérite d'autant plus d'être soulignée que, s'agissant des questions d'insaisissabilité, les dispositions antérieures ont été, pour l'essentiel, reprises dans les textes de 1991 et 1992.

2. En application d'une telle disposition, est également insaisissable la prestation compensatoire : Civ. 2e, 27 juin 1985, *D.* 1986. J. 130, note C. Philippe; v., consacrant la solution sur le fondement même de l'article 14-2° susvisé, Civ. 2e, 10 mars 2005, *D.* 2005. 798, obs. Daleau, *D.* 2005. 1604, obs. Taormina, *Rev. huissiers* 2005. 240, obs. Lefort. En revanche, l'Assemblée plénière de la Cour de cassation (15 avr. 1983, *D.* 1983. J. 461, note Derrida, *RTD civ.* 1983. 799, obs. Perrot) a déclaré saisissable la créance réparatrice d'un dommage *corporel* (ne faut-il pas cependant réserver l'hypothèse où cette créance a au moins pour partie un caractère alimentaire ? Sur ce dernier point, v. Civ. 2e, 23 nov. 1983, *Bull. civ.* II, n° 188, *Gaz. Pal.* 21-22 mars 1984, note Véron, *RTD civ.* 1984. 371, obs. Perrot). Cela étant, on notera par ailleurs, sans pouvoir entrer dans les détails de la matière, que des règles analogues à (ou proches de) celles consacrées relativement aux créances alimentaires sont applicables, en vertu de textes spéciaux, aux *prestations sociales* : v. Perrot et Théry, *Procédures civiles d'exécution*, 2e éd., n° 213-III.

3. Parmi les textes récents, on relèvera la loi n° 2008-1249 du 1er déc. 2008 (applicable depuis le 1er juin 2009), disposant que « Le revenu de solidarité active est insaisissable » (v. art. L. 262-48 C. de l'action sociale et des familles).

4. Pour le refus d'entendre de manière extensive les notions d'aliments ou de rémunérations, v. Civ. 2e, 18 sept. 2003, *D.* 2003. 2544 (les « primes à la vache allaitante » sont donc saisissables).

d'autant plus élevée que le montant de la rémunération est faible) (sur cette question, v. *infra*, n°s 286 et s.) (v. ég., s'agissant des pensions de retraite, *infra*, note sous n° 281).

73. – S'agissant encore des créances insaisissables (en général), il était opportun de prévoir le cas dans lequel leur montant est versé sur un *compte* (sur la saisie des « comptes bancaires », au sens large, v. *infra*, n°s 248, 274 et s.). Le législateur a posé à cet égard la règle selon laquelle de telles créances « demeurent insaisissables » (art. 15, L.), en laissant au pouvoir réglementaire le soin de fixer les conditions d'application de cette règle. Les auteurs du décret du 31 juillet 1992 ont ainsi prévu que dans l'hypothèse où « un compte est crédité du montant d'une créance insaisissable en tout ou en partie, l'insaisissabilité se reporte à due concurrence sur le solde du compte » (art. 44, al. 1, Décr.). Ils avaient au demeurant édicté quelques dispositions tendant à assurer la mise en œuvre de cette règle. C'est ainsi que, dans le cas particulier où un compte alimenté par des rémunérations du travail fait l'objet d'une procédure de paiement direct sur le fondement de la loi du 2 janvier 1973 relative au paiement direct des pensions alimentaires, a été prévue dès 1992, l'obligation pour le tiers saisi de laisser en toute hypothèse à la disposition du débiteur, sans qu'aucune demande soit nécessaire, la somme correspondant à la fraction absolument insaisissable des rémunérations (art. 47 d'origine devenu, avec Décr. 11 sept. 2002, art. 45, Décr. 31 juill. 1992) (sur cette somme, *infra*, n° 288)[1].

En dehors de ce cas particulier, des dispositions générales ont été édictées, dans le prolongement de l'article 44, alinéa 1 précité, lesquelles devaient être modifiées en conséquence d'un décret du 11 septembre 2002 « instituant un dispositif d'accès urgent aux sommes à caractère alimentaire figurant sur un compte saisi »[2]. C'est ainsi qu'a été prévue, au bénéfice du titulaire du compte, la mise à disposition *immédiate* de telles sommes, mais cette mise à disposition *supposait* une *demande* du titulaire du compte[3].

Cette condition a été *écartée* à l'occasion de la loi n° 2009-526 du 12 mai 2009, en vue d'assurer le caractère *automatique* de l'insaisissabilité relative au solde bancaire. À cet effet, a été ajouté à la loi du 9 juillet 1991 un article 47-1 aux termes duquel « Le tiers saisi laisse à la disposition du débiteur personne physique, dans la limite du solde créditeur du ou des comptes au jour de la saisie, une somme à caractère alimentaire d'un montant égal au montant forfaitaire, pour un allocataire seul… » du revenu de solidarité active[4 et 5].

Pour en revenir au décret du 11 septembre 2002 (!), on notera que, sous réserve de quelques modifications ou adjonctions (v. par exemple, les sanctions pénales et civiles, prévues à l'article 47-4, auxquelles s'expose le titulaire du compte qui se ferait remettre, dans le mois suivant la saisie, un montant supérieur à ce qui peut être mis à sa disposition), les auteurs de ce décret ont maintenu les solutions du décret du 31 juillet 1992,

---

1. V., dans le même esprit, art. 48, Décr. 31 juill. 1992 à propos des comptes (même joints) dont des époux communs en biens sont titulaires. V., soulignant la nésséсité d'une mise à disposition *immédiate* (conformément à l'art. 48), Civ. 2e, 27 mai 2004, *D.* 2004. 1773, *Rev. huissiers* 2004. 341, obs. Bourdillat.

2. Sur ce décret, v. I. de Messerman et T. Moussa, *JCP* 2002. Act, n° 44-45; O. Salati, *Rev. huissiers* 2003. 4; G. Taormina, *D.* 2003. 1848.

3. Art. 46, Décr. 31 juill. 1992 après Décr. 11 sept. 2002.

4. L. Lauvergnat, « Brèves remarques sur le déclenchement d'office du solde bancaire insaisissable », *Rev. huissiers* 2009. 188.

5. L'article 47-1 préc. fait partie des textes applicables à la *saisie-attribution*, mais il s'applique également dans le cas d'*avis à tiers détenteur* (art. 86, L. 9 juill. 1991 mod. L. 12 mai 2009). À la vérité, dès lors qu'il s'agit de mesure portant sur un compte, l'esprit de ce texte, au-delà de la place qu'il occupe, implique l'applicabilité de la solution qu'il énonce non seulement en cas de mesure d'exécution, mais aussi en cas de saisie conservatoire (v. à ce propos Lauvergnat, *op. cit.*, n° 5). Les dispositions réglementaires qu'appelle l'article 47-1 pourraient (ou même devraient) le préciser (v. *infra*, note 4 sous n° 384).

dont des articles ont toutefois reçu une nouvelle numérotation. Ainsi, il est prévu que, sous *condition* de justifier de l'*origine* des sommes, le titulaire du compte peut demander que les sommes *insaisissables* soient mises immédiatement ou laissées à sa disposition (v. art. 47 pour les sommes provenant de créances à échéance périodique, et art. 47-1 pour les sommes provenant d'une créance à échéance non périodique)[1]. On remarquera également que, comme antérieurement (v. ancien art. 44, al. 3, devenu art. 47-2, Décr.), il est prévu que la demande de mise à disposition de sommes insaisissables doit être présentée avant que le créancier saisissant n'ait demandé le paiement des sommes saisies[2 et 3].

B. L'insaisissabilité volontaire

74. – En vertu de l'article 14-3° de la loi du 9 juillet 1991, ne peuvent être saisis les « biens *disponibles* déclarés insaisissables par le *testateur* ou le *donateur*, si ce n'est, avec la permission du juge et pour la portion qu'il détermine, par les créanciers postérieurs à l'acte de donation ou à l'ouverture du legs ».

Le pouvoir reconnu à l'auteur d'une libéralité de déclarer insaisissables les biens disponibles[4] qui font l'objet de celle-ci peut être aisément justifié. Le donateur ou le testateur pouvait parfaitement ne rien donner ou léguer. Dès lors, les créanciers du donataire ou du légataire n'avaient pas à compter sur les biens qui sont entrés dans le patrimoine de leur débiteur en conséquence de la libéralité : ils ne sauraient donc valablement se plaindre de voir échapper à leur gage de tels biens. On a souligné par ailleurs que l'insaisissabilité peut, en pratique, être très utile dans les hypothèses où l'auteur de la libéralité a des raisons de craindre la prodigalité du légataire ou du donataire !

À vrai dire, la première raison indiquée est sans doute prééminente. Elle est en tout cas susceptible d'expliquer que l'insaisissabilité volontaire ne s'applique *pleinement* et *nécessairement* qu'aux seuls créanciers *antérieurs* au legs ou à la donation : c'est qu'en effet, seuls ces derniers ne pouvaient compter sur la libéralité dont a par la suite bénéficié leur débiteur.

---

1. Pour l'étendue de l'insaisissabilité, dans l'hypothèse de créances à *échéance périodique*, v. Civ. 2e, 11 mai 2000, *Bull. civ.* II, no 78, *D.* 2000. IR. 166, *RTD civ.* 2000. 641, obs. Perrot (solution intéressante pour le débiteur, l'arrêt admettant la possibilité d'une « capitalisation » des sommes qui doivent être laissées à sa disposition). V., dans le même sens, s'agissant d'un compte alimenté par des rémunérations du travail, Civ. 2e, 27 juin 2002, *D.* 2002. 2238, *RTD civ.* 2002. 566, obs. Perrot, *Rev. huissiers* 2003. 34, obs. Putman. V. aussi Paris, 3 déc. 2002, *Rev. huissiers* 2003. 178, obs. Putman. Pour le maintien de la solution, v. Civ. 2e, 24 juin 2004, *JCP* 2004. IV. 2742, *RTD civ.* 2004. 780, obs. Perrot. Toutefois, si le solde créditeur d'un compte alimenté par des créances à échéance périodique insaisissables est totalement insaisissable, ce n'est que dans la mesure où n'ont été versées sur ce compte *que* des sommes insaisissables : Civ. 2e, 14 oct. 2004, *D.* 2004. 2894, *Rev. huissiers* 2005. 99, obs. Salati. V. ég. Civ. 2e, 24 mars 2005, *Rev. huissiers* 2005. 243, obs. Putman.

2. S'agissant des questions relatives au versement sur un compte de créances insaisissables, la situation est donc bien complexe ! Après l'introduction, par la loi du 12 mai 2009, d'un article 47-1 dans la loi du 9 juillet 1991, un décret devrait intervenir pour une nouvelle rédaction de l'article 46 du décret du 31 juillet 1992. À cette occasion, une clarification serait la bienvenue quant à l'articulation des dispositions contenues aux articles 45 et suivants dudit décret !

3. S'agissant de l'articulation des textes, dont il est question dans la note précédente, on relèvera qu'avant la loi du 12 mai 2009 (donc avant l'art. 47-1 ajouté à la loi du 9 juillet 1991), la Cour de cassation a précisé que l'examen d'une demande tendant à voir constater le caractère insaisissable de sommes comprises dans le solde des comptes saisis n'est pas subordonné à la mise en œuvre préalable des procédures prévues par les articles 46 et 47 du décret du 31 juillet 1992 : Civ. 2e, 6 nov. 2008, *D.* 2009. 1176, obs. Leborgne, *Rev. huissiers* 2009. 109, obs. Lefort, *RTD civ.* 2009. 173, obs. Perrot.

4. Cette précision commande évidemment d'écarter l'application du texte quant aux biens qui font partie de la *réserve*. L'effet de la clause d'insaisissabilité doit être limité à la quotité disponible. – Il convient de souligner en outre que cet effet ne peut être que provisoire : il cesse en tout cas avec le décès du gratifié.

La règle de l'insaisissabilité est en revanche *tempérée* pour les créanciers *postérieurs* à la libéralité : on ne saurait – tout au moins nécessairement – leur reprocher d'avoir pensé que leur gage s'étendait à tous les biens de leur débiteur (ils ont pu légitimement ne pas être en mesure de distinguer entre les biens qui étaient saisissables et ceux qui ne l'étaient pas, et étaient donc éventuellement fondés à se fier à toute la fortune apparente de leur débiteur au moment où ils sont devenus créanciers). Dès lors, l'insaisissabilité résultant de la volonté exprimée par l'auteur de la libéralité peut, en ce qui les concerne, être écartée. Il faut toutefois pour cela que ces créanciers obtiennent une *permission du juge*, ce dernier devant, selon l'article 14-3°, précité, déterminer la portion pour laquelle les biens donnés ou légués peuvent être saisis.

74 *bis*. – Il convient de mentionner actuellement un autre cas d'insaisissabilité volontaire, pouvant avoir pour objet la *résidence principale* de l'*entrepreneur individuel* ainsi que tout *bien foncier non affecté* à l'*usage professionnel* de cet entrepreneur. En vue de favoriser la création d'entreprises, par le moyen d'une réduction des risques auxquels est exposé ledit entrepreneur, celui-ci se voit reconnaître, en conséquence de la loi du 1er août 2003 pour l'initiative économique dont les dispositions ont été complétées par la loi de modernisation de l'économie du 4 août 2008 (v. art. L. 526-1 à L. 526-4 mod., C. com.), la possibilité de rendre insaisissables, par déclaration notariée soumise à publicité[1], les droits sur l'immeuble où est fixée sa résidence principale ainsi que sur tout bien foncier bâti ou non bâti qu'il n'a pas affecté à son usage professionnel.

L'auteur de la déclaration d'insaisissabilité doit être une « personne physique immatriculée à un registre de publicité légale à caractère professionnel ou exerçant une activité professionnelle agricole ou indépendante » (art. L. 526-1).

Il importe de souligner que la déclaration « n'a d'effet qu'à l'égard des *créanciers* dont les droits naissent *postérieurement* à » sa « publication, à l'occasion de l'activité *professionnelle* du déclarant » (même art.)[2].

74 *ter*. – S'agissant encore d'insaisissabilité (relative) pouvant découler de la volonté, il importe aujourd'hui de ne pas négliger les conséquences de l'introduction dans notre droit de la *fiducie*[3]. Celle-ci a été instituée par la loi n° 2007-211 du 19 février 2007 qui a créé à cet effet, dans le livre III du Code civil, le titre XIV (v. art. 2011 à 2030, avec les modifications apportées par la loi n° 2008-776 du 4 août 2008 et l'ordonnance n° 2009-112 du 30 janvier 2009).

La fiducie est définie comme « l'opération par laquelle un ou plusieurs constituants transfèrent des biens, des droits ou des sûretés, ou un ensemble de biens, de droits ou de sûretés, présents ou futurs, à un ou plusieurs fiduciaires qui, les tenant séparés de leur patrimoine propre, agissent dans un but déterminé au profit d'un ou plusieurs bénéficiaires » (art. 2011, C. civ.). Ainsi que l'a souligné le législateur de 2007, « les éléments de

---

1. Pour les formalités de publicité, v. l'article L. 526-2 du Code de commerce. V. s'agissant de la nécessité de respecter ces formalités, Civ. 1re, 15 mai 2007, *D.* 2007. 1511.

2. Pour plus de détails, v. outre l'article précité, les articles L. 526-2 à L. 526-4 du Code de commerce. – Sur ces dispositions (avant leur modification en 2008), on pourra lire avec intérêt, notamment R. Perrot, *Procédures* 2003. I. 252; C. Malecki, *D.* 2003. 2220. Après la L. 4 août 2008, v. A. Leborgne, *op. cit.*, n°s 607 et s. – Comme on l'a justement souligné (C. Malecki, préc.), ces textes ont « un lien de parenté » avec une autre hypothèse d'insaisissabilité établie par la volonté de l'homme, prévue par la loi du 12 juillet 1909 relative à la constitution d'un *bien de famille* insaisissable (sur la question, v. Perrot et Théry, *op. cit.*, 2e éd., n° 218). À la vérité, l'institution du bien de famille, d'origine étrangère, n'a guère eu de succès en France.

3. À la vérité, la fiducie n'est pas nécessairement d'origine volontaire. Elle « est établie par la loi *ou* par contrat » (art. 2012, al. 1, C. civ.).

l'actif et du passif transférés dans le cadre de l'opération... forment un patrimoine d'affectation » (art. 12, L. préc. 19 févr. 2007).

Il en est déduit qu'*en principe*, ce patrimoine fiduciaire « ne peut être saisi que par les titulaires de créances nées de la conservation ou de la gestion de ce patrimoine » (art. 2025, al. 1, C. civ. Sur les précisions de l'al. 2, v. note (2) sous n° 59). Autrement dit, normalement, le patrimoine fiduciaire ne saurait être saisi par les créanciers du constituant. Encore faut-il évidemment tenir compte de certaines exceptions. Sont ainsi réservés les « droits des créanciers du constituant titulaires d'un droit de suite attaché à une sûreté publiée antérieurement au contrat de fiducie », ainsi que « les cas de fraude aux droits des créanciers du constituant » (art. 2025, al. 1)[1].

1. Dans le prolongement de ce développement, il conviendra d'être attentif aux suites du projet de création de l'entreprise à patrimoine affecté (v., à ce propos *D.* 2009. 188 et 1952).

Chapitre 3

Conditions relatives aux causes de la saisie

75. – Les saisies ont leurs « causes » dans des créances dont les titulaires se prévalent pour justifier les procédures qu'ils engagent à l'encontre de leurs débiteurs.

Une créance ne peut toutefois servir de fondement valable à une saisie que si sont remplies certaines **conditions de fond** (Section I) et **de forme** (Section II).

Section I
Conditions de fond

76. – Sur le fondement des dispositions antérieures à la réforme des voies d'exécution, il était affirmé que la créance cause de la saisie devait être certaine, liquide et exigible. Seules les deux dernières exigences (*liquidité* et *exigibilité* de la créance) sont mentionnées dans la disposition générale de l'article 2 de la loi du 9 juillet 1991[1].

77. – 1° Autrement dit, la condition de *certitude* de la créance *n'a pas été reprise*.

Sans doute peut-on observer que, même sous l'empire des textes antérieurs, cette condition n'était pas absolument générale. Elle connaissait déjà à tout le moins certains assouplissements, notamment en matière de saisie conservatoire, où – comme c'est toujours le cas d'ailleurs – une créance *apparemment* fondée dans son *principe* suffisait, encore que cette remarque ne puisse véritablement servir d'explication au silence de l'article 2 de la loi du 9 juillet 1991 quant à ladite condition, cet article ne visant en effet que l'*exécution forcée*. Cela étant, l'exigence de certitude commandait d'exclure des créances affectées d'une condition suspensive (l'existence de celles-ci étant en effet subordonnée à la survenance d'un événement de réalisation incertaine) ou, d'une manière générale, simplement éventuelles, la saisie ne pouvant normalement être fondée que sur une créance *actuelle*.

À la vérité, l'absence de mention, dans les actuelles dispositions, de la condition de certitude de la créance motivant la saisie ne remet pas en cause toutes les solutions antérieures à cet égard[2]. Elle s'explique sans doute en effet surtout[3] par la prise en considéra-

---

1. V., s'agissant de la saisie immobilière, en harmonie avec la disposition générale susvisée, article 2191, alinéa 1er, du Code civil (Ord. 21 avr. 2006).

2. V. au demeurant, soulignant que la formule de l'article 2 suffit à fonder le maintien de la condition de certitude, Perrot et Théry, *Procédures civiles d'exécution*, 2e éd., no 282.

3. ... ou tout au moins peut-être pas seulement pour éviter un pléonasme... V. toutefois Perrot et Théry, *op. cit.* et *loc. cit.*

tion de la règle selon laquelle la saisie peut en principe être poursuivie sur le fondement d'un titre exécutoire *à titre provisoire* (*infra*, n° 83). Dès lors, la mesure peut être pratiquée en vertu d'une créance qui n'est pas *absolument* certaine. Il n'en demeure pas moins que cette créance doit tout de même présenter un caractère de certitude... au moins relative : elle doit exister *au jour de la saisie;* autrement dit, la nécessité du caractère *actuel* de la créance, qui était habituellement rattachée à la condition de certitude, doit tout de même être maintenue.

Quoi qu'il en soit, le législateur de 1991 n'a pas manqué de réaffirmer les autres conditions relatives à la créance cause de la saisie, à savoir celles de liquidité et d'exigibilité.

78. – 2° S'agissant de la condition de *liquidité*, la loi du 9 juillet 1991, (art. 4) contient les précisions suivantes : « La créance est liquide lorsqu'elle est évaluée en argent ou lorsque le titre contient tous les éléments permettant son évaluation. »[1]

Il est donc essentiel que le montant de la créance soit exprimé *en argent* ou, à tout le moins, que les indications du titre constatant l'obligation permettent de procéder sans difficulté et de manière sûre à l'évaluation en argent de la créance.

L'une des justifications de la règle tient sans doute à la nécessité d'éviter la saisie de biens dont la valeur est hors de proportion par rapport au montant de la créance qui motive la procédure d'exécution. Dès le *début* de celle-ci, il n'est donc pas indifférent de connaître ledit montant.

Cependant, et sans négliger cette dernière considération, il est certain que la règle obligeant le créancier à attendre la liquidation de sa créance expose celui-ci au risque que le débiteur devienne insolvable pendant la période d'attente. Dès lors, on s'explique que si la règle s'impose en matière de *mesures d'exécution*, elle soit écartée en matière de *mesures conservatoires*. On verra que la condition de liquidité n'est pas requise lorsqu'il s'agit seulement de pratiquer une saisie conservatoire.

79. – En dehors de la dérogation qui vient d'être indiquée, la liquidité de la créance est exigée pour pratiquer une saisie. La question est cependant de savoir si une créance, *quel que soit son montant*, et donc même si celui-ci est peu élevé, peut toujours justifier une saisie.

Traditionnellement, la réponse de principe à cette question est affirmative. Toutefois, on conçoit que l'application de la solution puisse engendrer des abus : entendue rigoureusement, la règle risque en effet de permettre à un créancier qui se prévaut d'une obligation dont le montant est minime de faire saisir des biens de grande valeur. À la vérité, le risque a été pris en compte.

À l'occasion de la réforme des voies d'exécution, le législateur a édicté des dispositions *générales* dont l'objectif est de permettre une *adéquation* entre le montant de la créance motivant la saisie et la procédure menée contre le débiteur[2].

---

1. Civ. 2e, 19 nov. 2008, *Rev. huissiers* 2009. 107, obs. Salati. – Encore faut-il que le titre contienne bien de tels éléments, qui doivent donc être suffisamment précis : v. Paris, 27 févr. 2003, *D.* 2003. 1268. Sur le sens que l'on peut attribuer à la condition de liquidité pour des créances qui n'ont pas pour objet une somme d'argent, v. Perrot et Théry, *op. cit.*, 2e éd., n° 284 (selon ces auteurs, la condition exprime un principe général « qui veut que l'étendue de l'obligation soit nettement déterminée »).

2. Seules ces dispositions *générales* sont présentées dans le développement. Dans l'attente de l'examen de la saisie immobilière, on peut signaler d'ores et déjà une disposition propre à cette saisie, figurant à l'article 2192, alinéa 1, C. civ. et constituant une application particulière du principe d'adéquation (ou de proportionnalité) : sur ce texte, *infra*, n° 403.

80. – Tout d'abord, aux termes de l'article 18, alinéa 2, de la loi du 9 juillet 1991, si les huissiers de justice doivent normalement prêter leur ministère en vue de l'exécution forcée, leur est tout de même réservée la faculté « d'en référer au *juge de l'exécution* s'ils l'estiment nécessaire, lorsque la mesure requise leur paraît illicite ou *si le montant des frais paraît manifestement susceptible de dépasser le montant de la créance réclamée*, à l'exception des condamnations symboliques que le débiteur refuserait d'exécuter ».

Au demeurant, il est ensuite prévu que si le créancier a le choix de la mesure d'exécution ou conservatoire à pratiquer, l'exécution d'une telle mesure « *ne peut excéder* ce qui se révèle *nécessaire* pour obtenir le paiement de l'obligation » (art. 22, al. 1, L.).

Les sanctions de la méconnaissance d'une telle règle sont les suivantes (art. 22, al. 2) : en premier lieu, le juge de l'exécution « a le pouvoir d'ordonner la *mainlevée*[1] *de la mesure inutile* ou *abusive* »; en second lieu (le législateur consacrant à cet égard la jurisprudence antérieure faisant application de la notion d'*abus de droit*), ledit juge peut « condamner le créancier à des *dommages-intérêts* en cas d'*abus de saisie* »[2]. Il n'est pas inintéressant de relever à ce propos que, parallèlement, la *résistance abusive* opposée à une saisie (cette dernière étant, par hypothèse, justifiée) par le débiteur expose de même ce dernier à une condamnation à des dommages-intérêts (art. 23).

81. – 3° La condition d'*exigibilité* de la créance cause de la saisie doit enfin être précisée.

Une créance est exigible lorsque le paiement peut en être immédiatement exigé. Il est bien évident que tant que cette condition n'est pas remplie, une procédure d'*exécution* ne saurait être valablement menée (la condition ne s'impose pas, en revanche, lorsqu'il s'agit simplement d'une procédure *conservatoire*).

En conséquence, une créance *à terme* (dès lors naturellement que ce terme n'est pas échu) ne peut justifier une mesure d'exécution. On sait que le terme peut résulter de la *convention*, de la *loi* (il faut tenir compte en effet de certains moratoires légaux) ou d'une *décision de justice* (sur ce dernier point, il convient de citer la disposition générale de l'article 1244-1 du Code civil qui, eu égard à « la situation du débiteur et en considération des besoins du créancier », permet au juge, « dans la limite de *deux années* », de « reporter ou échelonner le paiement des sommes dues »; v. en outre l'article 1244-2, disposant qu'une telle décision *suspend les procédures d'exécution* qui auraient été engagées par le créancier)[3].

Si le terme fait obstacle à ce que soit engagée (ou poursuivie) une procédure d'exécution, il convient de ne pas négliger cependant les cas dans lesquels le débiteur est *déchu* du bénéfice du terme. L'article 1188 du Code civil vise ainsi une hypothèse de déchéance :

---

1. Pour une étude générale, v. D. Lebeau, « La mainlevée », *Rev. huissiers* 2004. 249.

2. L'utilisation d'une procédure irrégulière et trop lourde pour recouvrer une créance minime constitue un abus de droit : Paris, 7 déc. 1995, *D.* 1996. J. 203, note Prévault. – Pour la nécessité de caractériser l'abus dans l'exercice de la saisie, v. Civ. 2e, 22 mars 2001, *Rev. huissiers* 2001. 255, obs. Putman. – Le créancier qui n'accepte pas un abandon partiel de sa créance et poursuit la vente sur saisie immobilière ne commet pas un abus de droit, alors même que les biens sont vendus aux enchères pour un montant inférieur à la proposition de rachat : Civ. 2e, 18 mars 2004, *Rev. huissiers* 2004. 288, obs. Leborgne.

3. V. ég., s'agissant du traitement des situations de *surendettement* des particuliers, les mesures de report ou rééchelonnement prévues aux articles L. 331-6 et suiv. du Code de la consommation, et les possibilités de suspension des procédures d'exécution en conséquence de l'application de l'article L. 331-5 du même code. S'agissant plus spécialement, toujours dans le cadre du surendettement, de la suspension découlant de la saisine du juge de l'exécution aux fins de rétablissement personnel (art. L. 331-3-1, C. comsom.) ou du jugement d'ouverture de cette procédure, v. art. L. 332-6, code préc. – V. aussi, pour les conséquences des procédures consécutives aux difficultés des entreprises, *supra*, n° 49.

celle où le débiteur a, par son fait, diminué les sûretés qu'il avait données au créancier. Il importe en outre de mentionner la déchéance consécutive à un jugement de liquidation judiciaire (art. L. 643-1, C. com)[1].

Section II
Conditions de forme

82. – Traditionnellement, il est affirmé qu'une saisie ne peut *en principe* être pratiquée que si la créance sur laquelle est fondée la procédure est constatée dans un *titre exécutoire*[2], lequel permet, si nécessaire, de recourir à la force publique pour en assurer l'exécution[3].

À la vérité, une telle condition n'est requise que pour une procédure qui peut être qualifiée de *mesure d'exécution*. Elle ne l'est pas en matière de saisie conservatoire.

Toujours est-il que le caractère exécutoire du titre en vertu duquel est pratiquée une saisie (caractère qui est donc indispensable dès lors qu'il s'agit de mener une véritable

---

1. Depuis la loi du 25 janvier 1985 relative au redressement et à la liquidation judiciaires (dont les dispositions devaient par la suite être intégrées dans le Code de commerce), seule l'hypothèse de déchéance résultant de la diminution des sûretés du fait du débiteur est mentionnée par l'article 1188 du Code civil. C'est qu'en effet, condamnant la règle autrefois posée dans le cadre des procédures collectives, l'article L. 622-29, C. com., dispose que le jugement d'ouverture ne rend pas exigibles les créances non échues à la date de son prononcé (les clauses contraires étant même réputées non écrites). Il faut voir cependant que la règle de l'absence de déchéance du terme ne s'applique pleinement qu'au cours de la période d'observation : c'est ainsi notamment que dans l'hypothèse de liquidation judiciaire, la déchéance du terme est encourue de plein droit (art. L. 643-1, C. com.).

2. Encore faut-il tenir compte, le cas échéant, de la prescription du titre (v. Couchez, *Procédure civile*, 15e éd., n° 406). On lira avec intérêt à ce propos Ph. Hoonakker, « La prescription de l'exécution forcée depuis la loi n° 2008-561 du 17 juin 2008 », *Rev. huissiers* 2009. 15.

3. Il va de soi que le créancier doit être muni d'un titre exécutoire à l'égard de la personne même qui doit exécuter. V. toutefois, pour la possibilité de saisie contre la caution (simple), Civ. 2e, 23 oct. 2008, *D.* 2008. 2802, *Rev. huissiers* 2009. 96, obs. S. Poisson, *D.* 2009. 767, chr. n° 9, obs. Sommer et Nicoletis. Il n'en demeure pas moins qu'en vertu du principe plut haut énoncé, le titre délivré à l'encontre d'une société n'emporte pas le droit de saisir les biens des associés, même tenus indéfiniment et solidairement des dettes sociales, à défaut de titre exécutoire pris contre eux : Civ. 2e, 19 mai 1998, *D.* 1998. J. 405, concl. Tatu, *RTD civ.* 1998. 750, obs. Perrot; Com. 3 mai 2006, *Rev. huissiers* 2006. 288, obs. Putman. V. aussi, à propos d'une saisie pratiquée contre un *membre* d'un groupement d'intérêt économique, alors que le titre exécutoire visait le *groupement*, Civ. 2e, 15 janv. 2004, *D.* 2004. 398. V. de même, à propos d'époux solidairement tenus des dettes du ménage, Civ. 2e, 28 oct. 1999, *D.* 1999. IR. 281, *RTD civ.* 2000. 167, obs. Perrot (cet auteur cite parallèlement Civ. 2e, 16 déc. 1999 qui invite à ne pas confondre solidarité et « substitution du débiteur »). V. cep., s'agissant de nouveau de saisir des biens d'associé, la solution plus favorable au créancier qui entend pratiquer une simple mesure conservatoire, eu égard aux conditions plus souples d'une telle mesure, de Com. 9 oct. 2001, *D.* 2001. 3173. V. par ailleurs, soulignant que si le débiteur doit être clairement identifié dans le titre, il doit en être de même... pour le créancier, Perrot, *RTD civ.* 2003. 356 (à propos de Civ. 2e, 19 déc. 2002, *Bull. civ.* II, n° 293). – Civ. 1re, 10 mars 1998, *Bull. civ.* I, n° 100, *RTD civ.* 1999. 206, obs. (crit.) Perrot, avait estimé que les intérêts légaux ne peuvent être recouvrés par voie d'exécution forcée que s'ils font l'objet d'une *disposition spéciale* du titre en vertu duquel est exercée la poursuite. Toutefois, il a ensuite été affirmé que le juge de l'exécution est compétent pour donner la « simple précision », découlant de l'art. 1153, C. civ., relative au point de départ de ces intérêts, sans pour autant modifier le dispositif de la décision qui motive la saisie : Civ. 2e, 17 juin 1999, *JCP* 1999. IV. 2499, *RTD civ.* 1999. 706, obs. Perrot. V., dans le prolongement de cette décision, affirmant la compétence du juge de l'exécution pour se prononcer sur les intérêts légaux et leur point de départ, Civ. 2e, 30 avr. 2003, *Bull. civ.* II, n° 121; Civ. 2e, 23 sept. 2004, *D.* 2004. 2694 (en définitive, la position de principe de Civ. 1re, 10 mars 1998 préc. n'est pas retenue par Civ. 2e). – Il convient de noter que le titre exécutoire permet (aussi) le recouvrement forcé des frais d'exécution : pour le rappel de la solution, v. Civ. 2e, 6 mars 2003, *D.* 2004. 1487, obs. Taormina, et *D.* 2004. 1929, note Taormina. – Sur les décisions de réformation ouvrant droit à restitution, v. Perrot, *RTD civ.* 2002. 359, à propos de Civ. 3e, 19 févr. 2002. Pour les difficultés relatives à la notion de décision ouvrant droit à restitution, v. Civ. 2e, 11 sept. 2003, *Rev. huissiers* 2004. 41, obs. Putman, *D.* 2004. 1497, obs. Taormina, *Procédures* 2003. Com. 255, note Perrot et Civ. 2e, 18 déc. 2003, *Bull. civ.* II, n° 401, *RTD civ.* 2004. 352, obs. Perrot. V. encore, Perrot, *RTD civ.* 2007. 388 (à propos de Civ. 2e, 8 mars 2007).

procédure d'exécution) est normalement subordonné à l'apposition sur ledit titre de la *formule exécutoire*[1]. En témoignent au demeurant les termes de l'article 502 du Code de procédure civile : « Nul jugement, nul acte, ne peut être mis à exécution que sur présentation d'une *expédition* revêtue de la *formule exécutoire*, à moins que la loi n'en dispose autrement »[2]. Les *jugements*, spécialement visés, constituent des titres exécutoires en raison de l'apposition de la formule exécutoire. Il en va de même – on le verra – en matière d'actes *notariés*.

Toutefois, les derniers termes de l'article 502 réservent la possibilité pour le législateur de reconnaître la valeur d'un titre exécutoire à un document non revêtu de la formule considérée. Tel est le cas de certains titres délivrés par des *personnes morales de droit public*.

Quoi qu'il en soit, le législateur de 1991 (v. art. 3, L. 9 juill.) a entendu dresser une liste *limitative*[3] *des titres exécutoires*[4], liste qui comprend les décisions et actes suivants :

1° Les décisions des juridictions lorsqu'elles ont force exécutoire[5]

83. – Les décisions visées sont celles qui émanent des juridictions (françaises) de l'ordre *judiciaire* ou de l'ordre *administratif*. Il s'agit de ce qu'il est convenu d'appeler des « jugements », au *sens large* (le terme s'appliquant non seulement aux jugements proprement dits, mais aussi aux arrêts, voire à d'autres décisions de justice comme des ordonnances)[6].

Il importe que ces décisions aient la *force exécutoire*. On sait que cette force suppose l'apposition de la *formule exécutoire* sur l'expédition (dite « copie exécutoire »)[7], délivrée aux parties, du « jugement ». Il faut également tenir compte d'autres conditions de la force exécutoire : celle-ci suppose en principe que la décision ait été *notifiée*[8] et qu'elle ne fasse pas (ou ne soit plus susceptible de faire) l'objet d'un recours suspensif d'exécution.

---

1. Cette formule contient les termes suivants : « En conséquence, la République française, mande et ordonne à tous huissiers de justice, sur ce requis, de mettre ledit jugement (ou ledit arrêt, etc.) à exécution, aux procureurs généraux et aux procureurs de la République près les tribunaux de grande instance d'y tenir la main, à tous commandants et officiers de la force publique de prêter main-forte lorsqu'ils en seront légalement requis » (Décr. 12 juin 1947 mod. Décr. n° 58-1289 du 22 déc. 1958). – La formule exécutoire concernant les décisions des juridictions administratives a un contenu quelque peu différent. Sur cette formule et les raisons de la différence, v. Perrot et Théry, *op. cit.*, 2e éd., n° 295.

2. Pour une dispense (très discutable) de la nécessité de la formule exécutoire, v. Com. 20 févr. 1996, *RTD civ.* 1996. 480, obs. (crit.) Perrot.

3. « *Seuls* constituent des titres exécutoires… » peut-on lire à l'article 3 de la loi du 9 juillet 1991.

4. Il faut que le titre utilisé soit exécutoire à l'égard d'une ou de personne(s) déterminée(s), que le titre lui-même doit permettre d'identifier : v. Perrot, *RTD civ.* 1995. 194, et la jurisprudence citée par cet auteur.

5. Une loi du 22 novembre 1999 a complété le 1° de l'art. 3, L. 9 juill. 1991, en visant parallèlement les transactions auxquelles le président du tribunal de grande instance a conféré force exécutoire en application de l'art. 1441-4, C. pr. civ. Ces actes, qu'il convient toutefois de distinguer des décisions ici examinées (ainsi que des extraits de procès-verbaux de conciliation) sont donc présentés à part (*infra*, n° 85 *bis*).

6. Encore faut-il que le jugement condamne à un « paiement ». Eu égard à cette condition, une décision d'expulsion ne peut fonder une saisie des rémunérations : Civ. 2e, 21 mars 2002, *D.* 2002. 1325, *Rev. huissiers* 2002. 306, obs. Leborgne.

7. Traditionnellement, l'expédition (ou copie) ci-dessus visée est appelée *grosse* exécutoire. Cette dénomination, que l'on peut encore trouver dans d'anciens textes toujours en vigueur (v. par ex. Décr. n° 47-1047 du 12 juin 1947), n'a pas été reprise dans les textes plus récents, mais il est très probable que les praticiens en maintiendront longtemps l'usage ! On soulignera qu'un huissier est fondé à *refuser* de pratiquer une *mesure d'exécution* si celui qui requiert celle-ci ne lui remet qu'une simple copie – et non la « grosse » – de la décision : v. Civ. 1re, 1er juill. 1992, *Bull. civ.* I, n° 194, p. 97, *RTD civ.* 1993. 657, obs. Perrot.

8. V. s'agissant spécialement de la majoration des intérêts légaux, l'affirmation de la nécessité de la notification par Civ. 3e, 3 juin 1992, *RTD civ.* 1992. 645, obs. Perrot; Civ. 2e, 25 févr. 1998, *D.* 1998. IR. 81 ; Civ. 2e, 4 avr. 2002, *D.* 2002. 1484, note Lienhard, *RTD civ.* 2002. 562, obs. Perrot, *Rev. huissiers* 2002. 298, obs. Hoonakker. – Pour le rappel de la nécessité de principe d'une notification pour l'exécution forcée, v. Civ. 2e, 18 déc. 2003, *D.* 2004. 1496, obs. Taormina.

Cela étant, dès lors que la décision de justice bénéficie de la force exécutoire, elle peut justifier une mesure d'exécution. Peu importe que cette force n'ait qu'un caractère *précaire*[1]. C'est ce qui résulte de l'article 31 de la loi du 9 juillet 1991 (mod. Ord. 21 avr. 2006) : « Sous réserve des dispositions de l'article 2191 du Code civil »[2], « l'exécution forcée peut être poursuivie *jusqu'à son terme* en vertu d'un titre exécutoire *à titre provisoire* ». C'est ainsi qu'une procédure d'exécution peut être en principe intégralement menée en vertu d'une simple *ordonnance de référé*[3]. Encore faut-il remarquer qu'une telle exécution « est poursuivie aux risques du créancier qui, si le titre est ultérieurement modifié, devra restituer le débiteur dans ses droits en nature ou par équivalent » (art. 31, al. 2, L.)[4].

2° *Les actes et jugements étrangers ainsi que les sentences arbitrales rendus exécutoires*

84. – Les actes émanant d'une autorité *étrangère* (qu'il s'agisse de décisions de justice ou d'actes publics en général), de même que les sentences arbitrales (*françaises* ou *étrangères*) ne bénéficient pas, par eux-mêmes, de la force exécutoire (tout au moins en France évidemment). Il ne saurait donc être question de permettre qu'ils soient mis immédiatement à exécution dans notre pays[5]. La force exécutoire peut toutefois leur être conférée à l'issue d'une procédure d'*exequatur* menée devant le tribunal de grande instance qui en connaît à juge unique (« anc. » art. R. 212-8, 2°, COJ).

Encore faut-il que la décision d'*exequatur* rendue par le tribunal, – dont l'objet est de déclarer exécutoire une décision ou un acte étranger, voire une sentence arbitrale – soit elle-même... exécutoire. On retrouve donc la même règle que précédemment. Ainsi s'explique la précision donnée à l'article 3-2° de la loi du 9 juillet 1991 : la décision d'exequatur doit être « non susceptible d'un recours suspensif d'exécution ».

Cela étant, il importe de signaler qu'à côté de la procédure d'exequatur de droit commun, existent des procédures particulières, en conséquence de conventions internationales. On notera, dans le cadre de l'Union européenne, une procédure simplifiée permettant (pour nous en tenir à l'hypothèse ici envisagée) d'obtenir, selon le cas, la reconnaissance, la constatation (ou encore la certification) en France de la force exécutoire de jugements ou actes émanant d'un autre État-membre (v. art. 509-2 et s., CPC, résultant du Décr. n° 2004-836 du 20 août 2004 pris en application du règlement CE du Conseil n° 44/2001 du 22 déc. 2000, art. 509-2, ayant été complété par Décr. 13 mai 2005).

---

1. À ce propos, on notera que la *caducité* du titre exécutoire ne prive pas celui-ci de son efficacité pour la période antérieure à la caducité : Civ. 2e, 6 mai 2004, *Bull. civ.* II, n° 220, *RTD civ.* 2004. 559, obs. Perrot (saisie de rémunérations pour des mensualités d'une pension alimentaire, échues avant la caducité).

2. *Infra*, n° 403, 2°.

3. Pour le rappel de la règle en matière de saisie-vente, v. Civ. 2e, 28 janv. 1998, *D.* 1998. IR. 83.

4. Pour la compatibilité d'une telle solution avec la Convention européenne des droits de l'homme, v. Civ. 2e, 10 févr. 2005, *Rev. huissiers* 2005. 295, obs. Lefort, *RTD civ.* 2005. 455, obs. Perrot. – Sur la question des conditions de la force exécutoire de l'arrêt qui infirme, casse ou annule la décision de justice antérieurement exécutée, v. Perrot, *RTD civ.* 2001. 211, à propos d'Orléans, 16 mars 2000, *JCP* 2001. I. 10448, note Rémery, *Rev. huissiers.* 2001. 116, obs. Desdevises (selon la cour d'appel d'Orléans, la décision qui infirme doit avoir *expressément* ordonné la restitution). V. cep., condamnant cette solution, Civ. 3e, 19 févr. 2002, *RTD civ.* 2002. 359, obs. Perrot (arrêt qui a souligné que « l'obligation de restitution résultait de *plein droit* de la réformation de la décision de première instance »). S'agissant de difficultés relatives à la notion de décision ouvrant droit à restitution, v. Civ. 2e, 11 sept. 2003, *Procédures* 2003, comm. 255, note Perrot, *Rev. huissiers* 2004. 41, obs. Putman, *D.* 2004. 1497, obs. Taormina, et Civ. 2e, 18 déc. 2003, *Bull. civ.* II, n° 401, *RTD civ.* 2004. 352, obs. Perrot. V. encore, Perrot, *RTD civ.* 2007. 388 (à propos de Civ. 2e, 8 mars 2007).

5. ... sous réserve de ce qui est dit ci-dessous sur le titre exécutoire européen... et l'injonction européenne.

Dans le même cadre, il convient d'attirer l'attention sur le règlement (CE) nº 805/2004 du 21 avril 2004 créant le *titre exécutoire européen* (v., en application de ce règlement, art. 509-1 et 509-3, CPC, mod. Décr. 22 mai 2008). C'est ainsi que, sous réserve d'une *certification* obtenue dans l'État-membre d'*origine*, une décision (ou une transaction) judiciaire ou encore un acte authentique émanant de cet État doit permettre une exécution forcée dans un autre État-membre (par exemple en France), sans que soit nécessaire, dans le pays du lieu d'exécution, une déclaration constatant sa force exécutoire. Sans entrer dans les détails, il faut tout de même souligner que la certification en tant que titre exécutoire européen est soumise à des conditions strictes et ne concerne que les créances « incontestées »[1].

S'agissant encore de « créances incontestées », et en vue d'en permettre *rapidement* le recouvrement, on ne peut manquer de signaler le règlement (CE) nº 1896/2006 du 12 décembre 2006 instaurant une procédure d'*injonction de payer européenne* et prévoyant notamment qu'une telle injonction, dès lors qu'elle sera (à défaut d'opposition) déclarée exécutoire par la juridiction d'*origine* pourra en principe être exécutée dans les mêmes conditions qu'une décision exécutoire de l'État-membre sur le territoire duquel l'exécution aura lieu (art. 21-1°, règlement)[2]. V., en application de ce règlement, art. 1424-1 et s., CPC, créés par Décr. 2008-1346 du 17 déc. 2008.

3° Les extraits de procès-verbaux de conciliation signés par le juge et les parties

85. – Les procès-verbaux considérés sont, certes, des actes judiciaires, mais ils ne sont pas pour autant des décisions de justice. Toutefois, des extraits pouvant en être délivrés, lesquels valent titre exécutoire (art. 131, C. pr. civ.), le législateur se devait de les mentionner dans la liste examinée.

4° Les transactions auxquelles le président du tribunal de grande instance a conféré force exécutoire

85 *bis*. – En conséquence de l'article 1441-4 du Code de procédure civile (Décr. nº 98-1231 du 28 déc. 1998), prévoyant que « Le président du tribunal de grande instance, saisi sur requête par une partie à la transaction, confère force exécutoire à l'acte qui lui est présenté », la loi nº 99-957 du 22 novembre 1999 a complété l'article 3-1° de la loi du 9 juillet 1991. Il en résulte que les transactions ayant ainsi force exécutoire constituent aussi des titres exécutoires[3].

Ces titres exécutoires, bien qu'étant visés dans la loi immédiatement après les décisions de justice dont il a été question plus haut (note sous nº 83), ne sont par pour autant purement et simplement assimilables à de véritables jugements. Ils doivent même être distingués des procès-verbaux de conciliation : à la différence de ces derniers, les transactions visées consacrent en effet un accord qui est intervenu *en dehors du contrôle du juge*, accord auquel celui-ci a seulement donné force exécutoire.

Ainsi s'explique-t-on que, s'agissant de mesures d'expulsion, qui ne peuvent être pratiquées que sur le fondement d'une décision de justice ou d'un procès-verbal de conci-

---

1. Sur le titre exécutoire européen, avant même sa création, v., entre autres, Normand, *Rev. huissiers* 2002. 331 ; Jeuland, *Gaz. Pal.* 2003. 3415, Menut, *Rev. huissiers* 2004. 66. – Après sa « création », v. Hugon et Menut, « Les enjeux européens du recouvrement des créances », *Rev. huissiers* 2005. 69; Beltz, « Le titre exécutoire européen », *D.* 2005. 2707; Chardon, « Le titre exécutoire européen : une mise en abîme européenne », *Rev. huissiers* 2006. 4.

2. Sur cette procédure, v. Ferrand, « L'injonction de payer européenne est arrivée ! », *Rev. huissiers* 2007. 66.

3. V., à propos de l'art. 1441-4, C. pr. civ., Desdevises, *D.* 2000. chron. 284; Taormina, *D.* 2002. 2353.

liation exécutoire (*supra*, n° 22), la Cour de cassation ait considéré qu'une transaction rendue exécutoire ne saurait permettre d'expulser[1].

5° Les actes notariés revêtus de la formule exécutoire

86. – Les actes *notariés* (par hypothèse dressés en France par des notaires français) peuvent également être mis à exécution. Les notaires peuvent en effet délivrer des expéditions des actes authentiques qu'ils ont établis, et les revêtir de la formule exécutoire. Dès lors, ces expéditions constituent des titres exécutoires[2].

Cette solution repose sur l'idée suivante : le notaire étant un officier public, son ministère offre des garanties particulières de sécurité et d'exactitude; dès lors, s'il a constaté personnellement l'existence et le montant d'une créance, il est inutile d'obliger le créancier à faire vérifier celle-ci en justice[3].

Il n'en va évidemment pas de même des actes sous seing privé, dont l'établissement n'a pas été, par hypothèse, entouré des mêmes garanties. Ceux-ci ne sont donc pas des titres exécutoires. Toutefois, lorsqu'ils sont *reconnus sincères* par les parties *devant notaire*, et *déposés au rang des minutes* en l'étude de ce dernier, il n'est pas illogique de les assimiler à des actes notariés. Au demeurant, il est admis, en pareil cas, que l'*acte de reconnaissance* dressé par le notaire peut être revêtu de la *formule exécutoire*. Lorsque cette formalité a été accomplie, un tel acte peut être mis à exécution comme les actes authentiques eux-mêmes[4].

6° Le titre délivré par l'huissier de justice en cas de non-paiement d'un chèque

87. – Le non-paiement d'un chèque pour défaut de provision suffisante permet au porteur de celui-ci d'obtenir la délivrance d'un certificat de non-paiement, qu'il lui appartient de notifier effectivement ou de faire signifier au tireur. L'huissier de justice qui n'a pas reçu justification du paiement dans les quinze jours de la réception de la notification ou de la signification délivre un *titre exécutoire* (v. actuellement art. L. 131-73, C. mon. fin.). Tel est le titre visé à l'article 3-5° de la loi du 9 juillet 1991, appelé habituellement « protêt exécutoire »[5].

---

1. Cass. (av.) 20 oct. 2000, *Bull. civ.* II, n° 9, *D.* 2000. IR. 296, *JCP* 2001. I. 311, n° 6, obs. Cadiet, *JCP* 2001. II. 10479, note Desdevises, *RTD civ.* 2001. 213, obs. Perrot. – On notera par ailleurs que selon TGI Paris (JEX) 10 mars 2000, *Procédures* 2000, n° 145, obs. Croze, la décision donnant force exécutoire à une transaction doit être communiquée, au plus tard au moment de l'exécution, à celui contre lequel l'exécution forcée est recherchée.

2. Pour le rappel de la qualification de titre exécutoire applicable à l'acte notarié revêtu de la formule exécutoire, v. Civ. 2e, 22 mars 2001, *D.* 2001. 1219. – Pour l'obligation faite au juge de rechercher si l'acte notarié utilisé est revêtu de la formule exécutoire, Civ. 2e, 28 juin 2006, *Rev. huissiers* 2006. 360, obs. Leborgne, *D.* 2007. 1388, obs. Julien.

3. La loi n° 76-519 du 15 juin 1976 a tendu à faciliter la transmission et le *recouvrement* (le cas échéant au moyen d'une saisie immobilière) de créances garanties par un *privilège spécial immobilier* ou par une *hypothèque*. La loi prévoit notamment que le notaire qui a dressé un acte *authentique* peut établir une *copie exécutoire* qui, à certaines conditions, peut être *à ordre* et transmise par *endossement*. Le même texte a prévu également, pour permettre la mobilisation des mêmes catégories de créances, la création de *billets* ou *effets négociables*. – Sur cette loi, v. Vincent et Prévault, *op. cit.*, 19e éd., n° 76, Jestaz, *RTD civ.* 1976. 647; Dagot, *JCP* 1976. 1. 2820; Perrot et Théry, *op. cit.*, 2e éd., n° 312. – Ces possibilités n'excluent pas l'utilisation d'une cession de créance selon les formes de l'art. 1690, C. civ. : Civ. 2e, 3 nov. 2005, *D.* 2005. 2826.

4. Perrot et Théry, *op. cit.*, n° 311.

5. V., pour une saisie-attribution pratiquée (sur un compte joint) en vertu d'un tel titre, Paris, 5 juill. 2001, *D.* 2001. 3308, note Julien. V., pour une étude d'ensemble des problèmes de recouvrement des chèques impayés, N. Casal, *Rev. huissiers* 2002. 212.

7° *Les titres délivrés par les personnes morales de droit public qualifiés de titres exécutoires par la loi ainsi que les décisions auxquelles la loi attache les effets d'un jugement*

88. – L'Administration est titulaire d'une prérogative essentielle : celle de *se délivrer à elle-même des titres exécutoires*[1].

Ces derniers sont visés à l'article 3-6° de la loi du 9 juillet 1991, dont la formule laisse cependant « entendre que tous les titres émis par les personnes de droit public pour représenter leurs créances ne sont pas des titres exécutoires »[2].

Il n'en demeure pas moins que la prérogative reconnue à l'Administration, qui procède évidemment du souci de faciliter le recouvrement de créances publiques, a un domaine d'application important. Elle est notamment utilisée en matière *fiscale*.

Il importe de relever que le système permettant la délivrance directe de titres exécutoires a été étendu au recouvrement de *cotisations de sécurité sociale*[3].

On remarquera la formule terminale de l'article 3-6° qui vise, d'une manière générale, « les décisions auxquelles la loi attache les effets d'un jugement » et donc la force exécutoire[4].

---

1. Tous les titres délivrés par les personnes morales de droit public, qualifiés comme tels par la loi constituent des titres exécutoires : v. Civ. 2e, 17 juin 1998, *D.* 1998. IR. 177 (à propos d'un titre émis par un maire pour le recouvrement de loyers dus en vertu d'un contrat de bail relevant du droit privé). – Il importe de souligner qu'un titre exécutoire administratif ne peut donner lieu à exécution forcée que s'il a été préalablement *notifié* au débiteur : v., par ex., Civ. 2e, 10 nov. 1998, *D.* 1999. IR. 8, *Rev. huissiers* 1999. 806, note Dahan; Civ. 1re, 18 mars 2003, *D.* 2003. 1010, *Rev. huissiers* 2003. 315, obs. C. Caille.

2. P. Ancel, « L'exécution par la puissance publique », *La réforme des procédures civiles d'exécution, RTD civ.* (n[o] spéc., 1993), 135 et s., n° 5.

3. Pour plus de détails, v. P. Ancel, *op. cit.*, n°s 5 à 10.

4. Sur la diversité des titres exécutoires administratifs, v. Perrot et Théry, *op. cit.*, 2e éd., n°s 321 et s.

Titre II

Opérations d'exécution

89. – Ce titre comprend deux chapitres : l'un est consacré au **déroulement des opérations de saisie** (Chapitre 1), l'autre au **personnel des procédures d'exécution** (Chapitre 2).

Chapitre 1

Le déroulement des opérations de saisie

90. – Les opérations de saisie doivent être accomplies dans le **respect de certains principes fondamentaux** qu'il convient de présenter (Section I) avant d'examiner l'**acte de saisie proprement dit** (Section II).

Section I
Le respect de principes fondamentaux

91. – Certaines règles peuvent être rattachées au principe de la contradiction (1°), d'autres à des garanties non moins fondamentales comme celles qu'expriment les principes (au demeurant étroitement dépendants) du respect de la vie privée et de l'inviolabilité du domicile (2°).

92. – **1°** L'importance du *principe de la contradiction* n'est plus à démontrer dans le cadre des procédures juridictionnelles[1]. Certes, il est permis de douter de son applicabilité à toute procédure de saisie dans la mesure où une telle procédure n'a pas en principe (et à défaut d'incident) de caractère judiciaire[2] : au demeurant, on peut remarquer que si l'article 1er du décret du 31 juillet 1992 déclare applicables, sauf texte contraire, les dispositions communes du Livre 1er du Code de procédure civile (et donc, entre autres, les articles 14 à 17 de ce code, précisément relatifs au principe de la contradiction), ce n'est qu'autant qu'il est recouru au *juge de l'exécution*. Cependant, alors même que la saisie a normalement un caractère extrajudiciaire, certaines règles qui s'y appliquent constituent une sorte d'hommage rendu au principe de la contradiction en dehors de son cadre naturel.

Aussi bien a-t-on pu parler d'une « transposition » dudit principe en la matière[3].

93. – On sait en effet que l'*information* des parties à la procédure est une condition essentielle de la contradiction. Or certaines dispositions légales et réglementaires témoignent du souci de permettre l'information des intéressés.

C'est ainsi que l'article 27 de la loi du 9 juillet 1991 dispose que *toute personne* « qui, à l'occasion d'une mesure propre à assurer l'exécution ou la conservation d'une créance,

---

1. Couchez, *Procédure civile* (Sirey), 15e éd., nos 238 et s.
2. On verra qu'il en va différemment en matière de saisie immobilière (*infra*, nos 398 et s.).
3. Lebeau, *J.-Cl. pr. civ.*, Fasc. 2210.

se prévaut d'un *document*, est tenue de le *communiquer* ou d'en *donner copie*, si ce n'est dans le cas où il aurait été notifié antérieurement »[1].

Il convient par ailleurs de citer les termes de l'article 5 du décret du 31 juillet 1992 :

« Le débiteur dont les biens ont déjà été saisis *est tenu* de *faire connaître* à tout nouveau créancier qui saisit les mêmes biens, l'*existence d'une précédente saisie* et l'*identité* de celui qui y a procédé. Il doit en outre *produire* l'*acte de saisie.*

La même obligation s'impose au *tiers* qui détient des biens pour le compte du débiteur.

Le créancier ainsi informé doit *porter à la connaissance* des autres créanciers parties à la procédure *tous actes et informations* que la loi lui fait obligation de leur communiquer. »

De véritables obligations d'informer les personnes intéressées sont donc imposées dans le cadre des procédures de saisie[2], le domaine comme le contenu des informations prescrites étant d'ailleurs fort large. On notera cependant que, pour des raisons assez évidentes, lorsqu'une mesure d'exécution forcée ou une mesure conservatoire est pratiquée entre les mains d'un *tiers* sur le fondement d'un *jugement, seul le dispositif* est porté à sa connaissance (art. 3, Décr.). Il ne s'agit pas en effet de prescrire des informations au-delà de ce qui est nécessaire ou utile.

94. – 2° Des droits fondamentaux de la personne entre les mains de laquelle est pratiquée une saisie (qu'il s'agisse du débiteur lui-même ou d'un tiers) sont au demeurant spécialement pris en considération. Des dispositions illustrent ainsi le souci de *protection de la vie privée*[3]*, laquelle peut être assurée, entre autres, par le principe de l'inviolabilité du domicile*[4].

Parmi les règles qui se rattachent à ces garanties fondamentales, il ne faut pas négliger celles qui sont relatives à la localisation *temporelle* de la saisie, énoncées à l'article 28 de la loi du 9 juillet 1991 :

« Aucune mesure d'exécution ne peut être effectuée un *dimanche ou un jour férié*, si ce n'est en cas de nécessité et en vertu d'une autorisation spéciale du juge.

Aucune mesure d'exécution ne peut être commencée *avant six heures* et *après vingt et une heures* sauf, en cas de nécessité, avec l'autorisation du juge et seulement dans les lieux qui ne servent pas à l'habitation. »

95. – Cette dernière formule atteste la préoccupation de prendre tout particulièrement en compte le fait qu'une procédure de saisie se déroule dans un local *servant à l'habitation.*

Cette circonstance revêt une importance toute spéciale lorsque l'exécution de la mesure implique que l'huissier *pénètre* dans le local en l'*absence* de l'occupant ou *contre le gré* de celui-ci. Aussi bien des dispositions ont-elles été édictées par le législateur à cet égard (v. art. 21 – compl. par Ord. 21 avr. 2006 – et 30, L. 9 juill. 1991). Ces dispositions ont été prises dans le cadre de règles générales (donc normalement applicables à

---

1. Pour la limitation (très contestable) du domaine de ce texte à l'hypothèse où il y a une instance, v. Paris, 7 juin 2001, *D.* 2001. 2806.

2. Sur le problème de la sanction des obligations relatives aux communications en la matière, v. Lebeau, *op. cit.*, n°s 18 à 21.

3. Sur les difficultés de la conciliation entre ce souci et la nécessaire recherche des informations, v. Perrot, *RTD civ.* 1992. 189.

4. Dymant, « De la saisie des meubles en général et du domicile en particulier », *Gaz. Pal.* 7-8 août 1996, *D.*, p. 2.

toute saisie), mais elles seront présentées dans le cadre particulier de la saisie-vente (*infra*, n° 152)[1].

S'agissant encore de mesures pratiquées dans un local d'habitation, il convient en outre de tenir compte de dispositions propres à certaines saisies (saisie-vente : *infra,* n° 143; saisie-appréhension : *infra*, n° 213, saisie-revendication : *infra,* n° 374).

Section II
L'acte de saisie[2]

96. – Les opérations d'exécution impliquent l'accomplissement de formalités diverses. Au sein de celles-ci, doit être souligné l'établissement de l'acte de saisie (§ 1) dont les effets sont importants (§ 2).

§ 1. ÉTABLISSEMENT DE L'ACTE DE SAISIE

97. – Cet acte est *en principe* un acte d'huissier de justice[3]. Il doit donc tout d'abord contenir les mentions prescrites à l'article 648 du Code de procédure civile : date de l'acte, éléments d'identification du requérant, de l'huissier et de la ou des personnes auxquelles l'acte doit être signifié.

Les autres mentions sont prévues par des textes propres à chaque saisie. Elles dépendent donc de la nature de la mesure pratiquée et seront en conséquence présentées avec l'étude particulière de chaque procédure de saisie. On peut cependant d'ores et déjà relever que les formalités prescrites traduisent notamment un souci d'information des personnes intéressées (débiteur saisi, tiers saisi).

98. – La nullité de l'acte de saisie est régie par les dispositions du Code de procédure civile applicables aux nullités d'actes de procédure (appl. art. 1er, Décr. 31 juill. 1992; v. d'ailleurs, s'agissant de la procédure de saisie immobilière, art. 11, Décr. 27 juill. 2006). Il convient donc de se reporter à cet égard aux articles 112 à 121 de ce code et

---

1. V. aussi, en matière de saisie immobilière, s'agissant de l'intervention de l'huissier pour dresser le procès-verbal de description des lieux, outre l'al. 3 (consécutif à l'Ord. 21 avr. 2006) de l'art. 21, L. 9 juill. 1991, l'art. 35, Décr. 27 juill. 2006 et la référence de ce texte aux art. 20 et 21 L. préc.

2. Pour une étude générale, v. Lebeau, *J.-Cl. pr. civ.*, Fasc. 2230; Vinckel, *J.-Cl. voies d'exécution*, Fasc. 440.

3. V. toutefois, s'agissant de saisir des rémunérations du travail, *infra*, nos 295 et s. V. ég., en matière fiscale, note sous n° 101. – Il importe de souligner que, dans la mesure où l'acte de saisie relève d'un huissier de justice (ce qui est la solution de principe), c'est cet huissier *lui-même* qui doit l'accomplir, toute délégation à un clerc assermenté étant en effet exclue en la matière (art. 6, L. 27 déc. 1923). V. Com. 17 déc. 2003, *D.* 2003. 1491, obs. Julien, D.M.F. 2004. 145, note Réméry, soulignant que la méconnaissance de cette règle constitue une irrégularité de fond (hypothèse de saisie d'un navire par un clerc assermenté). La solution vaut évidemment aussi pour la signification d'un acte de saisie-attribution (car il s'agit bien d'un acte d'exécution) : Civ. 1re, 18 févr. 2003, pourvoi n° 99-20672; Civ. 2e, 28 juin 2006, *Rev. huissiers* 2006. 360, obs. Leborgne, *D.* 2007. 1388, obs. Julien (sur de – subtiles – distinctions à opérer quant aux possibilités de délégations aux clercs assermentés dans le cadre d'une saisie de droits d'associé, à propos de l'ancienne remise de l'acte en mairie, v. Lefort, *Rev. huissiers* 2008. 42, obs. sous Civ. 2e, 4 oct. 2007). – Il en va différemment pour la dénonciation de cette saisie au débiteur : sur la question, v. Menut, *Rev. huissiers* 2005. 103, à propos de Angers 9 nov. 2004 et, soulignant que les actes de dénonciation ne sont pas des actes d'exécution et peuvent être délivrés par un clerc assermenté, Civ. 2e, 12 oct. 2006, *D.* 2006. 2695, *Rev. huissiers* 2007. 48, obs. Putman. V. aussi Civ. 2e, 14 févr. 2008.

de tenir compte notamment de l'importante distinction entre les nullités pour vice de forme et celles consécutives à une irrégularité de fond[1].

§ 2. Effets de l'acte de saisie

99. – Sur cette question encore, on s'en tient ici à l'énoncé de règles générales, en renvoyant pour plus de précisions à l'étude de chaque saisie.

La règle principale est affirmée à l'article 29, alinéa 1, de la loi du 9 juillet 1991 : « L'acte de saisie rend *indisponibles* les biens qui en sont l'objet ». Autrement dit, en toute hypothèse, la saisie interdit de disposer du bien qui en est frappé. C'est ainsi qu'un débiteur saisi, tout en demeurant propriétaire du bien (corporel) objet de la saisie, perd le droit (pourtant normalement attaché à la propriété) d'aliéner ce bien.

S'agissant précisément de l'hypothèse de saisie portant sur des biens corporels, l'article 29, alinéa 2, de la loi susvisée (mod. L. 16 déc. 1992) précise en outre que « le débiteur saisi ou le tiers détenteur entre les mains de qui la saisie a été effectuée est réputé *gardien* des objets saisis sous les sanctions prévues par l'article 314-6 du Code pénal ».

On notera enfin, que dans le cas de saisie portant sur une *créance*[2], la *prescription* de celle-ci est *interrompue* par l'acte de saisie (art. 29, al. 3, L.). L'effet interruptif ainsi visé concerne donc la créance *objet* de la saisie. Il importe de souligner parallèlement que la saisie, quel que soit son objet, emporte interruption de la prescription de la créance *cause* de la mesure. S'agissant de mesure d'exécution, la solution découle de l'article 2244 du Code civil (réd. L. 17 juin 2008) qui attache l'effet interruptif à « un acte d'exécution forcée ». S'agissant de mesure conservatoire (et donc notamment de saisie conservatoire), il convient de citer l'article 74 de la loi du 9 juillet 1991 disposant que « La notification au débiteur de l'exécution de la mesure conservatoire interrompt la prescription de la créance cause de cette mesure ».

---

1. Sur la question, v. Couchez, *op. cit.*, n°s 188 et s.

2. On verra que, dans ce cas, l'indisponibilité (dont il est plus haut question) se traduit par l'*interdiction de payer* (*infra*, n°s 261 et 262).

Chapitre 2

Le personnel des procédures d'exécution

100. – Une procédure de saisie suppose **nécessairement l'intervention d'une personne « chargée de l'exécution »** (ou « agent d'exécution ») (Section I). Il convient en outre de tenir compte de l'**intervention éventuelle de certaines autorités**, qu'il s'agisse de l'**autorité administrative** (hypothèse où l'exécution de la mesure implique le concours de la force publique) (Section II) ou de l'**autorité judiciaire** (Section III).

Section I
Personnes chargées de l'exécution

101. – Les saisies sont normalement pratiquées par des *huissiers de justice*[1], *lesquels sont des officiers ministériels*[2] *qui bénéficient en principe d'un véritable monopole* en la matière. Telle est au demeurant la solution actuellement énoncée à l'article 18, alinéa 1, de la loi du 9 juillet 1991 (mod. par L. 13 juill. 1992) : « Seuls peuvent procéder à l'exécution forcée et aux saisies conservatoires les huissiers de justice chargés de l'exécution »[3], étant entendu qu'un huissier ne peut instrumenter en dehors de son ressort territorial[4].

Le monopole dont bénéficie la profession considérée n'est évidemment pas sans contrepartie : c'est ainsi que les huissiers sont en principe « tenus de prêter leur ministère ou leur concours », la loi leur reconnaissant toutefois la faculté « d'en référer au juge de l'exécution s'ils l'estiment nécessaire, lorsque la mesure requise leur paraît revêtir un caractère *illicite* ou si le montant des *frais* paraît manifestement susceptible de *dépasser* le montant de la *somme réclamée*, à l'exception des condamnations symboliques que le débiteur refuserait d'exécuter » (art. 18, al. 2, L. 9 juill. 1991)[5].

---

1. V. cep., en matière de saisie des rémunérations, *infra*, n° 295. V. ég. note (3) ci-dessous. – On rappelle que, s'agissant d'opérations d'exécution, c'est l'huissier *lui-même* qui doit y procéder, toute délégation à un clerc assermenté étant exclue (art. 6, L. 27 déc. 1923). V., à ce propos, la jurisprudence citée *supra*, sous n° 97, note.
2. Sur cette catégorie d'officiers ministériels, v. Couchez, *Procédure civile*, 14e éd., n° 145.
3. Ce monopole peut être écarté en vertu de la loi (v. art. 81, L. 9 juill. 1991). On notera à ce propos que les agents d'exécution du Trésor sont dotés, en matière fiscale, de pouvoirs concurrents. V. Vincent et Prévault, *Voies d'exécution*, 19e éd., n° 46 *in fine*; Perrot et Théry, *Procédures civiles d'exécution*, 2e éd., n° 167.
4. En conséquence du Décr. n° 2007-813 du 11 mai 2007, ce ressort est étendu, depuis le 1er janvier 2009, au ressort du tribunal de grande instance (et non plus du tribunal d'instance) de sa résidence.
5. V. ég. *supra*, note 7 *in fine* sous n° 83.

102. – La remise d'un titre à l'huissier en vue de son exécution emporte *élection de domicile* en son étude pour toutes notifications relatives à cette exécution (art. 2, Décr. 31 juill. 1992). Par ailleurs, cette remise vaut pour l'huissier pouvoir pour toute exécution pour laquelle il n'est pas exigé de pouvoir spécial (art. 507, C. pr. civ.).

Chargé par son client de pratiquer une saisie, l'huissier « a la responsabilité de la *conduite des opérations*[1]. Il est habilité, lorsque la loi l'exige, à demander au juge de l'exécution ou au ministère public de donner les autorisations ou de prescrire les mesures nécessaires » (art. 19, al. 1, L. 9 juill. 1991).

Dans l'hypothèse de survenance d'une *difficulté d'exécution*, l'huissier « en dresse procès-verbal et la fait trancher par le juge de l'exécution qui l'entend en ses observations, le débiteur entendu ou appelé » (art. 19, al. 2, L.).

Section II
Concours de la force publique[2]

103. – Ce concours s'avère parfois indispensable en raison de la résistance opposée par celui contre lequel une mesure est pratiquée.

On songe spécialement ici à des procédures dont l'exécution implique la pénétration dans un local (qui peut être – on le verra – un local servant à l'habitation) dont l'occupant refuse d'ouvrir la porte. La résistance opposée à l'accomplissement de la mesure ne saurait évidemment conduire l'huissier à renoncer à l'exécution. Sans doute des règles protectrices de la personne contre laquelle est menée la procédure sont-elles posées (règles qui seront présentées avec l'étude de la saisie-vente : *infra*, n°s 143 et 152). Il n'en demeure pas moins que, dans certains cas, on ne peut éviter le recours à la force publique.

Aussi bien est-il prévu que l'État « est tenu de prêter son concours à l'exécution du jugement et des autres titres exécutoires », le refus de l'autorité administrative de mettre la force publique au service de ladite exécution ouvrant au demeurant « droit à réparation » (art. 16, L. 9 juill. 1991)[3]. Un tel refus est donc une source de la responsabilité de la puissance publique.

Cela étant, il incombe logiquement à l'huissier de justice chargé de l'exécution et qui, par hypothèse, se heurte à un obstacle qui ne peut être surmonté que par le concours de la force publique, de requérir ledit concours (art. 17, L. – V. ég. les précisions de l'art. 50, Décr. 31 juillet 1992).

---

1. À ce propos, la Cour de cassation a souligné qu'accomplissant seul la mission d'exécution, l'huissier ne saurait être exonéré de sa responsabilité en raison du mandat donné par un avocat : Civ. 2e, 21 nov. 2002, *D.* 2002. 3243. V. toutefois, en l'absence de toute faute de l'huissier, pour la responsabilité du requérant (qui a pris le risque de faire procéder à l'exécution), s'agissant de la remise en état de portes fracturées, Civ. 2e, 9 janv. 2003, *Rev. huissiers* 2003. 241, obs. Bourdillat. – Pour une étude d'ensemble, v. H. Conchon, « Le mandat de l'huissier de justice dans la conduite des opérations d'exécution », *Rev. huissiers* 2003. 278.

2. J.-B. Auby, « L'exécution avec le concours de la force publique », *La réforme des procédures civiles d'exécution, RTD civ.* 1993 (n^o^ spéc.) p. 123 et s. ; F. Arbellot, *J.-Cl. pr. civ.*, Fasc. 2210. – Pour une hypothèse de refus justifié d'apporter ce concours, en raison de l'extinction de la dette, dans le cas particulier d'une mesure d'expulsion (la portée de la solution s'étendant toutefois au-delà de ce cadre), v. CE 29 sept. 2003, *Rev. huissiers* 2004. 99, obs. Bourdillat. V. par ailleurs, sur la question, A. Léon, obs. sous CE 18 juin 2008 et TA Melun, 2 juill. 2008, *Rev. huissiers* 2008. 335.

3. CEDH, 22 sept. 2004 (cité par Fricero, *Rev. huissiers* 2007. 288) a souligné qu'il appartient à l'État de prendre toutes les mesures permettant à l'huissier de mener à bien sa mission.

Section III
Recours à l'autorité judiciaire

104. – Tout comme celui dont il a été question dans la précédente section, ce recours n'est qu'éventuel. Avant même la réforme des voies d'exécution, on remarquait volontiers que le caractère judiciaire n'était pas inhérent à toute procédure de saisie. Avec les textes issus de la réforme, on souligne aujourd'hui le souci de « déjudiciariser » les procédures d'exécution[1].

Il n'en demeure pas moins qu'a dû être prévu le recours aux autorités judiciaires : le *ministère public* (§ 1) et le *juge de l'exécution* (§ 2) ont vocation à jouer un rôle important en la matière.

§ 1. Le ministère public[2]

105. – Il entre traditionnellement dans la mission du ministère public de veiller à l'exécution des décisions de justice (et même, plus généralement, des titres exécutoires), solution que le législateur de 1991 n'a pas manqué de rappeler (v. art. 11, L. 9 juill.)[3]. Ce législateur a entendu assigner à ce propos au ministère public un rôle important en matière de *recherches des informations*[4].

C'est qu'en effet, le créancier qui entend faire pratiquer une saisie n'est pas toujours en mesure de fournir à l'huissier qu'il charge de l'exécution certains renseignements indispensables à celui-ci : il peut en effet par exemple ne pas connaître l'adresse de son débiteur ou encore ignorer auprès de quelle banque (ou autre établissement financier) ce débiteur dispose de comptes sur lesquels pourrait porter la saisie envisagée.

Sans doute incombe-t-il *d'abord* à l'huissier, dans de telles hypothèses, d'accomplir *lui-même* les démarches en vue d'obtenir les renseignements nécessaires[5]. Toutefois, l'obtention d'informations se heurte souvent au secret professionnel ou, d'une manière générale, à des textes destinés à empêcher la communication à des tiers de renseignements détenus par certains organismes.

Certes, s'agissant de recouvrements de créances *alimentaires*, des dispositions législatives appropriées existent depuis 1973, lesquelles imposent aux administrations et organismes sociaux de réunir et de communiquer à l'huissier certains éléments indispensables à

---

1. Ph. Théry, « La "déjudiciarisation" des procédures d'exécution », *Petites Affiches*, 6 janv. 1993, p. 12 et s.

2. Qu'il nous soit permis d'examiner encore cette question dans le cadre du recours à l'*autorité judiciaire* (en respectant au demeurant notre Constitution), même si nous n'ignorons pas l'affirmation de la Cour européenne des droits de l'homme, selon laquelle le procureur de la République n'*est pas une* autorité *judiciaire* au sens que la jurisprudence de la Cour donne à cette notion en raison du manque d'indépendance du procureur par rapport au pouvoir exécutif (CEDH 10 juill. 2008, *D.* 2009. 600, note Renucci). Cette solution doit d'ailleurs être relativisée (v. à ce propos Lavric, *D.* 2009. 801).

3. Il est précisé, à l'article 12 de cette loi, que « Le procureur de la République peut enjoindre à tous les huissiers de justice de son ressort de prêter leur ministère » (al. 1) et qu'« Il poursuit d'office l'exécution des décisions de justice dans les cas spécifiés par la loi » (al. 2).

4. A. Confino, « À propos d'une réforme : le parquet aux trousses des mauvais payeurs », *Gaz. Pal.* 1991. *D.* 407; J.-C. Lautru, « Le procureur de la République à la recherche des informations », *Petites Affiches,* 6 janv. 1993, p. 60 et s.

5. N. Casal, « L'huissier de justice à la recherche de l'information », *Rev. huissiers* 2003. 342. – On notera qu'un huissier ne saurait être désigné sur le fondement de l'article 145 du NCPC pour la recherche d'une telle information : Civ. 2e, 13 févr. 2003, *Bull. civ.* II, no 38, *RTD civ.* 2003. 356, obs. Perrot.

ce dernier (*infra*, n° 321), mais ces textes ne sauraient s'appliquer lorsque la saisie tend au recouvrement d'autres créances (v. cep. sur les perspectives d'évolution, *infra*, n° 107 *bis*).

106. – Le législateur de 1991 a eu la volonté de remédier à cet état de choses, sans étendre pour autant le bénéfice du système dont il **vient** d'être question aux créanciers non alimentaires. C'est qu'en effet, soucieux du respect des droits de la personne et de la vie privée, les auteurs de la réforme des voies d'exécution ont estimé que la délivrance de certaines informations nécessaires à l'huissier ne pouvait être imposée que sur la demande d'un magistrat, d'où le rôle dévolu en la matière au ministère public (dont on sait qu'il est composé de magistrats du parquet). Autrement dit – la solution différant à cet égard de celle consacrée pour le recouvrement de créances alimentaires, – l'huissier de justice *ne peut en principe* invoquer *lui-même* l'obligation de fournir certains renseignements pesant sur les administrations, établissements ou organismes concernés en vue d'obtenir *directement* les informations qui lui sont nécessaires[1] et [2].

107. – Toujours est-il que l'huissier s'est vu cependant offrir la possibilité de recueillir celles-ci par l'intermédiaire du ministère public et en conséquence de diligences accomplies par ce dernier. Toutefois, à ce propos, une évolution doit être soulignée, qu'il est d'ailleurs aujourd'hui question de prolonger (et peut-être d'achever !) (*infra*, n° 107 *bis*).

Le législateur de 1991 avait en effet prévu qu'« à la demande de l'huissier de justice chargé de l'exécution, porteur d'un *titre exécutoire* et au vu d'un relevé certifié sincère des *recherches infructueuses* qu'il a tentées pour l'exécution, le procureur de la République entreprend les diligences nécessaires pour connaître l'adresse des organismes auprès desquels un compte est ouvert au nom du débiteur, ainsi que l'adresse du débiteur et l'adresse de son employeur, *à l'exclusion de tout autre renseignement* » (réd. d'origine art. 39, al. 1, L. 9 juill. 1991).

À la vérité, si l'obligation pour l'huissier de recourir, le cas échéant, au ministère public pour connaître l'adresse du débiteur ou de son employeur trouve certainement sa justification dans la nécessaire protection de certains droits fondamentaux du débiteur, pareille obligation a pu, à la réflexion, paraître ne pas s'imposer avec la même évidence lorsqu'il s'agit de connaître l'adresse des organismes auprès desquels un compte est ouvert au nom de cette personne. C'est la raison pour laquelle, dans le cadre d'une réforme du statut de certaines professions judiciaires, la loi n° 2044-130 du 11 février 2004 a, entre autres, modifié les dispositions de la loi du 9 juillet 1991, en vue de permettre un « accès direct des huissiers de justice au fichier des comptes bancaires ». Dans cette perspective, a été notamment édicté un nouvel article 39, alinéa 1, ainsi rédigé : « L'huissier de justice chargé de l'exécution, porteur d'un titre exécutoire, *peut obtenir directement* de l'*administration fiscale* l'adresse des organismes auprès desquels un compte est ouvert au nom du débiteur[3]. Si l'administration ne dispose pas de cette infor-

---

1. V. toutefois, s'agissant de mesures d'exécution portant sur des véhicules terrestres à moteur, l'art. 164, Décr. 31 juillet 1992. V. aussi, s'agissant de « l'accès direct des huissiers de justice au fichier des comptes bancaires », *infra*, n° 107.

2. Pour le lecteur qui découvrirait avec étonnement, dans un autre ouvrage, un exposé présentant de troublantes ressemblances avec le texte des lignes qui précèdent (n° 105, al. 2 et s., et n° 106), l'auteur tient simplement à souligner que ces lignes figuraient dès 1994 dans son manuel (v. 3e éd., nos 105 et 106).

3. Il est précisé par ailleurs que l'administration « doit communiquer » ces informations « sans pouvoir opposer le secret professionnel » (al. 2 de l'art. 40, L. 9 juill. 1991 mod.). V. par ailleurs Livre des procédures fiscales, art. L. 151-1, aj. par L. 11. févr. 2004.

mation, le procureur de la République entreprend, à la demande de l'huissier de justice, porteur du titre exécutoire et de la réponse de l'administration, les diligences nécessaires pour connaître l'adresse de ces organismes »[1].

Les dispositions réglementaires prises en application de ce texte ont été placées au début de l'article 54 du décret du 31 juillet 1992. On notera que cet article, qui avait ainsi été modifié par un décret du 10 décembre 2004, l'a été de nouveau par un décret du 15 mai 2007. En conséquence de ce dernier, les deux premiers alinéas de l'article 54 ont été remplacés par les dispositions suivantes :

« En vue d'obtenir les informations mentionnées au premier alinéa de l'article 39 de la loi n° 91-650 du 9 juillet 1991, l'huissier de justice saisit le service central gestionnaire du fichier des comptes bancaires et assimilés relevant du ministère chargé des finances. La requête contient l'énonciation du titre exécutoire dont est porteur l'huissier de justice.

Le service central gestionnaire du fichier des comptes bancaires et assimilés transmet les informations requises au vu des seuls éléments figurant dans la requête.

Lorsque le service lui fait savoir qu'il ne dispose pas de ces informations, l'huissier de justice peut saisir le procureur de la République en précisant les diligences sollicitées. Une copie du titre exécutoire et le relevé sincère des recherches infructueuses de l'huissier de justice sont jointes à la requête. »

Si l'objectif a été de réduire le nombre des cas dans lesquels l'huissier est conduit à s'adresser au procureur de la République, il n'en demeure pas moins que la recherche d'informations par l'intermédiaire du ministère public ne peut que conserver un domaine important. Outre le fait que les textes précités prévoient (certes, subsidiairement) le recours à cette autorité judiciaire pour l'obtention d'informations « bancaires », il faut tenir compte du fait que l'huissier ne pouvant exiger directement la communication, ni de l'adresse du débiteur, ni de l'adresse de l'employeur de celui-ci, peut être encore appelé à solliciter le concours du ministère public en vue d'obtenir ces renseignements, dès lors que, par hypothèse, les recherches auxquelles il a lui-même procédé à cet égard ont été « infructueuses » (art. 39, al. 2, L. 9 juill. 1991).

107 *bis*. – Si telles sont les solutions en vertu des textes en vigueur, le système pourrait être prochainement modifié dans le sens de l'extension des obligations des administrations et autres organismes soumis au contrôle de l'autorité administrative, de fournir les renseignements qu'ils détiennent, nécessaires à l'huissier porteur d'un titre exécutoire. Dans une proposition de loi dont est saisi le Parlement[2], il est en effet prévu d'ouvrir à l'huissier la possibilité d'obtenir *aussi* directement des administrations ou organismes visés, des informations permettant de déterminer l'adresse du débiteur, l'identité et l'adresse de son employeur ou de tout tiers débiteur ou dépositaire de fonds liquides ou exigibles.

L'idée est de généraliser des solutions déjà admises dans le cadre particulier du paiement direct des pensions alimentaires (*infra*, n° 321). Si un tel texte était définitivement

---

1. La disposition du 1er alinéa de l'art. 39 de 1991 a été reprise à l'alinéa 2, sous réserve d'une adaptation consécutive à la solution que contient le nouvel alinéa 1er. – Sur la loi du 11 févr. 2004, v. J.-C. Belot, « À propos d'une loi attendue », *Rev. huissiers* 2004. 128; R. Perrot, *Procédures* 2004. chr. 4; J.-J. Daigre, *JCP* 2004. I. 230.

2. Proposition Sénat n° 31 (2008-2009) déposée le 15 octobre 2008, relative à l'exécution des décisions de justice et aux conditions d'exercice de certaines professions réglementées.

adopté[1], l'huissier n'aurait plus à recourir au ministère public pour obtenir les informations qui lui sont nécessaires.

Tel n'est pas (encore) le cas. En l'état actuel du droit (octobre 2009), l'huissier peut avoir à s'adresser au ministère public pour l'obtention de certains renseignements. En conséquence, il n'est pas sans intérêt de préciser les formes et les suites de la demande de l'huissier tendant à la recherche d'informations par le parquet.

108. – La demande de l'huissier est faite au moyen d'une *requête* qui précise les diligences sollicitées et à laquelle sont joints une copie du titre exécutoire et le relevé certifié sincère des recherches infructueuses de l'huissier (art. 39, al. 1 et 2, L. 9 juill. 1991 et art. 54, al. 3, Décr. 31 juill. 1992, réd. Décr. 15 mai. 2007).

On remarquera que le procureur de la République, au vu des documents produits, *n'est pas tenu* de « donner suite à la requête » : il peut en effet *enjoindre à l'huissier* de procéder à des recherches complémentaires, auquel cas, à l'issue de ces recherches, une nouvelle requête peut être déposée (art. 54, al. 5 et 6, Décr.).

Quel que soit le moment où il accomplit les diligences sollicitées (à supposer qu'il décide de « donner suite », ce peut être soit sur une première requête, soit sur une requête postérieure), le procureur de la République peut s'appuyer, pour obtenir les renseignements plus haut mentionnés (que vise l'article 39 de la loi du 9 juillet 1991), sur *l'obligation de communiquer* que le législateur a entendu imposer aux diverses administrations, entreprises faisant l'objet d'une concession (ou d'un contrôle administratif), aux établissements et organismes de toute nature soumis au contrôle de l'autorité administrative (pour plus de détails, v. art. 40, al. 1, L.). Bien évidemment, à cette obligation de communication ne peut être apposé le secret professionnel (même texte).

109. – Il a été dit précédemment que, parmi les informations susceptibles d'être recherchées (et dont la communication peut être exigée), figurent celles relatives aux comptes (bancaires ou assimilés) ouverts au nom du débiteur. Est prévue à ce propos la possibilité de « demander aux établissements habilités par la loi à tenir des comptes de dépôt si un ou plusieurs comptes, comptes joints ou fusionnés, sont ouverts au nom du débiteur ainsi que le ou les lieux où sont tenus le ou les comptes *à l'exclusion de tout autre renseignement* » (art. 40, al. 3, L.)[2].

La formule terminale de ce dernier texte, déjà utilisée à l'article 39 de la loi[3], témoigne de la volonté du législateur de ne pas aller trop loin quant à l'étendue de l'obligation de renseignements examinée : ainsi s'agissant de comptes, la liste de ceux-ci doit être communiquée… mais non leur solde !

Dans un esprit analogue, on notera que même en ce qui concerne les renseignements qui entrent dans l'objet de l'obligation de communication, le législateur a entendu garantir au débiteur le caractère « confidentiel » de l'information, laquelle ne doit pas être en effet utilisée à des fins étrangères à la mesure pour l'exécution de laquelle elle a été demandée. En témoignent les dispositions de l'article 41 de la loi : « Les renseignements obtenus ne peuvent être utilisés que dans la seule mesure nécessaire à l'exécution du ou des titres pour lesquels ils ont été demandés. *Ils ne peuvent,* en aucun cas, *être*

---

1. Au moment où ces lignes sont rédigées (octobre 2009), le texte a été seulement adopté par le Sénat, en première lecture, le 11 février 2009.

2. Avant la loi du 11 février 2004, cette disposition figurait au 2e alinéa de l'article 40.

3. V. actuellement l'alinéa 2 de cet article 39, relatif aux « diligences nécessaires pour connaître l'adresse du débiteur et l'adresse de son employeur ».

communiqués à des tiers ou faire l'objet d'un fichier d'informations nominatives » (al. 1 ; v. en outre les sanctions prévues à l'alinéa 2 du même article).

110. – Quoi qu'il en soit, le rôle que le ministère public est appelé à jouer en matière de recherche des informations relatives au débiteur est d'une grande importance. Il reste cependant que la surcharge des parquets n'a pu qu'inciter les auteurs de la réforme des voies d'exécution à la prudence. On sait déjà que le procureur de la République n'est pas tenu d'accomplir les diligences sollicitées, ce magistrat pouvant en effet considérer que l'huissier est en mesure d'obtenir lui-même les renseignements nécessaires (et le lui faire savoir... par voie d'injonction !) (v. art. 54, al. 5, Décr. préc.). Le législateur a dû par ailleurs prévoir les conséquences de l'absence de toute réaction du ministère public pendant un certain délai suivant la requête (art. 39, al. 3, L. 9 juill. 1991). En application de cette sage prévision, il est disposé qu'« Au terme d'un délai de *trois mois* à compter de la date de la requête, l'absence de réponse du procureur de la République *vaut réquisition infructueuse* » (art. 54, al. 4, Décr. 31 juill. 1992 mod.).

§ 2. Le juge de l'exécution

111. – Ce juge a été présenté comme le « personnage central »[1] de la réforme des voies d'exécution. La formule peut surprendre dès lors que l'on sait que l'ambition du législateur de 1991 a été la mise en place de procédures ne ménageant à l'intervention du juge qu'un domaine aussi restreint que possible.

De fait, certaines procédures peuvent être menées sans aucun recours à l'autorité judiciaire[2]. Cependant, cela ne saurait conduire à méconnaître le rôle que le juge est appelé à jouer en la matière : il n'est pas rare que les mesures d'exécution provoquent des *contestations*, dont le règlement suppose l'intervention du juge; par ailleurs, on verra qu'indépendamment de tout incident, d'impérieuses raisons ont pu conduire, dans certains cas, à imposer le recours *préalable* au juge pour obtenir l'*autorisation* de pratiquer une mesure (ou d'accomplir certaines opérations d'exécution de la mesure).

Dès lors que l'on « ne peut toujours se passer du juge »[3], l'objectif a été de mettre fin à la dispersion du contentieux de l'exécution qui caractérisait notre droit jusqu'à la réforme (selon des critères dont le détail n'importe guère aujourd'hui, la compétence pour le règlement de ce contentieux était répartie entre tribunal de grande instance, tribunal d'instance, tribunal de commerce, tribunal paritaire des baux ruraux, étant précisé que les juges des référés exerçant leurs fonctions dans le cadre de ces juridictions se voyaient eux-mêmes reconnaître certains pouvoirs en la matière !). Aussi bien l'institution du *juge de l'exécution*, devant lequel on a entendu *concentrer* en principe le règlement des questions soulevées à l'occasion des procédures examinées, a-t-elle pu apparaître comme un aspect *essentiel* de la réforme[4].

---

1. P. Julien, « Le juge de l'exécution », *Petites Affiches*, 6 janv. 1993, p. 45 et s.
2. Tel n'est pas le cas de la saisie immobilière comme on pourra le constater (*infra*, n°s 411 et s.). Cette procédure a en effet un caractère judiciaire très marqué.
3. J. Normand, « Le juge de l'exécution », *La réforme des procédures civiles d'exécution*, *RTD civ.* 1993 (n° spéc.), p. 31 et s.
4. À vrai dire, l'institution du juge de l'exécution a son origine dans des dispositions d'une loi du 5 juillet 1972 qui n'avaient pu être appliquées faute de texte réglementaire – Sur le juge de l'exécution, outre les réf. préc., v. Ph. Hoonakker, *Gaz. Pal.* 1993. D. 321, et M. Landraud, *D.* 1994. chron. 65.

L'*exercice des fonctions* de juge de l'exécution (A), la *compétence* de ce juge (B) et la *procédure* suivie devant ce dernier (C) doivent être successivement précisés.

A. Exercice des fonctions de juge de l'exécution

112. – Le législateur de 1991 a édicté la règle selon laquelle les fonctions de juge de l'exécution sont exercées par le *président du tribunal de grande instance* (v. actuellement art. L. 213-5, al. 1, COJ).

Pour les raisons indiquées plus haut, ces fonctions sont importantes et elles viennent s'ajouter aux charges – déjà considérables – du président de la juridiction de droit commun du premier degré. Il était donc indispensable de prévoir la possibilité de *délégations*.

À ce propos, il est disposé que « Lorsqu'il délègue ses fonctions à un ou plusieurs juges », le président « fixe la durée et l'étendue territoriale de cette délégation » (art. préc., al. 2). Il est précisé que « Le président du tribunal de grande instance tranche les incidents relatifs à la répartition des affaires entre les juges auxquels il a délégué les fonctions de juge de l'exécution » (art. R. 213-11, al. 1, COJ) et que « Les décisions relatives aux incidents sont des mesures d'administration judiciaire » (art. R. 213-11, al. 2), ce qui signifie notamment qu'elles ne sont susceptibles d'aucun recours (appl. art. 537, CPC).

Il importe de remarquer que les magistrats susceptibles de recevoir la délégation prévue peuvent être non seulement des juges assurant le fonctionnement du tribunal de grande instance lui-même, mais aussi des magistrats de ce tribunal chargés d'assurer le service d'un tribunal d'instance situé dans le ressort dudit tribunal (appl. art. R. 222-1, COJ). Il en découle que des *juges d'instance* peuvent être appelés à exercer les fonctions de juge de l'exécution[1].

Il est évidemment essentiel que les intéressés puissent connaître les délégations données par le président du tribunal de grande instance. Aussi bien une *publicité* est-elle prévue à cet égard : l'ordonnance de délégation « est *adressée* au bâtonnier de l'ordre des *avocats* et au président de la chambre départementale des *huissiers*. Elle est *affichée* au *greffe* des juridictions comprises dans le ressort du tribunal de grande instance ainsi que dans les *mairies* des communes comprises dans ce ressort » (art. R. 213-10, al. 2, COJ ; v. les précisions contenues à l'alinéa 3 de cet article).

113. – Que les fonctions de juge de l'exécution soient directement exercées par le président du tribunal de grande instance ou par un délégué (et que ce dernier soit un magistrat assurant le fonctionnement du tribunal de grande instance lui-même ou un magistrat d'un tribunal d'instance), on est en présence de ce qu'il est convenu d'appeler un « juge unique », en ce sens que ce juge statue *seul* sur les questions qui lui sont soumises.

Il faut cependant tenir compte de la faculté qui lui est reconnue de *renvoyer* à la *formation collégiale* du tribunal de grande instance, auquel cas cette formation statue *comme juge de l'exécution* (art. L. 213-7, al. 1, COJ). On notera que dans l'hypothèse

---

1. En pareil cas, et bien que le juge d'instance agisse comme délégué du président du tribunal de grande instance, le greffe compétent est celui du *tribunal d'instance*, exception faite toutefois de la procédure de saisie immobilière (art. R. 222-8, al. 1, COJ).

d'utilisation de la faculté ainsi prévue, la formation collégiale appelée à statuer *comprend le juge qui a ordonné le renvoi* (art. L. 213-7, al. 2, COJ).

113 *bis*. – Il importe, avant d'envisager l'avenir (?), d'insister sur le fait que, dans le système adopté par les auteurs de la réforme des voies d'exécution quant à l'exercice des fonctions de juge de l'exécution, la caractéristique est celle de l'*unité*.

En effet, dans le ressort d'un tribunal de grande instance, il n'y a qu'un juge de l'exécution, dont les fonctions sont exercées par le président du tribunal. Certes, ce magistrat peut, par délégation, confier l'exercice de ses fonctions à un ou plusieurs juges, mais chacun de ceux-ci n'est précisément que délégué *du* président. À l'origine, le juge de l'exécution n'avait de compétence qu'en matière de saisie mobilière, mais en 2006, sa compétence a été étendue à la saisie immobilière. Dès lors, il était permis de se réjouir de l'« achèvement » de la réforme : à l'unité du juge correspondait naturellement l'unité du contentieux confié à ce juge, à savoir (sous quelques rares réserves), l'ensemble du contentieux de l'exécution (au sens large, les mesures conservatoires étant parallèlement visées).

L'avenir ?

113 *ter*. – L'unité qui vient d'être soulignée est susceptible d'être brisée dans un proche avenir. En effet, dans un texte soumis au Parlement[1], il est prévu de distinguer entre juge de l'exécution du tribunal de grande instance et juge de l'exécution du tribunal d'instance.

1°) Dans le cadre du tribunal de grande instance, les fonctions de juge de l'exécution seraient exercées par le président de ce tribunal. On retrouverait donc la solution plus haut présentée, mais la compétence de ce juge de l'exécution serait moins étendue. Le président du tribunal de grande instance serait ainsi, pour l'essentiel, compétent en matière de saisie immobilière (et de mesures conservatoires portant sur les immeubles)[2].

2°) Dans le cadre du tribunal d'instance, les fonctions de juge de l'exécution seraient exercées par un ou plusieurs juges.

Le juge de l'exécution du tribunal d'instance serait compétent en matière de mesures d'exécution (et de mesures conservatoires) non expressément attribuées au juge de l'exécution du tribunal de grande instance et donc en matière de saisies mobilières[3]. On notera qu'alors que les auteurs de la réforme des voies d'exécution de 1991 n'avaient prévu la compétence du juge de l'exécution ni en matière de saisie des rémunérations, ni en matière de paiement direct des pensions alimentaires, il en irait autrement à l'avenir. À vrai dire, il ne s'agirait pas d'un bouleversement puisque, en vertu de textes spécifiques, le juge d'instance est déjà appelé à connaître de ces questions. Toutefois, il en connaîtrait à l'avenir en qualité de juge de l'exécution.

---

1. Il s'agit d'une proposition de loi, déjà rencontrée (*supra*, n° 107 *bis* et les notes), relative à l'exécution des décisions de justice (notamment). Au moment où ces lignes sont rédigées (octobre 2009), cette proposition n'a été adoptée que par le Sénat, en première lecture, le 11 février 2009.

2. Le juge de l'exécution du tribunal de grande instance serait également compétent en matière de mesures d'exécution (et de mesures conservatoires) portant sur les navires, aéronefs et bateaux de navigation intérieure d'un tonnage égal ou supérieur à vingt tonnes.

3. Le juge de l'exécution du tribunal d'instance serait également compétent en matière de traitement des situations de surendettement des particuliers et de procédure de rétablissement personnel; ainsi que pour connaître des demandes relatives aux astreintes dans les conditions prévues aux articles 33 et 35 de la loi du 9 juillet 1991.

Cette dernière solution peut être jugée satisfaisante en ce qu'elle correspond à un objectif de regroupement du contentieux de l'exécution mobilière devant l'un des juges de l'exécution, encore que, sur le point considéré, la modification serait, en pratique, mineure.

Toutefois, d'une manière générale, on peut s'interroger sur la nécessité (ou même l'utilité) du texte examiné. La nouvelle « réforme » qu'il traduirait s'impose-t-elle vraiment alors que le système découlant des dispositions de 1991 (conforté en 2006) est d'une grande souplesse, eu égard aux larges possibilités de délégations offertes au président du tribunal de grande instance ?[1]

Il n'en demeure pas moins que, dans l'hypothèse d'adoption définitive par le Parlement du texte dont il est ci-dessus question, il y aurait lieu de lire les développements qui suivent relatifs à la compétence du juge de l'exécution en tenant compte de la répartition prévue entre compétence du juge de l'exécution du tribunal de grande instance et compétence du juge de l'exécution du tribunal d'instance.

B. Compétence du juge de l'exécution

114. – Il convient de distinguer entre la *compétence d'attribution* (a) et la *compétence territoriale* (b).

a) Compétence d'attribution[2]

115. – Comme il a été indiqué plus haut, la volonté du législateur a été de concentrer le contentieux de l'exécution devant un seul juge (v. cep., sur l'évolution attendue, *supra*, n° 113 *ter*). À vrai dire, la concentration réalisée n'a pas été sans *limites*, certaines procédures échappant à la compétence du juge de l'exécution. Tel est le cas de la *saisie des rémunérations* ainsi que du *paiement direct* et du *recouvrement public* des pensions alimentaires (*infra*, n°s 290 et s., 318 et s. – v. à ce propos, n° 113 *ter*, 2°). Jusqu'à une époque récente, il fallait également citer la saisie immobilière (que le législateur de 1991 avait réservée), mais on sait que ce n'est plus le cas aujourd'hui, eu égard à la réforme de 2006, dont les auteurs ont étendu à cette saisie la compétence du juge de l'exécution.

Dès lors, il est permis d'affirmer que, sous de rares réserves, a été constitué, « au profit du juge de l'exécution... un véritable bloc de compétence »[3], la compétence ainsi attribuée étant *exclusive* (art. L. 213-6, COJ). Il est précisé que, s'agissant des matières visées, tout juge autre que le juge de l'exécution *doit* relever d'*office* son incompétence[4].

---

1. Nous n'ignorons pas que le texte examiné fait suite à une recommandation issue d'une réflexion globale portant notamment sur une nouvelle répartition des contentieux civils entre juridictions de première instance (v. notamment Rép. Dalloz Proc. civ., Cahier d'actualité, 2008-4). Il n'en demeure pas moins qu'il contredit tout un processus de concentration du contentieux de l'exécution devant un *seul* juge. On peut regretter la volonté de scinder le « bloc de compétence » en deux blocs... si peu de temps après la réforme de 2006 qui tendait à parachever l'œuvre du législateur de 1991.

2. Normand, *J.-Cl. pr. civ.*, Fasc. 2040.

3. Normand, *op. cit.*

4. Décr. 31 juill. 1992, art. 8, al. 1, compl. par Décr. 2 juin 2008. On notera, quant au juge de l'exécution lui-même, qu'il *peut* relever d'office son incompétence (art. 8, al. 3, Décr. 31 juill. 1992 aj. par Décr. 18 déc. 1996). – Pour l'exclusion du contredit contre les décisions du juge de l'exécution statuant sur la compétence, v. *infra*, n° 129.

116. – Cela étant, en vertu de l'article L. 213-6 du Code de l'organisation judiciaire, et en tenant évidemment compte de l'extension de compétence opérée par l'ordonnance n° 2006-461 du 21 avril 2006[1], le juge de l'exécution est appelé à connaître des questions suivantes.

• ***Difficultés relatives aux titres exécutoires***

Encore que le texte ne soit pas dépourvu d'ambiguïté à cet égard, il faut considérer que le juge de l'exécution ne peut connaître de ces « difficultés » que si celles-ci surgissent à l'occasion de l'exécution forcée (comme c'est le cas pour les « contestations » dont il est ensuite question)[2].

S'agissant de la nature des « difficultés » visées, on peut, de prime abord, être tenté par une conception large, que paraît au demeurant autoriser le caractère compréhensif de la formule utilisée (« difficultés *relatives* aux titres exécutoires »). Celle-ci semble englober les questions d'interprétation[3], de même que les difficultés relatives au caractère exécutoire[4], mais aussi, lorsque le titre exécutoire servant de fondement à la mesure d'exécution n'est pas une décision de justice (on songe spécialement à un acte notarié), les questions d'existence ou de validité du titre. Tel n'avait pas été, sur ce dernier type de problème, l'avis de la Cour de cassation, laquelle avait eu l'occasion d'affirmer que le juge de l'exécution « *n'est pas compétent* pour connaître des demandes tendant à *remettre en cause* le *titre* dans *son principe* ou la *validité* des droits et obligations qu'il constate »[5]. Toutefois, cette solution a été récemment écartée par un arrêt de la deuxième Chambre civile de cette juridiction, qui a décidé que le juge de l'exécution

---

1. Cette ordonnance a ajouté à l'ancien article L. 311-12-1 du COJ, un alinéa relatif à la compétence du juge de l'exécution en matière de saisie immobilière (et de distribution consécutive). Cette disposition a été naturellement considéré comme devant figurer à l'article L. 213-6 du COJ « refondu ».

2. Av. C. cassat. 16 juin 1995, *Bull. civ.*, n° 9, *RTD civ.* 1995. 691, obs. Perrot; Civ. 2e, 9 juill. 1997, *D.* 1997. IR. 184. V., pour le rappel de la solution, Paris, 13 déc. 2001, *D.* 2002. 544.

3. Ce pouvoir d'interprétation est admis, même s'il s'agit d'interpréter un jugement (sur le fondement duquel les poursuites sont fondées); Civ. 2e, 9 juill. 1997, *JCP* 1997. IV. 1951, *Bull. civ.* II, n° 226, *RTD civ.* 1997. 998, obs. Perrot. Encore faut-il souligner que la compétence du juge qui a rendu la décision n'est pas pour autant exclusive : Civ. 2e, 11 déc. 2008, *RTD civ.* 2009. 173, obs. Perrot.

4. S'il convient de reconnaître en principe au juge de l'exécution le pouvoir de statuer sur des questions relatives au caractère exécutoire du titre invoqué, il n'appartient pas à ce juge, saisi d'une demande de mainlevée d'une mesure d'exécution pratiquée en vertu d'un jugement, lorsque cette démarche est fondée sur l'exercice préalable d'un recours suspensif d'exécution, de se prononcer sur la recevabilité de ce recours : Civ. 2e, 3 juin 1998, *D.* 1998. IR. 164. – Sur les pouvoirs du juge de l'exécution quant à la question des intérêts légaux, v. *supra*, note (2) sous n° 82. – V. par ailleurs, pour le pouvoir du juge de l'exécution, dans le silence du titre exécutoire, de connaître d'une demande d'assujettissement aux cotisations sociales, dès lors que cette demande ne concerne ni l'assiette, ni la nature de l'indemnité allouée par le Conseil de prud'hommes, Civ. 2e, 7 juin 2006, *Rev. huissiers* 2006. 355, obs. Bugada.

5. Av. C. cassat. 16 juin 1995, préc. V. ég. Paris, 7 mai 1996, *D.* 1996. somm. 354, obs. Julien; Soc. 27 janv. 2000, *D.* 2000. IR. 69. V. par la suite Civ. 2e, 13 sept. 2007, *Rev. huissiers* 2008. 39, obs. Salati, *D.* 2008. 654, obs. Sommer, *D.* 2008. 1171, obs. Leborgne. – Sur la portée de la solution, v. Perrot, *RTD civ.* 1997. 519-520 (v. d'ailleurs, pour le pouvoir du juge de l'exécution de constater l'acquisition de plein droit de la clause résolutoire contenue dans un acte notarié rendant exigible une créance pour le recouvrement de laquelle des saisies-attribution ont été pratiquées, Civ. 2e, 26 nov. 1997, *JCP* 1998. II. 10061, note Du Rusquec, *D.* 1998. IR. 16). – Si la solution exprimée par la Cour de cassation (avis préc. 16 juin 1995) s'impose à l'évidence lorsque le titre exécutoire est une décision de justice (v. d'ailleurs art. 8, al. 2, Décr. 31 juillet 1992, *infra*, n° 118, *in fine*), elle pouvait susciter de sérieuses réserves dans l'hypothèse où le titre est un acte notarié : v. Perrot, obs. *préc.* (Cpr toutefois Civ 2e, 25 mars 1998, *Procédures* 1998, n° 5, p. 8, obs. Perrot). – V., pour la réaffirmation de la solution (dans le cadre d'une saisie de rémunérations, et donc de la compétence du tribunal d'instance, investi des *pouvoirs* du *juge de l'exécution*), à propos du titre exécutoire délivré par un huissier de justice (*supra*, n° 87), Civ. 2e, 5 avr. 2001, *Rev. huissiers* 2001. 323, obs. Hoonakker. V. ég., pour la compétence du juge de l'exécution dans la mesure où il ne s'agit de remettre en cause ni la validité du titre, ni celle des obligations que celui-ci constate, Civ. 2e, 8 nov. 2001, *Rev. huissiers* 2002. 58, obs. Hoonakker.

pouvait se prononcer sur la *nullité* d'un engagement résultant d'un *acte notarié* exécutoire sur le fondement duquel avait été pratiquée une saisie[1].

- ***Contestations élevées à l'occasion de l'exécution forcée***

La formule utilisée est, cette fois encore, extrêmement souple. Il suffit que la contestation soit élevée *à l'occasion* d'une procédure d'exécution pour que le juge de l'exécution soit compétent. On songe évidemment d'abord aux incidents relatifs à la régularité même de la saisie[2], mais sont également visées d'autres contestations consécutives à la procédure menée (comme celles concernant la distribution des deniers)[3].

- ***Mesures conservatoires et contestations relatives à celles-ci***

Le juge de l'exécution « *autorise* les mesures conservatoires[4] et connaît des *contestations* relatives à leur mise en œuvre »[5].

On relèvera toutefois qu'en cette matière une certaine compétence « concurrente » est prévue[6]. En effet, l'autorisation de pratiquer une mesure conservatoire « *peut* être accordée par le *président du tribunal de commerce* lorsque, demandée *avant tout procès*[7], *elle tend à la conservation d'une créance* relevant de la compétence de la juridiction *commerciale* » (art. 69, al. 1, L. 9 juill. 1991), ce même président étant compétent pour ordonner la *mainlevée* de la mesure qu'il a autorisée (art. 218, Décr. 31 juill. 1992)[8].

- ***Saisie immobilière et distribution consécutive***

Par l'ordonnance n° 2006-461 du 21 avril 2006 (art. 12), la compétence du juge de l'exécution a été étendue à la procédure de saisie immobilière, aux contestations qui s'élèvent à l'occasion de celle-ci et aux demandes nées de cette procédure ou qui s'y rapportent directement. En vertu du même texte, et fort logiquement, le juge de l'exécution connaît de la procédure de distribution qui « découle » de la procédure de saisie immobilière.

---

1. Civ. 2e, 18 juin 2009, *D.* 2009. 1768, note Avena-Robardet, *Rev. huissiers* 2009. 281, obs. Lefort, *JCP* 2009, éd. G, n° 36, 191, note Desdevises et Mérand, *RTD civ.* 2009. 577, obs. Perrot.

2. Civ. 2e, 10 févr. 2005 (*Rev. huissiers* 2005. 295, obs. Lefort, *RTD civ.* 2005. 455, obs. Perrot) a souligné que la saisine du premier président de la Cour d'appel en vue de l'arrêt de l'exécution provisoire n'exclut pas que le juge de l'exécution statue sur la demande d'annulation de la mesure d'exécution en cours.

3. V., admettant la compétence du juge de l'exécution pour connaître d'une demande en répétition de l'indû, Civ. 2e, 19 déc. 2002, *D.* 2003. 180, *Rev. huissiers* 2003. 179, obs. Hoonakker. Cpr Civ. 2e, 11 déc. 2008, *D.* 2009. 1175 (1re col.), obs. Leborgne.

4. Pour la compétence étendue du juge de l'exécution, s'agissant d'apprécier l'existence d'une créance apparemment fondée dans son principe, v. Civ. 2e, 19 déc. 2002, *Bull. civ.* II, n° 294, *RTD civ.* 2003. 357, obs. Perrot. – V. ég., affirmant le pouvoir souverain de ce juge à cet égard, Civ. 2e, 29 janv. 2004, *Bull. civ.* II, n° 35, *Rev. huissiers* 2004. 221, obs. Salati.

5. Pour le rappel de la compétence *exclusive* du juge de l'exécution quant à cette mise en œuvre, v. Civ. 2e, 16 mai 2002, *Bull. civ.* II, n° 99, *D.* 2002. 1809 (écartant la compétence du juge des référés pour accorder une provision demandée par le saisi, demande qui tendait en réalité à faire obstacle à la procédure de saisie conservatoire).

6. On fait abstraction ici de textes tout à fait spécifiques, comme en matière de douanes, dont résulte le maintien de la compétence du juge d'instance : Civ. 2e, 6 avr. 2006, *Rev. huissiers* 2006. 284, obs. Salati.

7. Il importe que cette condition soit remplie : s'il y a déjà procès au moment de la demande d'autorisation, seul le juge de l'exécution est compétent : Paris, 7 sept. 2000, *Rev. huissiers* 2001. 130, obs. Brenner.

8. Dans cette dernière hypothèse, la Cour de cassation a précisé que le président du tribunal de commerce reste compétent pour ordonner la mainlevée d'une mesure conservatoire qu'il a *autorisée, même si,* entre temps, le *tribunal de commerce* a été saisi d'une *demande au fond* portant sur la créance : Civ. 2e, 26 févr. 1997, *RTD civ.* 1997. 520, obs. Perrot. Encore faut-il, pour que cette solution libérale s'applique, que la mesure conservatoire ait été pratiquée sur autorisation dudit président. Si l'autorisation n'était pas requise (*infra,* n° 349), ce président ne peut, le cas échéant, ordonner la mainlevée *qu'avant tout* procès. (obs. Perrot, préc.).

- ***Demandes en réparation fondées sur l'exécution ou l'inexécution dommageable des mesures d'exécution ou conservatoires***

Entrent dans ce cadre les actions en responsabilité pour saisie *abusive* (ou résistance abusive à une saisie) ou encore les actions exercées contre des tiers dont le comportement a constitué un obstacle à une procédure conservatoire ou d'exécution[1].

- ***Traitement des situations de surendettement des particuliers***

Entrent également dans la compétence du juge de l'exécution les *mesures de traitement* des situations de *surendettement* des particuliers[2]. On sait que ce « traitement » peut, le cas échéant, déboucher sur une procédure de *rétablissement personnel*. Il est expressément prévu que le juge de l'exécution est compétent pour connaître (aussi) de cette procédure.

117. – Il ressort du développement précédent que la compétence attribuée au juge de l'exécution en vertu du Code de l'organisation judiciaire est étendue. Encore convient-il de remarquer que les attributions de ce juge ne se limitent pas à celles que précise ce code.

En effet, il faut tenir compte du fait qu'à côté des différents cas de compétence « propre » dont il est question ci-dessus, figurent des compétences « partagées ». Outre celle, déjà rencontrée, concernant les mesures conservatoires, deux compétences de ce type doivent être signalées :

– La première est relative aux *astreintes* pour lesquelles un partage de compétence doit être opéré entre le juge qui a rendu la décision et le juge de l'exécution. Il convient au demeurant de distinguer selon qu'il s'agit du prononcé ou de la liquidation de l'astreinte.

En ce qui concerne le *prononcé*, il va de soi que l'auteur d'une décision peut, en rendant celle-ci, l'assortir d'une astreinte[3]. Toutefois, après l'intervention de la décision (alors que le juge qui en est l'auteur est, par hypothèse, dessaisi), compétence en la matière est parallèlement attribuée au juge de l'exécution : celui-ci peut en effet « assortir d'une astreinte une décision rendue par un autre juge si les circonstances en font apparaître la nécessité » (art. 33, al. 2, L. 9 juill. 1991)[4].

---

1. V. par ex., s'agissant d'une demande en réparation consécutive à l'exécution dommageable d'une mesure conservatoire, Civ. 2e, 12 oct. 2006, *D.* 2006. 2595, *Rev. huissiers* 2007. 84, obs. Lefort, *D.* 2007. 1387, obs. Julien. – V. par ailleurs Brunel, « La juridiction de l'exécution et la responsabilité de l'huissier », *D.* 1997. chron. 370. – Le juge de l'exécution est compétent pour statuer sur la responsabilité de l'huissier : Civ. 2e, 24 juin 1998, *Bull. civ.* II, no 222, *RTD civ.* 1998. 753, obs. Perrot, *D.* 1999. somm. 221, obs. Julien, *RGP* 1999. 114, obs. Putman. V. toutefois, s'agissant de l'action du créancier contre l'huissier sur le fondement de l'exécution fautive du mandat donné à cet huissier (exclusion de la compétence du juge de l'exécution), Civ. 2e, 21 févr. 2008, *D.* 2009. 1173, obs. Leborgne.

2. Pour l'applicabilité de l'art. L. 331-5, C. consom., permettant la suspension d'une mesure d'exécution, dans l'hypothèse où avait été notifié un *avis à tiers détenteur*, v. Civ. 2e, 15 déc. 2005, *Rev. huissiers* 2006. 172, obs. Bazin.

3. Cela vaut évidemment aussi pour le juge de l'exécution lui-même; Civ. 2e, 27 nov. 1997, *D.* 1998. IR. 20.

4. Cette compétence n'est pas exclusive : elle ne fait pas obstacle à la saisine du juge ayant rendu la décision (en l'espèce, le juge des référés) : Civ. 2e, 18 févr. 1999, *D.* 1999. somm. 218, obs. Julien, *Bull. civ.* II, no 32, *RTD civ.* 1999. 465, obs. Perrot et 690, obs. Normand. On remarquera que la solution contraire avait été retenue par Com. 28 avr. 1998, *Bull. civ.* IV, no 134, *RTD civ.* 1999. 465, obs. Perrot. – Pour le pouvoir du juge de l'exécution d'assortir d'une astreinte une décision d'homologation d'une transaction, v. Civ. 2e, 8 déc. 2005, *RTD civ.* 2006. 156, obs. Perrot. – Pour *prononcer* une astreinte, le juge de l'exécution, comme tout juge, dispose d'un pouvoir souverain d'appréciation : Civ. 2e, 20 déc. 2001, *D.* 2002. 253 (le juge qui *prononce* l'astreinte n'est même pas tenu de motiver).

En ce qui concerne la *liquidation* de l'astreinte[1], compétence est *en principe* reconnue au juge de l'exécution[2]. Il n'en va autrement que « si le juge qui l'a ordonnée reste saisi de l'affaire *ou* s'en est expressément réservé le pouvoir » (art. 35, L.)[3].

– La seconde compétence « partagée » à préciser est relative aux *délais de grâce* de l'article 1244-1 du Code civil (v. art. 83, L.). Ici encore, le juge qui condamne le débiteur peut, dans la même décision, accorder à celui-ci un délai pour l'exécuter. Le principe est au demeurant qu'un tel délai ne peut être accordé que par la décision dont il est destiné à différer l'exécution. L'article 510 du Code de procédure civile, dans lequel est exprimée la solution, contient cependant une double réserve.

D'une part, en cas d'*urgence,* le juge des référés peut accorder un délai de grâce[4].

D'autre part, *après signification* d'un *commandement* ou d'un *acte de saisie,* selon le cas, compétence est attribuée en cette matière au juge de l'exécution (v. ég. l'affirmation de cette dernière compétence art. 8, al. 2, Décr. 31 juill. 1992 mod. Décr. 18 déc. 1996)[5].

118. – Le rôle dévolu au juge de l'exécution est donc fort important. Il l'est d'autant plus que ce juge peut, le cas échéant, régler des questions qui « portent sur le *fond du droit* »[6].

C'est qu'en effet, le juge de l'exécution statue *en principe* comme *juge du principal* (art. 24, Décr. 31 juill. 1992). Il dispose donc normalement de larges pouvoirs et a vocation à rendre des décisions auxquelles est au demeurant attachée une pleine et entière *autorité de la chose jugée.*

Toutefois, la compétence et les pouvoirs en question ne sont pas sans limites (v. d'ailleurs, s'agissant de la compétence proprement dite, les limitations indiquées *supra*, n° 115).

---

1. Indépendamment de la question de compétence, on relèvera que le juge appelé à liquider l'astreinte provisoire qui réduit ou supprime celle-ci doit *motiver* sa décision : Civ. 2e, 20 déc. 2001, *Bull. civ.* II, n° 200, *RTD civ.* 2002. 360, obs. Perrot.

2. Avant toute demande en liquidation de l'astreinte, il est possible de demander au juge de l'exécution d'ordonner la désignation d'un huissier de justice pour constater d'éventuels manquements : Civ. 2e, 27 nov. 1997; *Procédures* 1998. 32, note Perrot. En cas d'impossibilité d'exécution de l'astreinte, le juge de l'exécution est compétent pour dire qu'il n'y a pas lieu à liquidation : Civ. 2e, 14 oct. 1999, *RTD civ.* 2000. 163, obs. Perrot.

3. Cette solution vaut aussi lorsque le juge des référés a ordonné l'astreinte, ce juge pouvant la liquider s'il reste saisi de l'affaire ou s'en est expressément réservé le pouvoir : Civ. 2e, 25 mars 2001, *D.* 2001. 904. – Une cour d'appel qui n'a pas ordonné l'astreinte n'est pas compétente pour la liquider, malgré l'effet dévolutif de l'appel : Montpellier 16 juin 1998, *D.* 1999. J. 100, note Prévault. En pareille hypothèse, il y a obligation pour le juge incompétent de relever d'office son incompétence : Civ. 1re, 2 mars 2000, *D.* 2000. IR. 111. – V. aussi Civ. 2e, 21 mars 2002, *Bull. civ.* II, n° 91, *RTD civ.* 2002. 563, obs. Perrot, qui justifie l'incompétence de la cour d'appel en soulignant que le premier juge ne s'était pas réservé le pouvoir de liquider l'astreinte. Dans cet esprit, v. Civ. 2e, 20 mars 2003, *Rev. huissiers* 2003. 364, obs. Hoonakker. En revanche, la cour d'appel peut liquider une astreinte prononcée par le conseiller de la mise en état : Civ. 2e, 16 déc. 2004, *D.* 2005. 311. – Une cour d'appel n'est pas compétente pour procéder à la liquidation quand le conseil de prud'hommes qui a ordonné l'astreinte s'est expressément réservé le pouvoir de liquider celle-ci, et un relevé d'office de l'incompétence de la cour d'appel s'impose donc : Soc. 9 mai 2007, *D.* 2008. 585, note Foulon et Strickler. Dans le même esprit, v. Civ. 2e, 21 févr. 2008, *D.* 2008. 698.

4. Ph. Soustelle, « Le retour à la compétence du juge des référés pour octroyer un délai de grâce », *D.* 1999. chron. 517 ou *RGP* 1999. 25.

5. S'agissant de saisie des rémunérations du travail (*infra,* nos 280 et s.) cette compétence appartient au tribunal d'instance (art. 510, al. 3, *in fine* C. pr. civ., réd. Décr. 18 déc. 1996). – On notera par ailleurs que, sur le fondement de l'art. 8, al. 2, Décr., la cour d'appel est compétente pour accorder un délai de grâce : Soc. 19 févr. 2001, *D.* 2001. 2461. Rappr. Civ. 1re, 29 juin 2004, *Rev. huissiers* 2004. 326, obs. Vinckel (les mesures de grâce peuvent être sollicitées en tout état de cause).

6. V. art. L. 213-6, COJ. – V., à propos d'une mesure d'exécution en vue du recouvrement de rentes mensuelles dues au titre d'une prestation compensatoire, Civ. 2e, 21 mars 2002, *Rev. huissiers* 2002. 294, obs. Hoonakker. – V. ég., pour l'application de la règle selon laquelle le juge de l'exécution connaît de contestations sur le fond du droit, Civ. 2e, 5 mars 2009, *RTD civ.* 2009. 371, obs. Perrot.

Tout d'abord, il va de soi que le juge de l'exécution ne saurait connaître de questions qui « échappent à la compétence des juridictions de l'ordre judiciaire » (art. L. 213-6, COJ)[1].

Ensuite, on verra que, dans certains cas, ce juge ne statue pas comme juge du principal (l'art. 24, Décr. préc. réserve au demeurant les hypothèses de « dispositions contraires »).

Enfin, le juge de l'exécution « ne peut *ni modifier* le *dispositif* de la décision de justice qui sert de fondement aux poursuites[2 et 3], *ni en suspendre l'exécution* », sous réserve de l'exercice de ses pouvoirs en matière de délais de grâce (*supra,* n° 117, *in fine*) (art. 8, Décr. 31 juill. 1992, al. 2 mod. Décr. 18 déc. 1996).

b) Compétence territoriale

119. – On s'en tient, dans ce bref développement, à la règle *de principe* édictée à l'article 9 du décret du 31 juillet 1992, étant entendu que les règles particulières (dont ce même texte réserve évidemment l'application) seront présentées avec l'étude des saisies concernées.

Aux termes de l'article susvisé, normalement, le « juge de l'exécution territorialement compétent, *au choix du demandeur*, est celui du *lieu où demeure le débiteur* ou celui du *lieu d'exécution* de la mesure[4]. Lorsqu'une demande a été portée devant l'un de ces juges, elle ne peut l'être devant l'autre.

Si le débiteur demeure à *l'étranger* ou si le lieu où il demeure est *inconnu*, le juge compétent est celui du lieu d'exécution de la mesure ».

C. Procédure devant le juge de l'exécution

120. – La *simplicité* de la procédure menée devant le juge de l'exécution a été l'un des objectifs des auteurs de la réforme des voies d'exécution. Aussi bien s'explique-t-on

---

1. Il ne faut pas en déduire que le juge de l'exécution est incompétent dès lors que l'Administration exerce des poursuites : v. article L. 281 Livre des procédures fiscales. Sur la question de la répartition des compétences entre le juge judiciaire et le juge administratif, Perrot et Théry, *Procédures civiles d'exécution*, 2e éd., n° 228. – Taormina, « Le droit de l'exécution forcée à l'épreuve du contentieux administratif », *Mélanges Julien*, p. 398 et s. V., à propos des contestations relatives à l'*avis à tiers détenteur, infra*, n° 278 *quater*. – V. par ailleurs Bourdillat, « Compétence du juge de l'exécution et régularité au fond d'un titre administratif », *Rev. huissiers* 1995. 999; Brunel, « De quelques particularités relatives au contentieux des créances, des collectivités publiques devant le juge de l'exécution », *Gaz. Pal.* 1997. I. D. 414. – V. ég. Com. 13 mai 1997, *D.* 1997. somm. 356, obs. Kulbokas; Civ. 2e, 11 sept. 2003, *D.* 2004. 170, note Taormina, *Rev. huissiers* 2004. 38, obs. Bourdillat. – Il n'en demeure pas moins que le juge de l'exécution doit surseoir à statuer lorsqu'une contestation doit préalablement être réglée par une juridiction administrative : Civ. 2e, 14 oct. 1999. *D.* 1999. IR. 249. – Il convient de souligner que, bien qu'entrant dans la compétence des juridictions de l'ordre *judiciaire*, certaines questions relatives à l'exécution peuvent néanmoins échapper à la compétence du juge de l'exécution. V. par ex., à propos d'une difficulté née de la mise à exécution d'une astreinte prononcée par une juridiction *pénale*, l'affirmation de l'incompétence du juge de l'exécution par Civ. 2e, 5 avr. 2001, *Rev. huissiers* 2001. 312, obs. Hoonakker.

2. Civ. 2e, 6 mai 1999, *D.* 1999. IR. 150. V. ccp., la jurisprudence citée sous les nos 82, note 3 et 116, note 4, p. 69. V., dans le prolongement de cette jurisprudence, sur le pouvoir d'interprétation du juge de l'exécution, à propos de l'inclusion de la TVA dans le règlement d'indemnités, Civ. 2e, 9 nov. 2006, *Rev. huissiers* 2007. 88, obs. Lefort.

3. La Cour de cassation a toutefois précisé que le juge de l'exécution peut « prendre les mesures propres à assurer l'exécution effective du dispositif » : Civ. 3e, 26 sept. 2007, *Rev. huissiers* 2008. 39, obs. Salati.

4. On verra, avec l'étude des règles propres à chaque saisie que, souvent, il n'y a pas d'option de compétence, les textes ne retenant la compétence que de l'un de ces juges. – S'agissant de la compétence territoriale en matière de surendettement, v. article R. 332-1 du Code de la consommation (Décr. 24 févr. 2004).

la règle selon laquelle, *en principe*, les parties *ne sont pas tenues* de se faire *représenter* par un *avocat* (v. toutefois, s'agissant de la saisie immobilière, *infra*, ce n° 120 *in fine*). À la vérité, s'agissant d'assistance et de représentation, le législateur a décidé de retenir les mêmes solutions qu'en matière de procédure devant le tribunal d'instance (art. 10, L. 9 juill. 1991). En conséquence, les rédacteurs du décret du 31 juillet 1992 (v. art. 11 et 12 mod. Décr. 22 mai 2008) ont repris très exactement les dispositions des articles 827 et 828 du Code de procédure civile (encore « nouveau » à l'époque !) : autrement dit, les parties se défendent en principe elles-mêmes, étant entendu qu'elles ont la *faculté* de recourir à l'assistance ou à la représentation; si elles usent de cette faculté, elles peuvent (et ne peuvent) se faire assister ou représenter (que) par un avocat, leur conjoint, leur concubin ou la personne avec laquelle elles ont conclu un pacte civil de solidarité, leurs parents ou alliés en ligne directe, leurs parents ou alliés en ligne collatérale jusqu'au troisième degré inclus, ou encore par des personnes exclusivement attachées à leur service personnel ou à leur entreprise[1].

Il importe de souligner que si, devant le juge de l'exécution, le principe est que le ministère d'avocat n'est pas obligatoire, il y a lieu de tenir compte d'une importante *dérogation.* L'article 10 de la loi du 9 juillet 1991, modifiée par l'ordonnance du 21 avril 2006, réserve en effet les « dispositions particulières applicables à la vente forcée des immeubles ». On verra que, dans le cadre de la procédure de saisie immobilière, le principe dont il est question ci-dessus est écarté. *Normalement*, s'agissant de cette procédure, les parties sont, aux termes de l'article 5 du décret du 27 juillet 2006, « tenues de constituer avocat ». Encore ce texte réserve-t-il à son tour le cas de « disposition contraire »... et donc l'application, le cas échéant, du principe préalablement écarté !

121. – La volonté de simplicité – qui a été dès l'abord relevée (*supra*, n° 120) – est attestée par la règle de *l'oralité* de la procédure (v. art. 13, Décr. 31 juill. 1992) (encore qu'il y soit dérogé, comme à propos du principe examiné *supra*, n° 120, en matière de saisie immobilière : v. art. 7, Décr. 27 juillet 2006 et *infra*, n° 502). Toutefois, les auteurs de la réforme ont voulu prévenir certaines conséquences « perverses » d'une telle règle. On sait en effet que la Cour de cassation déduit de l'oralité que des conclusions adressées au juge par une partie qui, à l'audience, n'est ni présente, ni représentée, sont irrecevables[2]. Une telle solution est écartée devant le juge de l'exécution. Si le principe d'oralité est posé, il est néanmoins prévu qu'en « cours d'instance, toute partie peut aussi exposer ses moyens par *lettre* adressée au juge de l'exécution, *à condition* de justifier que l'adversaire *en a eu connaissance avant l'audience* par *lettre recommandée* avec demande d'*avis de réception* » (art. 14, al. 1er, Décr. mod. Décr. 18 déc. 1996). L'utilisation de cette faculté dispense alors la partie qui en a usé de se présenter à l'audience, le jugement rendu dans ces conditions étant *contradictoire* (art. 14, al. 2, Décr.). Il est toutefois disposé que « le juge a *toujours* la faculté d'*ordonner* que les parties *se présentent* devant lui » (art. 14, al. 3).

121 *bis*. – À la vérité, et au-delà des observations qui précèdent, la présentation des règles applicables à la procédure devant le juge de l'exécution doit actuellement être

---

1. Ces possibilités d'assistance et de représentation avaient été élargies en conséquence des articles 22 et 31 du décret n° 1231 du 28 décembre 1998, mais ces articles ont été annulés par le Conseil d'État le 6 avril 2001 (*Rev. huissiers* 2001. 315, obs. Douchy, *RTD civ.* 2001. 654, obs. Perrot, *D.* 2002. 913, note Wynkele-Bazela).

2. V. par ex. devant le tribunal d'instance Civ. 2e, 14 juin 1989, *Bull. civ.* II, n° 129, *Gaz. Pal.* 1990. somm. 223, obs. Croze et Morel, *D.* 1991. somm. 245, obs. Fricero; Civ. 2e, 23 sept. 2004, *D.* 2004. 2624 (cet arrêt précisant que la solution n'est pas contraire à l'art. 6-1 de la Convention européenne des droits de l'homme).

faite sur la base d'une distinction entre des dispositions du décret du 31 juillet 1992, qui constituent un véritable *droit commun* (I), et des dispositions du décret du 27 juillet 2006, *spécialement* applicables à la procédure de *saisie immobilière* (II).

I. Droit commun

Après avoir énoncé les règles relatives à (l'éventuelle) assistance ou représentation des parties et à l'oralité de la procédure, dont il est plus haut question (n°s 120, al. 1, et 121), les auteurs du décret du 31 juillet 1992 (v. art. 15 à 37) ont distingué entre la *procédure ordinaire* (a), la procédure relative aux *ordonnances sur requête* (b) et celle qui a pour objet le règlement de *difficultés d'exécution* (c).

a) Procédure ordinaire

122. – Des dispositions du décret susvisé sont successivement consacrées à l'*instance* (1°), à la *décision* du juge et aux *voies de recours* (2°).

1° L'instance

123. – L'objectif de simplicité de la procédure, assigné à la réglementation de celle-ci, avait conduit les auteurs du décret du 31 juillet 1992 à retenir un système qui n'était guère formaliste, l'instance étant en principe introduite par une demande formée au greffe du juge de l'exécution soit par lettre recommandée avec demande d'avis de réception, soit par déclaration.

Avec le décret n° 96-1130 du 18 décembre 1996[1], ce système a été supprimé… avant d'être repris en 1998, mais à titre *dérogatoire* (et facultatif) et uniquement en matière d'*expulsion*[2]. Toujours est-il qu'actuellement, en règle générale, l'introduction de l'instance suppose nécessairement une *assignation*.

124. – En effet, *en principe,* la demande est formée par *assignation à la première audience utile* du juge de l'exécution. Cet acte doit contenir, outre les mentions communes à toutes les assignations, la reproduction des dispositions générales applicables à la procédure devant le juge de l'exécution (art. 15, Décr. 31 juill. 1992) (sur ces règles, v. *supra,* nos 120 et 121).

Un autre mode d'introduction de l'instance peut, le cas échéant, être utilisé : il consiste dans la délivrance d'une *assignation d'heure à heure*. Celle-ci suppose une *permission du juge*, qui peut être accordée en cas d'*urgence* : dans un tel cas en effet, « le juge de l'exécution peut permettre d'assigner à l'heure qu'il indique, même d'heure à heure et les jours fériés ou chômés, soit au tribunal, soit à son domicile, portes ouvertes » (art. 16, Décr.).

125. – Autrement dit, si, normalement, une assignation est nécessaire[3], il s'agit d'une assignation qui, dans l'un et l'autre cas, permet une procédure « accélérée ». La rapidité de celle-ci ne doit cependant pas aboutir à sacrifier le *principe de la contradiction.* On

---

1. Sur ce décret, v. Lauba et Ruellan, *Gaz. Pal.* 1997. I. D. 410.

2. *Supra*, p. 13, note (3). – S'agissant de *surendettement*, des modalités simplifiées de saisine du juge de l'exécution sont prévues : v. art. R. 332-1-1, C. consom. (v. aussi art. R. 331-14 du même code).

3. C'est à la date de signification de cette assignation (et non à la date de son placement) que le juge de l'exécution est réputé saisi (précision importante s'agissant de vérifier si le délai prescrit pour saisir le juge a été respecté) : Cass. (avis), 15 juin 1998, *Bull. civ.* avis n° 7, *RTD civ.* 1998. 751, obs. Perrot.

sait que, d'une manière générale, le juge est appelé à garantir le respect dudit principe. Aussi bien est-il prévu que le juge de l'exécution « s'assure qu'il s'est écoulé un temps suffisant entre… l'assignation et l'audience pour que la partie défenderesse ait pu préparer sa défense » (nouv. art. 20).

En ce qui concerne l'*instruction* de l'affaire, les règles qui s'y appliquent ont déjà été rencontrées, avec la présentation des dispositions générales régissant la procédure devant le juge de l'exécution : on sait que cette procédure étant *orale*, l'affaire est instruite à l'audience, sans formalisme particulier. Il convient toutefois de rappeler que toute partie peut, en cours d'instance, exposer ses moyens par lettre adressée au juge (auquel cas elle est en principe dispensée de se présenter à l'audience); en pareille hypothèse, le respect du principe de la contradiction implique que ladite partie justifie que l'adversaire a eu connaissance avant l'audience, par lettre recommandée avec demande d'avis de réception, des moyens ainsi exposés (art. 14, Décr.).

2° La décision

126. – On sait que, sauf disposition contraire[1], le juge de l'exécution statue comme *juge du principal* (art. 24, Décr. 31 juill. 1992) et qu'il peut donc, le cas échéant, se prononcer sur des questions de *fond*, par une décision ayant normalement *autorité de la chose jugée au principal.*

Il incombe au greffe de *notifier* la décision aux *parties elles-mêmes* (par lettre recommandée avec demande d'avis de réception, une copie de la décision étant envoyée le même jour par lettre simple aux parties et à l'*huissier* de justice). Toutefois, en cas de retour au greffe de la lettre de notification qui n'a pu être remise à son destinataire, le greffier en informe les parties qui procèdent par voie de *signification*. Il est au demeurant prévu que ce dernier procédé de notification de la décision est toujours possible (art. 22, al. 1 à 3, Décr.).

127. – En application de principes généraux, la *force exécutoire* de la décision est subordonnée à la *notification* de celle-ci (art. 503, C. pr. civ.).

Il convient cependant de tenir compte en la matière de certains *correctifs*.

Tout d'abord, chacune des parties peut faire savoir au greffe qu'elle *renonce* à ce que la décision lui soit *notifiée*, auquel cas « la décision est *réputée notifiée* à la date de son *prononcé* » (art. 22, al. 4, Décr.).

Ensuite, il est prévu qu'en cas de *nécessité*, le juge peut déclarer la décision exécutoire *au seul vu de la minute* (art. 25, Décr.).

Enfin, la disposition propre à la décision de *mainlevée* doit être mentionnée : une telle décision « emporte, dans la limite de son objet, *suspension des poursuites* dès son *prononcé* et *suppression de tout effet d'indisponibilité* dès sa *notification* » (art. 26, Décr.)[2].

128. – On remarquera en dernier lieu l'intéressante disposition de l'article 23 du décret du 31 juillet 1992 qui permet un véritable *suivi de l'exécution* de la décision par l'auteur de celle-ci. En effet, le juge de l'exécution « peut se réserver de *vérifier* l'exécution de sa décision et *prescrire*, à cette fin, les *mesures nécessaires* ».

---

1. Pour des exemples de dispositions contraires, v. art. 32, al. 3 et 37, Décr. 31 juill. 1992, textes qui, à la vérité, n'intéressent pas la procédure ordinaire, examinée dans ce développement (sur ces textes, v. *infra*, n°s 131 et 132). V. par ailleurs art. 67, al. 3 du même décret (*infra*, n° 278).

2. Sur cette disposition, v. Normand, art. préc. *RTD civ.* 1993 (n[o] spéc.), n°s 48 à 50.

3° *Les voies de recours*[1]

129. – Si la voie de l'*opposition* contre une décision du juge de l'exécution est exclue[2], de même d'ailleurs que la voie du *contredit* contre les décisions par lesquelles ce juge statue sur la compétence (art. 9-1, Décr. 31 juill. 1992, aj. par Décr. 18 déc. 1996), en revanche, l'*appel* est *ouvert.*

Il est au demeurant précisé que la décision du juge de l'exécution peut *toujours* être frappée d'appel, à moins évidemment qu'il ne s'agisse d'une mesure d'administration judiciaire (art. 28, Décr.)[3].

Le délai pour exercer cette voie de recours est de *quinze jours* à compter de la *notification* de la décision (art. 29, al. 1, Décr.).

L'appel est « formé, instruit et jugé selon les règles applicables à la procédure avec *représentation obligatoire* » (art. 29, al. 2, Décr. 31 juill. 1992 mod. Décr. 18 déc. 1996)[4]. Il est précisé que « La cour d'appel statue à bref délai » (art. 29, al. 3, Décr. préc., réd. Décr. 2 juin 2008).

130. – Par dérogation aux règles générales gouvernant l'appel, le délai d'exercice du recours et l'appel lui-même exercé contre la décision du juge de l'exécution *n'ont pas d'effet suspensif* (art. 30, Décr. 31 juill. 1992). La décision peut donc en principe être exécutée alors même qu'un appel a été formé contre elle.

Cependant, un tempérament important est apporté à cette règle. En effet, en cas d'appel, un *sursis à l'exécution* des *mesures* ordonnées[5] par le juge de l'exécution[6] peut

---

1. B. Lissarague, « Les voies de recours », *Rev. trim. C. app. Versailles* 1993 (n° 27), p. 41 et s. – V. également Autier et Lecharny, cités ci-dessous, note 3.

2. Elle l'est nécessairement, étant donné que la décision du juge de l'exécution est « toujours » susceptible d'appel (art. 28, Décr.). La précision que donnait l'article 27 du décret du 31 juillet 1992 était donc inutile, d'où l'abrogation de cet article par le décret du 18 décembre 1996.

3. Ce texte a suscité des difficultés. Ne faut-il pas, en dépit de l'adverbe « toujours », tenir compte, le cas échéant, d'autres dispositions, comme, par exemple, celles qui écartent l'appel immédiat ? V. Autier et Lecharny, « Les voies de recours des décisions du juge de l'exécution », *Petites Affiches*, 6 janv. 1993, p. 54 et s. V. pour l'application des dispositions du droit commun prévoyant un appel différé, Civ. 2e, 18 févr. 1999, *Procédures* 1999, n° 119, obs. Perrot. V. par ailleurs pour l'admission de l'appel immédiat, après avoir relevé que le juge de l'exécution ayant statué sur toutes les demandes dont il était saisi, avait mis fin à l'instance, Civ. 2e, 15 sept. 2005, *Rev. huissiers* 2006. 49, obs. Hoonakker (à vrai dire, dans cette espèce, la Cour d'appel avait confondu sursis à exécution et sursis à statuer !).

4. Sur les limites des pouvoirs de la cour d'appel, v. Civ. 2e, 24 sept. 1997, *JCP* 1998. II. 10019, note Du Rusquec, *RGP* 1998 (n° 1), 148, obs. Putman. Cpr. Civ. 1re, 16 oct. 2001, *Bull. civ.* I, n° 258, *RTD civ.* 2002. 351, obs. Normand. V. par ailleurs, pour le refus de reconnaître à la cour d'appel le pouvoir de relever d'office l'« incompétence » du juge de l'exécution en dehors des prévisions de l'art. 92, al. 2, NCPC, Civ. 2e, 8 avr. 2004, *Bull. civ.* II, n° 174, *Rev. huissiers* 2004. 291, obs. Leborgne; Civ. 2e, 18 nov. 2004, *RTD civ.* 2005. 188, obs. Perrot. Sur l'intérêt que présenterait à cet égard la distinction entre compétence et pouvoirs, v. Théry, *RTD civ.* 2004. 544 (à propos de Civ. 2e, 8 avr. 2004 et Civ. 3e, 3 juin 2004) et Perrot, obs. préc. Pour l'utilisation de la notion d'excès de pouvoirs, v. Civ. 3e, 23 mars 2005, *Rev. huissiers* 2006. 88, obs. Hoonakker.

5. Ce pouvoir ne s'étend pas à l'exécution de mesures de sûretés judiciaires autorisées par le juge de l'exécution : Civ. 2e, 8 juill. 2004, *D.* 2004. 2272, *Bull. civ.* II, n° 372.

6. Sur les difficultés relatives au *domaine* de ce sursis à exécution (avant et après le décret du 18 décembre 1996), v. Perrot, *RTD civ.* 1997. 749. Il convient d'ajouter Civ. 2e, 25 mars 1999 (*D.* 1999. IR. 112, *RTD civ.* 1999. 470, obs. Perrot), affirmant que le premier président de la cour d'appel peut ordonner le sursis à exécution de *toutes* les décisions du juge de l'exécution, à l'exception de celles qui, dans les rapports entre créancier et débiteur, statuent sur des demandes dépourvues d'effet suspensif, à moins qu'elles n'ordonnent la mainlevée d'une mesure. Cet arrêt est fort intéressant car il confirme (malgré les formules du décret du 18 décembre 1996 modifiant l'art. 31, al. 1 du décret du 31 juillet 1992) qu'il peut y avoir sursis à exécution d'une décision de *débouté* (v. Perrot, obs. préc. *RTD civ.* 1999. 470). – Pour l'inapplicabilité des dispositions relatives au sursis à exécution à la décision du juge de l'exécution liquidant une astreinte (le premier président de la cour d'appel ne pouvant donc suspendre l'exécution provisoire d'une telle décision), v. Civ. 2e, 25 juin 1997, *Bull. civ.* II, n° 206, *D.* 1997. J. 536, note Julien. V., affirmant la même solution pour une décision prononçant l'astreinte, Civ. 2e, 14 juin 2001, *D.* 2001. 2238, *D.* 2001. 2719, obs. Julien, *Rev. huissiers* 2001. 379, obs. Hoonakker.

être demandé au premier président de la cour d'appel[1]. Cette demande de sursis « est formée par assignation en référé délivrée à la partie adverse et dénoncée, s'il y lieu, au tiers entre les mains de qui la saisie a été pratiquée » (art. 31, al. 1, Décr. mod.)[2].

On remarquera que jusqu'au jour où le premier président prononce son ordonnance, « la demande de sursis à exécution suspend les poursuites si la décision attaquée a ordonné leur continuation; elle proroge les effets attachés à la saisie et aux mesures conservatoires si la décision attaquée a ordonné la mainlevée » (art. 31, al. 2, Décr. mod.)[3].

Les auteurs du décret du 18 décembre 1996 ont précisé que le « sursis à exécution n'est accordé *que* s'il existe des *moyens sérieux d'annulation* ou de *réformation* de la décision déférée à la cour » (art. 31, al. 3, Décr. 31 juill. 1992 mod.)[4].

Il convient enfin de noter qu'une demande *manifestement abusive* de sursis à exécution expose son auteur à une condamnation à une peine d'amende de 15 à 1 500 euros, sans préjudice des dommages et intérêts qui pourraient être réclamés (art. 31, al. 4, Décr. mod.)[5].

b) Ordonnances sur requête

131. – Deux des articles du décret du 31 juillet 1992 relatifs au juge de l'exécution sont consacrés aux ordonnances sur requête (art. 32 et 33). Il faut cependant souligner que la matière est d'abord régie par le droit commun applicable à cette catégorie d'ordonnances (art. 493 à 498, C. pr. civ.), sous réserve évidemment des dispositions spécifiques du décret susvisé.

À vrai dire, s'agissant de celles-ci, l'article 32 commence par reprendre une formule habituellement utilisée dans les textes qui délimitent, dans le cadre des différentes juridictions, le domaine d'utilisation de la procédure sur requête. Il est en effet disposé que le juge de l'exécution statue par ordonnance sur requête « dans les cas spécifiés par la loi ou lorsque les circonstances exigent qu'une mesure urgente ne soit pas prise contradictoirement » (art. 32, al. 1).

Cela étant, il est prévu que la requête « est remise ou adressée » au greffe « par le *requérant* ou par *tout mandataire* » (art. 32, al. 2)[6]. On ajoutera que l'article 33 habilite l'*huissier de justice lui-même* à saisir le juge de l'exécution par voie de *requête* dans « tous les cas où, *pour exécuter l'opération* dont il est chargé », il « doit obtenir l'*autorisation* du juge ».

---

1. Art. 31, Décr. 31 juill. 1992 mod. Décr. 18 déc. 1996.

2. Cet art. 31 du Décr. 31 juill. 1992 est déclaré applicable pour permettre de déférer au premier président le jugement ordonnant l'exécution provisoire de mesures recommandées par la commission de surendettement (art. R. 332-6, C. consom., Décr. 24 févr. 2004).

3. Sur le lien à opérer entre cette disposition et celle, précitée, de l'article 26 du même décret, v. Normand, *op. cit.*, n° 49.

4. Ce sursis à exécution diffère de celui de l'article 524, C. pr. civ., notamment dans la mesure où il n'est pas question de prendre en compte le fait que l'exécution immédiate de la décision du juge de l'exécution risque d'entraîner des conséquences excessives. V. d'ailleurs, pour l'exclusion de ce critère *avant même* le décret du 18 déc. 1996, Normand, *op. cit.*, n° 47 et, s'agissant de la jurisprudence, Civ. 2e, 20 juin 1996, *D.* 1996. IR. 183. Après ce décret, v. Civ. 2e, 20 déc. 2001, *D.* 2002. 622, *Rev. huissiers* 2002. 167, obs. Hoonakker. Si le premier président apprécie souverainement l'existence de moyens sérieux d'annulation, il doit le faire par décision motivée : Civ. 2e, 6 déc. 2001, *D.* 2001. 139 (v. ég. deuxième arrêt du même jour, p. 140, et *Bull. civ.* II, n° 185).

5. Une erreur sur le fondement juridique de la demande ne suffit pas à caractériser l'abus : Civ. 2e, 18 déc. 2003, *D.* 2004. 252.

6. Telle est au demeurant la règle applicable aux requêtes présentées au juge d'instance (v. art. 852 C. pr. civ.). Pour l'applicabilité, quant à la représentation (et l'assistance) des règles prévues devant le tribunal d'instance, v. *supra*, n° 120.

En application des règles générales, l'ordonnance sur requête est une décision *provisoire* (art. 493, C. pr. civ.). Rendue à la suite d'une procédure non contradictoire, elle peut faire l'objet d'un recours en rétractation de la part de tout intéressé, qui peut en effet en référer au juge qui a rendu l'ordonnance (art. 496, al. 2, C. pr. civ.) : en pareil cas, le juge est appelé à un nouvel examen de la question qui lui avait été soumise (et donc à revenir, le cas échéant, sur sa décision, dans un cadre contradictoire cette fois)[1]. On relèvera cependant à ce propos que ce nouvel examen est susceptible d'intervenir alors même qu'aucun recours n'est exercé : il faut en effet tenir compte d'une disposition originale, propre aux *mesures conservatoires*, permettant au juge de se réserver, dans son ordonnance, « de réexaminer sa décision ou ses modalités d'exécution au vu d'un débat contradictoire », en fixant en même temps « la date de l'audience, sans préjudice du droit pour le débiteur de le saisir à une date plus rapprochée » (art. 213, Décr. 31 juill. 1992).

Toujours est-il que le juge, appelé à statuer à nouveau, peut rétracter son ordonnance. La décision de rétractation est naturellement dépourvue de l'autorité de chose jugée au principal (art. 32, al. 3, Décr.), comme l'était l'ordonnance sur requête elle-même.

c) Difficultés d'exécution

132. – « Lorsqu'un *huissier* de justice chargé de l'exécution d'une décision de justice ou d'un autre titre exécutoire *se heurte* à une *difficulté d'exécution*[2], il peut, *à son initiative*, saisir le juge de l'exécution » (art. 34, al. 1, Décr. 31 juill. 1992).

Dans cette hypothèse particulière encore, l'huissier de justice peut *lui-même* soumettre une question au juge. En pareil cas, sont *en principe* applicables les règles de la procédure *ordinaire* (art. 34, al. 2, Décr. ; sur cette procédure, *supra*, n°s 122 et s.). Il importe cependant de réserver l'application des dispositions *particulières* des articles 35 à 37 du décret du 31 juillet 1992, dont il convient de préciser le contenu.

La *saisine* du juge est opérée par *déclaration écrite* de l'*huissier* de justice au greffe accompagnée de la présentation du titre et d'un exposé de la difficulté qui a entravé l'opération d'exécution (s'il y a lieu, sont jointes à la déclaration les pièces qui ont été communiquées à l'huissier) (art. 35, Décr.).

Il incombe également à cet officier ministériel d'assurer l'*information* des parties (en les *citant* par là même *à comparaître* devant le juge), soit par déclaration verbale consignée dans un procès-verbal, soit par lettre recommandée avec demande d'avis de réception. Il est en effet disposé à cet égard que l'huissier « met *immédiatement* en cause les parties en les informant de la difficulté rencontrée, des lieu, jour et heure de l'audience au cours de laquelle cette difficulté sera examinée », les informations ainsi données valant « assignation à comparaître » (art. 36, al. 1 et 2, Décr.). Il doit en outre être donné connaissance aux parties des dispositions générales relatives aux possibilités d'assistance ou de représentation et à l'oralité – tempérée – de la procédure, ainsi que du fait qu'une décision pourra être prise en leur absence (art. 36, al. 3).

S'agissant enfin de la *décision* par laquelle le juge de l'exécution règle la difficulté qui lui a été soumise, il importe de souligner qu'*elle n'a pas d'autorité de chose jugée au principal* (art. 37, Décr.).

---

1. Sur l'étendue des pouvoirs du juge saisi d'une demande en rétractation, v. Perrot, *RTD civ.* 1994. 426 (à propos de Civ. 2e, 12 janv. 1994, *Bull. civ.* II, no 25, p. 13, ayant admis que le juge peut tenir compte de faits postérieurs à l'ordonnance ayant autorisé une mesure conservatoire).
2. Pour un exemple original, v. Aix-en-Provence, 21 déc. 2007, *Rev. huissiers* 2008. 220, obs. Leborgne.

II. Droit spécial applicable à la procédure de saisie immobilière

132 *bis*. – En raison du caractère largement *judiciaire* de cette procédure, le rôle du juge de l'exécution est d'une extrême importance en matière de saisie immobilière. Eu égard au particularisme de cette matière, les auteurs du décret du 27 juillet 2006 ont édicté des règles spécifiques, dont certaines concernent précisément la procédure devant le juge de l'exécution. L'une de ces règles, imposant normalement aux parties d'être représentées par un avocat, a déjà été mentionnée (*supra*, n° 120, al. 2), mais ces règles seront naturellement examinées dans le détail avec l'étude de la procédure qui en est l'objet (*infra*, 2e partie, Livre II, notamment nos 441 et s., 453 et s., 475 et s. et 500 et s.).

Encore convient-il d'insister sur le fait que, même s'agissant de saisie immobilière, les dispositions du décret du 31 juillet 1992 ne doivent pas être négligées. Constituant un droit commun, elles ont vocation à s'appliquer en la matière dès lors évidemment qu'elles ne sont pas contraires aux dispositions du décret du 27 juillet 2006 (v. d'ailleurs art. 1er, Décr.).

Deuxième partie

Les différentes saisies

133. – Selon que la saisie pratiquée a pour objet un bien **meuble** ou un bien **immeuble**, elle est qualifiée de saisie **mobilière** ou de saisie **immobilière**.

Cette distinction commande la division de cette partie en deux livres :

LIVRE I Les saisies mobilières

LIVRE II La saisie immobilière

LIVRE I

Les saisies mobilières

134. – Ces saisies ont une grande importance pratique. C'est qu'en effet les créanciers ont tendance à y recourir d'autant plus volontiers que leur procédure est moins complexe que celle applicable à la saisie immobilière. De la *relative* simplicité des règles gouvernant ces voies d'exécution, on donne habituellement deux explications : tout d'abord, le fait de priver un débiteur de ses biens mobiliers est (traditionnellement) estimé *moins grave* que de l'exproprier de ses immeubles ; ensuite, certaines formalités qui s'imposent en matière immobilière en vue de la protection des tiers n'ont pas à être observées en matière mobilière, compte tenu de l'*absence de droit de suite* sur les meubles[1]. Sous certaines réserves, la première explication paraît sans doute moins pertinente à notre époque qu'elle ne l'était autrefois, mais la seconde conserve toute sa valeur.

134 *bis*. – Comme on l'a souligné dès l'introduction de cet ouvrage (*supra*, n° 16), la « simplicité » de la procédure en matière de saisie mobilière tient notamment au fait qu'une telle saisie, dès lors tout au moins qu'elle est fondée sur un titre exécutoire, a *en principe* un caractère *extrajudiciaire*. Il ne s'agit toutefois que d'un principe, l'intervention du juge ne pouvant être exclue. À ce propos, le rôle du juge de l'exécution a fait l'objet de développements importants (*supra*, n°s 111 et s.). Ce juge n'avait à l'origine de compétence qu'en matière de saisies mobilières mais, avec la réforme de 2006, sa compétence a été étendue à la saisie immobilière.

On sait que le président du tribunal de grande instance exerce les fonctions de juge de l'exécution (avec de larges possibilités de délégations) et, après 2006, ce magistrat a donc été appelé à intervenir en matière de saisie mobilière *et* de saisie immobilière.

Toutefois, une perspective d'évolution a été signalée, en raison d'une proposition de loi qui tend à distinguer entre deux juges de l'exécution et corrélativement, s'agissant de la compétence, entre les deux grandes catégories de saisies. L'idée est que le président du tribunal de grande instance (juge de l'exécution de *ce* tribunal) soit compétent (pour l'essentiel) en matière de saisie immobilière. Dès lors, s'agissant des saisies mobilières, qui font l'objet du présent titre, la compétence serait attribuée au juge de l'exécution du tribunal d'instance (*supra*, n° 113 *ter*, 2°).

Si ce texte, actuellement soumis au Parlement, était définitivement adopté, il y aurait évidemment lieu de tenir compte de cette innovation[2].

---

1. V. toutefois, *infra*, n° 371.
2. Autrement dit, en cas d'adoption du texte, s'agissant des saisies mobilières (examinées dans le présent « Livre I »), chaque fois qu'il est question du juge de l'exécution, il faudra lire « juge de l'exécution du tribunal d'instance ».

134 *ter*. – Quoi qu'il en soit, s'agissant d'examiner les différentes saisies mobilières, une distinction s'impose entre des procédures qui tendent directement à l'*exécution forcée*, permettant de payer le créancier sur le « prix »[1] des biens objet de la mesure d'exécution, et des procédures simplement *conservatoires*, dont l'objet est de frapper d'indisponibilité, en vue d'en assurer la conservation, des biens appartenant au débiteur.

Certes, ainsi que l'on en a souvent fait la remarque, la distinction doit être relativisée. C'est qu'en effet, d'une part, la fonction conservatoire n'est pas étrangère à la mise en œuvre de procédures d'exécution, d'autre part, une mesure conservatoire peut n'être que la première phase d'une procédure débouchant sur une mesure d'exécution.

Il n'en demeure pas moins que la distinction ci-dessus visée est extrêmement importante, le législateur de 1991 ayant au demeurant consacré à chacun de ses termes un corps de règles : les articles 39 à 66 de la loi du 9 juillet contiennent des dispositions spécifiques aux mesures d'exécution forcée, les articles 67 à 79 ayant pour objet des dispositions propres aux mesures conservatoires.

En conséquence, le présent livre est divisé en deux titres :

1. À la vérité, la finalité de la mesure d'exécution n'est pas toujours le paiement sur le « prix » de vente des biens saisis : v., s'agissant de la saisie-appréhension, n°s 205 et s.

Titre I

Procédures d'exécution

135. – Il convient de distinguer selon la nature du bien mobilier sur lequel porte la saisie. Le meuble en question peut être en effet **corporel** ou **incorporel**.

Le législateur de 1991 a entendu, à l'évidence (et à juste titre), accorder une « priorité »[1] à la saisie de certains biens incorporels, à savoir les créances de sommes d'argent. Toutefois, des raisons d'ordre pédagogique militent en faveur d'une présentation permettant d'examiner les saisies de meubles **corporels**, dont les mécanismes sont plus immédiatement accessibles à l'esprit, avant les saisies de meubles **incorporels** (créances de sommes d'argent, droits d'associé et valeurs mobilières).

Dès lors, ce titre comprend les trois sous-titres suivants :

SOUS-TITRE I	Les saisies de meubles corporels
SOUS-TITRE II	Les saisies de créances de sommes d'argent
SOUS-TITRE III	La saisie des droits d'associé et des valeurs mobilières

1. Vincent et Prévault, *Voies d'exécution*, 19e éd., n° 118. Les auteurs prennent généralement en compte cette priorité pour la présentation de la matière : v., entre autres, récemment, A. Leborgne, *Voies d'exécution*, Dalloz, 2009, n°s 988 et s.

Sous-titre I

Les saisies de meubles corporels[1]

136. – Sont successivement présentées dans les développements de ce sous-titre la **saisie-vente** (Chapitre 1), la **saisie-appréhension** (Chapitre 2) et les règles particulières applicables dans l'hypothèse où le meuble corporel qui fait l'objet d'une mesure d'exécution est un **véhicule terrestre à moteur** (Chapitre 3).

1. Pour une étude générale, v. Ph. Herbin, « La saisie des meubles corporels », *Rev. trim. C. app. Versailles*, 1993 (n° 27), p. 83 et s.

Chapitre 1

La saisie-vente

137. – Une saisie-vente[1] est une procédure d'exécution permettant à un créancier (qui dispose par hypothèse d'un titre exécutoire constatant une créance liquide et exigible) de placer sous « la main de justice » (expression classique !) et faire vendre un (ou des) meuble(s) corporel(s) appartenant à son débiteur.

Cette matière fait l'objet des articles 50 à 55 de la loi n° 91-650 du 9 juillet 1991 et d'une réglementation précise aux articles 81 à 138 et 268 à 274 du décret n° 92-755 du 31 juillet 1992. Sur la base de ces textes, l'on peut distinguer entre une **saisie-vente de droit commun** (Section I) et des **saisies-ventes particulières** (Section II).

Section I
La saisie-vente de droit commun

138. – Les *conditions* (§ 1), la *procédure normale* (c'est-à-dire dégagée d'incidents) (§ 2), et enfin les *incidents* de la saisie (§ 3) seront successivement présentés.

§ 1. Les conditions de la saisie-vente

139. – Il convient de distinguer entre conditions générales et conditions propres à des hypothèses de saisies dans un local d'habitation.

A. Conditions générales

140. – Il n'est pas utile de revenir sur certaines de ces conditions, notamment quant à la nécessité d'un titre exécutoire[2] constatant une créance liquide et exigible, qui ont été étudiées dans la première partie. Seules les conditions plus spécifiques seront précisées. Celles-ci sont relatives à l'objet de la saisie, laquelle ne peut porter que sur les meubles

---

1. Cette mesure à été substituée (avec certaines modifications) à la saisie-exécution que connaissait notre droit avant la réforme de 1991-1992. – On notera que l'actuelle mesure a un domaine d'application plus vaste que la précédente : elle peut en effet être pratiquée non seulement entre les mains du débiteur, mais aussi, à la différence de la saisie-exécution, entre les mains d'un tiers (détenant, par hypothèse, des biens du débiteur).

2. On rappelle que ce titre peut être « provisoire » (art. 31, al. 1 de la loi du 9 juill. 1991). V. Civ. 2e, 28 janv. 1998, *D.* 1998. IR. 83, *Bull. civ.* II, n° 37.

corporels (1°), étant entendu que tous ces biens (à condition évidemment d'être saisissables) peuvent faire l'objet d'une saisie-vente dès lors qu'ils appartiennent au débiteur (2°).

141. – 1° La saisie-vente ne peut avoir pour objet que des *meubles corporels*.

La formule conduit en premier lieu à exclure du domaine de cette voie d'exécution les immeubles, auxquels l'on ne peut appliquer que les règles de la saisie immobilière. Il convient d'écarter à cet égard toute catégorie de biens immobiliers, autrement dit non seulement les immeubles par nature, mais même, en principe, les immeubles par destination, lesquels, affectés au service et à l'exploitation d'un fonds ou attachés à celui-ci à perpétuelle demeure (art. 524, C. civ.), ne peuvent être saisis qu'avec le fonds lui-même : il n'en va différemment que lorsque la saisie est destinée à permettre le *paiement du prix* des immeubles par destination; en pareille hypothèse, ceux-ci peuvent être saisis indépendamment du fonds auquel ils sont affectés, et donc faire l'objet d'une saisie-vente (art. 14, 5°, *in fine*, L. 9 juill. 1991).

En second lieu, la formule utilisée plus haut conduit à exclure du domaine de la saisie-vente les meubles *incorporels*. C'est dire que les créances ne peuvent faire l'objet d'une telle procédure : on verra qu'en ce qui les concerne, d'autres saisies sont prévues (*infra*, n°s 233 et s.).

142. – 2° Tous les meubles corporels (saisissables) *appartenant au débiteur* peuvent faire l'objet d'une saisie-vente.

Une telle mesure d'exécution peut être pratiquée sur ces biens, que ceux-ci soient détenus par le débiteur lui-même ou qu'ils soient détenus par un tiers (art. 50, al. 1, L. 9 juill. 1991, et art. 87, Décr. 31 juill. 1992). Sous réserve du respect de certaines règles, elle peut en outre s'appliquer à des biens qui ont déjà fait l'objet de saisies conservatoires (art. 86, Décr. susvisé).

B. Conditions propres à des hypothèses de saisie dans un local d'habitation

143. – Il convient de distinguer selon que le local d'habitation est celui d'un *tiers* ou du *débiteur* lui-même.

Lorsque la saisie porte sur des biens détenus par un *tiers* et dans les locaux d'habitation de ce dernier, elle *doit* être dans tous les cas *autorisée* par le juge de l'exécution (art. 50, al. 3, L. 9 juill. 1991).

S'agissant de saisie-vente dans un local servant à l'habitation du *débiteur*, une telle autorisation judiciaire *peut* être nécessaire dans certains cas.

Il faut supposer une procédure tendant au recouvrement d'une créance *autre qu'alimentaire* dont le montant *n'excède pas la somme de 535 euros* en principal (art. 82, Décr. 31 juill. 1992 mod. Décr. 27 avr. 2001). Dans une telle hypothèse, une saisie-vente ne peut normalement être pratiquée que si le recouvrement de la créance n'est pas possible par voie de saisie d'un compte de dépôt ou de rémunérations du travail[1]. Toutefois, si cette dernière condition n'est pas remplie, la procédure de saisie-vente est concevable, mais elle ne peut être utilisée que sur *autorisation* du juge de l'exécution donnée sur requête (art. 51, al. 1, L., et art. 82, Décr.)[2].

---

1. Cette condition exprime ce qu'il est convenu d'appeler la *subsidiarité* de la saisie-vente. Sur les conséquences de cette solution, v. *infra*, n° 149 et la note *in fine*.

2. V., affirmant que l'art. 51 vise *tout* local servant à l'habitation, qu'elle soit à titre principal ou secondaire, Civ. 2e, 18 juin 2009, *D.* 2009. 1768, *Rev. huissiers* 2009. 353, obs. Vinckel.

§ 2. La procédure (dégagée d'incidents) de la saisie-vente

144. – Cette procédure se décompose en trois phases : une phase *préalable* consistant en un *commandement de payer* (A), une phase qui est celle des opérations de la *saisie* proprement dite (B) et enfin une phase de *vente* des biens (C).

A. Le commandement de payer

145. – Toute saisie-vente doit être *précédée*[1] d'un commandement de payer (art. 50, al. 1, L. 9 juill. 1991, et art. 81, al. 1, Décr. 31 juill. 1992) qui est un « ordre de payer » *signifié* (donc notifié par acte d'huissier) au débiteur en vertu d'un titre exécutoire.

Cette formalité préalable, qui conditionne la validité de la saisie, est imposée dans un souci de protection du débiteur. Il s'agit d'éviter, autant que possible, la mesure d'exécution : peut-être – affirme-t-on souvent – le débiteur a-t-il *oublié* sa dette, et il convient de lui en rappeler solennellement l'existence avant de saisir ses biens; par ailleurs, et même s'il ne s'agit pas d'un oubli, ce commandement peut constituer un *moyen de pression* efficace et l'inciter à payer, sans qu'il soit nécessaire d'aller plus loin.

L'exigence de cette formalité préalable a pu être critiquée. C'est qu'en effet, elle présente un *inconvénient* très sérieux : averti par le commandement que son créancier est décidé à saisir ses biens, le débiteur de mauvaise foi ne manquera probablement pas de déplacer ceux-ci ou certains d'entre eux en vue de les faire échapper à la procédure envisagée.

La pertinence de l'objection n'a cependant pas empêché le législateur de 1991 de maintenir la nécessité du commandement, que connaissait le droit antérieur, en augmentant même sensiblement la durée du délai minimum prévu entre la signification de cet acte et les opérations de la saisie proprement dite (*huit jours* actuellement : art. 88, Décr. 31 juill. 1992). On a voulu laisser au débiteur un laps de temps suffisant pour payer et échapper ainsi à la mesure d'exécution : c'est d'ailleurs la finalité du commandement (même si certains débiteurs peuvent utiliser le délai prescrit pour dissimuler les biens menacés !).

146. – Toujours est-il que le commandement de payer doit contenir à peine de nullité (art. 81, Décr. 31 juill. 1992) :

1° *Mention du titre exécutoire* en vertu duquel les poursuites sont exercées, avec le décompte distinct des sommes réclamées en principal, frais et intérêts échus[2] ainsi que l'indication du taux des intérêts;

---

1. C'est dire que le commandement doit être considéré comme extérieur à la saisie elle-même, qu'il « n'engage pas » à proprement parler : v., pour l'affirmation de cette solution en vue du règlement d'un problème de droit transitoire, C. cassat., Avis 14 juin 1993, *D.* 1993. 394, note Ménabé; v. ég., Théry, « Saisie sur saisie ne vaut »; *D.* 1993. chron. 213. L'intérêt de cette solution ne se manifeste pas seulement sur le plan du droit transitoire : v. Com. 14 mars 1995, *Bull. civ.* IV, n° 76, *RTD civ.* 1995. 969, obs. Perrot. V. toutefois, en sens contraire (pour permettre la saisine du juge de l'exécution après la délivrance du commandement et avant la saisie proprement dite), Civ. 2e, 16 déc. 1998, *D.* 1999. somm. 221, obs. Julien. V. ég. en ce sens, Civ. 2e, 3 juin 1999, *D.* 1999. IR. 180. V. cep., écartant la compétence du juge de l'exécution pour connaître d'une demande en répétition de l'indû « n'étant pas formée à l'occasion de l'exécution forcée, mais à la suite d'un commandement de payer ». Civ. 2e, 19 déc. 2008, *Procédures* 2009 (février), n° 45, note Perrot.

2. L'indication d'un montant supérieur à celui de la somme effectivement due en vertu du titre exécutoire n'empêche pas le commandement de produire ses effets pour le montant non contestable de la créance : Civ. 3e, 6 mai 1998, *D.* 1999. J. 172, note Ruellan et Lauba.

2° *Commandement d'avoir à payer* dans un délai de *huit jours*, faute de quoi le débiteur pourra y être contraint par la *vente forcée* de ses biens meubles.

Certaines mentions supplémentaires sont requises dans l'hypothèse rencontrée (*supra*, n° 143) de recouvrement de « petites » créances autres qu'alimentaires, notamment une *injonction de communiquer à l'huissier* des éléments d'information permettant une saisie de *compte de dépôt* ou de *rémunérations du travail* (v. art. 51, al. 2, L. et art. 83, Décr.)[1].

147. – En application de principes généraux relatifs à la notification des actes, le commandement doit être signifié à la personne ou, subsidiairement, au domicile du débiteur. On remarquera à cet égard qu'il ne peut s'agir que du domicile *réel*, la signification au domicile élu étant écartée en la matière par un texte spécial (art. 84, Décr.).

En vue de permettre une exécution aussi rapide que possible des *jugements* condamnant un débiteur, il est prévu que le *commandement* de payer peut être délivré dans la *signification* même du *jugement* (art. 84, *in fine*, Décr.).

148. – Par le commandement, le débiteur est mis en demeure de payer : c'est dire que la signification dudit acte a pour effet de faire courir les *intérêts moratoires*. Un commandement est toutefois plus qu'une simple mise en demeure. Délivré en vertu d'un titre exécutoire, il est en effet le prélude à l'exécution forcée et c'est la raison pour laquelle, jusqu'à une époque récente, il était prévu à l'article 2244 du Code civil qu'il produisait, comme une saisie, un effet interruptif de la prescription. Dans sa rédaction issue de la loi du 17 juin 2008, si l'article susvisé attache un tel effet à un « acte d'exécution forcée », il ne vise plus expressément à ce propos le commandement[2].

Il importe de souligner que la signification du commandement fait courir un délai de huit jours à l'expiration duquel, en l'absence de paiement, les biens du débiteur pourront être saisis (art. 88, Décr.).

Certes, si le débiteur, à la suite du commandement, paie sa dette dans le délai prévu, il n'y aura pas lieu de poursuivre la procédure. Dans le cas contraire, celle-ci pourra continuer son cours, le créancier étant en effet en droit de pratiquer une saisie.

Encore faut-il qu'il ne laisse pas s'écouler un délai trop important avant de le faire. C'est qu'en effet (v. art. 85, Décr.), si « dans un délai de *deux ans* qui suit le commandement de payer, aucun acte d'exécution n'est intervenu, les poursuites ne peuvent être engagées que sur un *nouveau* commandement »[3].

---

1. Sur les conséquences d'une injonction infructueuse, v. *infra*, n° 149 et la note (1), p. 91.

2. Dans la mesure où le commandement est un *préalable* à la saisie, il n'est pas, à proprement parler, un acte d'exécution (*supra*, n° 145) et ne paraît donc plus être doté de l'effet interruptif (v. A. Leborgne, *Voies d'exécution*, n° 1392). Encore faudrait-il être certain que, par la nouvelle rédaction de l'article 2244, le législateur de 2008 a vraiment voulu priver le commandement de cet effet classique. On peut d'autant plus se poser la question que dans des dispositions (réglementaires, il est vrai), on trouve encore actuellement (octobre 2009), la référence à l'effet interruptif de la prescription attaché au commandement. Ainsi, s'agissant de l'hypothèse (envisagée plus bas dans notre développement), où dans un délai de deux ans suivant le commandement, aucun acte d'exécution n'est intervenu, il est précisé que « Toutefois, l'effet interruptif de prescription du commandement demeure » (art. 85 *in fine*, Décr. 31 juill. 1992) (on retrouve également la formule à l'art. 297, al. 2 du même décret).

3. Sur la « péremption » du commandement, v. Monachon-Duchene, « Les limites de la saisie-vente », *JCP* 1997. I. 4044 (spéc. II, A). À vrai dire, le terme « péremption » est impropre dans la mesure où le commandement n'est pas totalement anéanti : certains de ses effets (spécialement l'effet de mise en demeure) sont maintenus (v. Perrot et Théry, *Procédures civiles d'exécution*, 2e éd., n° 578; v. aussi, quant à la limitation des conséquences du défaut d'exécution dans le délai, Perrot, *RTD civ.* 2005. 828 (à propos de Civ. 1re, 4 oct. 2005). Sur la question de l'effet interruptif de la prescription, v. la note précédente.

B. Les opérations de saisie

149. – On sait que les opérations de la saisie-vente ne peuvent commencer qu'à l'expiration un délai de huit jours à compter de la signification du commandement de payer. Encore faut-il tenir compte, dans l'hypothèse de saisie dans le local d'habitation du débiteur pour le recouvrement d'une « petite » créance (autre qu'alimentaire), des suites de l'injonction de communiquer certains éléments d'information (*supra,* n° 146). Si le débiteur défère à celle-ci et qu'une saisie de compte de dépôt ou de rémunérations du travail est dès lors possible, il n'y a plus lieu de procéder à la saisie-vente. On notera que, même dans le cas contraire, une telle saisie ne sera pas nécessairement pratiquée (ou en tout cas pas immédiatement) : l'huissier peut en effet agir dans les conditions prévues aux articles 39 et 40 de la loi du 9 juillet 1991 (mod. par L. 11 févr. 2004 : *supra,* nos 107 et s.), en vue d'obtenir les informations nécessaires (v., renvoyant à ces textes, art. 51, al. 3, L. 1991)[1].

150. – Quoi qu'il en soit, s'agissant de pratiquer la saisie examinée, on soulignera que l'huissier de justice chargé des opérations doit tout d'abord se *transporter sur les lieux* en vue d'accomplir les formalités relatives à l'*acte de saisie.*

a) Le transport sur les lieux

151. – L'huissier se rend sur les lieux où il pense trouver des biens à saisir : on songe évidemment d'abord au domicile du débiteur, mais il peut aussi s'agir de tout autre lieu où se trouvent des biens mobiliers appartenant à celui-ci, même s'ils sont détenus par un tiers (art. 87, Décr. 31 juill. 1992). On sait qu'en application des règles générales (art. 4, Décr.), le créancier poursuivant ne peut (sauf autorisation du juge) accompagner l'huissier en vue d'assister aux opérations d'exécution.

---

1. À la vérité, on pouvait lire, à l'article 51, alinéa 3, susvisé, de la loi du 9 juillet 1991 (dans sa rédaction d'origine), texte relatif à l'hypothèse où il n'est pas déféré à l'injonction de communiquer les éléments d'informations destinés à permettre une saisie de compte de dépôt ou de rémunérations, que « le procureur de la République *peut* être saisi » par l'huissier de justice en vue d'obtenir ces informations. La rédaction du texte a suscité des discussions : la loi offrait-elle simplement la *faculté* de saisir le parquet, en laissant donc à l'huissier, le cas échéant, la possibilité de pratiquer directement la saisie-vente au motif que le défaut de réponse du débiteur rendait impossible la saisie de compte bancaire ou de rémunération (J.-J. Daigre, *Rev. huissiers* 1992. 1041 ; J.-P. Faget et D. Martin, *JCP* 1993. I. 3711), ou l'huissier *devait-il,* à défaut évidemment d'avoir été autorisé par le juge de l'exécution à pratiquer la saisie, s'adresser au parquet en vue de la recherche d'informations que, par hypothèse, il n'avait pas obtenues ? (Y. Desdevises, *D.* 1993. chron. 160). À ces questions, la Cour de cassation, par avis du 8 déc. 1995, a répondu que « le silence du débiteur ne rend pas possible de ce seul fait la saisie-vente » et « permet à l'huissier de justice de s'adresser immédiatement et sans autre formalité au procureur de la République… », après avoir souligné que le *défaut de réponse du débiteur* à l'injonction de communiquer contenue dans le commandement « ne fait pas échec au principe de *subsidiarité,* et *n'a pour effet,* si le recours au procureur de la République s'avère nécessaire… *que de dispenser l'huissier* de justice *de justifier de recherches infructueuses ».* (À propos de cet avis, publié notamment au *D.* 1997. J. 130, note Ruellan et Lauba, v. R. Perrot et Ph. Théry, *D.* 1996. chron. 169 ; R. Perrot, *RTD civ.* 1996. 482 ; J.-J. Daigre, *Rev. huissiers* 1996. 257 ; Putman, *Justices* 1997, n° 5, 332. V. ég., sur la question de la subsidiarité de la saisie-vente, N. Monachon-Duchene, chron. préc., *JCP* 1997. I. 4044, spéc. I, B). – Cpr., s'agissant de recouvrer des créances de l'État, et eu égard à la rédaction de l'art. 296-III, 3° du décret du 31 juillet 1992, la solution différente retenue par Civ. 2e, 19 sept. 2002, *Rev. huissiers* 2003. 43, obs. Bourdillat. – On peut remarquer, en conséquence de la loi du 11 février 2004 dont il est question *supra,* n° 107, une nouvelle rédaction de l'art. 51, al. 3. Cette rédaction tient évidemment (et seulement) compte de la modification, parallèlement opérée, des articles 39 et 40, modification qui ouvre à l'huissier la voie d'un « accès direct » aux informations bancaires (l'accès à ces informations n'étant plus réservé au procureur de la République). S'agissant donc de l'injonction faite au débiteur de communiquer les renseignements destinés à permettre une saisie de compte de dépôt ou de rémunération du travail, on peut donc lire actuellement que « S'il n'y est pas déféré par le débiteur, l'huissier de justice *peut* agir dans les conditions prévues aux articles 39 et 40 ».

Rendu sur les lieux, l'huissier est appelé à entreprendre les formalités de saisie. Encore faut-il que certaines conditions soient remplies.

C'est ainsi tout d'abord que, dans l'hypothèse de saisie pratiquée entre les mains du *débiteur* et si celui-ci est *présent*, l'huissier « *réitère* verbalement la *demande de paiement* et l'informe qu'il est tenu de faire connaître les biens qui auraient fait l'objet d'une saisie antérieure » (art. 93, Décr. 31 juill. 1992). La prévision d'un « itératif commandement » (pour reprendre une expression classique) démontre que, jusqu'au dernier moment, prévaut le souci d'éviter la mesure d'exécution.

Il faut ensuite relever que l'huissier doit, le cas échéant, fournir certaines informations ou justifications. C'est ainsi que, dans l'hypothèse où une autorisation du juge est requise pour procéder à la saisie (*supra*, n° 143), l'huissier doit la porter à la connaissance de la personne qui détient les biens à saisir (débiteur ou tiers). Par ailleurs, s'agissant de saisie pratiquée entre les mains d'un tiers, l'huissier doit présenter à celui-ci le commandement qui a été par hypothèse préalablement signifié au débiteur (art. 99, Décr. 31 juill. 1992).

152. – Une autre condition de l'accomplissement des opérations de saisie est relative à l'*accès aux lieux* où la mesure d'exécution doit être pratiquée. C'est qu'en effet, il faut que l'huissier puisse pénétrer dans les locaux où se trouvent les biens à saisir. Sans doute n'y a-t-il pas de difficulté à cet égard lorsque la personne entre les mains de laquelle la saisie est pratiquée est présente et se prête aux opérations. Toutefois, même en l'absence de conditions aussi favorables, l'huissier doit être en mesure d'accomplir sa mission, au besoin en faisant procéder à l'*ouverture forcée des portes et des meubles*. Il est cependant opportunément prévu qu'à l'issue des opérations de saisie et si cette dernière est pratiquée « en l'absence du débiteur ou de toute personne se trouvant dans les lieux, l'huissier de justice assure la fermeture de la porte ou de l'issue par laquelle il aurait pénétré dans lesdits lieux » (art. 30, L. 9 juill. 1991).

S'agissant de pénétration dans un lieu servant à l'*habitation*, on notera les dispositions des articles 20 et 21 de la loi du 9 juillet 1991[1].

Il résulte du premier de ces textes que la destination d'un tel lieu ne saurait empêcher l'huissier d'y exécuter les opérations de saisie : dès lors en effet que cet officier ministériel justifie d'un titre exécutoire (et que, bien évidemment, le délai de huit jours suivant la signification du commandement de payer est expiré), l'huissier peut « pénétrer dans un local servant à l'habitation et, le cas échéant, faire procéder à l'ouverture des portes et des meubles ».

On remarquera toutefois les précisions données à l'article 21, dont il ressort que l'huissier *ne peut pénétrer seul* dans ledit local dès lors que – comme c'est le cas dans l'hypothèse examinée – l'occupant de celui-ci est *absent* ou en *refuse l'accès*[2] : l'huissier ne peut en effet alors opérer « qu'en présence du maire de la commune, d'un conseiller municipal ou d'un fonctionnaire municipal délégué par le maire à cette fin, d'une autorité de police ou de gendarmerie, requis pour assister au déroulement des opérations ou, à défaut de deux témoins majeurs qui ne sont au service ni du créancier, ni de l'huissier de justice chargé de l'exécution »[3].

---

1. Sur l'ensemble de la matière, v. D. Lebeau, *J.-Cl. pr. civ.*, Fasc. 2220. – On rappelle que ces articles 20 et 21 sont (sous une réserve concernant le second de ces textes) inapplicables en matière d'*expulsion* (sur cette matière, v. *supra*, n°s 21 et s.) (pour l'inapplicabilité de ces dispositions, v. art. 21-1, L. 9 juill. 1991, aj. par L. 29 juill. 1998).

2. Paris, 7 juin 2001, *D.* 2001. 2806, incite à souligner l'importance d'une telle condition.

3. V., s'agissant de la question de la présence effective des témoins tout au long des opérations, Julien, *D.* 2007. 1387 (à propos de Civ. 1re, 7 mars 2006).

Cela étant, qu'il ait eu ou non à recourir à l'ouverture forcée, l'huissier est appelé à accomplir les formalités de la saisie proprement dite.

b) Les formalités relatives à l'acte de saisie

153. – Il s'agit essentiellement pour l'huissier de procéder à *l'établissement d'un acte de saisie*, ce qui suppose qu'il dresse l'*inventaire* des biens qui font l'objet de la mesure d'exécution. Encore faut-il évidemment que certains meubles corporels soient susceptibles d'être saisis. Dans le cas contraire (ou encore si, manifestement, aucun bien n'a de valeur marchande), l'huissier dresse un *procès-verbal de carence* (art. 92, Décr. 31 juill. 1992).

Cette dernière hypothèse (peu intéressante pour le créancier poursuivant !) étant éliminée, il s'agit de préciser le déroulement des opérations de saisie en distinguant selon que la mesure est pratiquée entre les mains du débiteur lui-même ou celles d'un tiers, puis de souligner les conséquences de l'indisponibilité des biens saisis.

1° Saisie pratiquée entre les mains du débiteur

154. – Les règles générales applicables à cette hypothèse de saisie doivent d'abord être indiquées; seront ensuite précisées les règles propres à la saisie de sommes en espèces.

1er point. – Règles générales

155. – L'huissier procède à l'inventaire des biens en vue de l'établissement de l'acte de saisie.

À peine de nullité, cet acte doit contenir (art. 94, Décr. 31 juill. 1992 mod. Décr. 20 août 2004) :

• la référence au *titre* en vertu duquel la saisie est pratiquée;

• la désignation détaillée[1] des biens saisis;

• si le débiteur est présent, la déclaration de celui-ci au sujet d'une éventuelle saisie antérieure des mêmes biens[2];

• la mention, en caractères très apparents, que les biens saisis sont *indisponibles*, qu'ils sont placés sous la *garde* du *débiteur*, qu'ils ne peuvent être ni aliénés ni déplacés, si ce n'est pour une cause légitime (avec obligation d'en informer le créancier conformément à l'article 91, alinéa 2) sous peine des sanctions prévues par le Code pénal, et que le débiteur est tenu de faire connaître la saisie à tout créancier qui procéderait à une nouvelle saisie sur les mêmes biens;

• l'indication, en caractères très apparents, que le débiteur dispose d'un *délai* d'*un mois* pour procéder à la *vente amiable* des biens saisis (dans les conditions prescrites aux articles 107 à 109 du décret);

---

1. Pour l'exigence d'une désignation *détaillée* de ces biens, v. Civ. 2e; 30 sept. 1999, *D.* 1999. IR. 249, *Bull. civ.* II, n° 146.

2. C'est qu'en effet, avant de procéder à la saisie, l'huissier a dû informer le débiteur (présent) de son obligation de faire connaître les biens qui auraient fait l'objet d'une saisie antérieure (art. 93, Décr. 31 juillet 1992). Sur la question de la sanction de cette règle v. Perrot, *RTD civ.* 1995. 195.

• la désignation de la juridiction devant laquelle seront portées les contestations relatives à la saisie-vente;

• l'indication, le cas échéant, des nom, prénoms et qualité des personnes qui ont assisté aux opérations de saisie, lesquelles doivent apposer leur signature sur l'original et les copies; en cas de refus, il en est fait mention dans l'acte;

• la reproduction des dispositions de l'article 314-6 du Code pénal applicables en cas de détournement ou destruction d'objets saisis, et celle des articles 107 à 109 du décret (concernant la vente *amiable* des biens saisis).

156. – On remarquera que le débiteur lui-même est constitué *gardien* des biens saisis : il a donc pour mission de surveiller et conserver les meubles qui font l'objet de la mesure d'exécution.

Cette solution, qui peut de prime abord surprendre, n'est pas sans intérêt : sans doute le débiteur ne peut-il plus disposer des biens sur lesquels porte la saisie (ces biens étant en effet *indisponibles* en raison de celle-ci : art. 91, Décr.), mais dans la mesure où il en a la garde, il « en conserve l'*usage*, à moins qu'il ne s'agisse de biens consomptibles » (art. 97, Décr.).

Il n'est pas question pour autant de permettre le libre déplacement des biens, sauf si une cause légitime rend celui-ci nécessaire, auquel cas le gardien est tenu d'en informer préalablement le créancier et de lui notifier le lieu où seront placés les meubles saisis (art. 91, al. 2, Décr.).

C'est qu'en effet, il importe de prévenir le détournement de ces biens : les mentions de l'acte de saisie relatives aux sanctions pénales encourues par l'auteur d'une telle infraction sont au demeurant de nature à jouer un rôle de dissuasion. Pour permettre d'ailleurs de procéder ultérieurement à une vérification aussi précise que possible des biens ayant fait l'objet de la saisie, il est prévu que l'huissier peut, le cas échéant, photographier ceux-ci (art. 90, Décr.).

De telles précautions pouvant toutefois paraître ou s'avérer insuffisantes dans certains cas, il est disposé que « le juge de l'exécution peut *ordonner* sur *requête*, à *tout moment*, même avant le début des opérations de saisie, la remise d'un ou plusieurs objets à un *séquestre* qu'il désigne.

En outre, si parmi les biens saisis se trouve un véhicule terrestre à moteur, celui-ci peut être immobilisé jusqu'à son enlèvement en vue de la vente par l'un des procédés prévus pour l'application de l'article 58 de la loi du 9 juillet 1991 » (art. 97, al. 2 et 3, Décr.) (v. *infra*, n°s 225 et s.).

157. – Cela étant, et dès lors que l'acte de saisie est établi, il importe que le débiteur soit *informé* de son contenu.

Si le débiteur est *présent* aux opérations, les textes imposent même à l'huissier d'attirer *verbalement* son attention sur certaines mentions de l'acte, à savoir celles relatives à l'indisponibilité des biens saisis, à la qualité de gardien du débiteur et aux conséquences qui en découlent, à l'obligation pour celui-ci de faire connaître la saisie à tout nouveau saisissant des mêmes biens, aux sanctions pénales encourues en cas de détournement de ces biens, enfin à la faculté pour le débiteur de procéder à la vente amiable (ces déclarations de l'huissier doivent être au demeurant elles-mêmes mentionnées dans l'acte). En outre, une *copie* de l'acte de saisie portant les mêmes signatures que l'original doit être immédiatement remise au débiteur, l'accomplissement de cette formalité *valant signification* (art. 95, Décr.).

Si le débiteur *n'a pas assisté* aux opérations de saisie, une copie de l'acte lui est *signifiée,* lui impartissant un délai de huit jours pour qu'il fasse connaître à l'huissier l'existence d'une éventuelle saisie antérieure et lui en communique le procès-verbal (art. 96, Décr.)[1].

2e point. – Règles propres aux saisies de sommes en espèces

158. – Dans l'hypothèse où, parmi les biens susceptibles d'être saisis, se trouvent des sommes en espèces, des règles particulières sont applicables.

C'est ainsi qu'aux termes de l'article 98 du décret du 31 juillet 1992, de telles sommes « peuvent être saisies à concurrence du montant de la créance du saisissant. Elles sont consignées entre les mains de l'huissier de justice.

Il en est fait mention dans l'acte de saisie, lequel doit indiquer en outre, à peine de nullité, que le débiteur dispose d'un *délai* d'*un mois* à compter de la signification de l'acte pour former une contestation devant le juge de l'exécution du lieu de la saisie qui doit être désigné dans l'acte ».

Dès lors, de deux choses l'une : ou bien le débiteur saisit le juge dans le délai prescrit, ou bien il ne le fait pas.

Dans la première hypothèse, le juge de l'exécution, dès lors qu'il est en mesure de régler la contestation, ordonne, selon le cas, le versement au créancier ou la restitution au débiteur; à défaut de rendre une telle décision, il ordonne la consignation des sommes.

Dans la seconde hypothèse (c'est-à-dire en l'absence de contestation dans le délai imparti), « les sommes sont immédiatement versées au créancier. Elles viennent en déduction des sommes réclamées ».

2° Saisie pratiquée entre les mains d'un tiers

159. – Dans l'hypothèse où un tiers détient des biens pour le compte du débiteur, une saisie entre ses mains est possible dès lors que – comme on l'a vu – l'huissier présente à ce tiers le commandement de payer signifié au débiteur depuis au moins huit jours.

Encore faut-il que l'huissier s'assure auprès du détenteur de l'existence de tels biens et de leur situation juridique : aussi bien doit-il inviter le tiers « à déclarer les biens qu'il détient pour le compte » du débiteur et, « parmi ces derniers, ceux qui auraient fait l'objet d'une saisie antérieure » (art. 99, Décr. 31 juill. 1992). Il importe de préciser que des sanctions sont prévues en cas de refus du tiers de répondre à l'invitation de l'huissier ou de déclaration mensongère ou inexacte : le tiers peut en effet être *condamné au paiement des causes de la saisie* (sauf son recours contre le débiteur); il peut aussi être condamné à des *dommages-intérêts* (art. 99, al. 3, Décr.).

160. – Cela étant, peu de précisions s'imposent dans l'hypothèse où le tiers déclare ne détenir aucun bien pour le compte du débiteur ou refuse de répondre. En pareil cas, il est dressé acte de la déclaration négative ou du refus de déclaration, l'acte étant toutefois remis ou signifié au tiers avec l'indication *en caractères très apparents* des sanctions encourues dans l'hypothèse de déclaration mensongère ou inexacte ou de refus de répondre (art. 100, Décr.).

---

1. Sur la sanction du défaut d'une telle injonction, v. Perrot, *RTD civ.* 1995. 195.

Au contraire, le cas de déclaration affirmative du tiers mérite d'être spécialement examiné : quelques développements seront consacrés à l'établissement de l'acte de saisie, à sa signification, et aux obligations et droits du tiers.

1er point. – Établissement de l'acte de saisie

161. – Dès lors que le tiers déclare détenir des biens pour le compte du débiteur, il incombe à l'huissier de dresser un *inventaire* qui contient, à peine de nullité (art. 101, Décr. 31 juill. 1992 mod. Décr. 20 août 2004) :

• la référence au *titre* en vertu duquel la saisie est pratiquée;

• la mention des *nom* et *domicile* du tiers;

• la *déclaration* du tiers et, en *caractères très apparents*, l'indication que toute déclaration inexacte ou mensongère l'expose a être déclaré *garant* des sommes réclamées au débiteur sans préjudice d'une condamnation à des dommages-intérêts;

• la *désignation détaillée* des biens saisis;

• la mention, *en caractères très apparents*, que les objets saisis sont *indisponibles*, qu'ils sont placés sous la *garde du tiers*, qu'ils ne peuvent être *ni aliénés, ni déplacés* (sauf cause légitime et à la condition d'une information préalable du créancier) sous peine de sanctions pénales, et que le tiers est *tenu* de *faire connaître* la présente saisie à tout créancier qui procéderait à une saisie sur les *mêmes biens*;

• des mentions relatives aux *droits du tiers* : droit de refuser la garde des biens saisis (avec reproduction du texte correspondant), possibilité pour le tiers de faire valoir ses droits sur les biens saisis, par déclaration ou par lettre recommandée avec demande d'avis de réception adressée à l'huissier de justice du créancier saisissant;

• la désignation de la *juridiction* devant laquelle seront portées les *contestations* relatives à la saisie-vente;

• l'indication, le cas échéant, des nom, prénoms et qualité des personnes qui ont assisté aux opérations de saisie, lesquelles doivent apposer leur signature sur l'original et sur les copies (en cas de refus, il en est fait mention dans l'acte);

• la reproduction des dispositions relatives aux sanctions *pénales* encourues en cas de destruction ou détournement des objets saisis[1].

2e point. – Signification de l'acte de saisie

162. – S'agissant de la signification de l'acte au *tiers* entre les mains duquel la saisie est pratiquée, on relèvera les précisions contenues à l'article 102 du décret du 31 juillet 1992.

Si le tiers est présent aux opérations de saisie, l'huissier doit lui rappeler *verbalement* certaines indications figurant dans l'acte (celles-ci sont essentiellement relatives aux obligations qui pèsent sur le tiers, aux sanctions encourues en cas de déclaration inexacte ou mensongère, ainsi qu'au droit du tiers de refuser la garde ou d'en être déchargé), mention de cette déclaration étant faite dans l'acte. Une copie de l'acte portant les mêmes signatures que l'original doit être immédiatement remise au tiers, *cette remise valant signification*.

Si le tiers n'a pas assisté aux opérations de saisie, la copie de l'acte lui est *signifiée*. La signification lui impartit un délai de *huit jours* pour qu'il porte à la connaissance de

1. V. art. 314-6 du Code pénal.

l'huissier l'existence d'une éventuelle saisie antérieure sur les mêmes biens et qu'il lui en communique le procès-verbal.

163. – S'agissant du *débiteur*, l'article 103 du décret susvisé dispose qu'une copie de l'acte lui est *signifiée* dans les *huit jours* au plus tard après la saisie. Dans la signification, il est indiqué, à peine de nullité, que le débiteur dispose d'un délai d'*un mois* pour faire procéder à la *vente amiable* des biens saisis (en application des dispositions – qui doivent être reproduites – des articles 107 à 109 du décret).

3e point. – Obligations et droits du tiers

164. – Le tiers étant en principe constitué *gardien* des biens saisis, il a l'obligation de surveiller et conserver ceux-ci, dont on sait qu'ils sont indisponibles en raison de la mesure dont ils font l'objet et ne peuvent être déplacés (sauf cause légitime et à la condition d'une information préalable du créancier). On peut dès lors renvoyer à cet égard à des remarques faites et à des précisions données à propos de l'hypothèse de saisie pratiquée entre les mains du débiteur (*supra,* n°s 155 et s.).

Il importe toutefois de souligner que la qualité de gardien *ne peut être imposée au tiers* : elle ne saurait ni lui être attribuée, ni être maintenue contre son gré. C'est qu'en effet, aux termes de l'article 104 du décret du 31 juillet 1992, le tiers « peut *refuser* la garde des biens saisis. À *tout moment,* il peut demander à en être déchargé ». Il incombe alors à l'huissier de « pourvoir à la nomination d'un gardien et à l'enlèvement des biens ».

165. – Il convient de tenir compte par ailleurs de l'application éventuelle de l'article 105 du décret : « Sous réserve du *droit d'usage* dont le tiers pourrait être titulaire sur les biens saisis, le juge de l'exécution peut ordonner sur requête, à tout moment, même avant le début des opérations de saisie, la remise d'un ou de plusieurs objets à un séquestre qu'il désigne » (al. 1er). On notera en outre que le même article prévoit que si, « parmi les biens saisis, se trouve un véhicule terrestre à moteur, celui-ci peut, sous la même réserve, être immobilisé entre les mains du tiers jusqu'à son enlèvement en vue de la vente par l'un des procédés prévus pour l'application de l'article 58 de la loi du 9 juillet 1991 » (v. *infra*, n°s 225 et s.).

166. – Le développement qui précède a permis de faire allusion à la possibilité d'un droit d'usage du tiers sur les biens saisis (ou certains d'entre eux). Il faut aussi tenir compte du *droit de rétention* dont le tiers peut être, le cas échéant, titulaire sur l'un des meubles en question.

S'il entend se prévaloir d'un tel droit, et sauf s'il en fait la déclaration au moment de la saisie, le tiers doit en *informer l'huissier* par lettre *recommandée* avec demande d'*avis de réception* (art. 106, al. 1er, Décr. 31 juill. 1992).

Le créancier dispose d'un délai d'*un mois* pour contester, devant le juge de l'exécution, le droit de rétention invoqué (le bien concerné demeurant indisponible pendant l'instance).

En l'absence d'une telle contestation dans le délai prescrit, « la prétention du tiers *est réputée fondée pour les besoins de la saisie* » (art. 106, al. 2).

3° Conséquences de l'indisponibilité des biens saisis

167. – Que la saisie soit pratiquée entre les mains du débiteur ou celles d'un tiers, elle a pour effet de rendre *indisponibles* les biens qui en font l'objet. Il s'agit là d'ailleurs d'une règle générale applicable en matière de saisies (art. 29, al. 1er, L. 9 juill. 1991), spécialement rappelée à propos de la saisie-vente (art. 91, al. 1er, Décr. 31 juill. 1992).

La conséquence essentielle de l'indisponibilité est d'interdire tout acte d'aliénation relativement aux biens saisis : certes, le débiteur est encore propriétaire de ces biens, mais il perd le pouvoir d'en disposer. On remarquera en outre que, même dans l'hypothèse où la saisie est pratiquée entre ses mains et où il est donc normalement constitué gardien des meubles saisis, le débiteur n'a plus la possession de ces derniers : il n'en est plus que le simple détenteur, comptable à l'égard du créancier saisissant des fruits qu'ils pourraient produire.

168. – La méconnaissance de l'indisponibilité expose son auteur à des *sanctions*. Celles d'ordre *pénal* ont été signalées (*supra*, no 155). Sur le plan *civil*, la sanction d'une aliénation au mépris de l'indisponibilité ne peut être, à proprement parler, la nullité de l'opération (ainsi, s'agissant d'une vente consentie par le débiteur, celle-ci est valable dans les rapports entre le vendeur – toujours propriétaire – et l'acquéreur) ; toutefois, l'aliénation est *inopposable* au créancier saisissant. Encore faut-il réserver l'éventuelle application de l'article 2276 du Code civil qui permet à l'acquéreur de bonne foi d'un meuble d'invoquer le titre de propriété résultant de sa possession.

C. La vente des biens saisis

169. – Plutôt que s'en tenir au procédé traditionnel de vente aux enchères publiques, par adjudication, le législateur de 1991 a voulu ménager la possibilité pour le débiteur de procéder, le cas échéant, à la vente amiable (a) des biens saisis (art. 52, L. 9 juill. 1991)[1]. Il convient donc d'envisager cette possibilité avant d'indiquer comment il est procédé, à défaut de vente amiable, à une vente forcée (b).

a) La vente amiable

170. – En conséquence de précisions données à l'occasion de l'examen des opérations de saisie, on sait que le débiteur est informé du fait qu'il dispose du délai d'un mois à compter de la notification de l'acte de saisie pour procéder lui-même à la vente des biens saisis, selon les conditions prescrites aux articles 107 à 109 du décret du 31 juillet 1992.

Il importe de souligner dès l'abord que la reconnaissance de cette prérogative ne remet pas pour autant en cause les effets de l'acte de saisie. En témoignent les termes du deuxième alinéa de l'article 107 susvisé : « Les biens saisis restent *indisponibles* sous la responsabilité du gardien. En aucun cas, ils ne peuvent être déplacés avant la consignation du prix ».

171. – Cependant, le débiteur ne peut évidemment faire usage de son droit de vendre lui-même les biens en question que s'il connaît (ou est en mesure de déterminer dans le délai prescrit) une ou des personnes intéressées par l'acquisition de ceux-ci. Si tel est le cas, il doit informer « *par écrit* l'huissier de justice des propositions qui lui ont été faites en indiquant le nom et l'adresse de l'acquéreur éventuel ainsi que le *délai* dans lequel ce dernier s'offre à *consigner* le prix proposé » (art. 108, al. 1er, Décr.).

---

1. On sait que la prévision de la vente amiable doit être rattachée à la volonté d'humaniser la procédure d'exécution (*supra*, nos 17 et 18). Une telle vente présente en outre des intérêts d'ordre financier : non seulement les frais inhérents à la vente forcée sont évités, mais l'on peut aussi espérer obtenir un meilleur prix (sur la question, v. Perrot et Théry, *op. cit.*, 2e éd., no 594).

Il incombe à l'huissier de communiquer ces renseignements (par lettre *recommandée* avec demande d'*avis de réception*) au créancier saisissant et, le cas échéant, aux créanciers opposants, lesquels disposent d'un délai de *quinze jours* pour prendre parti (art. 108, al. 2 et 3, Décr.).

172. – En cas d'*acceptation* expresse par ceux-ci de la vente proposée, de même qu'en cas d'absence de réponse de leur part (ils sont en effet alors *réputés avoir accepté* : art. 108, al. 4, Décr.), le débiteur peut procéder à la vente amiable, le prix de celle-ci devant être *consigné* dans le *délai convenu* entre les mains de l'huissier de justice du créancier saisissant (art. 109, Décr.).

Le respect de cette dernière règle est extrêmement important, à un double point de vue :

Tout d'abord, le *transfert de la propriété* et la *délivrance* des biens à l'acquéreur sont subordonnés à la consignation du prix (art. 52, dern. al., L. 9 juill. 1991, et art. 109, al. 2, Décr.).

Ensuite, en l'absence de l'accomplissement de cette formalité *dans le délai convenu* (il s'agit du délai qui avait été proposé à cet égard par l'acquéreur potentiel et accepté, par hypothèse, par le créancier saisissant), la vente amiable est inopérante, et il est en conséquence procédé à la vente forcée (art. 109, al. 3, Décr.)[1].

173. – En dehors de cette dernière hypothèse, le procédé de la vente forcée doit également être utilisé au cas de *refus* par le créancier saisissant d'autoriser la vente amiable. Aux termes de la loi du 9 juillet 1991, ce refus doit être justifié par le fait (qu'il incombe au créancier saisissant d'établir) que les propositions relatives à la vente amiable « sont insuffisantes » (art. 52, al. 2, L.)[2].

On notera toutefois que, sauf dans l'hypothèse où le refus d'autoriser la vente amiable « est inspiré par l'*intention de nuire* au débiteur, la responsabilité du créancier ne peut pas être recherchée » (art. 52, al. 4, L. 9 juill. 1991).

Toujours est-il que, dans tous les cas où il n'est pas procédé à la vente amiable (de même que lorsque l'absence de consignation du prix dans le délai convenu y fait échec), il y a lieu « à l'enlèvement des biens pour qu'ils soient vendus aux enchères publiques » (art. 52, al. 3, L.).

b) La vente forcée

174. – S'agissant de la date à laquelle peut intervenir la vente, il importe de tenir compte du nécessaire respect de *délais* prévus par les textes. On sait déjà que le débiteur disposant d'un délai d'*un mois* à partir de la notification de l'acte de saisie, destiné à permettre une vente amiable, il ne saurait être procédé à la vente forcée avant l'expiration de ce délai. Encore ce dernier peut-il, le cas échéant, être augmenté de celui de *quinze jours* imparti aux créanciers pour répondre aux propositions éventuellement faites relativement à la vente amiable (art. 108, al. 5, Décr. 31 juill. 1992).

Il convient enfin de ne pas négliger l'existence d'un délai – dont la durée sera précisée ci-dessous – imposé par la nécessité de *préparer* la vente : des formalités *préalables* doivent en effet être accomplies (1°) avant que les biens saisis ne soient vendus *aux enchères* et fassent ainsi l'objet d'une *adjudication* (2°).

---

1. Pour la nécessité d'un strict respect de ces règles, v. Civ. 2e, 21 janv. 1999, *D.* 1999. IR. 41.

2. Il semble que l'insuffisance des propositions de vente amiable doive être justifiée par référence au montant des créances à recouvrer, et non par référence au prix réel du bien mis en vente : v. Perrot et Théry, *op. cit.*, 2e éd., no 595.

1° Les formalités préalables

175. – Ces formalités sont de deux ordres.

Tout d'abord, une *publicité* de la vente doit avoir lieu. Cette publicité est faite à l'expiration du délai plus haut indiqué (un mois à compter de la notification de l'acte de saisie, augmenté, s'il y a lieu, de celui de quinze jours imparti aux créanciers pour répondre aux propositions de vente amiable) et *huit jours au moins* avant la date fixée pour la vente forcée. Telle est du moins la règle pour la publicité dite *obligatoire* à laquelle il est procédé par voie d'*affiches* apposées à la mairie de la commune où demeure le débiteur saisi *et* au lieu de la vente (ces affiches indiquent les lieu, jour et heure de la vente et la nature des biens saisis) (art. 111, al. 1 et 2, Décr.)[1]. On notera que, outre la publicité obligatoire qui en est faite, la vente *peut* également être annoncée par voie de presse (art. 111, al. 3, Décr.). Toujours est-il qu'il incombe à l'huissier de *certifier* l'accomplissement des formalités de publicité (art. 111, al. 4), le certificat établi devant au demeurant mentionner que le débiteur a été avisé par l'huissier des lieu, jour et heure de la vente (le débiteur doit en effet être informé de celle-ci « *huit jours au moins* avant sa date, par lettre *simple* ou par *tout moyen approprié* ») (art. 112, Décr.).

Ensuite, avant que soit abordée la phase de vente proprement dite, l'officier ministériel chargé de celle-ci doit procéder à la *vérification* de la consistance et de la nature *des biens saisis*, donc à un nouvel inventaire de ceux-ci[2]. Cette formalité a évidemment pour objet de permettre de s'assurer que lesdits biens (ou certains d'entre eux) n'ont pas été détournés ou détériorés. À l'issue de l'opération, l'officier ministériel *dresse acte* de son accomplissement : on remarquera qu'il n'y a pas lieu, dans cet acte, de décrire à nouveau les biens saisis; seuls sont mentionnés les objets *manquants* et ceux qui auraient été dégradés (art. 113, Décr.). L'établissement de cet acte met logiquement fin à la mission du gardien, celui-ci étant ainsi déchargé dès lors que tous les biens saisis sont représentés (sans dégradation). Il convient de considérer que l'absence de vérification ne saurait être une cause de nullité de la procédure, mais qu'elle est susceptible de faire obstacle à toute responsabilité du gardien, faute de pouvoir prouver le détournement ou la détérioration des biens saisis.

2° L'adjudication

176. – La vente des biens saisis est faite aux *enchères publiques*, par *adjudication*, chacun des biens ainsi vendus étant attribué au *plus offrant*, c'est-à-dire à celui qui en offre le prix le plus élevé.

Cette dernière phase de la procédure examinée se déroule soit au *lieu* où se trouvent les *biens saisis*, soit en une *salle des ventes* ou un *marché public* « dont la situation géo-

---

1. Civ. 2e, 30 avr. 2002, *D.* 2002. 1734, *Bull. civ.* II, no 86, a souligné, comme l'avait fait la jurisprudence antérieure à la réforme (à propos de la saisie-exécution), que la publicité n'est pas prescrite à peine de nullité : en conséquence, une cour d'appel, alors même qu'elle a relevé que l'absence d'accomplissement des mesures de publicité a causé un préjudice au débiteur, ne peut accueillir la demande d'annulation du procès-verbal d'enlèvement des meubles saisis et en restitution de ceux-ci « sans rechercher en quoi "l'irrégularité" constituait l'inobservation d'une formalité substantielle ou d'ordre public ».

2. Si, en application de l'article 113 du décret du 31 juillet 1992, le commissaire-priseur est habilité à procéder à la vérification des biens saisis, cet officier ministériel ne peut en aucun cas pénétrer par la force au domicile d'un saisi pour y exercer son ministère : TGI Paris, 7 janv. 2000, *D.* 2000. J. 751, note Bourdillat. – Pour l'impossibilité de fonder la nullité du procès-verbal de vérification des biens saisis sur l'absence de mention… que l'art. 113, Décr. n'impose pas, v. Paris, 27 sept. 2001, *Rev. huissiers* 2002. 48, obs. (crit.) Bourdillat. – V., soulignant l'applicabilité de la règle « pas de nullité sans grief » en la matière, Civ. 2e, 20 nov. 2003, *Rev. huissiers* 2004. 160, obs. Salati.

graphique est la plus appropriée pour solliciter la concurrence à moindre frais » (art. 110, al. 1er, Décr. 31 juill. 1992). Le *choix* du lieu de vente appartient au *créancier* saisissant (sous réserve du respect de textes applicables à l'officier ministériel chargé de la vente, et notamment à sa compétence territoriale) (art. 110, al. 2, Décr.).

La vente est faite en principe par un *officier ministériel* habilité par son statut à procéder à des ventes aux enchères publiques de meubles corporels : celui-ci est normalement un *commissaire-priseur judiciaire,* tout au moins s'il en existe un dans la commune où a lieu la vente ; il faut noter d'ailleurs que le commissaire-priseur judiciaire bénéficie, s'agissant de vente de biens meubles saisis, d'un *monopole* dans la ville où est situé le siège de son office[1] ; dans les autres communes du département où n'est pas établi un tel office, il *peut* exercer ses fonctions, mais *concurremment* avec tous les autres commissaires-priseurs du département, ainsi en principe qu'avec d'autres officiers ministériels habilités à procéder aux mêmes opérations (*huissiers* de justice, *notaires*, voire *greffiers* des tribunaux de *commerce*). On relèvera toutefois que dans les cas prévus par la loi, la vente est faite par des *courtiers assermentés* (art. 114, Décr.).

Comme il a été indiqué plus haut, c'est le procédé de la vente aux enchères qui a été retenu : on a pensé pouvoir obtenir ainsi le prix maximum, étant donné que le bien est adjugé au dernier enchérisseur, c'est-à-dire à celui qui en offre le prix le plus élevé[2].

Le caractère *peu formaliste* de cette vente forcée mérite d'être souligné (il en va différemment – on le verra – en matière de saisie immobilière). Outre le fait qu'elles sont ouvertes à toute personne (sauf évidemment à l'agent procédant à la vente qui entendrait enchérir *pour son propre compte* : v. art. 1596, C. civ.), les enchères peuvent être portées directement par les enchérisseurs, donc sans nécessité d'un intermédiaire. Par ailleurs, la durée de chaque enchère est laissée à la libre appréciation de l'agent chargé de la vente. Celui-ci dispose en définitive d'une grande liberté : pour chaque bien mis en vente, il arrête les enchères lorsqu'il lui apparaît que le prix maximum a été atteint, les textes prévoyant simplement que l'adjudication « est faite au plus offrant, après *trois criées* » (art. 114, al. 2, Décr.).

Tous les meubles ayant fait l'objet de la saisie *ne doivent pas nécessairement être vendus*. En effet, les opérations de vente sont arrêtées lorsque le prix des biens vendus atteint un *montant suffisant* pour payer en principal, intérêts et frais, les *créanciers* saisissants et opposants (art. 53, al. 1er, L. 9 juill. 1991, et art. 115, Décr. 31 juill. 1992).

À l'issue des opérations qui viennent d'être présentées, doit être dressé un *acte* de la vente, lequel « contient la désignation des biens vendus, le montant de l'adjudication et l'énonciation déclarée du nom et prénom des adjudicataires » (art. 116, Décr.).

---

1. Jusqu'à une époque récente, ce monopole concernait non seulement les ventes dont il est ici question (que l'on qualifie traditionnellement « ventes *judiciaires* »), mais plus largement toutes les ventes de meubles corporels aux enchères publiques, y compris donc les « ventes *volontaires* ». En conséquence de la loi nº 2000-642 du 10 juillet 2000 (v. art. L. 321-1 et s., C. com.), ces dernières doivent en principe être organisées et réalisées par des sociétés de forme commerciale, dites « sociétés de ventes volontaires de meubles aux enchères publiques ». Dès lors, le monopole dont il est ci-dessus question est limité aux *seules* ventes *judiciaires* (pour le maintien du monopole à cet égard, v. art. 29, L. 10 juill. 2000), ce qui explique au demeurant que les officiers ministériels qui en bénéficient sont actuellement appelés « commissaires-priseurs *judiciaires* » (et non plus simplement, comme antérieurement, « commissaires-priseurs »). Sur la loi du 10 juillet 2000, v. J.-C. Honlet et O. de Baecke, *D.* 2001. chron. 141. V. soulignant la limitation du monopole du commissaire-priseur judiciaire aux ventes judiciaires, Civ. 1re, 29 nov. 2005, *Rev. huissiers* 2006. 210, obs. Putman.

2. En pratique, le résultat recherché n'est guère atteint, le prix obtenu étant souvent bien inférieur à la valeur réelle du bien ainsi vendu.

177. – L'adjudication a pour *effet* – comme dans le cas d'une vente ordinaire – de transférer la *propriété* des meubles qui en font l'objet à l'adjudicataire. On remarquera que celui-ci est bien protégé contre une éventuelle action en revendication d'un tiers. Même si le meuble saisi et vendu n'appartenait pas au débiteur, l'adjudicataire, dès lors qu'il est mis en possession du bien, est protégé par la règle de l'article 2276 du Code civil (à condition d'être de bonne foi évidemment !); même s'il s'agit d'un meuble perdu ou volé (et donc susceptible de la revendication de l'article 2276, alinéa 2, dudit code), l'adjudicataire l'ayant, par hypothèse, acquis dans une vente publique, peut en exiger le remboursement du prix avant de le restituer (art. 2277, C. civ.).

Bien protégé contre l'éviction en raison des règles ci-dessus, l'acquéreur du bien par adjudication ne bénéficie pas, en revanche, de la garantie des vices cachés (art. 1649, C. civ.).

Cela étant, l'adjudicataire doit, comme tout acheteur, payer le prix des biens qu'il acquiert. En la matière, la règle est que le prix doit être payé *comptant* (art. 114, al. 2, Décr. 31 juill. 1992). On admet cependant qu'une telle règle ne fait pas obstacle à ce qu'un bref délai (en principe de vingt-quatre heures) soit accordé à l'adjudicataire pour payer, avec le consentement du saisissant ou sous la responsabilité de l'agent chargé de la vente (ce dernier est d'ailleurs, d'une manière générale, responsable de la représentation du prix de l'adjudication : art. 53, al. 2, L. 9 juill. 1991).

Toujours est-il qu'en l'absence de paiement, « l'objet est revendu à la *folle enchère* de l'adjudicataire » (art. 114, al. 2, Décr.) (celui-ci étant un « fol enchérisseur »). Cette *folle enchère* peut avoir des conséquences sérieuses pour son auteur : en effet, si la seconde vente aux enchères produit un prix inférieur à la première, le fol enchérisseur est débiteur de la différence[1].

178. – Quoi qu'il en soit, le produit de la vente des biens saisis doit permettre de désintéresser (totalement ou partiellement, selon le cas) les créanciers saisissants[2].

S'il n'y a qu'*un seul créancier*, il n'y a pas en principe de difficulté particulière : celui-ci doit se voir remettre le produit de la vente *jusqu'à concurrence du montant de sa créance* (en principal, intérêts et frais) dans un délai d'*un mois* à compter de la vente forcée[3], le solde (éventuel) devant être remis au débiteur dans le même laps de temps. À l'expiration d'un tel délai, les sommes dues portent intérêt au taux légal (art. 283, Décr. 31 juill. 1992).

La situation est différente en cas de *pluralité de créanciers* concernés par la vente, spécialement dans l'hypothèse où le montant total des sommes provenant de celle-ci est inférieur à celui des créances. Cette question fera l'objet de développements spécifiques avec l'examen des procédures de distribution des deniers (*infra*, n°s 559 et s.). On indiquera simplement ici qu'il est prévu que l'agent chargé de la vente doit tout d'abord proposer une répartition *amiable* du produit de la vente entre les créanciers qui viennent en concours (art. 55, al. 1er, L. 9 juill. 1991; sur les règles applicables au projet de répartition, v. art. 284 et s., Décr. 31 juill. 1992). À défaut d'accord, il saisit le *juge de l'exécution* à l'effet de procéder à la répartition du prix (art. 55, al. 2, L. et art. 290 et s., Décr.).

---

1. Civ. 2e, 12 juin 2003, *D.* 2004. 1487, obs. Taormina.

2. Il convient de remarquer que, sauf dispositions contraires, il ne peut être procédé à aucune saisie sur le prix de la vente (art. 53, al. 2, L. 9 juill. 1991).

3. On notera qu'en cas de vente *amiable*, ce délai court à compter du jour où le prix a été consigné (art. 283, Décr. 31 juill. 1992).

§ 3. Les incidents de la saisie-vente

179. – Un souci de simplification a conduit à présenter la procédure envisagée ci-dessus en faisant abstraction, autant que possible, de divers incidents susceptibles de se produire.

Ceux-ci peuvent être provoqués par des *créanciers* du saisi, auxquels est ouverte la voie de l'*opposition* (A); ils peuvent également être soulevés par le *débiteur saisi* lui-même (B) ou encore, le cas échéant, par des *tiers* (C).

Il s'agit de présenter successivement ces incidents, étant entendu que toutes les contestations en matière de saisie-vente sont de la compétence du *juge de l'exécution* du *lieu de la saisie* (art. 117, Décr. 31 juill. 1992)[1].

A. L'opposition des créanciers

180. – Les créanciers autres que le saisissant ont intérêt à intervenir s'ils entendent bénéficier des conséquences de la saisie[2]. Ils seront d'ailleurs d'autant plus enclins à le faire que, lors de la distribution des deniers provenant de la vente, celui qui a eu l'initiative de la saisie (appelé « premier saisissant ») ne bénéficie, en tant que tel, d'aucun privilège.

On remarquera que les circonstances dans lesquelles ces créanciers apprennent l'existence d'une saisie sur les biens de leur débiteur sont évidemment variables et diverses : toutefois, cette information sera souvent tout simplement la conséquence du fait qu'un créancier ayant voulu lui-même faire pratiquer une saisie sur lesdits biens, le débiteur présente à l'huissier l'acte établi lors d'une précédente saisie (v. art. 121, al. 1, Décr. 31 juill. 1992).

Quoi qu'il en soit, c'est par le moyen d'une *opposition* que tout créancier réunissant les conditions requises pour pratiquer une saisie-vente (v. art. 50, L. 9 juill. 1991, et *supra*, n°s 139 et s.) peut ainsi se *joindre* à la mesure déjà pratiquée sur les biens du débiteur, en procédant, au besoin, à une saisie complémentaire (art. 118, al. 1er, Décr. 31 juill. 1992). On notera que l'opposition peut au demeurant, le cas échéant, être formée par le *créancier saisissant* lui-même dans l'hypothèse où celui-ci entend « ajouter une nouvelle créance ou étendre l'assiette de la saisie antérieure » (art. 119, al. 2, Décr.).

Toujours est-il que, s'agissant du *moment* où un créancier peut intervenir, les nouveaux textes sont plus contraignants que les dispositions de l'ancien Code de procédure civile. En effet, il ne peut plus être question en principe d'une opposition sur le prix de

---

1. L'exercice de cette compétence suppose évidemment que l'incident s'analyse en (ou donne lieu à) une contestation soumise au juge. Sans doute la plupart des incidents impliquent-ils, pour leur règlement, la saisine du juge de l'exécution. Il en va ainsi, par hypothèse, lorsque le débiteur entend faire annuler la mesure d'exécution (*infra*, n°s 187 et s.), ou encore si un tiers agit en distraction des objets saisis (*infra*, n° 191). En revanche, bien que l'on affirme volontiers, en termes généraux, que les incidents de la saisie-vente « ont pour conséquence de donner un caractère judiciaire à une procédure qui, normalement est entièrement extrajudiciaire » (Donnier, *Voies d'exécution et procédures de distribution*, 8e éd., n° 822), il convient d'observer que l'incident que constitue l'opposition des créanciers (*infra*, n°s 180 et s.) ne conduit pas nécessairement à la saisine du juge (sauf évidemment si cette opposition suscite elle-même un contentieux). Aussi bien s'explique-t-on au demeurant que les rédacteurs du décret du 31 juillet 1992 aient distingué, au sein du chapitre IV (du Titre V) réglementant les incidents de la saisie-vente, entre *l'opposition* (des créanciers) et les *contestations* (relatives aux biens saisis et à la validité de la saisie).

2. On notera aussi qu'ils peuvent, le cas échéant, pratiquer une saisie sur d'*autres biens* que ceux déjà saisis. Sur la possibilité et les conditions d'une saisie-vente indépendante, v. *infra*, note sous n° 185. – V. par ailleurs, et s'agissant cette fois d'un même bien, pour la possibilité d'une saisie-vente d'un véhicule terrestre à moteur après une saisie par immobilisation, Civ. 2e, 20 nov. 2003, *D.* 2003. 3011 (sur la saisie par immobilisation, *infra*, n°s 225 et s.).

vente des biens saisis (il a d'ailleurs déjà été indiqué plus haut que, sauf disposition contraire, il ne peut être procédé à aucune saisie sur ce prix de vente : art. 53, al. 2, L. 9 juill. 1991)[1]. Les textes actuellement applicables prévoient au demeurant qu'aucune opposition « ne peut être reçue *après la vérification des biens* » (art. 118, al. 2, Décr. 31 juill. 1992).

Cela étant, par l'effet de l'opposition, le créancier qui la forme se joint aux poursuites et devient donc partie à la procédure préalablement engagée : en conséquence, la mainlevée[2] de la saisie (en dehors de l'hypothèse de décision du juge en ce sens) ne peut résulter que de l'*accord* du créancier saisissant *et des créanciers opposants* (art. 124, Décr.).

La jonction des poursuites, si elle associe l'opposant à la procédure de saisie et lui permet de contrôler les opérations, ne fait pas, par elle-même, perdre au premier saisissant la *conduite* des poursuites (a). Toutefois, en cas de négligence de ce dernier à cet égard, le créancier opposant peut, à certaines conditions, lui être *subrogé dans les poursuites* (b). Ces deux situations doivent être présentées, mais les expressions utilisées ne sauraient cependant faire oublier la relative « autonomie » de la procédure d'opposition par rapport à la saisie initiale (c).

a) Jonction des poursuites

181. – Cette jonction est – comme on vient de le signaler – la conséquence d'un acte d'*opposition*. Cet acte est dressé par l'huissier de justice de l'opposant.

À peine de nullité, l'opposition doit contenir « l'indication du *titre exécutoire* en vertu duquel elle est formée, le décompte distinct des *sommes réclamées* en capital, frais et intérêts échus, ainsi que l'indication du *taux des intérêts* » (art. 119, al. 1er, Décr. 31 juill. 1992).

L'auteur de l'opposition peut sans doute se borner à une jonction dont la portée est limitée aux biens précédemment saisis. Il a également la faculté d'étendre la saisie initiale à d'autres meubles corporels, auquel cas est dressé un *inventaire complémentaire* (dans le respect des règles prescrites pour l'inventaire auquel il est procédé lors de la saisie initiale) (art. 120, al. 1er, Décr.). Cette faculté peut être exercée soit immédiatement (v. art. 121, al. 1er, Décr.), soit ultérieurement. Le droit de faire procéder à un inventaire complémentaire est logiquement reconnu au créancier premier saisissant lui-même (art. 120, al. 3, Décr.) : on sait en effet que celui-ci peut étendre l'assiette de la saisie antérieure c'est-à-dire faire porter la mesure d'exécution sur des meubles qui avaient été initialement omis (de même qu'il peut ajouter de nouvelles créances à celle qui constitue la cause de la saisie initiale).

182. – Il importe que le *créancier premier saisissant* et le *débiteur* lui-même soient *informés* de l'opposition et, le cas échéant, de l'inventaire complémentaire.

Cette condition est évidemment remplie pour le premier lorsque ce saisissant est lui-même l'auteur de l'opposition. Dans les autres cas, les actes considérés doivent lui être *signifiés* (soit séparément, soit en même temps, selon le cas), de même qu'ils le sont au débiteur (art. 119, al. 2, art. 120, al. 2, et art. 121, al. 2, Décr.).

---

1. L'opposition sur le prix de vente était prévue dans l'ancien Code de procédure civile (v. art. 609 abr.). Elle était même la seule « opposition » visée, étant entendu cependant que les créanciers disposaient d'autres possibilités (v. la 2e éd. du présent ouvrage, nos 72 et 73).

2. Pour une étude générale, v. D. Lebeau, « La mainlevée », *Rev. huissiers* 2004. 249.

183. – On relèvera qu'en cas d'extension de la saisie initiale, il ne peut être procédé à la vente forcée sur l'*ensemble* des biens saisis qu'à l'expiration de *tous les délais* impartis pour la vente amiable (sur cette question de délai, v. *supra*, n°s 170 et s.) (art. 122, al. 1er,^ Décr.); cependant, « il peut être procédé à la vente forcée immédiate de ceux des biens pour lesquels le délai imparti en vue de leur vente amiable est expiré, soit avec l'accord du débiteur ou l'autorisation du juge de l'exécution, soit si les formalités de publicité avaient déjà été effectuées au moment de l'opposition » (art. 122, al. 2, Décr.).

Il convient enfin de souligner que si la jonction des poursuites permet à l'opposant de bénéficier des conséquences de la procédure de saisie engagée, elle ne l'associe pas pour autant à la *direction* des poursuites : celle-ci demeure en effet la prérogative du premier saisissant. Cette solution n'est pas sans inconvénient dans l'hypothèse où ce créancier se montre négligent. Aussi bien la possibilité d'une subrogation dans les poursuites au bénéfice de l'opposant est-elle prévue.

b) Subrogation dans les poursuites

184. – Lorsque le créancier premier saisissant néglige de faire procéder aux formalités de la vente forcée dans les délais prévus par les textes, tout créancier opposant a vocation à être subrogé au premier dans les poursuites.

Cette solution est prévue à l'article 123 du décret du 31 juillet 1992 dont il résulte cependant que le premier saisissant doit être préalablement *sommé* par l'opposant de procéder dans les *huit jours* aux formalités qu'il a négligé d'accomplir. Dès lors que cette sommation est infructueuse, l'opposant considéré est *subrogé de plein droit* au premier saisissant : c'est désormais à lui qu'il incombe de poursuivre la procédure, le premier saisissant étant donc déchargé de ses obligations à cet égard (il est cependant tenu de mettre les pièces à la disposition du créancier subrogé).

c) L'« autonomie » de la procédure d'opposition

185. – Les expressions utilisées relativement aux effets de l'opposition (jonction des poursuites, subrogation dans les poursuites) sont de nature à laisser penser que la procédure consécutive à cet acte n'a pas d'autonomie par rapport à celle engagée par le premier saisissant : il semble bien qu'elle se « greffe » simplement sur cette dernière, l'opposant ne pratiquant donc pas une véritable saisie à proprement parler (on retrouve en définitive la vieille règle « saisie sur saisie ne vaut », interdisant de procéder à une saisie indépendante de la première *sur les mêmes biens* et permettant seulement une « intervention » à la procédure en cours)[1].

Une telle analyse avait logiquement conduit autrefois la Cour de cassation (sous l'empire de textes applicables à la « saisie-exécution », à laquelle la saisie-vente a été substituée) à décider que l'efficacité de la procédure menée par les créanciers qui se joignaient aux poursuites était dépendante de la validité de la saisie initiale; autrement dit, la nullité de celle-ci avait pour conséquence l'anéantissement de celle-là[2]. Cette solution

---

1. Il n'est peut-être pas inutile de préciser : ce qui est interdit, c'est une saisie indépendante sur des biens *qui ont déjà été saisis*. Comme on l'a opportunément souligné, un autre créancier du même débiteur peut pratiquer une saisie-vente indépendante sur d'*autres biens* (par hypothèse non antérieurement saisis) de ce débiteur (Perrot et Théry, *op. cit.*, 2e éd., n° 605). Encore faut-il toutefois que ses poursuites aient *uniquement* pour objet de tels biens. Si ce créancier entend *aussi* bénéficier du produit de la vente (à intervenir) de meubles précédemment saisis, seule la voie de l'opposition lui est ouverte (avec inventaire complémentaire pour les autres biens).

2. Req. 15 janv. 1899, *DP* 1900. 1. 160, note Glasson, *S.* 1900. 1. 193, note Tissier.

était toutefois fort discutée et une partie de la doctrine la rejetait même purement et simplement.

186. – Les auteurs du décret du 31 juillet 1992 ont entendu ne pas négliger cette question et lui donner une réponse traduisant une relative autonomie de la procédure d'opposition par rapport à la saisie initiale.

C'est ainsi que l'on peut lire à l'article 125, alinéa 1er, dudit décret que la nullité « de la première saisie n'entraîne pas la caducité des oppositions, si ce n'est lorsqu'elle résulte des irrégularités des opérations de saisie »[1].

Une importante précision est en outre donnée à l'alinéa 2 du même article, aux termes duquel la nullité de la première saisie « est toujours dépourvue de conséquences sur la saisie complémentaire ». Autrement dit, dans l'hypothèse où le créancier opposant, en se joignant à la saisie déjà pratiquée, a procédé à une saisie complémentaire (portant, par hypothèse, sur des biens qui avaient été omis dans l'inventaire dressé lors de la saisie initiale), la nullité de la première saisie – quand bien même elle serait fondée sur une irrégularité dans le déroulement des opérations de celle-ci – ne peut en aucun cas affecter la validité (et donc l'efficacité) de la saisie complémentaire.

B. Les incidents soulevés par le saisi

187. – Il n'est pas rare que le débiteur, soucieux de faire obstacle à la saisie, provoque un incident. Les motifs invoqués par l'intéressé peuvent porter sur des questions de *fond* : par exemple, le débiteur conteste l'existence même de la *créance* dont se prévaut le saisissant (il soutient que celle-ci est éteinte en invoquant un paiement antérieur ou l'effet de la prescription...); ou encore, il émet une contestation relative aux *biens* saisis (prétendant que tel de ceux-ci est insaisissable ou qu'un tiers en est propriétaire). Les motifs avancés à l'appui de la contestation peuvent aussi porter sur des questions de *forme* : le débiteur peut ainsi se prévaloir du fait que le commandement préalable ou l'acte de saisie lui-même ne comporte pas l'une des mentions prescrites à, peine de nullité ou que, d'une manière générale, l'huissier procédant aux opérations n'a pas respecté une formalité légale.

Il n'est pas exclu que certaines de ces contestations soient soulevées avant l'achèvement des opérations de saisie proprement dites, notamment lors du déroulement de celles-ci. Bien que – comme on le verra – l'incident n'ait pas d'effet suspensif de la procédure d'exécution, l'huissier peut estimer opportun de prendre lui-même l'initiative de faire régler l'incident par le juge de l'exécution du lieu de la saisie : cette faculté lui est d'ailleurs spécialement reconnue dans le cas de contestation portant sur la saisissabilité des biens compris dans la saisie, « l'huissier de justice agissant comme en matière de difficulté d'exécution » (art. 130, al. 1er, Décr. 31 juill. 1992) (sur la procédure à suivre, *supra*, no 132).

---

1. Les « irrégularités » ainsi visées sont des vices affectant la procédure même de saisie. Dans ces conditions, la nullité de la saisie-vente initiale en raison d'un tel vice entraîne la caducité de l'opposition, en conséquence de la disparition du « support *extérieur* procédural » sur lequel cette opposition prenait appui. Au contraire, si la saisie-vente initiale est nulle en raison d'une irrégularité de fond personnelle au saisissant initial (par exemple, celui-ci ne remplissait pas les conditions exigées pour pratiquer la mesure d'exécution), ledit support demeure et permet à l'opposition de subsister. Cette distinction avait déjà été autrefois suggérée par la doctrine, s'appuyant au demeurant sur certaines décisions de jurisprudence (v. Fricero, *Rép. Dalloz Proc. civ.*, V° Saisie-vente, éd. 2001, no 153, et les réf. citées. – Sur la question, v. ég. Perrot et Théry, *op. cit.*, 2e éd., no 611).

188. – Toujours est-il que dès lors que la saisie est affectée d'un vice (de fond ou de forme), le débiteur dispose d'une *action en nullité* de la mesure pratiquée[1].

Le juge de l'exécution peut être *en principe* saisi d'une demande en nullité *jusqu'à la vente des biens* (art. 131, al. 1er, Décr.). Il faut toutefois réserver le cas dans lequel est contestée la *saisissabilité* de biens faisant l'objet de la mesure d'exécution : dans cette hypothèse, le débiteur doit introduire la procédure tendant au règlement de l'incident par le juge dans le délai d'*un mois* à compter de la signification de l'acte de saisie (art. 130, al. 2, Décr.)[2].

Il importe de souligner qu'*en principe* la demande en nullité ne saurait suspendre les opérations de saisie (art. 133, Décr.). Il est aisé de justifier cette règle en remarquant que la solution contraire serait inopportune : l'admission de l'effet suspensif de l'incident serait, à l'évidence, exploitée par des débiteurs à l'affût de moyens dilatoires !

Le principe d'absence d'effet suspensif de la demande en nullité comporte toutefois certains tempéraments.

Tout d'abord, s'agissant de demandes relatives à la propriété ou à la saisissabilité des biens, si celles-ci ne font pas obstacle à la saisie et à l'indisponibilité découlant de cette dernière quant aux biens concernés, elles ont tout de même pour effet de *suspendre* la procédure pour les *biens saisis qui en font l'objet* (art. 126, Décr.)[3].

Ensuite, d'une manière générale, le juge de l'exécution saisi d'une demande en nullité dispose du *pouvoir* d'ordonner la *suspension* des poursuites (art. 133, *in fine,* Décr.)[4].

189. – Étant donné, d'une part, que la demande en nullité peut en principe intervenir jusqu'à la vente des biens et, d'autre part, que, sauf décision contraire du juge, cette demande ne suspend pas la procédure d'exécution, il peut arriver que la saisie ne soit *déclarée* nulle qu'après la vente des biens. En pareil cas, le droit de demander la restitution du produit de la vente est reconnu au débiteur, mais encore faut-il que ce produit n'ait pas déjà été distribué (art. 131, al. 2, Décr. 31 juill. 1992).

Le débiteur a donc le plus grand intérêt à exercer le plus rapidement possible l'action en nullité. Il lui est d'autant plus conseillé de ne pas attendre pour le faire que le juge qui annule la saisie peut laisser à sa charge « tout ou partie des frais qu'elle a occasionnés, si le débiteur s'est abstenu de demander la nullité en temps utile » (art. 132, Décr.).

C. Les incidents soulevés par des tiers

190. – Il peut arriver que la saisie porte sur des biens dont le débiteur n'est pas propriétaire : le débiteur entre les mains duquel la mesure d'exécution est pratiquée peut

1. La jurisprudence déduit de l'article 131, alinéa 1, du décret du 31 juillet 1992 que *seul* le débiteur peut demander la nullité (Civ. 2e, 10 nov. 1998, *Bull. civ.* II, n° 270) solution qui paraît discutable (v. Perrot et Théry, *op. cit.*, n° 601). – Quoi qu'il en soit, en cas de vice de forme, il faut tenir compte des exigences de l'art. 114 nouv. C. pr. civ. Ainsi, en l'absence de texte prescrivant la nullité, la formalité méconnue doit être substantielle. V., à propos du non-accomplissement des mesures de publicité de la vente, Civ. 2e, 30 avr. 2002, *D.* 2002. 1734, *Bull. civ.* II, n° 86. Pour un rappel de la solution à propos des mentions du procès-verbal de vérification des biens saisis, v. Civ. 2e, 20 nov. 2003, *Rev. huissiers* 2004. 160, obs. Salati.

2. Civ. 2e, 30 sept. 1999, *D.* 1999. IR. 249. Encore faut-il que le saisi ait été informé des modalités et délai de recours : Civ. 2e, 16 déc. 2004, *D.* 2005. 246.

3. Sur la durée de l'effet suspensif, v. Civ. 2e, 27 avr. 2000, cité *infra*, sous n° 191.

4. Lorsqu'il use de ce pouvoir, le juge ne peut suspendre les opérations de saisie que jusqu'à ce qu'il statue sur la demande en nullité de la vente : Civ. 2e, 20 nov. 2003, *D.* 2003. 3011, *Rev. huissiers* 2004. 160, obs. Salati, *D.* 2004. 1492, obs. Taormina.

en effet détenir des biens appartenant à une autre personne, circonstance que l'huissier qui procède aux opérations peut ignorer; de même, dans l'hypothèse de saisie entre les mains d'un tiers, il n'est pas exclu que l'huissier commette une erreur quant à la propriété des biens et saisisse des meubles qui ne sont pas ceux du débiteur.

Aussi bien une contestation peut-elle être soulevée à cet égard devant le juge de l'exécution du lieu de la saisie.

On sait qu'une telle contestation peut, le cas échéant, émaner du *débiteur*, lequel dispose en effet du droit de demander la *nullité* de la saisie portant sur des biens dont il n'est pas propriétaire (art. 127, Décr. 31 juill. 1992) (*supra*, n°s 187 et s.). Le droit de saisir le juge est naturellement reconnu aussi au *tiers* qui prétend être propriétaire d'un bien objet de la mesure d'exécution[1].

191. – Dans l'hypothèse où un tel droit est exercé, il importe de distinguer selon que la contestation est antérieure ou postérieure à la vente des biens saisis.

Si l'incident est soulevé *avant la vente*, le tiers dispose d'une action dite « en distraction » des objets saisis à tort (art. 128, Décr.)[2].

À peine d'« irrecevabilité », la demande par laquelle le tiers exerçant cette action saisit le juge de l'exécution « doit préciser les éléments sur lesquels se fonde le droit de propriété invoqué » (art. 128, al. 2, Décr.). En application de la disposition précitée de l'article 126 du décret du 31 juillet 1992, une telle demande (sans faire obstacle à la saisie et à l'indisponibilité consécutive à celle-ci, des meubles qui en font l'objet) a un *effet suspensif* des poursuites relativement aux *biens dont la distraction est sollicitée*[3]. En conséquence de la contestation, il incombe au créancier saisissant de mettre en cause les créanciers opposants (art. 128, al. 3, Décr.).

Le juge de l'exécution se prononce sur l'incident après que le débiteur saisi a été entendu ou appelé (même texte).

Si le tiers n'invoque son droit de propriété qu'*après la vente*, il ne peut plus le faire par la voie d'une action en distraction[4]. Il lui reste seulement en principe la possibilité d'exercer une *action en revendication* (art. 129, al. 1er, Décr.). Encore faut-il rappeler que l'adjudicataire du bien revendiqué est particulièrement bien protégé en raison des articles 2276 et 2277 du Code civil (*supra*, n° 177).

192. – Il en résulte que dès lors que le tiers n'agit qu'après la vente des biens saisis, sa situation n'est guère confortable. Il convient cependant de distinguer selon que les sommes produites par la vente ont été ou non *distribuées*.

---

1. Comme on va le voir, l'action ouverte au tiers doit être distinguée de l'action en nullité (par le débiteur) dont il a été question plus haut.

2. Cette action demeure ouverte, même si, en cas de procédure collective contre le débiteur, le créancier n'a pas exercé l'action en revendication prévue à l'article 115 de la loi du 25 janvier 1985 (actuellement, art. L. 624-9, C. com.) : Com. 26 nov. 2002, *Rev. huissiers* 2003. 175, obs. Bourdillat.

3. L'effet suspensif de la procédure de saisie attaché à l'exercice de l'action dure seulement jusqu'à ce que le juge de l'exécution ait statué car, ensuite, le délai d'appel et l'appel ne sont pas suspensifs : Civ. 2e, 27 avr. 2000, *D.* 2000. IR. 158, *Bull. civ.* II, n° 69, *RTD civ.* 2000. 642, obs. Perrot.

4. Si l'action en distraction est exclue, c'est donc seulement dans la mesure où elle a été formée après la vente. V. à ce propos la solution (curieuse et plus que discutable) retenue par Paris, 31 août 2000, *Rev. huissiers* 2001. 47, obs. Hoonakker, selon laquelle une action en distraction, *régulièrement formée* avant la vente des biens saisis, *est devenue irrecevable* du fait de leur vente ultérieure (intervenue au demeurant au mépris de l'effet suspensif des poursuites attaché à la demande en distraction !).

Si la distribution n'est pas encore intervenue, « le tiers reconnu propriétaire un bien déjà vendu peut... en distraire le prix non diminué des frais » (art. 129, al. 2, Décr. 31 juill. 1992)[1].

Si les sommes provenant de la vente ont déjà été distribuées, le tiers ne dispose plus que d'un recours contre le saisi (dont la dette – ou du moins une partie de celle-ci – a en définitive été payée au moyen de la vente de biens d'autrui !). Ce recours est cependant illusoire en tant qu'il vise une personne par hypothèse insolvable.

Section II
Les saisies-ventes particulières

193. – La *nature* particulière de certains meubles corporels commande des règles spécifiques de saisie de ces biens. Tel est notamment le cas des *véhicules terrestres à moteur*, dont la situation au regard des procédures d'exécution fera l'objet d'un chapitre distinct (*infra*, n°s 220 et s.); tel est également le cas des *récoltes sur pied*, dont la saisie sera examinée dans la présente section (§ 1).

Le *lieu* où se trouvent placés des meubles corporels peut aussi justifier des règles particulières : ainsi, les auteurs du décret du 31 juillet 1992 ont réglementé à part la saisie de biens placés *dans un coffre-fort* (§ 2).

§ 1. LA SAISIE-VENTE DES RÉCOLTES SUR PIED

194. – Sous l'empire de l'ancien Code de procédure civile, cette mesure d'exécution était qualifiée de « saisie-brandon ». Tout en renonçant à une terminologie depuis longtemps dépassée[2], les rédacteurs du décret du 31 juillet 1992 ont consacré quelques dispositions spéciales à la saisie des « récoltes sur pied » (art. 134 à 138)[3].

Comme celle à laquelle elle a succédé, la mesure examinée présente pour caractéristique essentielle de porter sur des biens qui, étant encore attachés au sol ou aux arbres au moment où la saisie est pratiquée, sont juridiquement des immeubles par nature (lesquels, normalement, devraient faire l'objet d'une saisie immobilière). Toutefois, étant donné qu'il s'agit de saisir des « fruits » (naturels ou industriels)[4] peu de temps avant leur maturité, donc à une époque proche de celle où ils seront détachés du sol (ou de l'arbre), ces biens sont considérés comme des *meubles par anticipation*, ce qui permet de pratiquer sur eux une saisie *mobilière*.

195. – La saisie des récoltes sur pied est *en principe* gouvernée par les règles, plus haut présentées (n°s 138 et s.), applicables à la saisie-vente *de droit commun*, qu'il

---

1. Civ. 2e, 8 avr. 2004, *D.* 2004. 1564, *Rev. huissiers* 2004. 276, obs. Putman (application de l'art. 129, al. 2, susvisé, au profit d'un tiers bénéficiant d'une clause de réserve de propriété).

2. La dénomination antérieure tenait au fait qu'anciennement, en vue de signaler l'existence de la saisie, l'on dressait sur les lieux de celle-ci des faisceaux de paille (soutenus par des bâtons) appelés « brandons ». L'usage avait disparu... mais l'appellation avait survécu !

3. Lochouarn, « La saisie des récoltes sur pied », *Rev. huissiers* 1998. 200.

4. Les fruits *naturels* sont donnés spontanément par la chose (terre, arbre) alors que les fruits *industriels* supposent le travail de l'homme.

s'agisse des conditions de la mesure d'exécution (et notamment la nécessité d'un commandement préalable), de la procédure relative aux opérations de saisie ou de la vente. Il convient toutefois de tenir compte de quelques dispositions particulières qui, seules, font l'objet du développement qui suit.

Il convient au préalable de préciser que les récoltes sur pied ne peuvent être saisies qu'à un moment assez proche de celui où ces biens seront séparés du sol (ou de l'arbre), à savoir « dans les six semaines qui précèdent l'époque habituelle de la maturité » (art. 134, Décr.)[1]. On notera par ailleurs que le débiteur saisi est, par hypothèse, la personne *qui a droit aux fruits* (laquelle est donc propriétaire des récoltes qui font l'objet de la mesure d'exécution, mais n'est pas nécessairement propriétaire du sol).

196. – S'agissant des opérations de saisie proprement dites, deux remarques s'imposent.

En premier lieu, si l'acte de saisie (procès-verbal établi par l'huissier) doit, à peine de nullité, être dressé conformément aux règles de droit commun de la saisie-vente (*supra*, n°s 153 et s.), les mentions correspondant à la description détaillée des biens saisis (v. art. 94-2°, Décr.) « sont remplacées par la description détaillée du terrain où sont situées les récoltes, avec sa contenance, sa situation et l'indication de la nature des fruits » (v. art. 135, Décr.).

En second lieu, si, en principe, le *débiteur* est constitué *gardien* des récoltes saisies (lesquelles sont donc placées sous sa responsabilité), le *juge de l'exécution*, peut, sur la *demande du créancier saisissant,* désigner un *gérant* à l'exploitation, après que le débiteur a été entendu ou appelé (art. 136, Décr.).

197. – S'agissant enfin de la *vente* (forcée), il faut tenir compte de dispositions spéciales relatives à la *publicité* et au *lieu* où les biens sont vendus aux enchères.

Sur le premier point, l'article 137 du décret du 31 juillet 1992 dispose que la vente est annoncée par des affiches apposées à la *mairie* et au *marché* le plus proche du lieu où se trouvent les récoltes, étant précisé que ces affiches font mention des jour, heure et lieu de la vente et indiquent le terrain où sont situées les récoltes, ainsi que sa contenance et la nature des fruits (al. 1 et 2).

Il incombe à l'huissier de justice de certifier l'accomplissement de ces formalités de publicité (al. 3).

Sur le second point, il est disposé que la vente est faite au lieu où se trouvent les récoltes ou au marché le plus voisin (art. 138, Décr.).

§ 2. La saisie-vente des biens placés dans un coffre-fort

198. – En l'absence de réglementation, la saisie de biens placés dans un *coffre-fort appartenant à un tiers* avait suscité des difficultés. Certaines réponses jurisprudentielles aux questions posées en raison de la localisation des biens à saisir avaient pu se heurter à l'opposition d'une partie de la doctrine, et il est heureux que les rédacteurs du décret du 31 juillet 1992 aient consacré des dispositions particulières à la matière (art. 266 à 282)[2].

---

1. Sous l'empire des textes applicables à la saisie-brandon, la Cour de cassation avait décidé, dès le milieu du XIXe siècle, que ce délai s'imposait à peine de nullité : Civ. 29 août 1853, *DP* 53. 1. 258.

2. J.-P. Faget, « La saisie des biens placés dans les coffres-forts », *Petites Affiches*, 6 janv. 1993, p. 82 et s.

À vrai dire, seules certaines dispositions intéressent la saisie-vente (art. 266 et 267 applicables à toute saisie de biens placés dans un coffre-fort, et 268 à 274 gouvernant spécialement la saisie-vente de ces biens). Les autres dispositions seront examinées plus loin avec la saisie-appréhension (n°s 218 et 219) et la saisie conservatoire (n°s 368 et s.).

On remarquera que si, comme dans toute saisie-vente, un commandement de payer est nécessaire (B), celui-ci, pour des raisons évidentes, n'est pas conçu, dans l'hypothèse envisagée, comme une formalité préalable à l'acte de saisie (A); postérieur à cet acte, ce commandement doit toutefois être *antérieur* à l'*ouverture* du *coffre* (C).

A. Acte de saisie

199. – Toute saisie de biens placés dans un coffre-fort appartenant à un tiers est effectuée par *acte d'huissier* de justice *signifié* à ce tiers (art. 266, al. 1er, Décr.).

À peine de nullité, cet acte contient (art. 266, al. 2) :

1° Les nom et domicile du débiteur et, s'il s'agit d'une personne morale, sa dénomination et son siège social;

2° La référence au titre en vertu duquel la saisie est pratiquée;

3° Une injonction d'interdire tout accès au coffre, si ce n'est en présence de l'huissier de justice.

Il est en outre prévu qu'il est fait mention dans l'acte de saisie de l'*identification* du *coffre* dans lequel sont placés les biens qui font l'objet de la mesure d'exécution, le tiers étant en effet tenu de fournir à l'huissier les renseignements nécessaires à cet égard (art. 266, dern. al., Décr.).

200. – L'acte de saisie a pour *effet* d'*interdire l'accès au coffre* sans la présence de l'huissier, celui-ci pouvant au demeurant apposer des scellés sur le coffre (art. 267, Décr.).

Cet effet dure jusqu'à ce que les biens saisis soient enlevés (art. 274, Décr.; sur cet « enlèvement », v. *infra*, n° 203).

B. Commandement de payer

201. – Aux termes de l'article 268, alinéa 1er, du décret du 31 juillet 1992, ce commandement est signifié au débiteur le premier jour ouvrable suivant l'acte de saisie. On notera qu'il peut, le cas échéant, être signifié dans l'acte de signification même du jugement condamnant le débiteur (art. 268, dern. al., Décr.)[1].

Il est prévu que l'acte examiné contient, à peine de nullité, les mentions suivantes : dénonciation de l'acte de saisie; indication du titre exécutoire motivant les poursuites;

---

1. Cette précision peut surprendre dès lors que, à la différence de la solution applicable aux autres procédures de saisie-vente (*supra*, n°s 145 et 195), l'acte de saisie a *précédé* le commandement. S'agissant de mesure d'*exécution*, un titre exécutoire devrait être requis pour pratiquer la saisie. Or cette condition n'est pas remplie si le jugement sur le fondement duquel les poursuites sont exercées n'est *signifié* qu'avec le commandement, par hypothèse postérieur à l'acte de saisie. À la vérité, sauf à considérer que la disposition terminale de l'article 268 du décret du 31 juillet 1992 n'est qu'une reproduction malencontreuse de l'article 84 du même décret, la solution ici retenue illustre sans doute l'idée qu'en cette matière, même si l'acte de saisie s'inscrit dans un processus d'exécution, il a *d'abord* essentiellement, s'agissant *avant tout* d'interdire l'accès au coffre, une fonction conservatoire. Il n'en demeure pas moins que, dans ces conditions, une procédure qui est tout de même une procédure d'exécution peut être engagée, le cas échéant, sur le fondement d'un titre qui n'est pas encore exécutoire (encore qu'il soit appelé à le devenir dès « le premier jour ouvrable suivant l'acte de saisie », compte tenu de l'alinéa 1er de l'article 268).

décompte des sommes réclamées avec indication du taux des intérêts; commandement de payer la dette avant l'ouverture du coffre ou d'assister à cette ouverture, avec avertissement qu'en cas d'absence ou de refus, il sera procédé à l'ouverture forcée à ses frais; fixation des lieu, jour et heure de celle-ci; désignation du juge de l'exécution du lieu de situation des biens (compétent pour connaître des éventuelles contestations) (art. 268, al. 2, Décr.).

C. Ouverture du coffre et procédure consécutive

202. – L'ouverture du coffre-fort ne peut *en principe* intervenir avant l'expiration d'un délai de *quinze jours* à compter de la *signification* du *commandement de payer*, le débiteur ayant toutefois la faculté de demander que cette ouverture ait lieu à une date plus rapprochée (art. 269, al. 1er, Décr.). L'opération considérée suppose soit la présence du débiteur, soit celle du propriétaire du coffre ou de son préposé dûment habilité (art. 269, al. 2).

203. – Dès lors que le coffre est ouvert, il est procédé à un *inventaire* des biens, lesquels doivent être décrits de façon détaillée.

Si le débiteur est présent, cet inventaire est limité aux seuls biens saisis. Dans le cas contraire, il porte sur tous les biens contenus dans le coffre.

Quoi qu'il en soit, les biens saisis sont immédiatement *enlevés* pour être placés sous la garde de l'huissier ou d'un séquestre (selon le cas, celui-ci est désigné soit en vertu d'un accord amiable, soit, sur requête, par le juge de l'exécution). Dans l'hypothèse où le débiteur est absent, les biens non saisis que contenait le coffre sont remis au tiers qui a la garde de celui-ci ou à un séquestre (désigné sur requête par le juge de l'exécution) (art. 270, Décr.).

Ces différentes opérations doivent naturellement être constatées dans un acte, dressé à cet effet (pour les mentions, prescrites à peine de nullité, de cet acte, v. art. 271, Décr.).

204. – Une copie de l'inventaire doit être *remise* ou *signifiée* au *débiteur* (et, le cas échéant, aux personnes auxquelles les biens ont été remis). À peine de nullité, la copie destinée au débiteur doit notamment indiquer, *en caractères très apparents,* que celui-ci dispose d'un délai d'*un mois* pour procéder à la *vente amiable* des biens saisis, selon les règles applicables à la saisie-vente de droit commun (*supra,* nos 170 et s.). À défaut de vente amiable, il est procédé à la vente forcée, conformément aux règles générales plus haut présentées (nos 174 et s.).

Chapitre 2

La saisie-appréhension

205. – Cette saisie fait l'objet de l'article 56 de la loi du 9 juillet 1991 et des articles 139, alinéa 1er, 140 à 154 et 275 à 277 du décret du 31 juillet 1992.

Il s'agit d'une procédure destinée à permettre l'exécution forcée de *certaines* obligations *de faire*, à savoir, d'une part, les obligations de *livrer* (ou délivrer), d'autre part, les obligations de *restituer*. Ainsi, la voie de la saisie-appréhension est notamment ouverte à l'acquéreur d'un meuble corporel lorsque le vendeur ne livre pas celui-ci, ou au déposant lorsque le dépositaire ne restitue pas la chose déposée.

Tout meuble corporel sur lequel porte l'une des obligations de faire visées peut être en principe appréhendé selon les règles examinées dans le présent chapitre. Il convient toutefois de réserver le cas des véhicules terrestres à moteur (v. art. 140, al. 2 et art. 154, al. 3, Décr.), pour lesquels a été édictée une réglementation spécifique, objet d'un chapitre particulier (*infra*, nos 220 et s.).

Cela étant, on distinguera entre **la saisie-appréhension de droit commun** (Section I) et **la saisie-appréhension des biens placés dans un coffre-fort** (Section II).

Section I
La saisie-appréhension de droit commun

206. – Comme toute mesure d'exécution, la saisie-appréhension ne peut être pratiquée qu'en vertu d'un titre exécutoire. Cette procédure est directement ouverte au créancier qui dispose d'ores et déjà d'un tel titre, que l'on peut qualifier de « préexistant » (§ 1). Dans le cas contraire, une procédure d'injonction est prévue, destinée à permettre au créancier, si le débiteur n'exécute pas à la suite de l'injonction, d'obtenir le titre exécutoire nécessaire à l'appréhension (§ 2)[1].

---

1. Dans le décret du 31 juillet 1992, sont successivement réglementées l'« appréhension en vertu d'un titre exécutoire » (art. 140 à 148) et l'« appréhension sur injonction du juge » (art. 149 à 154). Cette présentation peut laisser penser que la seconde procédure (qui paraît ainsi opposée à la première) est dérogatoire quant à la nécessité d'un titre exécutoire. En réalité, il n'en est rien : même dans le second cas visé, l'*appréhension proprement dite* n'est possible que sur le fondement d'un tel titre (ordonnance d'injonction *devenue exécutoire* ou, en cas d'opposition, puis de saisine du « juge du fond », jugement de condamnation du débiteur).

§ 1. Appréhension en vertu d'un titre exécutoire préexistant

207. – L'appréhension peut être pratiquée soit *entre les mains de celui qui est tenu* de remettre le bien (A), soit entre celles d'un *tiers* qui détient le bien pour le compte du débiteur de l'obligation de livrer ou de restituer (B).

A. Appréhension entre les mains de la personne tenue de la remise

208. – En principe, la procédure commence par un *commandement* de livrer ou de restituer le bien, signifié à la personne tenue de la remise (le commandement pouvant au demeurant être signifié dans le même acte que le jugement).

À peine de nullité, ce commandement doit contenir (art. 141, Décr.) :

1° la mention du *titre exécutoire* en vertu duquel la remise est exigée;

2° l'indication que la personne tenue de la remise peut, dans un délai de *huit jours*, transporter à ses frais le bien désigné en un lieu et dans les conditions indiquées;

3° l'avertissement qu'à défaut de remise dans ce délai, le bien pourra être appréhendé à ses frais;

4° l'indication que les *contestations* pourront être portées devant le juge de l'exécutoire du lieu où demeure le destinataire de l'acte.

On soulignera que la formalité du *commandement préalable n'est pas nécessaire* si la personne tenue de la remise est *présente* et si, sur la question qui doit lui être posée par l'huissier de justice, *elle ne s'offre pas* à effectuer à ses frais le transport du bien au lieu indiqué. Dans une telle hypothèse, l'huissier peut en effet, sur la seule présentation du titre exécutoire, appréhender *immédiatement* le bien (art. 142, al. 1er, Décr.).

209. – Que le bien soit appréhendé (à l'expiration du délai de huit jours suivant la délivrance du commandement ou immédiatement, selon le cas) ou qu'il soit remis volontairement par le débiteur (obtempérant au commandement ou à la suite de la demande verbale de l'huissier), un *acte* doit être dressé.

Cet acte, qui constate la remise volontaire ou l'appréhension du bien, contient un état détaillé de celui-ci (lequel peut, le cas échéant, être photographié, les photographies étant alors annexées à l'acte) (art. 143, Décr.). Dans l'hypothèse d'appréhension immédiate, il y est en outre indiqué que les contestations pourront être portées devant le juge de l'exécution du lieu où demeure celui auquel le bien est retiré (art. 142, al. 2, Décr.).

210. – Dès lors qu'un bien fait l'objet d'une saisie-appréhension, l'acte ainsi établi pour constater celle-ci doit naturellement être porté à la connaissance de la personne qui était tenue de délivrer ou restituer la chose.

On relèvera à cet égard que dans l'hypothèse (normale) où le bien a été appréhendé pour être remis à son propriétaire (ex. : acquéreur, déposant, prêteur du meuble corporel), il est prévu que la copie dudit acte doit être *remise* ou *notifiée* par *lettre recommandée* avec demande *d'avis de réception* à la personne sur laquelle pesait l'obligation de remettre la chose (art. 144, Décr.).

Il importe enfin de remarquer la disposition consacrée au cas particulier où un bien a été appréhendé pour être remis à un *créancier gagiste*. Aux termes de l'article 145 du décret du 31 juillet 1992, en pareille hypothèse, l'« acte de remise ou d'appréhension *vaut saisie* sous la *garde* du *créancier* », la vente consécutive étant régie par les dispositions applicables à la saisie-vente (v. le renvoi du texte aux articles 107 à 116, Décr.) (sur cette question, *v. supra,* n°s 169 et s.).

Le même article précise que dans le cas particulier examiné, un acte est remis ou signifié au débiteur, lequel contient, à peine de nullité, certaines indications, dont notamment, « en caractères *très apparents* », celle selon laquelle « le débiteur dispose d'un délai d'un mois pour procéder à la vente amiable du bien saisi... et la date à partir de laquelle, à défaut de vente amiable dans ce délai, il pourra être procédé à la vente forcée aux enchères publiques » (pour plus de détails, v. art. 145).

B. Appréhension entre les mains d'un tiers

211. – Dans le cas où l'obligation de livrer ou restituer porte sur un bien détenu par un tiers, une *sommation* de remettre le bien lui est directement signifiée (art. 146, al. 1er, Décr.).

À peine de nullité, cette sommation doit contenir (art. 146, al. 2) :

1° une copie du *titre exécutoire* en vertu duquel la remise est exigée et, s'il s'agit d'un jugement, du dispositif de celui-ci;

2° une *injonction* d'avoir, dans un délai de *huit jours*, soit à remettre le bien désigné, soit à *communiquer* à l'huissier de justice, sous peine de dommages et intérêts le cas échéant, les *raisons* pour lesquelles il s'oppose à la remise;

3° l'indication que les *difficultés* seront portées devant le juge de l'exécution du *lieu où demeure le destinataire de l'acte*.

La personne tenue de délivrer ou restituer la chose est informée de la sommation adressée au tiers au moyen d'une *lettre recommandée* avec demande d'*avis de réception* (art. 147, al. 1er, Décr.).

212. – Si le tiers défère à la sommation, il n'y a évidemment plus lieu de poursuivre la procédure tendant à l'appréhension du meuble.

Dans le cas contraire, et donc à défaut de remise volontaire dans les huit jours suivant la signification de la sommation, le requérant peut demander au juge de l'exécution du *lieu où demeure le tiers détenteur* du bien d'*ordonner* la remise de celui-ci (la faculté de saisir ce juge est parallèlement reconnue au tiers détenteur lui-même) (art. 147, al. 1er, Décr.).

Encore faut-il que le juge de l'exécution soit saisi *assez rapidement* : en effet, si sa saisine n'intervient pas *dans le mois* suivant le jour où la sommation a été signifiée, cette sommation est *caduque* (sont de même frappées de caducité les mesures conservatoires éventuellement prises) (art. 147, al. 2).

213. – Si le juge de l'exécution, par hypothèse saisi en temps utile, ordonne la remise du bien, la procédure d'appréhension peut être utilisée.

En principe, le bien peut être appréhendé par l'huissier sur la *seule présentation* de la *décision* par laquelle le juge ordonne au tiers de remettre la chose.

Toutefois, dans l'hypothèse où le meuble qu'il s'agit d'appréhender entre les mains du tiers se trouve dans les *locaux d'habitation* de ce dernier, le législateur a prévu la nécessité d'une *autorisation spéciale* du juge (art. 56, al. 2, L. 9 juill. 1991). Cette autorisation est délivrée sur *requête* (art. 148, al. 1er, Décr.)[1].

Pour le reste, et s'agissant notamment de l'acte constatant l'appréhension et de l'information de la personne tenue de la remise, s'appliquent les règles – plus haut présentées – gouvernant l'appréhension entre les mains de cette personne (v. les renvois opérés par l'art. 148, al. 2 et 3, Décr. 31 juill. 1992). Il est en outre prévu qu'une copie de l'acte constatant l'appréhension est remise ou notifiée au tiers par *lettre recommandée* avec demande d'*avis de réception* (art. 148, al. 2, Décr.).

§ 2. Appréhension en vertu d'un titre exécutoire consécutif à une injonction du juge

214. – Lorsque le créancier de l'obligation de livrer ou restituer un bien meuble ne dispose pas d'un titre exécutoire, est prévue une procédure qui tend à lui permettre d'obtenir rapidement un tel titre en vue de l'appréhension du meuble[2].

Cette procédure est engagée devant le juge de l'exécution du *lieu où demeure le débiteur*. Il s'agit là d'une compétence *absolument impérative* : en effet, d'une part, toute clause contraire est *réputée non écrite; d'*autre part, en cas de saisine d'un juge incompétent, celui-ci a *l'obligation* de relever *d'office* son incompétence (art. 149, al. 2, Décr.).

215. – Le juge de l'exécution compétent est saisi par une *requête* à fin d'*injonction* d'avoir à délivrer ou restituer le bien considéré (art. 149, al. 1er, Décr.). À peine d'irrecevabilité, cette requête contient la désignation dudit bien accompagnée de tout document justifiant la demande de remise (art. 150, Décr.).

Dès lors que le juge estime cette demande justifiée, il rend *une ordonnance* portant injonction de délivrer ou restituer le bien. La décision est *signifiée* à la personne tenue de la remise, la signification contenant, à peine de nullité, *sommation* d'avoir, dans un délai de *quinze jours,* soit à transporter à ses frais le bien au lieu et dans les conditions indiquées, soit (si le détenteur du bien est en mesure de faire valoir des moyens de défense) à former opposition contre l'ordonnance (art. 151, Décr.).

216. – Si le détenteur du bien, refusant par hypothèse le « transport » demandé, décide de former opposition, il doit le faire auprès du secrétariat-greffe du juge qui a rendu l'ordonnance, par *déclaration* contre récépissé ou par *lettre recommandée* avec demande d'*avis de réception*. En conséquence de l'opposition, il appartient à *celui qui*

---

1. Il faut souligner par ailleurs l'applicabilité des règles *générales* de l'article 21 de la loi du 9 juillet 1991, relatives au cas où l'occupant d'un local d'habitation (tiers *ou* débiteur d'ailleurs) est absent ou refuse l'accès aux lieux. Sur ces dispositions, examinées avec la saisie-vente, v. *supra,* n° 152.

2. En prévoyant cette procédure, les auteurs de la réforme des voies d'exécution ont spécialement songé à certains créanciers, titulaires d'un droit de gage *sans dépossession du débiteur*. La situation est fréquente en cas d'achat à crédit – notamment de véhicules automobiles – le bien ainsi acheté étant donné en gage à celui qui a prêté des fonds pour l'achat, et garantissant donc le remboursement du prêt. Les contrats relatifs à de telles opérations étant généralement passés en la forme d'actes sous seing privé, le créancier gagiste ne dispose donc pas de titre exécutoire. Or il est apparu souhaitable de mettre à sa disposition une procédure (ici examinée) lui permettant, en cas de défaillance du débiteur, d'appréhender le bien objet du gage en vue de le faire vendre et d'être payé sur le prix de vente (sur la question, et spéc. sur les difficultés antérieures à la réforme, v. Perrot et Théry, *op. cit.*, 2e éd., n° 687). Cela étant, quelles qu'aient été les situations prises en compte par les auteurs de la réforme, la formulation générale des règles relatives à la procédure d'injonction rend celle-ci applicable à d'autres hypothèses ! – Pour l'absolue nécessité de respecter les règles prévues, v. les décisions commentées par J. Prévault, *D.* 1994. J. 151.

demande la remise de *saisir* la juridiction *compétente* pour statuer sur la délivrance ou la restitution du bien[1]. Encore faut-il qu'il le fasse sans trop tarder : en effet, si le juge du fond n'est pas saisi dans un délai de *deux mois* à compter de la signification de l'ordonnance, cette dernière devient *caduque* (de même d'ailleurs que les mesures conservatoires qui auraient été prises) (art. 152, Décr.).

217. – En l'absence d'opposition régulièrement formée dans le délai de quinze jours suivant la signification de l'ordonnance portant injonction de délivrer ou restituer le bien, cette ordonnance peut être rendue *exécutoire*. Pour ce faire, il incombe au requérant de demander au greffe l'apposition de la formule exécutoire. Cette formalité étant accomplie, l'ordonnance produit tous les effets d'un jugement contradictoire (art. 153, Décr.)[2].

Le créancier de l'obligation de remise du bien disposant dès lors d'un titre exécutoire, il peut être procédé à l'appréhension de ce meuble dans les conditions qui ont été présentées au paragraphe précédent (n°s 207 et s.). Il convient toutefois de préciser que le *commandement* normalement prévu *n'est pas requis* « si le bien est entre les mains de la personne visée dans l'injonction *et* si l'appréhension du bien est entreprise *dans le mois* après que l'ordonnance a été rendue exécutoire » (art. 154, al. 2, Décr.).

Section II
La saisie-appréhension de biens placés dans un coffre-fort

218. – Les articles 275 à 277 du décret du 31 juillet 1992 réglementent spécialement l'hypothèse dans laquelle les biens sur lesquels porte une obligation de livrer ou de restituer se trouvent placés dans un coffre-fort appartenant à un tiers.

Il convient cependant de tenir compte aussi de règles applicables à toutes les saisies de biens connaissant cette localisation particulière. C'est ainsi qu'en application de l'article 266 du décret susvisé, un *acte de saisie* est préalablement dressé, selon des dispositions déjà examinées à propos de la saisie-vente des biens placés dans un coffre-fort (sur ces règles et les effets de cet acte de saisie, v. *supra*, n°s 199 et s.).

Cela étant, en vertu de la réglementation spéciale à laquelle il a été fait allusion plus haut, s'agissant de saisie-appréhension, il est prévu qu'un *commandement* de *délivrer* ou *restituer* est signifié à la personne tenue de la remise *le premier jour ouvrable suivant l'acte de saisie* (on notera encore que ce commandement peut être signifié dans l'acte même de signification du jugement en vertu duquel la remise du bien est exigée) (art. 275, 1er et dern. al., Décr.)[3].

---

1. C'est qu'en effet, l'opposition ne saisit pas le juge de l'exécution : elle fait simplement obstacle à ce que l'ordonnance d'injonction devienne exécutoire (v. Perrot et Théry, *op. cit.*, 2e éd., n° 691). Au demeurant – comme on va le voir – il incombe à celui qui demande la remise de saisir la juridiction du fond compétente. Aussi bien la Cour de cassation a-t-elle estimé que le juge de l'exécution *n'étant pas saisi en conséquence de l'opposition*, ne peut en conséquence statuer sur celle-ci en raison d'un *défaut de pouvoir juridictionnel* (et pas seulement en raison d'une incompétence) : Civ. 2e, 26 mars 1997, *Bull. civ.* II, n° 97, p. 55, *RTD civ.* 1997. 746, obs. Perrot.

2. Il en découle que le juge de l'exécution n'a pas le pouvoir d'empêcher l'appréhension, de la différer ou d'y surseoir : TGI Lyon (J. ex.), 4 mai 1993, *D.* 1993. J. 435, note Prévault.

3. On peut faire ici la même remarque qu'à propos de la saisie-vente de biens placés dans un coffre-fort (*supra*, note sous n° 201) : la possibilité offerte par l'article 275 *in fine* implique en effet que l'acte de saisie, qui précède le commandement, a été accompli sur le fondement d'un jugement qui n'était pas encore un titre *exécutoire*.

Le commandement doit contenir, à peine de nullité, un certain nombre de mentions (v. art. 275, al. 2), dont notamment la mention du titre exécutoire sur lequel il est fondé ainsi que la désignation précise des biens réclamés. En outre, et conformément à son objet, cet acte contient un « commandement d'avoir à remettre le ou les biens réclamés avant la date fixée pour l'ouverture du coffre » (cette date étant bien évidemment indiquée par ailleurs) « ou d'assister, en personne ou par mandataire, à son ouverture » en vue de l'enlèvement du ou des biens, « avec l'*avertissement* qu'en cas d'absence ou de refus d'ouverture, le coffre sera ouvert par la force à ses frais ». Est également désigné le juge de l'exécution du lieu où sont situés les biens saisis, compétent pour connaître des éventuelles contestations.

219. – Sous réserve évidemment de la vente proprement dite, qui n'entre pas dans l'objet de la mesure examinée, s'appliquent ensuite les règles déjà présentées avec la saisie-vente des biens placés dans un coffre-fort (v. le renvoi opéré par l'article 276 aux articles 269 à 271 et 274, Décr.), qu'il s'agisse des conditions de l'ouverture du coffre ou encore des opérations d'inventaire. On relèvera cependant que dans la copie de l'inventaire délivrée ou signifiée au débiteur, il est fait mention que le bien a été remis à la personne désignée dans le titre exécutoire ou à son mandataire dont l'identité est précisée (art. 277, al. 2, Décr.).

Chapitre 3

Les mesures d'exécution sur les véhicules terrestres à moteur

220. – À une époque où « le véhicule terrestre à moteur »[1] constitue un élément quasiment « nécessaire » de tout patrimoine, il était devenu impérieux d'édicter des règles relatives à la saisie de ces biens qui soient adaptées à la nature spécifique de l'objet de la mesure d'exécution.

La réglementation particulière applicable en cette matière est l'une des innovations importantes de la réforme de 1991-1992 (art. 57 et 58, L. 9 juill. 1991, et art. 164 à 177, Décr. 31 juill. 1992)[2]. **Deux procédés de saisies** sont prévus par les textes : l'un consiste en une **déclaration à la préfecture** (Section I), l'autre en une **immobilisation du véhicule** (Section II)[3].

Section I
La saisie par déclaration à la préfecture

221. – L'huissier de justice (muni, par hypothèse, d'un titre exécutoire) (art. 57, L. 9 juill. 1991) auquel a été confiée la mesure d'exécution sur un véhicule terrestre à moteur peut procéder par voie de *déclaration signifiée* au préfet du département du lieu où demeure le débiteur (art. 165 *in fine*, Décr. 31 juill. 1992 mod. Décr. 10 avr. 2009).

À peine de nullité, la déclaration doit contenir un certain nombre de *mentions* (art. 165, préc.). C'est ainsi qu'il importe évidemment que soient précisés les éléments permettant d'*identifier* le *débiteur* (nom et adresse ou, s'il s'agit d'une personne morale, sa dénomination et son siège social) et le *véhicule* objet de la mesure (numéro d'immatriculation et marque). Doivent en outre figurer dans la déclaration la mention du *titre*

1. Dans cette catégorie, entrent non seulement ce qu'il est convenu d'appeler la « voiture automobile » (ou, plus souvent encore, et plus simplement, la « voiture » !) mais aussi d'autres catégories de véhicules, dès lors que ceux-ci se déplacent *sur terre* et qu'ils sont munis d'un *moteur* leur permettant de circuler (camions, tracteurs, motos, vélomoteurs...). L'expression était connue du droit des assurances et l'on sait qu'elle a également été (logiquement) utilisée dans la loi du 5 juillet 1985 tendant à améliorer le sort des victimes d'accidents de la circulation terrestre.

2. Cette réglementation particulière tient compte de la grande mobilité des biens visés, qui rend souvent peu appropriée l'utilisation des voies de droit commun. Toutefois, si cette réglementation spécifique déroge, par hypothèse, au droit commun des voies d'exécution, elle ne l'exclut pas, offrant simplement d'*autres* possibilités (v. à ce propos Perrot et Théry, *op. cit.*, 2e éd., no 743).

3. J.-C. Belot, « L'exécution sur les véhicules terrestres à moteur... », *Petites Affiches*, 6 janv. 1993, p. 89 et s.

exécutoire dont se prévaut le créancier et le *décompte* distinct des *sommes réclamées*, en principal, frais et intérêts échus.

222. – Il convient naturellement que le *débiteur* soit *informé* de la déclaration faite auprès des services de la préfecture et des *conséquences* de cet acte. Aussi bien est-il prévu qu'une copie de cette déclaration doit lui être *signifiée* dans les *huit jours* qui suivent, l'acte ainsi délivré au débiteur devant en outre comporter des mentions particulières : en effet, d'une part, doivent être reproduites des dispositions relatives aux *effets de la déclaration* (il s'agit du texte de l'article 167, Décr.; sur cet art., v. *infra*, n°s 223 et 223 *bis*); d'autre part, l'acte doit indiquer, en caractères *très apparents*, que les *contestations* éventuelles ressortissent à la compétence du juge de l'exécution du lieu où demeure le débiteur (art. 166, Décr.).

223. – Il importe de préciser les *effets* des *significations* successivement faites au préfet et au débiteur.

Le législateur a entendu souligner que la notification *au débiteur* de la déclaration faite auprès de l'autorité administrative compétente « produit tous les effets d'une saisie » (art. 57, L. mod.). C'est dire que le véhicule qui fait l'objet de la mesure est rendu *indisponible* (il ne peut donc notamment être vendu… ou donné !). On notera toutefois que dès sa *signification au préfet* (et donc *avant* qu'elle ne soit signifiée au débiteur), la déclaration produit un effet important à l'égard de la préfecture, *aucun certificat d'immatriculation ne pouvant plus être délivré*[1], sauf mainlevée donnée par le créancier ou ordonnée par le juge (art. 167, al. 1er, Décr.).

On relèvera par ailleurs que pour prévenir des ventes de véhicules d'occasion qui auraient fait l'objet de la saisie examinée, il est prévu que, préalablement à une telle vente, le propriétaire est tenu de remettre à l'acquéreur un *certificat* établi depuis moins de quinze jours par le ministre de l'intérieur attestant *qu'il n'a pas été fait de déclaration valant saisie* sur le véhicule et *valant opposition* à transfert de certificat d'immatriculation (art. 169, Décr. mod. Décr. 9 févr. 2009 et 10 avr. 2009).

223 *bis*. – Il reste à préciser les *limites* des effets attachés à la déclaration valant saisie.

Tout d'abord, ceux-ci sont limités *dans le temps* : la déclaration « cesse de produire effet à expiration d'un délai de *deux ans* à compter de la signification, sauf renouvellement opéré dans les formes de la déclaration initiale » (art. 167, al. 2, Décr.).

En outre, même dans le cadre temporaire ainsi assigné aux effets de la déclaration, ceux-ci « ne peuvent préjudicier au créancier titulaire d'un gage régulièrement inscrit » (art. 168, Décr.). Malgré la déclaration, un créancier ayant inscrit avant celle-ci un *gage* sur le véhicule en conserve donc le bénéfice.

224. – Pour *conclure* quant à ce premier type de procédure particulière, on peut remarquer que, bien que présentée dans les textes comme une mesure d'*exécution* (supposant donc un titre exécutoire), la saisie examinée diffère assez sensiblement d'une telle mesure. Elle apparaît surtout comme un *moyen de pression*[2] *exercé sur le débiteur. Celui-ci, en effet, ne peut plus vendre son véhicule. Il n'empêche qu'il en conserve le libre usage… ce qui peut, le cas échéant, lui suffire ! À la vérité, cette saisie n'est utile qu'autant*

---

1. Dans la langue courante, ce certificat d'immatriculation est appelé « carte grise ».

2. V. favorable à la qualification de saisie-conservatoire, Lauvergnat, « La qualification de la saisie par déclaration : pour une approche finaliste », *Rev. huissiers* 2008. 255.

que l'huissier de justice n'est pas en mesure de localiser le véhicule[1]. Dès lors qu'il y parvient, la procédure de saisie par immobilisation, dont il est ensuite question, est plus intéressante pour le poursuivant.

Section II
La saisie par immobilisation du véhicule

225. – Il s'agit là de l'autre procédé de saisie des véhicules terrestres à moteur prévu par le législateur de 1991. Chargé d'une mesure d'exécution (toujours évidemment sur le fondement d'un titre exécutoire), l'huissier de justice « peut saisir le véhicule du débiteur en l'immobilisant, en quelque lieu qu'il se trouve, par tout moyen n'entraînant aucune détérioration du véhicule », étant précisé que le débiteur « peut demander au juge de l'exécution la levée de l'immobilisation du véhicule » (art. 58, L. 9 juill. 1991).

Le moyen mentionné dans les dispositions réglementaires, par lequel il est tenu compte de l'objectif visé par la loi (immobilisation – officiellement attestée – du véhicule sans détérioration de celui-ci) consiste dans l'utilisation d'un « appareil » approprié[2] lequel doit indiquer « *de manière très apparente* le numéro de téléphone de l'huissier de justice » et sur lequel doit figurer une « empreinte officielle » (art. 170, al. 1 et 2, Décr. 31 juill. 1992)[3].

La plus grande liberté est laissée à l'huissier quant au lieu de la saisie : le législateur lui permet en effet de pratiquer la mesure sur le véhicule *en quelque lieu qu'il se trouve.* Il va de soi que le meuble en question peut figurer parmi les biens que l'huissier trouve, *à l'occasion des opérations d'une saisie-vente,* dans les locaux occupés par le débiteur ou entre les mains d'un tiers détenant pour le compte de celui-ci. En pareil cas, l'immobilisation intervenant dans le cadre d'une saisie-vente (v. art. 97, al. 3, et art. 105, al. 2, Décr.), il est procédé selon les règles applicables en cette matière (*supra,* n°s 153 et s.).

Dans les autres cas, il y a lieu d'appliquer les articles 172 et suivants du décret du 31 juillet 1992[4], dont il convient de présenter les dispositions en distinguant entre les *règles relatives à l'acte de saisie* proprement dit (§ 1) et les *formalités consécutives* (§ 2).

§ 1. RÈGLES RELATIVES À L'ACTE DE SAISIE

226. – L'exécution de la mesure dont est chargé l'huissier suppose que celui-ci dresse un *procès-verbal d'immobilisation* (le véhicule étant, par hypothèse, immobilisé par les soins de cet officier ministériel au moyen d'un appareil dont il a été question plus haut).

---

1. Perrot et Théry, *op. cit.*, n° 755.

2. En pratique, l'appareil utilisé (appelé « sabot de Denver »), permet de bloquer une roue du véhicule. D'autres procédés sont toutefois concevables, dès lors qu'ils respectent les exigences légales.

3. Pour cette empreinte, v. arrêté du 23 déc. 1992 (*JO* 6 janv. 1993, p. 339).

4. La procédure prévue par ces textes est une procédure d'exécution *autonome*, distincte de la saisie-vente, qui, s'agissant de recouvrer une somme d'argent rend seulement le véhicule indisponible, celui-ci pouvant toujours être l'objet d'un acte de saisie-vente entre les mains du gardien, et non d'une opposition-jonction (sur celle-ci, *supra*, n° 181) : Civ. 2e, 20 nov. 2003, *D.* 2004. 1493, *Rev. huissiers* 2004. 162, obs. Bourdillat.

À peine de nullité, le procès-verbal contient diverses indications (art. 172, Décr.) : mention du titre exécutoire motivant la saisie; date, heure et lieu d'immobilisation (et, si le véhicule a été mis en dépôt, lieu où il a été transporté à cette fin)[1] ; description sommaire du véhicule. Doit également être précisée dans l'acte l'absence ou la présence du débiteur lors de l'immobilisation du véhicule.

Cette dernière mention a son importance dans la mesure où, en cas d'absence du débiteur, l'huissier informe ce dernier de l'immobilisation le jour même où celle-ci intervient, encore que le *mode* d'information puisse être estimé insuffisamment protecteur pour le destinataire (lettre *simple* adressée ou déposée au lieu où il demeure) (sur le *contenu* de l'information, et notamment les précisions relatives aux possibilités de mainlevée de la saisie en s'adressant soit à l'huissier, soit au juge de l'exécution du lieu de l'immobilisation, v. art. 173, Décr.).

227. – L'immobilisation « vaut saisie » (art. 172, dern. al., Décr.). Elle produit donc les *effets* d'une telle mesure : autrement dit, le véhicule qui en fait l'objet est rendu *indisponible* (art. 29, L. 9 juill. 1991). Le bien saisi est placé sous la *garde* de son propriétaire ou, après l'enlèvement du véhicule, sous la garde de celui qui l'a reçu en dépôt (art. 172, *in fine*, Décr.).

§ 2. Formalités consécutives

228. – Il y a lieu de distinguer selon que l'immobilisation a pour objectif l'obtention du *paiement d'une somme d'argent* (A) ou la remise du véhicule soit à son *propriétaire* (B), soit à un *créancier gagiste* (C).

A. Immobilisation en vue d'obtenir le paiement d'une somme d'argent

229. – Dans l'hypothèse examinée, l'huissier doit *signifier* au débiteur, *huit jours au plus tard* après l'immobilisation, un *commandement de payer*.

À peine de nullité, ce commandement contient (art. 174, Décr. 31 juill. 1992) :

1° La copie du *procès-verbal* d'immobilisation;

2° Le *décompte* distinct des *sommes réclamées*, en principal, frais et intérêts, ainsi que l'indication du *taux des intérêts*;

3° L'*avertissement* qu'à défaut de paiement, et passé le délai d'*un mois* pour *vendre* le véhicule *à l'amiable* (comme il est prévu en matière de saisie-vente), celui-ci sera vendu aux enchères *publiques*;

4° L'indication que les *contestations* doivent être portées, au choix du débiteur, devant le juge de l'exécution du lieu où il demeure *ou* du lieu d'immobilisation du véhicule;

5° La *reproduction* des dispositions réglementant la *vente amiable* dans le cadre de la saisie-vente (sur ces règles, v. *supra*, n°s 170 et s.).

230. – Sous réserve évidemment du cas de reconnaissance du bien-fondé d'une éventuelle contestation du saisi, il y a lieu, à défaut de paiement des sommes réclamées dans

1. V., pour le choix offert à l'huissier entre l'immobilisation du véhicule ou son transport pour être mis en dépôt, Civ. 2e, 7 juin 2006, *D.* 2006. 1638, *Rev. huissiers* 2006. 357, obs. Lefort.

le délai imparti, de vendre le véhicule selon les dispositions régissant la saisie-vente (*supra*, n°s 169 et s.).

On notera que dans l'hypothèse où un gage a été inscrit sur le bien considéré, l'huissier doit informer le créancier gagiste, selon le cas, des propositions de vente amiable ou de la mise en vente aux enchères publiques (art. 175, al. 2, Décr.).

B. Immobilisation en vue de la remise du véhicule à son propriétaire

231. – Lorsqu'il a été procédé à la saisie en vue de la remise du véhicule à son propriétaire[1], il incombe à l'huissier de *signifier* à la personne tenue de la remise, *huit jours au plus tard* après l'immobilisation, un acte destiné à son *information* relativement à la mesure pratiquée et comportant une *injonction.*

Cet acte contient, en effet, à peine de nullité (art. 176, Décr. 31 juill. 1992) :

1° la copie du *procès-verbal* d'immobilisation;

2° une *injonction d'avoir,* dans un délai de *huit jours, à se présenter* à l'étude de l'huissier pour convenir avec lui des conditions de transport du véhicule, avec l'*avertissement* qu'à défaut il sera transporté *à ses frais* pour être remis à la personne désignée dans le titre;

3° l'indication que les *contestations* peuvent être portées, au choix de la personne tenue de la remise, devant le juge de l'exécution où elle demeure *ou* du lieu d'immobilisation du véhicule.

232. – Ainsi qu'on peut le constater, ces dispositions tendent à favoriser une remise « volontaire » du véhicule. Si une telle solution n'est pas obtenue, et en l'absence évidemment d'une contestation reconnue judiciairement fondée relativement à la procédure d'exécution, le véhicule est donc appelé à être appréhendé (et transporté aux frais de la personne tenue de la remise).

C. Immobilisation en vue de la remise du véhicule à un créancier gagiste

232 *bis*. – Dans cette dernière hypothèse comme dans la précédente, un acte comportant des éléments d'*information* et une *injonction* doivent être signifiés à la personne tenue de la remise *huit jours au plus tard* après l'immobilisation.

Il est toutefois naturellement tenu compte du fait que la situation est différente de celle précédemment examinée. C'est qu'en effet, s'il s'agit encore pour le poursuivant de se faire remettre le véhicule[2], la remise de ce bien n'est pas l'objectif ultime de la procédure. Celle-ci tend à permettre au créancier de faire vendre le véhicule pour être payé sur le prix de vente.

En conséquence, l'acte considéré doit non seulement contenir les mentions prescrites lorsque le véhicule est immobilisé pour être remis à son propriétaire (*information* relative à l'immobilisation et au juge de l'exécution compétent pour connaître des éventuelles contes-

---

1. Une telle saisie peut être, par exemple, consécutive au prêt ou à la location du véhicule, lequel n'a pas été, par hypothèse, spontanément restitué le moment venu.

2. On retrouve ici l'hypothèse où le créancier est titulaire d'un droit de gage *sans dépossession du débiteur* : le poursuivant est, par exemple, un organisme de crédit qui a prêté des fonds pour l'achat du véhicule et qui, en cas de défaillance du débiteur dans le remboursement du prêt, entend *d'abord* se faire remettre ou appréhender le bien pour l'exercice de son droit de gage.

tations, *injonction* tendant à la remise « volontaire »...) (*supra*, n° 231), mais *également*, toujours à peine de nullité (art. 177, Décr.) :

– d'une part, un *décompte* distinct des *sommes réclamées* en principal, frais et intérêts, ainsi que l'indication du *taux des intérêts;*

– d'autre part, l'*avertissement,* en caractères *très apparents,* que le destinataire de l'acte dispose d'un délai d'*un mois* pour procéder à la *vente amiable* du véhicule immobilisé, selon les conditions prévues pour la saisie-vente (*supra,* n°s 170 et s.) et que, passé ce délai, il pourra être procédé à la vente aux *enchères publiques*.

Dès lors qu'il est remis au créancier gagiste (que la remise soit volontaire ou consécutive à l'appréhension du bien), le véhicule est placé sous la *garde* de ce créancier.

À défaut de vente amiable, il y a lieu de procéder à la *vente forcée* aux enchères publiques, selon les règles prévues dans le cadre de la saisie-vente (*supra*, n°s 174 et s.), les dispositions relatives aux incidents de cette saisie (*supra*, n°s 179 et s.) étant, le cas échéant, applicables (art. 177, *in fine*, Décr.)[1].

1. Pour apprécier l'intérêt de ces dispositions, v. Perrot, *RTD civ.* 1994. 174.

Sous-titre II

Les saisies de créances de sommes d'argent

233. – Sous l'empire de l'ancien Code de procédure civile, la saisie de créances était connue sous la dénomination de *saisie-arrêt*, procédure permettant à un créancier (saisissant) de *bloquer* entre les mains d'un tiers (dit « tiers saisi ») les sommes[1] dues par ce dernier à son débiteur (saisi), pour se faire ultérieurement *attribuer* ces sommes jusqu'à concurrence du montant de sa créance. Comme les autres voies d'exécution, une telle procédure était (et demeure d'ailleurs)[2] justifiée par le *droit de gage* du créancier sur le patrimoine de son débiteur (art. 2284, C. civ.), étant entendu que ce patrimoine comprend non seulement des biens dont son titulaire a la possession, mais aussi d'autres éléments, comme les droits de créance (ces derniers biens – incorporels – pouvant, en application des règles générales, être appréhendés alors même qu'ils sont « détenus » par des tiers).

À la vérité, le droit antérieur à la réforme des voies d'exécution connaissait plusieurs saisies-arrêts : à côté d'une procédure de droit commun étaient en effet prévues des procédures spéciales. Les auteurs de la réforme ont entendu maintenir des procédures particulières pour des saisies relatives à certaines catégories de créances de sommes d'argent. Toutefois, ils ont substitué à la saisie-arrêt de droit commun (laquelle obéissait à des règles dont la complexité était volontiers dénoncée) une procédure de *saisie-attribution*. Cette dernière, à la différence de la saisie-arrêt, n'est pas divisée en une phase conservatoire (blocage entre les mains du tiers des sommes dues par ce dernier au débiteur saisi) et une phase d'exécution (attribution de ces sommes au créancier saisissant). Elle est exclusivement (et donc directement) une *mesure d'exécution*. Il s'agit donc d'une procédure plus énergique et efficace dont il convient cependant de souligner que – comme toute mesure d'exécution – elle est réservée aux créanciers qui disposent, dès son déclenchement, d'un *titre exécutoire* (condition qui n'était pas requise en matière de saisie-arrêt pendant la phase conservatoire de celle-ci).

234. – Constituant désormais la procédure de droit commun applicable à la saisie de créances de sommes d'argent, la **saisie-attribution** doit naturellement être examinée en premier lieu (Chapitre 1). Seront ensuite présentées les **procédures spéciales prévues pour des saisies relatives à certaines catégories de créances** (Chapitre 2).

---

1. À vrai dire, si la créance objet de la saisie-arrêt portait le plus souvent sur une somme d'argent, elle pouvait aussi, le cas échéant, avoir un autre objet : il pouvait s'agir d'une créance de remise ou restitution de meubles autres que des sommes d'argent (par exemple, du mobilier déposé dans un garde-meubles).

2. … au-delà des changements consécutifs à la réforme, dont il est question ci-dessous.

Chapitre 1

La saisie-attribution

235. – Cette saisie fait l'objet des articles 42 à 47-1 de la loi du 9 juillet 1991 et 55 à 79 du décret du 31 juillet 1992. Il s'agit d'une procédure qui permet en principe à tout créancier « muni d'un titre exécutoire constatant une créance liquide et exigible » de « saisir entre les mains d'un tiers les créances de son débiteur portant sur une somme d'argent » (art. 42, L.; v. ég. art. 55, Décr.).

Autrement dit, par l'utilisation de cette procédure, le saisissant, sur le fondement d'un droit de créance dont il est titulaire à l'encontre du *débiteur saisi,* pratique une mesure d'exécution entre les mains d'une personne appelée *tiers saisi,* débiteur de son propre débiteur : ne parvenant pas, par hypothèse, à recouvrer sa créance auprès de ce dernier, le créancier saisissant peut ainsi se faire payer sur ce qui est dû par une *autre personne* à son débiteur. La créance du saisissant (à l'égard du débiteur saisi) est la *cause* de la saisie. Celle du débiteur saisi à l'encontre du « tiers » est l'*objet* de la saisie.

Ainsi qu'il a été dit plus haut, la saisie-attribution a été substituée à la saisie-arrêt de droit commun par les auteurs de la réforme des voies d'exécution. Toutefois, *il ne s'agit pas d'un simple changement de dénomination.* L'actuelle procédure a été voulue plus rapide et efficace que la précédente.

Elle est plus *rapide* dans la mesure où est éliminé le recours systématique au juge. Sous l'empire des dispositions antérieures, la procédure comportait nécessairement une instance dite « en validité », car destinée à valider la créance cause de la saisie (il faut dire que la saisie-arrêt pouvait, le cas échéant, être pratiquée « sans titre »)[1]. Ce n'est pas le cas de la procédure de saisie-attribution : au demeurant, le problème de validation de ladite créance ne se pose plus dès lors que – comme on l'a souligné plus haut – la saisie-attribution est exclusivement (et donc directement) une *mesure d'exécution,* laquelle suppose nécessairement que le saisissant dispose d'un titre exécutoire.

L'actuelle procédure est en outre plus *efficace* que celle qui l'a précédée : la créance *objet* de la saisie est en effet *immédiatement* (c'est-à-dire dès l'acte de saisie) *attribuée* au saisissant, à concurrence du montant de sa créance (*cause* de la saisie). Alors même que – on le verra – le paiement est différé, le saisissant n'a donc pas à craindre le concours avec d'autres créanciers : la situation était sensiblement différente sous l'empire des textes antérieurs où il ne pouvait échapper à ce concours que moyennant le recours au juge (en vue d'obtenir le « cantonnement de la saisie-arrêt »)[2].

---

1. V. 2ᵉ éd. du présent ouvrage, nᵒ 113.
2. V. 2ᵉ éd. nᵒˢ 151 et s.

Ces remarques générales étant faites, il convient d'examiner successivement les **conditions** (Section I), la **procédure** (Section II) et les **incidents** (Section III) **de la saisie-attribution**[1], avant de rapprocher de cette mesure d'exécution la procédure fiscale d'**avis à tiers détenteur**, dans laquelle on peut voir au demeurant une procédure *particulière* de saisie-attribution (Section IV).

Section I
Les conditions de la saisie-attribution

236. – On distinguera entre les *conditions relatives aux personnes* « parties » à la saisie (§ 1) et celles concernant les *créances* (cause et objet de la procédure) (§ 2).

§ 1. Conditions relatives aux personnes

237. – Ces personnes sont au nombre de trois : le saisissant, le débiteur saisi et le tiers saisi.

Comme toute procédure d'exécution, la saisie-attribution suppose naturellement un saisissant (par hypothèse créancier) et un débiteur saisi. Il n'y a guère lieu, dans ce développement, d'insister sur les conditions relatives à ces personnes : il suffit de renvoyer, d'une part, à des développements antérieurs exposant les règles générales concernant les parties à la saisie (*supra,* n°s 34 et s.), d'autre part et s'agissant du rapport d'obligation qui les unit, aux précisions qui sont données plus loin à propos de la créance cause de la saisie (*infra,* n°s 242 et s.).

238. – Il importe en revanche d'insister à cette place sur l'existence d'un *tiers saisi,* personne entre les mains de laquelle la mesure d'exécution est pratiquée[2].

La terminologie utilisée mérite en effet d'être explicitée. Il faut remarquer que s'il est question de « tiers », c'est de prime abord en raison du fait qu'il n'y a pas à l'origine de lien de droit entre cette personne et le *saisissant.* Cependant, de même qu'il existe, par hypothèse, un tel lien entre le saisissant et le débiteur saisi, de même ce dernier et le tiers saisi sont unis par un rapport d'obligation : en effet – comme on l'a indiqué plus haut – le tiers saisi est lui-même débiteur... du débiteur saisi. Dans ces conditions, il peut paraître discutable de qualifier aussi de « tiers » *par rapport au débiteur saisi* la personne entre les mains de laquelle la mesure d'exécution est pratiquée.

Toutefois, cette dernière observation ne saurait conduire à oublier que, s'agissant de la procédure examinée, débiteur saisi et tiers saisi sont des personnes qui doivent être *totalement distinguées* : à la vérité, il est essentiel que le second soit également « tiers » par rapport au premier, une telle qualification empêchant en définitive que l'on puisse s'adresser indifféremment à l'un ou à l'autre.

---

1. Sur cette saisie, V. E. Putman, *Petites Affiches,* 6 janv. 1993, p. 67 et s., et *J.-Cl. proc. civ.,* Fasc. 10, 20 et 30; M. Santa-Croce, *Rev. jur. Ouest* 1993. 38 et s.; Ph. Théry, *Rev. trim. C. app. Versailles* 1993 (n° 27), p. 63 et s.; C. Lefort, *Rép. Dalloz Proc. civ.,* v° Saisie-attribution.

2. J.-C. Woog, « Le tiers saisi, Docteur Jekill ou Mister Hyde ? », *JCP Contrats – concurrence – consommation,* avr. 2002, p. 11.

Pour préciser davantage cette notion de « tiers », il convient sans doute – dès lors que l'on ne peut tirer d'information particulière des textes applicables à la saisie-attribution[1] – de se référer à des solutions antérieurement admises en matière de saisie-arrêt.

239. – Sur cette base, on peut affirmer que la qualification de « tiers saisi » vise celui qui *détient* des sommes dues au débiteur saisi *en vertu* d'un *pouvoir propre et indépendant*[2], même s'il les détient pour le compte d'autrui : un tel pouvoir appartient notamment au *dépositaire,* au *mandataire* (dont le pouvoir est conventionnel) ou au *représentant légal* d'une personne soumise à un régime de protection. Dans ces conditions, peuvent être, entre autres, tiers saisis les banquiers, notaires, séquestres, avocats, représentants légaux d'incapables mineurs ou majeurs (administrateurs légaux ou tuteurs), etc.

Au contraire, un *préposé* du débiteur saisi (par exemple son caissier) *ne détient pas en vertu d'un pouvoir indépendant,* en raison de sa subordination au commettant : il n'est donc pas un « tiers » (au sens ci-dessus précisé) par rapport à celui-ci[3].

240. – Si le tiers saisi doit être une personne fondamentalement distincte du débiteur saisi, il n'est pas nécessaire, en revanche, qu'il soit distinct du créancier saisissant. Telle est du moins la solution qui a été consacrée sous l'empire des anciens textes, la jurisprudence ayant admis, dès la fin du XIXe siècle[4], la « saisie-arrêt sur soi-même ». Il a été ainsi permis à un créancier de saisir *entre ses propres mains* des sommes dues par lui... au saisi, en se fondant sur la dette (réciproque) de celui-ci à son égard. Il semble que l'on doive aujourd'hui maintenir la possibilité de procéder de la sorte et admettre en conséquence la *saisie-attribution sur soi-même*[5].

C'est qu'en effet une telle possibilité est utile dans l'hypothèse où les conditions de la compensation légale entre les deux dettes réciproques ne sont pas (encore) remplies (la dette du *tiers saisi* peut ne pas être liquide ou exigible)[6]. Elle permet au saisissant

---

1. À vrai dire, on a pu estimer que le contenu de ces textes était suffisant : v. Perrot et Théry, *Procédures civiles d'exécution*, n° 354, p. 374. Cpr, *op. cit.*, 2e éd., n° 358.

2. V. cep., sur les réserves que cette formule peut susciter, Perrot et Théry, *op. cit.*, 2e éd., n° 358, p. 358.

3. En matière de liquidation judiciaire, le liquidateur ne détient pas en son nom personnel, mais en qualité d'organe de la procédure, les sommes appartenant au débiteur qui lui sont remises : Com. 3 févr. 1998, *Bull. civ.* IV, n° 51, *D.* 1998. IR. 62 (la saisie ne peut donc être pratiquée contre lui pris personnellement). – Cpr Paris, 29 oct. 1998, *D.* 1998. IR. 264 : le liquidateur judiciaire, à la fois représentant legal du débiteur totalement dessaisi et dépositaire de fonds dans le cadre de sa mission, peut être tiers saisi. V. La consécration de cette dernière solution par Civ. 2e, 3 avr. 2001, *Rev. huissiers* 2001. 320, obs. Putman. – V. par ailleurs, s'agissant de saisie sur des fonds déposés par un avocat, au nom de son client, à la CARPA (Caisse des règlements pécuniaires des avocats), Civ. 2e, 9 janv. 2003, *D.* 2003. 314, *Rev. huissiers* 2003. 251, obs. Putman, *D.* 2004. 1495, obs. Taormina, *D.* 2004. 2825, obs. Blanchard (la CARPA, et non l'avocat, a la qualité de tiers saisi). V. aussi, à propos de notaires exerçant en SCP, Civ. 2e, 21 oct. 2004, *D.* 2004. 2974 : le tiers tenu de déclarer (*infra*, n° 264) est la SCP.

4. V. l'arrêt de principe : Req. 27 juill. 1891, *DP* 92. 1. 430, *S.* 1892. 1. 225, note Labbé. – v., quant à la nécessité de *notifier* une telle saisie, *infra,* note sous n° 255.

5. V. en ce sens, Vincent et Prévault, *op. cit.*, 19e éd., n° 142. On notera cependant que doit être exclue toute « saisie sur soi-même » qui serait postérieure à une saisie-attribution. Cette solution est imposée par l'effet immédiat de celle-ci : v. TGI Nice (J. ex.), 16 juin 1993, *D.* 1994. J. 53, note R. Martin.

6. C'est qu'en effet, si les conditions de liquidité et d'exigibilité sont requises quant à la créance *cause* de la saisie-attribution, elles ne le sont pas en ce qui concerne la créance *objet* de cette mesure d'exécution (*infra,* n° 247). Dès lors, affirmer que la « saisie sur soi-même » ne saurait être désormais pratiquée que sous la forme d'une saisie conservatoire de créance, et non être une saisie-attribution (v. en ce sens Donnier, *Voies d'exécution...*, 7e éd., nos 892 et 893. Cpr toutefois 8e éd., n° 901) ne paraît pas vraiment justifié. S'il est certain que la « saisie-attribution sur soi-même » a moins d'occasions de s'appliquer que n'en avait la saisie-arrêt correspondante, elle n'est pas pour autant « impossible », et ses effets énergiques (attribution *immédiate* de la créance saisie, même non liquide ou exigible) sont particulièrement intéressants pour le saisissant (v. à ce propos Miguet, *J.-Cl. pr. civ.*, Fasc. 2240, nos 72 et s.; Perrot et Théry, 2e éd., n° 359). V. cep., reconnaissant à la saisie-attribution sur soi-même une fonction de conservation du droit à la compensation légale, Civ. 2e, 16 déc. 2004, *Rev. huissiers* 2005. 175, obs. Putman.

(qui, dans l'hypothèse examinée, est en même temps tiers saisi) de se prémunir contre l'insolvabilité du débiteur saisi : il sera payé par le jeu de la compensation lorsque les conditions de celle-ci seront remplies.

§ 2. CONDITIONS RELATIVES AUX CRÉANCES

241. – Deux créances doivent être prises en considération : la première est celle du saisissant à l'égard du saisi, c'est-à-dire la créance qui constitue la *cause* de la mesure d'exécution (A); la deuxième est celle du débiteur saisi à l'égard du tiers saisi, sur laquelle est pratiquée la mesure : il s'agit de la créance *objet* de la saisie (B).

A. La créance cause de la saisie

242. – La saisie-attribution est ouverte à tout « créancier muni d'un *titre exécutoire* constatant une créance *liquide* et *exigible* » (art. 42, L. 9 juill. 1991, et art. 55, Décr. 31 juill. 1992).

a) Nécessité d'un titre exécutoire constatant la créance

243. – Dès lors que la saisie-attribution est directement une mesure d'exécution, il ne peut plus être question d'admettre la possibilité d'une saisie sans titre. Aussi bien les textes susvisés imposent-ils que la créance cause de la procédure d'exécution examinée soit *constatée* dans un titre exécutoire[1]. Il est entendu qu'en application des règles générales celui-ci peut n'être exécutoire qu'à titre *provisoire,* l'exécution étant alors poursuivie aux risques du saisissant (art. 31, L.)[2].

b) Caractères de la créance

244. – Eu égard à la possibilité – qui vient d'être rappelée – de pratiquer une saisie-attribution en vertu d'un titre exécutoire à titre provisoire, la condition de *certitude* de la créance n'est pas directement affirmée dans les nouveaux textes applicables à cette procédure (pas plus qu'elle ne l'est pour les saisies en général). C'est qu'en effet, la solution retenue ne permet pas de dire que la créance cause de la saisie doit être *absolument* certaine. La condition de « certitude » ne doit cependant pas être pour autant totalement écartée, mais il s'agit alors d'une certitude *relative,* prenant appui sur la force exécutoire

---

1. Encore faut-il évidemment que ce titre exécutoire soit valable. Ce n'est pas le cas, par exemple, lorsque le titre est une reconnaissance de dette notariée souscrite en « période suspecte » : Com. 1er oct. 2002, *Bull. civ.* IV, n° 134, *D.* 2002. 2869, note Lienhard, *RTD civ.* 2003. 146, obs. Perrot.

2. Pour la compatibilité de la solution avec la Convention européenne des droits de l'homme, on rappelle Civ. 2e, 10 févr. 2005, *Rev. huissiers* 2005. 295, obs. Lefort, *RTD civ.* 2005. 455, obs. Perrot. – Sur la question du « sort » d'une saisie-attribution pratiquée en vertu d'une ordonnance d'injonction de payer exécutoire, mais ensuite frappée d'opposition, v. Perrot, *RTD civ.* 1996. 714 (à propos d'un avis de la Cour de cassation du 8 mars 1996, *D.* 1996. IR. 102). V., sur les *conditions* de la force exécutoire d'un arrêt qui infirme une décision antérieurement exécutée, Perrot, obs. *RTD civ.* 2001. 211, à propos d'Orléans, 16 nov. 2000, *JCP* 2001. II. 10448, note Rémery, *Rev. huissiers* 2001. 116, obs. Desdevises, qui avait décidé qu'un tel arrêt « ne constitue pas par lui-même un titre exécutoire… dès lors que son dispositif ne porte aucune condamnation » à restitution. À la vérité, cette solution a été condamnée par Civ. 3e, 19 févr. 2002 qui a souligné que « l'obligation de restitution résultait *de plein droit* de la réformation de la décision de première instance » (sur cet arrêt, v. Perrot, *RTD civ.* 2002. 359). – V. ég., pour des références relatives aux difficultés soulevées par la notion de décision ouvrant droit à restitution, note 3 *in fine* sous n° 82.

du titre en vertu duquel la mesure est pratiquée. Comme on l'a opportunément relevé, la créance doit être certaine (tout au moins provisoirement !) « au jour de la saisie » (v. formule, art. 55, Décr.)[1].

245. – À la différence de celle relative à la certitude de la créance, les conditions de liquidité et d'exigibilité sont expressément mentionnées dans les textes.

En ce qui concerne la *liquidité* de la créance cause de la saisie, il suffit de renvoyer aux règles générales (*supra,* n°s 78 et s.).

À propos de l'*exigibilité* de ladite créance, on soulignera que la condition devant être remplie à la date de la saisie, il en résulte que (sauf hypothèse de déchéance du terme) une créance à exécution successive (comme une créance de loyers) ne peut motiver la mesure d'exécution que pour les termes *échus* impayés à la date de l'acte de saisie. La solution s'oppose – on le verra – à celle retenue quant à la créance objet de la saisie-attribution, dont il est question ci-dessous.

B. La créance objet de la saisie

246. – Il convient de distinguer entre des règles générales et des dispositions propres à la saisie-attribution pratiquée sur des comptes bancaires.

a) Règles générales

247. – On rappelle que la créance examinée est celle du débiteur saisi à l'égard du tiers saisi, donc celle sur laquelle porte la mesure d'exécution.

Il y a lieu de remarquer que la saisie-attribution ne peut avoir pour objet que des créances de *sommes d'argent*[2], étant précisé que celles-ci ne peuvent pas être des créances de rémunérations du travail (art. 42, L., et art. 55, Décr.), dont la saisie obéit à des règles spécifiques (*infra*, n°s 280 et s.).

Cela étant, s'il est évidemment nécessaire que la créance objet de la saisie soit saisissable[3], les autres conditions relatives à cette créance sont peu contraignantes. On ne retrouve ici ni l'exigence d'un titre exécutoire, ni les conditions relatives à la liquidité et l'exigibilité[4]. Il suffit que l'obligation du tiers saisi *existe* au jour de l'acte de saisie[5]. Sous l'empire des anciens textes (applicables à la saisie-arrêt), il était affirmé que la créance devait exister au moins « en germe ». La Cour de cassation ne semble plus se contenter aujourd'hui d'une telle affirmation[6], sans doute en raison du risque de confusion avec la

---

1. E. Putman, « La saisie-attribution », *Petites Affiches,* 6 janv. 1993, p. 67 et s. (spéc. p. 68).

2. … à la différence de la saisie-arrêt, à laquelle elle a succédé, et qui était utilisée pour saisir des parts sociales ou des valeurs mobilières (v. 2e éd. de cet ouvrage, n°s 181 et 182). V. actuellement, pour de telles saisies, *infra*, n°s 329 et s.

3. Il faut également qu'elle soit « disponible ». V. sur l'indisponibilité résultant de l'application du droit des successions, Civ. 2e, 18 oct. 2001, *D.* 2001. 3254. V. par ailleurs, dans l'hypothèse de délégation, Civ. 1re, 14 févr. 2006, *Rev. huissiers* 2006. 228, obs. Putman : la saisie-attribution effectuée entre les mains du délégué par le créancier du délégant ne peut avoir pour effet de priver le délégataire, dès son acceptation, de son droit exclusif à un paiement immédiat par le délégué, sans concours avec le saisissant.

4. Une créance *à terme* peut ainsi faire l'objet d'une saisie (art. 13, al. 2, L. 9 juill. 1991).

5. V. l'utilisation de l'expression par Civ. 2e, 28 mai 2003, *Rev. huissiers* 2003. 371, obs. Putman (dans le cadre d'une saisie de comptes : sur cette saisie, *infra*, n°s 248 et s. et 274 et s.).

6. V. Civ. 2e, 25 mars 1998, *Bull. civ.* II, n° 109, qui ne se satisfait pas de l'affirmation d'une créance « en germe », soulignant que la créance doit être *certaine* et *disponible* à la *date de la saisie*. V. toutefois, dans le sens que l'indisponibilité de la créance ne fait pas obstacle à la saisie… mais empêche l'attribution immédiate, Civ. 2e, 14 oct. 1999, *RTD civ.* 2000. 169, obs. Perrot.

créance éventuelle, laquelle ne peut faire l'objet d'une saisie[1]. Il n'en demeure pas moins que l'une des solutions antérieures qui était habituellement rattachée à l'idée de créance « en germe » a été consacrée dans les dispositions actuellement applicables dans la mesure où est admise la saisie de créances *conditionnelles* (art. 13, al. 2, L. 9 juill. 1991)[2]. Dans le même esprit, on constatera qu'est parallèlement admise la saisie-attribution de créances *à exécution successive,* sans qu'il soit nécessaire de renouveler l'acte de saisie à chaque échéance (art. 69 à 72, Décr.) (V. *infra,* n° 273).

b) Règles propres à la saisie-attribution pratiquée sur des comptes bancaires[3]

248. – Par souci de simplification, il est ici question de comptes « bancaires », mais les textes (art. 47, L. 9 juill. 1991 et art. 73 à 79, Décr. 31 juill. 1992) visent plus largement des comptes ouverts auprès d'*établissements habilités par la loi à tenir des comptes de dépôt.* Les établissements visés sont donc non seulement les banques proprement dites, mais également d'autres organismes, notamment les caisses d'épargne, légalement aptes aussi à tenir des comptes de dépôt[4].

Cette dernière formule ne doit toutefois pas conduire à limiter le domaine d'application de la saisie-attribution aux seuls comptes de dépôt strictement entendus. Les établissements considérés, habilités à cet égard, sont susceptibles de tenir d'autres comptes, lesquels peuvent également être saisis en application des règles propres à la matière examinée. Il faut simplement prendre en considération le fait que la saisie-attribution ne peut porter que sur des créances de *sommes d'argent* : seuls les comptes enregistrant de telles créances peuvent donc faire l'objet de la procédure en question.

Dans ces conditions, la saisie-attribution peut porter sur tout compte d'espèces, qu'il s'agisse d'un compte de dépôt (rémunéré ou non) ou d'autres comptes comme un compte courant par exemple[5].

Elle ne saurait, au contraire, avoir pour objet un compte de titres, pour la saisie duquel des règles spécifiques ont été au demeurant édictées (*infra,* n°s 329 et s.).

249. – L'établissement « bancaire » (au sens large), par hypothèse tiers saisi, étant tenu de déclarer (en conséquence de la procédure d'exécution menée à l'encontre de l'un de ses clients) le *solde* du ou des comptes du débiteur *au jour de la saisie* (art. 47,

---

1. Civ. 2e, 11 mai 2000, *Bull. civ.* II, n° 77, *D.* 2001. 1138, obs. Delebecque. – V. par ailleurs, pour le refus de la saisie-attribution portant sur un droit de créance dépendant de l'utilisation, par le souscripteur d'une assurance-vie, de la faculté dont il bénéficiait quant au rachat dudit contrat, Civ. 1re, 28 avr. 1998, *Bull. civ.* I, n° 153, *D.* 1998. IR. 141 (à propos de la procédure d'avis à tiers détenteur : sur cette procédure, *infra,* n°s 278 *bis* et s.). V. ég. Paris, 24 sept. 1998, *D.* 1998. IR. 234. V., s'agissant à nouveau d'avis à tiers détenteur, Com. 13 mars 2001, *Rev. huissiers* 2001. 250, obs. Bourdillat : V. encore, Civ. 1re, 2 juill. 2002, *D.* 2002. 2452.

2. Pour le rappel de la possibilité de saisir des créances conditionnelles ou à terme, v. Paris, 27 avr. 2000, *D.* 2000. IR. 159.

3. Sur cette matière, V. C. Mouly, *RTD civ.* 1993 (n° spéc.), p. 65 et s.; H. François-Marsal, *Petites Affiches,* 6 janv. 1993, p. 74 et s.; H. Croze, *Petites Affiches,* 6 janv. 1993, p. 70 et s.; O. Salati, *Rev. huissiers* 2002. 203.

4. Encore faut-il que cette condition soit remplie. Une société d'affacturage ne constitue pas un établissement habilité par la loi à tenir des comptes de dépôt, et les obligations prescrites par l'article 47 susvisé ne lui sont pas applicables : Civ. 2e, 5 avr. 2007, *D.* 2007. 1278, *Rev. huissiers* 2007. 283, obs. Lefort.

5. Sur les difficultés qu'avait pu susciter autrefois la saisie d'un compte courant, v. 2e éd. de cet ouvrage, n° 180. – Soulignant que l'ouverture de crédit en compte courant, à concurrence de sa fraction non utilisée, ne constitue qu'une promesse de prêt, Civ. 2e, 18 nov. 2004 (*D.* 2005. 213, *Rev. huissiers* 2005. 109, obs. Bourdillat, *D.* 2005. 1604, obs. Taormina) en déduit que la fraction inutilisée de l'ouverture de crédit n'est pas saisissable. V. O. Cuperlier, « Réflexions critiques sur l'insaisissabilité d'une ouverture de crédit », *RTD civ.* 2007. 485.

al. 1er, L., et *infra,* nº 274)[1], les sommes inscrites à cette date et ainsi déclarées constituent donc *en principe*[2] la (ou les) créance(s) objet de la saisie.

À la vérité, cette affirmation ne vaut que sous réserve de certaines précisions.

Tout d'abord, pour que l'on puisse parler de « créance » objet de la saisie, encore faut-il que le solde considéré soit… créditeur : cela doit être normalement le cas pour un compte de dépôt, mais il peut parfois en aller autrement, spécialement dans l'hypothèse de compte courant.

Ensuite, si l'on dit que la totalité du « solde » ci-dessus visé fait l'objet de la saisie, c'est en ce sens que les sommes qui le constituent sont rendues indisponibles (*infra,* nº 251). Sans doute est-il question dans les textes de « solde saisi-attribué » (v. art. 47, al. 4, L.), mais il ne faut pas se méprendre sur la portée de la formule : les sommes qu'exprime le solde ne peuvent normalement être « attribuées » au saisissant que jusqu'à concurrence du montant de la créance de ce dernier (créance *cause* de la saisie). Autrement dit, si elles excèdent ce montant, l'excèdent sera sans doute également indisponible en conséquence de la saisie, mais il échappera *a priori* à l'attribution proprement dite.

250. – Il faut toutefois prendre en considération le fait que le « solde » existant au jour de la saisie peut être affecté[3] par la régularisation postérieure d'*opérations en cours* dès lors qu'il est prouvé que la date de celles-ci est antérieure à l'acte de saisie. Encore faut-il que la régularisation intervienne dans les délais – assez brefs – prévus par la loi (art. 47, al. 2 et 3).

C'est ainsi que dans le *délai de quinze jours ouvrables* qui suit la saisie-attribution, le solde (qui avait été déclaré) peut être affecté par les opérations suivantes :

« … ***Au crédit :***

– les remises faites antérieurement, en vue de leur encaissement, de *chèques* ou d'*effets de commerce,* non encore portées aux comptes[4];

… ***Au débit :***

– l'imputation des *chèques* remis à l'encaissement[5] ou portés au crédit du compte antérieurement à la saisie et revenus *impayés*;

– les *retraits par billeterie* effectués antérieurement à la saisie et les *paiements par carte,* dès lors que leurs bénéficiaires ont été effectivement crédités antérieurement à la saisie (art. 47, al. 2, L.). »

Par *dérogation* aux règles ci-dessus énoncées, « les *effets de commerce* remis à l'escompte et non payés à leur présentation ou à leur échéance lorsqu'elle est postérieure à la saisie

---

1. Sur la question, v. Perrot, *RTD civ.* 1994. 687. Sur la portée de l'obligation, laquelle ne peut être écartée sur le fondement du secret bancaire, v. Civ. 2e, 1er juill. 1999, *D.* 1999. IR. 210. V. ég. *infra,* nº 274.

2. Il convient de tenir compte non seulement des précisions ci-après, mais également de celles données avec l'examen de la procédure proprement dite (*infra,* nos 274 et s.).

3. « … à l'avantage ou au préjudice du saisissant… », est-il précisé à l'article 47, alinéa 2, de la loi de 1991, encore que cette formule puisse paraître contredite par l'alinéa 4 du même article (*infra,* nº 251), d'où des interprétations divergentes ! Pour une lecture faisant prévaloir l'al. 4, v. Donnier, *op. cit.*, 8e éd., nº 1043. Pour une interprétation donnant toute sa portée à l'al. 2, v. Perrot et Théry, *op. cit.*, 2e éd., nº 430. Il est permis de préférer cette seconde interprétation, sans adhérer nécessairement à la lecture extensive défendue par les auteurs au nº 431.

4. V., pour l'extension de la solution à un « virement en cours », Civ. 2e, 28 mai 2003, *D.* 2003. 1605, *D.* 2004. 1490, obs. Taormina.

5. Cette formule vise les chèques *tirés par le saisi* sur son compte et remis à l'encaissement (c'est-à-dire présentés à la chambre de compensation) *avant* la saisie. V. à ce propos, C. Lefort, *Rép. Dalloz Pr. civ.,* V° Saisie-attribution, éd. 2007, nº 314.

peuvent être *contrepassés* dans le *délai d'un mois* qui suit la saisie-attribution » (art. 47, al. 3, L.).

251. – On notera que le solde qui a fait l'objet de la saisie-attribution « n'est affecté par ces éventuelles opérations de débit ou de crédit que dans la mesure où leur résultat cumulé est négatif *et* supérieur aux sommes non frappées par la saisie au jour de leur règlement » (art. 47, al. 4, L.). Autrement dit, si le résultat cumulé des « opérations en cours » se traduit par un débit, celui-ci devra être imputé par préférence sur la partie des sommes qui, dans le solde au jour de la saisie, excédaient le montant de la créance du saisissant (sommes dont il a été dit qu'elles avaient échappé à l'attribution *initiale* proprement dite... mais avaient tout de même été rendues indisponibles par la saisie).

Il importe enfin de souligner qu'en cas de diminution des sommes rendues indisponibles, l'établissement « bancaire » doit fournir un relevé de toutes les opérations qui ont affecté les comptes depuis le jour de la saisie inclusivement (art. 47, al. 5, L.)[1].

Section II
La procédure de la saisie-attribution

252. – Avec les auteurs du décret du 31 juillet 1992, on distinguera entre les *règles générales* applicables en la matière (Sous-section I) et des *règles spécifiques*, ces dernières prenant en compte le particularisme de l'objet de certaines saisie-attribution (Sous-section II).

Sous-section I
Règles générales

253. – Bien que la procédure de la saisie-attribution soit plus simple que celle de la saisie-arrêt (à laquelle elle a succédé), elle évoque, comme cette dernière, une « pièce à trois rôles, faite surtout de dialogues », le saisissant, « toujours en scène », ayant « successivement comme interlocuteurs le tiers saisi, le saisi, puis de nouveau le tiers saisi »[2].

Toujours est-il que l'on peut ainsi distinguer entre trois phases procédurales : la première est celle de la *saisie proprement dite* (§ 1); la deuxième est celle de la *dénonciation* de la mesure d'exécution au débiteur saisi (§ 2); la troisième permet au saisissant d'être *payé* (§ 3).

---

1. Ce relevé est communiqué par lettre recommandée avec demande d'avis de réception au créancier saisissant au plus tard huit jours après l'expiration du délai de contre-passation (c'est-à-dire du délai d'un mois suivant la saisie-attribution) (art. 79, Décr. 31 juill. 1992); v. Montpellier, 23 avr. 2001, *Rev. huissiers* 2001. 325, obs. Bourdillat : le tiers saisi qui omet d'adresser ce relevé commet une faute, mais celle-ci relève du régime de la responsabilité civile de droit commun; dès lors le saisissant qui ne justifie pas d'un préjudice ne peut prétendre à indemnisation. Sur la question, v. ég. Perrot, *RTD civ.* 2004. 560 (à propos de Civ. 2e, 6 mai 2004, *Bull. civ.* II, no 218).

2. Pour cette présentation imagée, faite à propos de la saisie-arrêt, v. Joly, *Procédure civile et voies d'exécution*, T. II, no 359. – V. s'agissant spécialement du tiers saisi, « héros malgré lui » de cette « pièce », Dymant, « De la saisie-attribution et du tiers saisi : "ne dites pas à ma mère que je suis saisi, elle me croit à l'abri des tracas" », *Gaz. Pal.* 5-6 nov. 1999, *D.* p. 2 à 18. – V. par ailleurs, Woog, « Le tiers saisi, Docteur Jekyll ou Mister Hyde », *JCP Contrats, conc., consom.* 2002, chron. 11.

§ 1. PHASE DE SAISIE PROPREMENT DITE

254. – On examinera d'abord l'*acte de saisie* (A), puis la *déclaration* que le tiers saisi est tenu de faire en raison de cet acte (B).

A. L'acte de saisie

254 *bis*. – Les *formes* et les *effets* de cet acte doivent être successivement présentés.

a) Formes de l'acte

255. – « Le créancier procède à la saisie par *acte* d'huissier de justice *signifié au tiers* » (art. 56, al. 1, Décr. 31 juill. 1992)[1].

Cet acte doit contenir, à peine de nullité, un certain nombre de mentions, à savoir (art. 56, al. 2, Décr.) :

– des éléments d'*identification* du débiteur saisi (nom et domicile ou, s'il s'agit d'une personne morale, dénomination et siège social);

– l'énoncé du *titre exécutoire* en vertu duquel la saisie est pratiquée[2];

– des précisions relatives aux *sommes réclamées* (décompte distinct de ces sommes en principal, frais et intérêts échus, majorées d'une provision pour les intérêts à échoir dans le délai d'un mois prévu pour élever une contestation)[3];

– l'indication que le tiers saisi est *personnellement tenu* envers le créancier saisissant et qu'il lui est fait *défense de disposer* des sommes réclamées dans la limite de ce qu'il doit au débiteur;

– la reproduction de dispositions relative à l'effet *d'attribution immédiate* de la créance saisie au saisissant, à l'obligation de déclaration du tiers saisi et sa sanction (*infra,* n°s 264 et s.) ainsi qu'aux conditions de contestation de la saisie.

Il faut en outre tenir compte du fait que le tiers saisi est appelé, en conséquence de l'obligation de déclaration ci-dessus mentionnée, à fournir certains renseignements et éléments justificatifs à l'huissier, ce dont il est fait mention dans l'acte de saisie (art. 59, al. 2, Décr.).

Il est enfin prévu que cet acte indique l'*heure* à laquelle il a été signifié (art. 56, *in fine,* Décr.)[4].

---

1. Une véritable *signification* est indispensable pour conférer au tiers la qualité de tiers saisi (une simple présentation du procès-verbal de saisie à une banque ne suffit pas) : Limoges, 28 sept. 2000, *D.* 2000. IR. 264, *Rev. huissiers* 2001. 126, obs. Putman. – Par analogie avec ce qui a été décidé dans le cadre de la saisie-arrêt (Civ. 2e, 22 mars 1982, *Bull. civ.* II, n° 51, p. 35, *RTD civ.* 1982. 791, obs. Perrot), la signification d'un tel acte doit être requise même en cas de saisie-attribution « sur soi-même ». – S'agissant du lieu de la signification de l'acte de saisie dans l'hypothèse où le tiers saisi est une banque, on peut déduire de Civ. 2e, 7 nov. 2002, *D.* 2002. 3246, *D.* 2003. 1474, obs. Taormina, que ce lieu *n'est pas nécessairement* celui du siège social (l'arrêt est relatif à une saisie conservatoire, mais la solution intéresse aussi la saisie-attribution).

2. L'énoncé du titre suffit : en effet, le titre lui-même n'a pas à être signifié au tiers saisi, l'article 502 du NCPC ne concernant que les parties au litige : Civ. 2e, 19 sept. 2002, *D.* 2002. 2718.

3. Pour l'interprétation stricte de cette exigence, v. Civ. 19 sept. 2002, préc.

4. Cette indication a son importance : songeons à l'application des règles relatives à l'imputation des « opérations en cours » dans le cas de saisie de comptes bancaires (*supra,* n° 250), lorsque l'une de ces opérations est un *retrait par billeterie*, ou encore au problème consécutif à un paiement par le tiers saisi le jour même de la saisie.

b) Effets de la signification de l'acte

256. – Il est un effet sur lequel on n'insistera guère, encore qu'il soit loin d'être négligeable : il s'agit de l'*effet interruptif de la prescription* extinctive de la créance objet de la saisie (autrement dit de la dette du tiers à l'égard du saisi) (application de l'art. 2244, C. civ. et de l'art. 29, al. 3, L. 9 juill. 1991).

Il convient d'insister davantage sur les *effets essentiels* de la signification faite au tiers saisi.

Comme son appellation l'indique, la saisie examinée emporte *attribution* de la créance qui en fait l'objet. Une telle attribution est *immédiate* (1°), ce qui n'implique pas que le paiement le soit également : en principe, le tiers saisi ne peut pas encore payer le saisissant, étant entendu par ailleurs qu'il ne peut plus payer le saisi sur les sommes frappées par la mesure et que, d'une manière générale, la « créance saisie » est indisponible (2°).

1° Attribution immédiate de la créance saisie

257. – « L'acte de saisie emporte, à concurrence des sommes pour lesquelles elle est pratiquée, *attribution immédiate* au profit du saisissant de la créance saisie *disponible*[1] entre les mains du tiers saisi ainsi que de tous ses accessoires. Il rend le tiers *personnellement débiteur* des causes de la saisie dans la limite de son obligation » (art. 43, al. 1, L. 9 juill. 1991).

Deux remarques doivent être faites.

Tout d'abord, l'attribution consécutive à l'acte de saisie ne s'effectue qu'à *concurrence des sommes pour lesquelles la mesure est pratiquée*. Autrement dit, la créance objet de la saisie n'est totalement attribuée que si son montant est inférieur *ou tout au plus égal* à celui de la créance cause de la saisie. Si son montant est supérieur à celui des sommes pour lesquelles la saisie est pratiquée, seule une partie de la créance objet de la mesure (partie correspondant au montant desdites sommes, c'est-à-dire de la créance cause de la saisie) sera attribuée. C'est en tenant compte de cette précision qu'il faut comprendre les notions de « créance saisie » ou de « sommes saisies » utilisées dans ces développements.

Ensuite, il importe de souligner que l'attribution de la « créance saisie » est *immédiate* : l'effet attributif se produit dès l'acte de saisie, c'est-à-dire dès la signification faite au tiers saisi[2].

258. – L'intérêt que présente pour le créancier saisissant le caractère immédiat de l'attribution est évident : celui-ci n'a plus à craindre le concours avec d'autres créanciers puisque, à compter de l'acte de saisie, la créance saisie *sort* du patrimoine de son débiteur pour *entrer* dans le sien[3].

---

1. Même si une saisie-attribution est concevable sur une créance indisponible, l'effet *attributif* ne se produit que si la créance est disponible : Civ. 2e, 14 oct. 1999, *D.* 2000. J. 750, note Ph. Soustelle, *RTD civ.* 2000. 169, obs. Perrot.

2. Dès lors, s'agissant des sommes saisies, il ne peut plus être question d'accorder un délai de grâce au débiteur : Civ. 2e, 4 oct. 2001, *D.* 2001. 3022, *Rev. huissiers* 2002. 50, obs. Putman. – La caducité ultérieure du titre exécutoire ne peut priver la saisie de son efficacité pour la période antérieure : Civ. 2e, 11 juin 2008, *D.* 2009. 1175 (2e col.) obs. Leborgne.

3. Cela étant, il ne faut pas trop déduire du caractère immédiat de l'attribution car – on le verra – si la créance est attribuée dès l'acte de saisie, le *paiement* est *différé* (*infra,* n° 269). Dès lors, dans l'hypothèse de saisie pratiquée sur le fondement d'un titre exécutoire par provision, l'arrêt de l'exécution provisoire peut être demandé jusqu'à ce que le paiement puisse être exigé : Civ. 2e, 23 oct. 1996, *RTD civ.* 1997. 517, obs. Perrot (cet auteur s'interrogeant en outre sur les conséquences d'une exécution provisoire effectivement arrêtée). – V., par ailleurs, sur la portée du « privilège » du premier saisissant, Putman, *Justices* 1997, n° 5, p. 335.

Il est au demeurant précisé par la loi que la « signification ultérieure d'*autres saisies* ou de toute autre mesure de prélèvement, *même émanant de créanciers privilégiés*[1], *ainsi que la survenance d'un jugement portant ouverture d'un redressement* ou d'une *liquidation judiciaire, ne remettent pas en cause cette attribution* » (art. 43, al. 2, L.)[2].

Dans ces conditions, le créancier saisissant est particulièrement bien protégé. Il ne subit pas les conséquences de saisie-attribution qui seraient pratiquées par d'autres créanciers du saisi entre les mains du tiers, dès lors qu'il a fait procéder à la sienne avant eux (et qu'il est donc « premier saisissant »).

De même, le législateur de 1991 a entendu que le créancier saisissant ne subisse pas les conséquences d'une procédure collective qui serait ouverte contre son débiteur après la saisie-attribution. À la vérité, si la règle énergique posée à ce propos à l'article 43, alinéa 2, précité, demeure, elle a tout de même été altérée par la loi du 26 juillet 2005 relative à la sauvegarde des entreprises. En effet, en vertu de l'article L. 632-2, alinéa 2, du Code de commerce, consécutif à cette loi, une saisie-attribution *peut* être *annulée* lorsqu'elle a été pratiquée « par un créancier à compter de la date de cessation des paiements et en connaissance de celle-ci ». Il est donc possible de faire annuler une saisie-attribution antérieure au jugement d'ouverture de la procédure collective si la mesure d'exécution a été pratiquée pendant la période dite « suspecte »[3]. La sanction édictée est une nullité *facultative* dont le prononcé suppose qu'il soit établi que le créancier saisissant *avait connaissance* de la *cessation des paiements* au moment de la saisie-attribution[4].

259. – Cela étant, s'agissant de l'hypothèse de pluralité de saisie-attribution qui – comme on l'a vu – est également visée à l'article 43, alinéa 2, de la loi du 9 juillet 1991, les alinéas suivants de ce même article contiennent des précisions qui méritent d'être mentionnées.

C'est ainsi que « les actes de saisie signifiés *au cours de la même journée* entre les mains du même tiers sont réputés faits simultanément », de telle sorte que si « les sommes disponibles ne permettent pas de désintéresser la totalité des créanciers ainsi saisissants, ceux-ci viennent en concours » (art. 43, al. 3, L.)[5].

Par ailleurs, il va de soi que les saisissants ultérieurs ne subissent les conséquences de l'attribution dont bénéficie normalement le premier saisissant que dans la mesure où la procédure menée par celui-ci est engagée et poursuivie régulièrement : autrement dit, si la saisie-attribution par lui pratiquée « se trouve privée d'effet, les saisies et prélèvements ultérieurs prennent effet à leur date » (art. 43, al. 4, L.)[6].

---

1. La règle peut donc même être opposée à l'Administration fiscale.

2. Théry, « L'incidence d'une procédure collective sur les procédures civiles d'exécution », *Rev. huissiers* 2002. 140 et s. (spéc. n°s 12 et s.). Sur le particulier intérêt de la règle de l'art. 43, al. 2, en cas de saisie de créances à exécution successive, v. *infra*, note sous n° 273. Il importe de souligner que si le créancier saisissant est protégé en cas de procédure collective contre le débiteur saisi, il en va différemment lorsqu'une telle procédure est dirigée contre le tiers saisi : v. Com. 11 juin 2002, *D.* 2002. 2256, *Rev. huissiers* 2002. 372, obs. Putman.

3. L. Lauvergnat, « L'annulation de la saisie-attribution pratiquée en période suspecte », *Rev. huissiers* 2007. 254. – V., pour des hypothèses d'inapplicabilité de l'art. L. 632-2, C. com., l'art. L. 515-25 C. monétaire et financier.

4. Encore le saisissant peut-il craindre que le juge ne soit pas très indulgent à son égard quant à l'appréciation de cette condition ! V. à ce propos Vinckel, « Le nouveau régime de la période suspecte dans la loi n° 2005-845 du 26 juillet 2005 et le décret n° 2005-1677 du 28 décembre 2005 : une réforme en trompe-l'œil », *JCP E* 2006. 1118 (spéc. n° 17); Mouial-Bassilana, « L'articulation de la période suspecte et des différentes procédures après la loi de sauvegarde du 26 juillet 2005 », *D.* 2006. 1959 et s. (spéc. p. 1962, n° 14).

5. Cette solution conduite à limiter la portée que l'on peut attacher à l'article 56, *in fine*, du décret : l'indication de l'heure de la saisie a cependant son importance (voir note 4 sous n° 255). Sur la question de savoir si l'application de l'article 43, alinéa 3, de la loi du 9 juillet 1991 exclut le jeu de causes de préférence, v. TGI Saint-Étienne (J. ex.), 16 juin 1994, *D.* 1995. J. 233 (décision écartant le privilège du Trésor).

6. Pour une application, v. Paris 18 nov. 2003, *Rev. huissiers* 2005. 106, obs. Bourdillat.

2° *Indisponibilité de la créance saisie*

260. – Cette indisponibilité a essentiellement pour conséquence de faire obstacle à un paiement sur les sommes saisies[1], d'autres effets pouvant toutefois lui être attachés. À la vérité, la question doit être envisagée en distinguant selon qu'il s'agit des relations *saisissant-tiers saisi* ou *tiers saisi-débiteur saisi.*

261. – S'agissant des relations *saisissant-tiers saisi,* il importe simplement de souligner ici que si le créancier saisissant bénéficie immédiatement de l'attribution de la créance objet de la saisie, *il ne peut en principe être pour autant immédiatement payé* par le tiers saisi. On ne saurait en effet exclure des incidents, dont il a fallu prévoir le règlement avant que ne puisse intervenir le paiement (sur cette question, *infra*, n°s 269 et 271). Autrement dit, normalement, le paiement est *différé.*

On notera toutefois d'ores et déjà qu'un paiement immédiat du créancier saisissant par le tiers saisi est possible si le débiteur saisi y *consent* par *écrit* (art. 61, al. 2, Décr. 31 juill. 1992) (v. en outre, sur la possibilité de consignation, *infra,* n° 263).

262. – S'agissant des relations entre le *tiers saisi* et le *débiteur saisi,* l'indisponibilité de la créance frappée par la mesure d'exécution se traduit concrètement par une interdiction pour le premier de payer le second sur les sommes saisies-attribuées, ainsi que par quelques autres conséquences, qu'il conviendra de signaler.

– La règle de l'*interdiction de payer* le débiteur saisi est évidemment commandée par la logique de la saisie-attribution : la créance qui fait l'objet de la mesure pratiquée entre les mains du tiers saisi n'est plus celle du saisi... mais celle du saisissant ! L'interdiction de payer, que consacrait au demeurant déjà le droit applicable à la saisie-arrêt, peut par ailleurs, comme antérieurement, prendre appui sur l'article 1242 du Code civil[2].

Il convient cependant d'observer l'existence d'une importante différence par rapport à la procédure à laquelle la saisie-attribution a été substituée. Contrairement à la saisie-arrêt, la nouvelle mesure d'exécution *n'entraîne pas* en principe l'*indisponibilité totale* de la créance du saisi à l'égard du tiers saisi[3]. Cette créance n'étant attribuée au saisissant qu'« à concurrence des sommes pour lesquelles » la saisie « est pratiquée » (montant de la créance cause de la saisie et accessoires), il en découle logiquement que l'indisponibilité doit être limitée à ces sommes. Autrement dit, si le montant de la créance du saisi à l'égard du tiers saisi est supérieur à celui desdites sommes, le second peut payer au premier la différence. C'est en tenant compte de cette importante observa-

---

1. Dans l'hypothèse de saisie-attribution sur le fondement d'une ordonnance d'injonction de payer exécutoire, l'opposition contre cette ordonnance *laisse subsister* cette *indisponibilité,* mais *suspend* les opérations, et fait donc obstacle au paiement : C. cass. (avis), 8 mars 1996, *D.* 1996. somm. 360, obs. Julien, *RTD civ.* 1996. 714, obs. Perrot. – Sur un autre exemple de la remise en cause du titre, v. Perrot, obs. *RTD civ.* 2001. 211.

2. Encore faut-il observer que la formule de cet article 1242 ne rend pas véritablement compte de la situation actuelle. Selon ce texte, le paiement fait par le débiteur (saisi) à son créancier (tiers saisi) n'est pas valable *à l'égard du créancier saisissant,* formule qui évoque seulement l'idée d'*inopposabilité* du paiement à ce créancier. Or, pareil paiement n'est pas simplement inopposable au saisissant : il est « intrinsèquement irrégulier » (Perrot et Théry, *Procédures civiles d'exécution,* n° 373). En effet, comme on l'a souligné plus haut, dans la mesure où la créance saisie a été attribuée au saisissant, le débiteur saisi n'est plus titulaire du droit de créance considéré, et un tel paiement est dépourvu de fondement.

3. Il faut réserver sur ce point les règles particulières applicables à la saisie des comptes bancaires (*supra,* n° 249 et *infra,* n° 274 *bis*).

tion qu'il faut comprendre la règle de l'interdiction faite au tiers saisi de payer le saisi : l'interdiction ne porte que sur les sommes *saisies-attribuées*.

Toujours est-il que la méconnaissance de cette interdiction expose le tiers saisi à une grave sanction : le paiement effectué au profit du saisi ne l'étant pas au bénéfice du véritable créancier (qui est désormais le saisissant), il en résulte en effet que (sauf évidemment si la saisie-attribution se trouve ensuite privée d'effet) le tiers saisi devra normalement procéder à un second paiement… au bénéfice du saisissant cette fois ! (avec cependant la possibilité d'un recours contre le saisi, recours peu intéressant dès lors que celui contre lequel il est exercé est insolvable !)[1].

– La créance saisie-attribuée étant, par hypothèse, sortie du patrimoine du saisi, elle ne saurait, d'une manière générale, faire l'objet d'opérations entre celui-ci et le tiers saisi.

C'est ainsi que la signification de l'acte de saisie fait non seulement obstacle à toute *compensation* qui aurait pour objectif l'extinction de la dette (correspondant aux sommes saisies) du tiers saisi[2] – ce qui n'ajoute d'ailleurs pas grand-chose à la règle de l'interdiction des paiements si l'on voit dans la compensation un procédé de paiement – mais empêche aussi une *novation* ou la *cession* par le saisi de la créance saisie-attribuée. De même, le saisi ne saurait consentir une *remise totale de dette* au bénéfice du tiers saisi (une remise simplement partielle est concevable si le montant des sommes pour lesquelles la saisie a été pratiquée est inférieur à celui de la créance du saisi à l'égard du tiers saisi).

263. – Des développements qui précèdent il résulte notamment que le tiers saisi ne peut, en conséquence de la mesure pratiquée entre ses mains, effectuer de paiement sur les sommes saisies. Il *ne peut plus payer* le débiteur saisi, et il *ne peut pas encore* en principe payer le saisissant (auquel la créance objet de la mesure est pourtant « attribuée »).

Cette situation peut présenter des inconvénients.

Elle est susceptible de gêner le tiers saisi, qui peut légitimement souhaiter se libérer de sa dette. Elle peut aussi ne pas satisfaire le saisissant, voire le saisi, ceux-ci pouvant craindre l'insolvabilité ultérieure du tiers saisi. Aussi bien est-il prévu que « Tout intéressé peut demander que les sommes saisies soient consignées entre les mains d'un séquestre désigné, à défaut d'accord amiable, sur requête par le juge de l'exécution » (art. 57, al. 1, Décr. 31 juill. 1992).

On notera que la remise des fonds au séquestre ainsi désigné « arrête le cours des intérêts dus par le tiers saisi » (art. 57, al. 2, Décr.).

B. Déclaration du tiers saisi

264. – Le tiers saisi est tenu d'une obligation de déclaration (généralement appelée « obligation de renseignement »)[3] à l'égard de l'huissier de justice chargé de la mesure d'exécution, obligation qu'il doit exécuter « sur le champ » (art. 59, al. 1, Décr.), c'est-à-

---

1. À la vérité, le tiers saisi est *exposé* à un second paiement, la solution n'excluant pas la possibilité pour le saisissant, qui « conserve ses droits » à l'égard du *débiteur saisi*, d'exercer directement contre celui-ci « une action en *restitution* des fonds versés nonobstant la saisie-attribution » : Civ. 2e, 11 mars 1998, *RTD civ.* 1998. 486, obs. Perrot.

2. Cette solution est exprimée à l'article 1298 du Code civil à propos de la saisie-arrêt et vaut *a fortiori* pour la saisie-attribution.

3. Dedessus-Le Moustier, « L'obligation de renseignement du tiers saisi dans la saisie-attribution », *JCP* 1998. I. 106.

dire au moment même de la signification de l'acte de saisie[1]. Il convient d'examiner successivement, en tenant compte non seulement des textes, mais aussi d'utiles précisions données par la Cour de cassation, notamment dans une série d'arrêts rendus le 5 juillet 2000[2], le *contenu de la déclaration* (a)[3] et les *sanctions* attachées à l'inexécution (ou la mauvaise exécution) de l'obligation ayant pour objet ladite déclaration (b).

a) Contenu de la déclaration

264 *bis*. – Par cette déclaration, qui doit être accompagnée des « pièces justificatives » qu'il est tenu de communiquer à l'huissier de justice (art. 59, al. 1, Décr.), le tiers saisi doit faire connaître « au créancier l'étendue de ses obligations à l'égard du débiteur ainsi que les modalités qui pourraient les affecter et, s'il y a lieu, les cessions de créances[4], délégations aux saisies antérieures » (art. 44, L. 9 juill. 1991, auquel renvoie l'art. préc. du Décr.).

Comme il a été dit plus haut (n° 255), la déclaration du tiers ainsi que les pièces justificatives communiquées doivent être mentionnées dans l'acte de saisie (art. 59, al. 2, Décr.).

Ces règles ont pour objectif de prévenir une éventuelle collusion frauduleuse entre le débiteur (du saisissant) et le tiers après la mise en place de la saisie; par ailleurs, leur application est susceptible de conduire le créancier saisissant à abandonner la poursuite s'il apparaît que le tiers n'est en définitive pas débiteur du saisi[5].

b) Sanctions

265. – Deux types de sanctions sont prévues, en fonction d'une distinction selon la gravité du manquement qui peut être reproché au tiers saisi. Après avoir présenté la *distinction* (1°), il conviendra de donner quelques précisions concernant l'*applicabilité* des sanctions prévues (2°).

1° La distinction

265 *bis*. – L'article 60 du décret du 31 juillet 1992 conduit à distinguer selon que le tiers saisi, dont la coopération à l'exécution de la mesure est requise, *refuse* de coopérer ou que sa coopération est *déloyale* (ou à tout le moins *insuffisante*).

---

1. Civ. 2e, 2 avr. 1997, *D.* 1998. J. 36, note Martin, *RTD civ.* 1997. 752, obs. Perrot. L'exigence est sévère dans toutes les hypothèses où la *signification* de l'acte de saisie n'a pas été faite à la *personne* même du tiers saisi. À vrai dire, celui-ci peut alors, le cas échéant, invoquer un « motif légitime » de ne pas avoir donné immédiatement les renseignements exigés. C'est au demeurant cette possibilité qui a conduit le Conseil d'État à estimer que l'obligation de fournir « sur le champ » ces renseignements est compatible avec l'art. 6-1 de la Convention européenne des droits de l'homme : CE 9 juin 2000, *D.* 2000. IR. 201. V. d'ailleurs, lorsque l'huissier s'est simplement adressé à une secrétaire, Civ. 2e, 4 oct. 2001, *Bull. civ.* II, n° 152, *D.* 2001. 3022, *D.* 2002. 1304, note Daverat, *RTD civ.* 2002. 152, obs. Perrot, *Rev. huissiers* 2002. 53, obs. Putman. V. aussi, dans le même sens, Civ. 2e, 17 oct. 2002, *D.* 2003. 1470, obs. Taormina. V. encore, pour des circonstances justifiant l'absence de réponse *immédiate*, Civ. 2e, 15 déc. 2005, *D.* 2006. 101. – Sur « l'obligation de réponse immédiate », v. Dymant, *Gaz. Pal.* 8-9 déc. 2000, D. p. 10 et s. – Sur l'ensemble de la question du « motif légitime », v. *infra*, n° 265 *ter*.

2. Sur ces arrêts, on lira notamment R. Perrot et Ph. Théry, « Saisie-attribution : la situation du tiers saisi (les arrêts du 5 juill. 2000) », *D.* 2001. chron. 714; A. Leborgne, « L'obligation de concours des tiers saisis », *Rev. huissiers* 2001. 151.

3. À vrai dire, s'agissant du contenu de la déclaration, les précisions données par la Cour de cassation le 5 juillet 2000 concernent essentiellement la saisie des *comptes bancaires* (sur cette question, *infra*, n° 274).

4. Cette information est importante car la créance cédée, étant sortie du patrimoine du débiteur, échappe à la saisie-attribution : v., par ex., Com. 26 nov. 2003, *D.* 2004. 1485, obs. Taormina.

5. C'est dire que l'obligation de renseignements pesant sur le tiers existe aussi si celui-ci ne doit rien au débiteur saisi et même s'il est créancier de ce dernier : v. Paris, 19 mai 1994, *D.* 1994. IR. 182 (hypothèse de solde débiteur du compte bancaire du saisi).

Le refus de coopérer doit être déduit du fait que « sans motif *légitime* »[1], *le tiers* « *ne fournit pas les renseignements prévus* ». *En pareil cas, la sanction édictée est énergique : le tiers est en effet condamné, à la demande du créancier saisissant,* « *à payer les sommes dues à ce dernier,* sans préjudice de son recours contre le débiteur » (art. 60, al. 1, Décr.)[2]. Autrement dit, si le montant de la créance du saisissant à l'égard du saisi est supérieur à celui de la créance du saisi à l'égard du tiers saisi, ce dernier *est exposé à payer plus que ce qu'il devait* (alors que, normalement, une saisie-attribution ne permet pas d'exiger du tiers saisi le paiement de sommes d'un montant supérieur à celui de sa dette envers le saisi). Sans doute le tiers dispose-t-il alors d'un recours contre le saisi pour se faire rembourser la partie des sommes excédant ce qu'il lui devait. Le recouvrement est cependant aléatoire dès lors que le recours vise une personne contre laquelle il a fallu diriger une procédure de saisie-attribution !

Sans adopter une attitude aussi franchement négative que celle envisagée en premier lieu, le tiers saisi peut parfois ne pas coopérer *loyalement* ou *totalement* à la saisie : tel est évidemment le cas s'il donne sciemment des renseignements inexacts, mais aussi lorsque l'on peut reprocher au tiers certaines omissions ou négligences dans l'exécution de ses obligations. De tels comportements exposent également le tiers saisi à une sanction. Il est en effet prévu que celui-ci « peut aussi être condamné à des *dommages et intérêts* en cas de *négligence fautive* ou de *déclaration inexacte* ou *mensongère* » (art. 60, al. 2, Décr.)[3]. Mettant fin à certaines interrogations suscitées par la rédaction du texte, qui paraît laisser entendre que, dans les derniers cas visés, un cumul des deux sanctions prévues à l'article 60 du décret du 31 juillet 1992 est possible[4], la Cour de cassation, par deux des arrêts rendus le 5 juillet 2000, a décidé qu'en cas de déclaration incomplète, inexacte ou mensongère, le tiers saisi est seulement exposé à une condamnation à des dommages et intérêts[5].

2° Limites assignées à l'applicabilité des sanctions

265 *ter*. – Les sanctions ci-dessus présentées ne sont applicables que dans la mesure où elles ne sont pas écartées, soit en raison des textes, soit directement par la jurisprudence.

– En vertu des textes, la justification d'un « motif légitime » permet au tiers saisi d'échapper aux sanctions auxquelles il est normalement exposé lorsqu'il ne fournit pas les renseignements prévus. Cette solution, spécialement exprimée à l'article 60, alinéa 1, du

---

1. Sur la notion de « motif légitime », v. *infra*, n° 265 *ter*.

2. Pour l'applicabilité de la sanction en cas de déclaration *tardive*, v. Civ. 2ᵉ, 5 juill. 2001, *Bull. civ.* II, n° 133, *D.* 2001. 2562, *RTD. civ.* 2001. 961, obs. Perrot, *D.* 2002. 1304, note Daverat; Civ. 2ᵉ, 9 juill. 2009, *Rev. huissiers* 2009. 356, obs. Lauvergnat. – Pour la possibilité de condamner personnellement un administrateur en sa qualité de tiers saisi, v. Com. 1ᵉʳ avr. 2003, *D.* 2003. 1624, obs. F.-X. Lucas, *Rev. huissiers* 2003. 318, obs. Putman. – V. par ailleurs, soulignant que l'inexécution de l'obligation de renseignement emporte l'applicabilité de la sanction alors même que, le débiteur ayant été ultérieurement mis en liquidation judiciaire, le créancier saisissant n'a pas déclaré sa créance, Com. 23 nov. 2004, *Rev. huissiers* 2005. 112, obs. Putman.

3. Pour le lecteur qui découvrirait avec étonnement, dans un autre ouvrage, un exposé présentant de fort troublantes ressemblances avec le texte de la vingtaine de lignes précédentes, l'auteur tient simplement à souligner que ces lignes figuraient, *dès 1994*, dans son manuel (v. 3ᵉ éd., n° 265).

4. Il est dit que le tiers saisi peut *aussi* être condamné à des dommages et intérêts. Sur la question, v. 5ᵉ éd. du présent manuel, p. 120, note (1).

5. *Bull. civ.* II, nᵒˢ 115 et 116, *Rev. huissiers* 2001. 194, obs. R. Martin. V. ég., pour la condamnation à des dommages-intérêts en conséquence de renseignements inexacts, Civ. 2ᵉ, 13 juill. 2005, *D.* 2005. 2341, *RTD civ.* 2005. 828, obs. Perrot. V. aussi Civ. 2ᵉ, 19 mars 2009, *D.* 2009. 959; Civ. 2ᵉ, 30 sept. 2009, *D.* 2009. 2285. – Dès lors, le simple manquement du tiers saisi à son obligation de fournir les pièces justificatives ne peut donner lieu qu'au paiement, le cas échéant, de dommages-intérêts : Civ. 2ᵉ, 20 févr. 2001, *Bull. civ.* II, n° 205, *Rev. huissiers* 2002. 181, obs. Putman, *RTD civ.* 2002. 363, obs. Perrot.

décret de 1992, est au demeurant une application de la disposition générale que contient l'article 24, alinéa 2, de la loi du 9 juillet 1991 (*supra*, n° 56). Encore faut-il souligner que le juge n'ayant pas à rechercher d'office l'existence d'un motif légitime[1], il incombe au tiers saisi de l'invoquer… et d'en justifier ![2] Cela étant, il n'est guère facile de rendre compte de cette notion de motif légitime[3]. Le domaine des « motifs de droit » susceptibles d'être invoqués paraît bien restreint dès lors que l'on sait que le secret professionnel (et notamment le secret bancaire) ne peut être opposé au saisissant[4]. Quant aux « motifs de fait », toute systématisation de la jurisprudence paraît bien aléatoire, précisément parce qu'il s'agit d'une question… de fait, que les juges du fond apprécient en principe souverainement[5].

– La jurisprudence a par ailleurs directement fixé certaines limites à l'applicabilité des sanctions de l'article 60 du décret de 1992.

C'est ainsi que le tiers saisi n'est exposé à des sanctions que dans la mesure où la saisie a été valablement pratiquée. Autrement dit, aucune des sanctions prévues à l'article 60 du décret n'est applicable au tiers saisi en cas d'annulation de la saisie : l'effet rétroactif de l'annulation conduit logiquement à considérer que le tiers saisi n'a été, à aucun moment, tenu d'une obligation de renseignement[6].

On observera par ailleurs que, sans échapper nécessairement à toute sanction[7], le tiers saisi ne saurait en tout cas être condamné à payer les sommes dues au saisissant (sanction prévue à l'article 60, alinéa 1, du décret), d'une part, lorsque la saisie est frappée de caducité, en raison de l'absence de sa dénonciation au débiteur dans le délai prescrit (*infra*, n°s 266 et s.)[8], d'autre part, lorsque le tiers saisi n'est tenu d'aucune dette à l'égard du débiteur saisi[9].

---

1. Civ. 2e, 24 juin 1998, *Bull. civ.* II, n° 223.

2. V. toutefois à ce propos Civ. 2e, 7 mars 2002, *Bull. civ.* II, n° 35, *D.* 2002. 1117, *Rev. huissiers* 2002. 242, obs. Putman : « *aucun texte n'exige* que le tiers saisi donne *sur-le-champ* à l'huissier de justice qui l'interpelle le *motif légitime* l'autorisant à différer sa réponse ».

3. Sur la question, Perrot et Théry, chron. préc., spéc. 718-720.

4. Civ. 2e, 1er juill. 1999, *D.* 1999. IR. 210, *Rev. huissiers* 2000. 287, note Courtier.

5. … d'où des solutions *apparemment* différentes. V., dans l'hypothèse où le motif légitime tendait seulement à justifier une déclaration *tardive*, Civ. 2e, 2 avr. 1997, *Bull. civ.* II, n° 107, *D.* 1998. J. 36, note R. Martin, *RTD civ.* 1997. 752, obs. Perrot; Civ. 2e, 28 janv. 1998, *Bull. civ.* II, n° 35, *D.* 1998. IR. 78. V. par ailleurs, pour le motif légitime pouvant résulter de l'invasion et de l'occupation des locaux d'une banque, Civ. 2e, 11 mars 1999, *D.* 1999. IR. 104. V., pour une justification de la non-réponse du tiers saisi tirée du fait que la signification de l'acte de saisie avait été faite en mairie (procédé aujourd'hui remplacé par le dépôt de la copie de l'acte en l'étude de l'huissier : v. art. 656, nouv. C. pr. civ., réd. Décr. 28 déc. 2005 mod. Décr. 23 déc. 2006); Civ. 2e, 22 mars 2001, *Procédures* 2001. comm. n° 105, obs. Perrot; v. ég., dans la même hypothèse, et alors que la lettre simple consécutive avait été envoyée à une adresse erronée, Civ. 2e, 23 sept. 2004, *Rev. huissiers* 2005. 39, obs. Putman (v. aussi, dans l'hypothèse de saisie conservatoire, Civ. 2e, 13 juin 2002, *D.* 2002. 2102). V. ég., à propos d'une saisie de fonds déposés par un avocat à la CARPA, celle-ci devant être en mesure d'interroger l'avocat titulaire du compte individuel, Civ. 2e, 9 janv. 2003, *D.* 2003. 314.

6. Si cette solution ne résulte qu'implicitement de Civ. 2e, 5 juill. 2000 (*D.* 2001. 723, n° 683) en matière de saisie-attribution, elle a été nettement affirmée, le même jour, dans le cadre d'une saisie conservatoire (*D.* 2001. 722, n° 679). V. par la suite, s'agissant de saisie-attribution, Civ. 2e, 23 nov. 2000, *Bull. civ.* II, n° 155, *RTD civ.* 2001. 667, obs. Perrot; Civ. 2e, 3 mai 2001, *D.* 2001. 1671, *Bull. civ.* II, n° 89, *Rev. huissiers* 2001. 328, obs. Bourdillat, *RTD civ.* 2001. 667, obs. Perrot.

7. Sur le fondement d'une telle sanction en cas de caducité, v. les précisions de la note suivante.

8. Cass. (avis), 21 juin 1999, *Bull. civ.* avis n° 5, et Civ. 2e, 23 nov. 2000, *D.* 2001. 182; Civ. 2e, 3 mai 2001, *Bull. civ.* II, n° 89, *D.* 2001. 1671, *Rev. huissiers* 2001. 328, obs. Bourdillat, *RTD civ.* 2001. 667, obs. Perrot. – Il importe de relever que, dans l'hypothèse envisagée, la Cour de cassation a précisé qu'il n'y avait pas lieu non plus à condamnation à des dommages-intérêts *sur le fondement* de l'*art. 60, al. 2, Décr.* car « la caducité de la saisie privant celle-ci de tous ses effets, le tiers saisi ne pouvait être tenu rétroactivement aux obligations qui lui sont imposées par la loi » (Civ. 2e, 21 déc. 2006, *D.* 2007. 314, *RTD civ.* 2007. 180, obs. Perrot, *Rev. huissiers* 2007. 164, obs. Lefort). V. encore Civ. 2e, 6 déc. 2007, *RTD civ.* 2008. 162, obs. Perrot, *Rev. huissiers* 2008. 160, obs. Putman. Encore semble-t-il opportun de ne pas exclure une condamnation sur le fondement du droit commun de la responsabilité civile dès lors que, comme c'était le cas en l'espèce, la déclaration inexacte ou mensongère du tiers saisi avait incité le créancier à ne pas poursuivre la procédure.

9. Civ. 2e, 5 juill. 2000, *Bull. civ.* II, n° 114; *D.* 2001. 722 (n° 681); Civ. 2e, 7 déc. 2000, *Rev. huissiers* 2001. 192, obs. Putman; Civ. 2e, 3 oct. 2002, *D.* 2002. 2850, *D.* 2003. 1471, obs. Taormina; Civ. 2e, 3 avr. 2003, *D.* 2004. 1494, ➢

§ 2. Dénonciation de la saisie

266. – Dans la première phase de la procédure, étaient en présence le saisissant (par l'intermédiaire de l'huissier) et le tiers saisi. Autrement dit, jusqu'à présent, le débiteur saisi n'a pas connaissance (ou n'est pas censé connaître) l'existence d'une mesure qui l'intéresse pourtant tout particulièrement puisqu'elle a pour objet de faire sortir une créance de son patrimoine pour la faire entrer dans celui du saisissant. Il importe donc qu'il soit officiellement *informé* de la saisie-attribution portant sur cette créance : la *dénonciation de l'acte de saisie,* faite au débiteur saisi, permet à celui-ci de recevoir l'information nécessaire et de savoir notamment qu'il ne peut plus obtenir paiement du tiers saisi, mais qu'il lui est loisible de réagir s'il estime injustifiée la procédure d'exécution menée à son encontre.

Étant observé que la dénonciation de la saisie incombe naturellement au *créancier saisissant,* des précisions s'imposent quant à la forme et au contenu de cet acte ainsi qu'au délai dans lequel il doit y être procédé.

267. – S'agissant des conditions de *forme* et de *contenu,* il faut souligner dès l'abord que la dénonciation de la saisie est faite au moyen d'un acte d'huissier de justice : autrement dit, la saisie est dénoncée au moyen d'une *signification* faite au débiteur saisi (art. 58, al. 1, Décr.)[1].

L'acte de dénonciation « contient, à peine de nullité :

1° une copie du *procès-verbal de saisie*;

2° en caractères *très apparents,* l'indication que les *contestations* doivent être soulevées, à peine d'*irrecevabilité,* dans le délai d'*un mois* qui suit la signification de l'acte et la *date à laquelle expire ce délai*[2];

3° la désignation de la *juridiction* devant laquelle les contestations pourront être portées » (art. 58, al. 2, Décr. 31 juill. 1992);

4° en cas de *saisie de compte* (sur cette hypothèse, v. aussi *supra,* n°s 248 et s. et *infra,* n°s 274 et s.), l'indication que le titulaire du compte peut demander au tiers saisi, dans les quinze jours suivant la saisie, la mise à disposition d'une somme d'un montant au plus égal au montant forfaitaire du revenu de solidarité active applicable à un foyer composé d'une seule personne, dans la limite du solde créditeur du compte au jour de la réception de la demande (art. 58, al. 2, Décr., complété par Décr. 11 sept. 2002 mod. Décr. 15 avr. 2009) (Cpr art. 47-1 L. 9 juill. 1991, créé par L. 12 mai 2009, cité *supra,* n° 73).

➢ obs. Taormina; Civ. 2e, 24 mars 2005, *D.* 2005. 1114, *Rev. huissiers* 2005. 244, obs. Salati. Si dans l'hypothèse visée (absence de dette du tiers saisi) une condamnation à des dommages et intérêts du tiers saisi est concevable, encore faut-il caractériser le lien de causalité entre la faute retenue et le préjudice allégué : Civ. 2e, 3 juill. 2008, *D.* 2008. 2700, note C. Paul-Loubière, *Rev. huissiers* 2008. 339, obs. Lauvergnat, *RTD civ.* 2008. 727, obs. Perrot, *D.* 2009. 1171-1172, obs. Leborgne. *Adde* Civ. 2e, 19 mars 2009, *Rev. huissiers* 2009. 224, obs. Lefort, *RTD civ.* 2009. 371, obs. Perrot, soulignant que l'efficacité de la saisie-attribution n'est pas une condition d'application de l'art. 60, al. 2, et précisant que la *réponse inexacte* par le tiers saisi à l'huissier de justice suffit à établir l'*existence* d'un *préjudice.*

1. La divergence de dates entre l'original de l'acte de dénonciation et sa copie ne constitue qu'un vice de forme, lequel ne cause aucun grief dès lors que le débiteur a pu saisir le juge de l'exécution dans le délai légal : Civ. 2e, 3 avr. 2003, *D.* 2004. 1485, obs. Taormina.

2. Une indication erronée à cet égard entraîne la nullité de la saisie-attribution dès lors qu'elle avait eu nécessairement pour effet de persuader le débiteur qu'il était forclos pour agir avant l'expiration du délai : Civ. 2e, 2 déc. 2004, *D.* 2005. 18, *Rev. huissiers* 2005. 173, obs. Putman.

Par ailleurs, dans ce même acte, il doit être rappelé au débiteur saisi qu'il peut *autoriser par écrit* son créancier à se faire remettre *sans délai* les sommes qui lui sont dues (art. 58, al. 3, Décr.).

268. – S'agissant du *délai* fixé pour la dénonciation, on relèvera que cette formalité doit être accomplie dans les *huit jours* suivant la signification de l'acte de saisie[1].

La *sanction* attachée à l'inobservation de cette règle est celle de la *caducité* de la *saisie* (art. 58, al. 1, Décr.)[2]. Faute d'avoir été dénoncé dans le délai prescrit, l'acte de saisie est donc privé d'effet, et il faut donc notamment considérer que l'« attribution » de créance que réalisait en principe cet acte est rétroactivement anéantie (v. d'ailleurs art. 43, al. 4, L. 9 juill. 1991, préc., *supra,* n° 259)[3].

§ 3. PAIEMENT DU SAISISSANT PAR LE TIERS SAISI

269. – Cette phase constitue l'aboutissement (et la raison d'être !) de la procédure. Elle met à nouveau en rapport les acteurs de la première phase : saisissant et tiers saisi.

Il convient cependant de remarquer que le *moment* du paiement est tributaire de l'attitude du débiteur saisi.

On sait en effet que le paiement peut intervenir « sans délai » si ce débiteur y consent par écrit (art. 58, dern. al. et 61, al. 2, Décr. 31 juill. 1992). Autrement dit, dès lors qu'il est acquis, sur la base d'une déclaration écrite du débiteur, que celui-ci ne conteste pas la saisie, le paiement peut intervenir *immédiatement*[4].

En dehors de cette hypothèse, le paiement ne peut être que *différé*[5]. *C'est qu'en effet, il importe de tenir compte du délai d'un mois* suivant la dénonciation de la saisie (délai mentionné dans cet acte : art. 58, al. 2, 3°, Décr.)[6] pendant lequel des contestations peuvent être élevées par le débiteur[7]. Un paiement ne saurait donc normalement intervenir avant l'expiration de ce délai.

---

1. En cas de redressement judiciaire contre le débiteur avant l'expiration de ce délai et alors que la saisie ne lui a pas été dénoncée, dénonciation doit être également faite à l'administrateur : Com. 19 févr. 2002, *Rev. huissiers* 2002. 237, obs. Hoonakker. Sur la question, v. Spinelli, « Dénonciation de la saisie-attribution et procédure collective », *Rev. huissiers* 2002. 273, et Perrot, *RTD civ.* 2005. 457 (à propos de Paris 20 janv. 2005). – V. par ailleurs Com. 4 mars 2003, *D.* 2003. 907, obs. A. Lienhard, *D.* 2003. 1263, obs. F.-X. Lucas, *Rev. huissiers* 2003. 306, obs. Putman : « la saisie-attribution doit être dénoncée, dans le délai de huit jours, au débiteur à la tête de ses biens ou, *dès la liquidation judiciaire,* à son liquidateur ». Cpr. toutefois dans une hypothèse de redressement judiciaire où la saisie-attribution n'avait pas été dénoncée à l'administrateur, mais l'avait été seulement au débiteur, alors que le saisissant ne pouvait pas connaître l'existence du redressement judiciaire, Paris 20 janv. 2005, *JCP* 2005. IV. 1521, *RTD civ.* 2005. 457, obs. Perrot.

2. Com. 13 oct. 1998, *D.* 1998. IR. 250.

3. Cette caducité interdit la condamnation du tiers au paiement des causes de la saisie (v. *supra,* n° 265 *ter*).

4. Le fait pour le débiteur saisi d'autoriser le tiers saisi à payer le saisissant moyennant la mainlevée de la saisie, n'est pas assimilable à un acquiescement : Cass. (avis), 24 mai 1996, *Justices* 1997, n° 5, p. 338, obs. Putman.

5. Sur certaines conséquences de cette règle, v. Civ. 2e, 23 oct. 1996, *RTD civ.* 1997. 517, obs. Perrot. Il convient de souligner que les *intérêts moratoires* courent jusqu'au *paiement* (bien que la créance ait été attribuée dès l'acte de saisie) : Civ. 2e, 7 juin 2006, *Bull. civ.* II, n° 151, *RTD civ.* 2006. 830, obs. Perrot.

6. V., pour l'*interruption* de ce délai par un jugement de liquidation judiciaire, un *nouveau délai* commençant à courir à compter de la dénonciation faite au liquidateur, Com. 19 janv. 1999, *Bull. civ.* IV, n° 17, *D.* 1999. J. 245, note Derrida. V. Théry, « L'incidence d'une procédure collective sur les procédures civiles d'exécution », *Rev. huissiers* 2002. 140 (spéc. n° 22, p. 144). V., dans l'hypothèse d'absence de dénonciation au liquidateur, qui n'affecte pas la régularité de la saisie à l'égard du tiers saisi, l'intéressante solution de Com. 10 juin 2008, *RTD civ.* 2008. 555, obs. Perrot, *D.* 2009. 1175-1176, obs. Leborgne.

7. Dans la mesure où le paiement n'a pas été requis, le *juge de l'exécution* peut encore être saisi après l'expiration du délai d'un mois, en cas d'annulation du titre exécutoire : Civ. 2e, 21 janv. 1998, *Bull. civ.* II, n° 24, *RTD civ.* 1998. 484, obs. Perrot.

Dans ces conditions, il convient de distinguer selon l'absence ou l'existence de contestations.

A. Absence de contestation dans le délai prescrit

270. – Si, à l'expiration du délai d'un mois suivant la dénonciation de la saisie, aucune contestation n'a été soulevée, le créancier saisissant peut alors requérir le paiement de la créance qui lui a été attribuée par l'acte de saisie (art. 45, L. 9 juill. 1991)[1].

Le tiers saisi est tenu de procéder à ce paiement dès lors que lui est présenté « un certificat délivré par le greffe ou établi par l'huissier de justice qui a procédé à la saisie attestant qu'aucune contestation n'a été formée » dans le délai prescrit (art. 61, al. 1, Décr. 31 juill. 1992 mod. Décr. 18 déc. 1996). En cas de refus de paiement par le tiers saisi, il est prévu que cette « contestation est portée devant le juge de l'exécution qui peut délivrer un titre exécutoire contre le tiers saisi » (art. 64, Décr. 31 juill. 1992)[2].

Quoi qu'il en soit, dès lors que le tiers saisi a payé, il lui est donné quittance du paiement, dont le débiteur saisi doit être informé par celui qui l'a reçu (art. 62, al. 1, Décr.). Conformément aux principes gouvernant la matière, dans la limite des sommes versées, ce paiement éteint l'obligation du débiteur et celle du tiers saisi (art. 62, al. 2, Décr.).

On notera que le législateur a entendu prévoir l'hypothèse dans laquelle le débiteur négligerait (ou serait empêché) d'élever une contestation dans le délai. Sans doute n'est-il pas question de retarder pour autant le paiement par le tiers saisi, mais la loi réserve tout de même le droit pour le débiteur saisi d'agir ensuite *à ses frais* en répétition de l'indu *devant le juge du fond* compétent (art. 45, al. 3, L. 9 juill. 1991).

B. Hypothèse de contestation

271. – En cas de contestation dans le délai prescrit[3], le paiement est en principe différé[4] jusqu'au règlement de celle-ci[5] : plus précisément, le tiers n'est appelé à payer que

---

1. Encore faut-il respecter les modalités dont la créance *objet* de la saisie-attribution peut, le cas échéant, être affectée. Par exemple, en cas de saisie ayant pour objet une créance *à terme*, le saisissant devra évidemment attendre l'échéance pour pouvoir exiger paiement.

2. On notera à ce propos que le délai d'un mois imparti pour élever une contestation en matière de saisie-attribution ne court pas à l'encontre du tiers saisi : Civ. 2e, 5 juill. 2000, *D.* 2001. 724 (nos 934 et 935), *Rev. huissiers* 2001. 39, obs. Courtier. – V. par ailleurs, pour l'applicabilité de l'art. 64 du décret du 31 juill. 1992 dans l'hypothèse de notification infructueuse d'un avis à *tiers détenteur* (sans qu'il soit nécessaire que le comptable public ait recours à la procédure de saisie-attribution), Cass. (avis) 7 mars 1997, *D.* 1997. J. 454, note Ruellan et Lauba, *RTD civ.* 1997. 1000, obs. Perrot. Encore faut-il noter que la Cour de cassation a précisé qu'un titre exécutoire ne peut être délivré à l'encontre d'un tiers détenteur par le juge de l'exécution qu'en conséquence d'une demande présentée par *assignation* : Cass. (avis) 9 févr. 1998, *Procédures* 1998, no 4, p. 7, obs. Perrot. Sur l'*avis à tiers détenteur*, v. *infra*, nos 278 *bis* et s. et 306.

3. Le juge de l'exécution est réputé saisi à la date de la signification de l'assignation, et non au jour du placement de celle-ci au greffe (précision importante pour vérifier si le juge a été saisi dans le délai prescrit) : Cass. (avis), 15 juin 1998, *Bull. civ.*, avis no 7, *RTD civ.* 1998. 751, obs. Perrot.

4. Civ. 2e, 1er oct. 2009, *D.* 2009. 2434. – La contestation a donc un effet suspensif, mais ne remet pas en cause l'effet attributif de la saisie : Civ. 2e, 20 nov. 2003, *Rev. huissiers* 2004. 158, obs. Putman, *RTD civ.* 2004. 144, obs. Perrot.

5. En conséquence, l'exécution provisoire du jugement en vertu duquel a été effectuée la saisie-attribution n'est pas consommée jusqu'à ce que le juge de l'exécution ait statué, et peut donc être, le cas échéant, arrêtée : Toulouse (Ord. réf.); 1er mars 1995, *D.* 1996. J. 131, note Prévault, *D.* 1996. somm. 140, obs. Julien. – Par ailleurs, l'annulation du titre exécutoire sur le fondement duquel avait été pratiquée la saisie qui, en l'absence de paiement par le tiers saisi, n'a pas produit son plein effet, emporte de plein droit mainlevée de la saisie : Civ. 2e, 21 janv. 1998, *D.* 1999. J. 233, note Bourdillat (sur cet arrêt v. ég. obs. Perrot préc., *RTD civ.* 1998. 484). Pour la compatibilité de cette solution avec Civ. 2e, 28 juin 2001, *D.* 2001. 2182, *Bull. civ.* II, no 125, v. Perrot, *RTD civ.* 2001. 363.

sur présentation de la décision rejetant la contestation (art. 68, Décr.)[1]. Toutefois, pour prévenir des retards qui pourraient être dus notamment à certaines manœuvres (consistant à élever des contestations fantaisistes pour faire obstacle à tout paiement dans l'immédiat), le législateur a prévu la possibilité pour le juge de l'exécution d'*autoriser* le paiement « pour la somme qu'il détermine » (art. 46, L. 9 juill. 1991).

On relèvera enfin les solutions exprimées à l'article 63 du décret du 31 juillet 1992 : « le créancier saisissant qui n'a pas été payé par le tiers saisi conserve ses droits contre le débiteur » (al. 1) : la dette de ce dernier n'est en effet pas éteinte si le saisissant n'a pas obtenu paiement du tiers saisi. Il convient cependant de souligner la dérogation apportée à ce principe dans l'hypothèse de *négligence* du saisissant : si le défaut de paiement par le tiers saisi « est imputable à la négligence du créancier, celui-ci *perd ses droits* à concurrence des sommes *dues par le tiers saisi* » (al. 2); en d'autres termes, dans l'hypothèse visée, le saisissant peut seulement poursuivre le débiteur pour la partie de la créance cause de la saisie qui excède le montant de la créance objet de la saisie[2].

Sous-section II
Règles particulières

272. – Le particularisme de l'objet de certaines saisie-attribution a conduit à prévoir quelques règles spécifiques. L'existence de ces règles n'a pas pour effet d'écarter purement et simplement l'application des règles générales plus haut présentées : celles-ci demeurent normalement applicables, mais sous réserve des dispositions particulières (art. 69 et 73, Décr. 31 juill. 1992), dont il est question ci-dessous.

Ces dispositions concernent les créances à *exécution successive* (§ 1) et les *comptes « bancaires »* (au sens large déjà indiqué : *supra,* n° 248) (§ 2).

§ 1. Saisie-attribution des créances à exécution successive[3]

273. – Le particularisme des règles applicables en cette matière est relatif à la dernière phase de la procédure présentée dans le cadre des règles générales (*supra,* n°s 269 et s.).

En l'absence de contestation, le tiers saisi est normalement tenu de payer le saisissant sur présentation du certificat délivré par le greffe ou établi par l'huissier de justice (attestant cette absence de contestation) : il est précisé qu'au « *fur et à mesure* des *échéances,* le tiers saisi se libère entre les mains du créancier saisissant ou de son mandataire qui en donne quittance et en informe le débiteur » (art. 70, al. 2, Décr.).

En cas de contestation, le tiers saisi s'acquitte des créances échues entre les mains d'un *séquestre* (celui-ci est désigné soit par accord amiable, soit, à défaut, sur requête par le juge de l'exécution) (art. 71, al. 1, Décr.). Dès lors que les sommes consignées suffisent à désintéresser le créancier, le juge de l'exécution ordonne la *mainlevée* de la saisie (le tiers saisi en étant informé par le secrétariat-greffe) (art. 71, al. 2, Décr.).

---

1. Pour la nécessité de la notification préalable de la décision rejetant la contestation, v. Civ. 2e, 19 sept. 2002, *D.* 2002. 2246, *Rev. huissiers* 2003. 46, obs. Hoonakker.
2. Pour une application, v. Civ. 2e, 21 oct. 2004, *D.* 2004. 3118, *Bull. civ.* II, n° 374, *RTD civ.* 2005. 189, obs. Perrot.
3. V., écartant la notion de créance à exécution successive, s'agissant de sommes dues à un médecin en exécution d'une convention de tiers payant, Civ. 2e, 13 juin 2002, *D.* 2003. 1469, obs. Taormina.

D'une manière générale, le tiers saisi doit payer jusqu'à l'extinction de la dette du saisi[1] (auquel cas il est normalement informé de cette extinction par le créancier saisissant) *ou* de celle dont il est tenu à l'égard du saisi (dans cette hypothèse, il incombe au tiers saisi d'en informer le saisissant).

Dans tous les cas, l'information (du tiers saisi ou du saisissant) relative à l'extinction de la dette concernée est assurée au moyen d'une *lettre recommandée* avec *demande d'avis de réception* (art. 71, al. 2, et art. 72, Décr.).

§ 2. Saisie-attribution des comptes bancaires

274. – On sait que cette saisie porte sur le *solde* du ou des comptes du débiteur au jour où la mesure est pratiquée, étant entendu que les comptes visés ne sont pas exclusivement les comptes de dépôt, mais tous les comptes enregistrant des créances de sommes d'argent (*supra*, n°s 248 et 249). C'est la déclaration du « banquier » (tiers saisi) qui permet de connaître l'objet de la saisie. S'agissant de l'étendue de l'obligation de renseignement de l'établissement bancaire, quelques précisions doivent être données.

Tout d'abord, eu égard à l'objet de la saisie-attribution, si tous les comptes enregistrant des créances de sommes d'argent doivent être déclarés[2], et pas seulement les comptes de dépôt[3], il en va autrement des comptes de titres[4].

Ensuite, dès lors qu'il y a pluralité de comptes, si le banquier doit *en principe* déclarer séparément le solde de chaque compte, la solution est différente dans l'hypothèse de convention d'unicité ou de fusion des divers comptes ouverts, auquel cas l'obligation de déclaration porte seulement sur le solde *global* de ces comptes[5].

Enfin, étant donné que l'obligation de déclaration concerne le ou les soldes *au jour de la saisie*, il ne peut être question d'exiger du banquier des renseignements sur les opérations antérieures à la saisie[6].

---

1. Il faut souligner que l'ouverture d'une procédure collective n'arrête pas les effets de la saisie-attribution : avis C. cass. 16 déc. 1994, *D.* 1995. 166, note Derrida, *JCP* 1995. II. 22409, note Grafmayer, *Gaz. Pal.* 1995. J. 188, note Massoni, *RTD civ.* 1995. 965, obs. Perrot; Civ. 2e, 20 juill. 1996, *D.* 1997. J. 625, note P. Ancel, *RTD civ.* 1996. 716, obs. Perrot, *Justices* 1997, n° 5, p. 340, obs. Putman. V., consacrant la solution, et faisant donc prévaloir la logique de la saisie-attribution sur le principe d'égalité des créanciers du droit des procédures collectives, Ch. mixte, 22 nov. 2002, *D.* 2002. 3270, obs. Lienhard, *D.* 2003. 445, note Larroumet, *Rev. huissiers* 2003. 120, obs. Putman, *JCP* 2003. II. 10033, note Houtcieff, *RTD civ.* 2003. 146, obs. Perrot, *D.* 2003. 1472, obs. Taormina. V. encore Com. 8 juill. 2003, *Rev. huissiers* 2004. 31, obs. Putman; Com. 5 nov. 2003, *Rev. huissiers* 2004. 108, obs. Putman; Com. 3 déc. 2004, *D.* 2004. 1489, obs. Taormina (par ces arrêts, la Chambre commerciale se conforme à la position de Ch. mixte préc., et renonce donc à la solution qu'elle avait adoptée naguère : v. Com. 24 oct. 1995, *D.* 1995. J. 155, note F. D., *JCP* 1996. II. 22758, note Putman, *RTD civ.* 1996. 483, obs. Perrot). – On rappelle (v. note 2, p. 139) que si, d'une manière générale (sous réserve de l'application de l'article L. 632-2, al. 2, C. com. : *supra*, n° 258), le créancier saisissant est bien protégé en cas de procédure collective contre le débiteur saisi, il en va différemment lorsqu'une telle procédure est dirigée contre le tiers saisi : Com. 11 juin 2002, *D.* 2002. 2256, *Rev. huissiers* 2002. 372, obs. Putman.

2. L'effet attributif porte sur tous les comptes que le tiers saisi a dû déclarer, y compris sur ceux tenus par une succursale étrangère : Civ. 2e, 14 févr. 2008, *D.* 2008. 686, note Avena-Robardet, *RTD civ.* 2008. 357, obs. Perrot, *Rev. huissiers* 2008. 331, obs. Salati.

3. Civ. 2e, 1er juill. 1999, *D.* 1999. IR. 210 a précisé que la banque n'est pas fondée à opposer le secret bancaire à la demande du créancier tendant à connaître la nature et la position des comptes ouverts dans ses livres au nom du débiteur.

4. Civ. 2e, 1er févr. 2001, *D.* 2001. 678, *Rev. huissiers* 2001. 258, obs. Putman.

5. Civ. 2e, 5 juill. 2000, *D.* 2000. IR. 239, *Bull. civ.* II, n° 113, *Rev. huissiers* 2001. 36, note Dymant.

6. V. refusant tout pouvoir de contrôle au juge de l'exécution sur les évolutions antérieures du compte, Civ. 2e, 5 juill. 2000, *Bull. civ.* II, n° 110; Civ. 2e, 28 sept. 2000 (sur cet arrêt, v. Perrot et Théry chron. préc., *D.* 2001. 714, spéc. n° 6, p. 716). – Rappr. Paris 15 mars 2001, *D.* 2001. 1517, et 20 mars 2003, *D.* 2003. 1268.

274 *bis*. – Cela étant, il convient de souligner que, par dérogation au droit commun des effets de la saisie-attribution (*supra*, n° 262), l'acte de saisie rend en principe « indisponibles *l'ensemble des comptes* du débiteur » tenus par le tiers saisi (dès lors évidemment que ces comptes représentent des créances de sommes d'argent) (art. 74, Décr. 31 juill. 1992), cette indisponibilité (totale) devant toutefois cesser avec l'expiration des délais de régularisation des opérations en cours (*supra*, n° 250).

On remarquera cependant que cette règle (dérogatoire) de l'indisponibilité *totale* comporte des *tempéraments*.

En premier lieu, il est prévu qu'au vu des renseignements que le tiers saisi était tenu de lui fournir (relativement aux comptes et à leur solde), le saisissant peut *limiter* l'effet de la saisie à certains comptes (art. 75 et 76, al. 1, Décr.).

En second lieu, il faut réserver éventuellement l'effet du *commun accord* des parties ou d'une *décision* du juge de l'exécution : sur l'une ou l'autre de ces bases, « il peut être mis fin à l'indisponibilité par la constitution d'une garantie irrévocable à concurrence du montant des sommes réclamées » (art. 76, al. 2, Décr.)[1].

275. – S'agissant des autres règles particulières, on notera que lorsque la saisie est pratiquée sur un *compte joint,* elle est *dénoncée* à chacun des titulaires du compte[2] (art. 77; v. les précisions données à l'alinéa 2 de ce texte dans l'hypothèse où l'huissier ne dispose pas d'éléments d'identification suffisants relatifs aux autres titulaires du compte).

On relèvera enfin que si le débiteur saisi est titulaire de plusieurs comptes différents, il est procédé au *paiement* « en prélevant, *en priorité,* les fonds disponibles *à vue,* à moins que le débiteur ne prescrive le paiement d'une autre manière » (art. 78, Décr.).

Section III
Les incidents de la saisie-attribution

276. – Le mécanisme même de la saisie-attribution est de nature à faire obstacle à certaines difficultés classiques inhérentes au système antérieur (saisie-arrêt). La créance saisie étant en principe (en conséquence même de l'acte signifié au tiers) *immédiatement* attribuée au saisissant (à concurrence des sommes pour lesquelles la mesure est pratiquée), il ne peut y avoir logiquement de « concours de saisies » relativement aux sommes saisies-attribuées[3].

Il n'en demeure pas moins que des incidents sont toujours susceptibles de se produire. C'est ainsi que – comme d'ailleurs dans le système antérieur – la *validité* même de la saisie peut être globalement contestée. On songe évidemment avant tout à des contestations émanant du débiteur saisi lui-même, soucieux d'obtenir la mainlevée de la mesure

---

1. On rappelle que, dans l'hypothèse de versement sur un compte de sommes provenant de créances totalement ou partiellement insaisissables, s'appliquent des règles tendant à assurer l'insaisissabilité de celles-ci (v. *supra*, n° 73). S'agissant par ailleurs de comptes (même *joints*) dont les époux communs en biens sont titulaires, on notera (dans le même esprit) les dispositions de l'art. 48 du Décr. du 31 juill. 1992 (application de l'article 1414, al. 2, C. civ.). – V. par ailleurs, sur la nécessité, pour le *créancier* d'un époux marié sous le régime de la séparation de biens qui fait pratiquer une saisie sur un compte ouvert au nom des deux époux, d'*identifier* les fonds personnels de l'époux débiteur, Civ. 1re, 20 mai 2009, *Rev. huissiers* 2009. 278, obs. Vinckel, *RTD civ.* 2009. 578, obs. Perrot.

2. V. toutefois, pour le refus de sanctionner le défaut de dénonciation de la saisie-attribution au cotitulaire du compte, en l'absence de texte prévoyant une sanction, Paris, 7 nov. 2002, *Rev. huissiers* 2003. 167, obs. C. Caille.

3. Il n'y a donc plus lieu de reprendre ici les développements relatifs à la question du « concours de saisies » et à celle (dont le règlement était lié à celui de la précédente) des « conflits consécutifs à la cession de la créance saisie » : sur ces questions, v. 2e éd. de cet ouvrage, nos 154 à 157.

pratiquée. Il faut ajouter que la contestation peut avoir, le cas échéant, un objet plus limité, le saisi étant par exemple en désaccord avec le montant des sommes pour lesquelles le saisissant procède à la mesure. Il ne faut point exclure par ailleurs la possibilité de contestations ayant un autre auteur, comme le tiers saisi, particulièrement concerné par la mesure puisque celle-ci est pratiquée entre ses mains.

Quel que soit leur auteur, les contestations peuvent reposer sur des considérations de *fond* (ex. : contestations relatives aux créances cause ou objet de la saisie) ou de *forme* (irrégularités de procédure dont est entachée la mesure d'exécution).

277. – Toujours est-il que ces contestations sont portées devant le juge de l'exécution *du lieu où demeure le débiteur saisi* (art. 65, Décr. 31 juill. 1992)[1].

S'agissant du *délai* dans lequel « toute contestation relative à la saisie peut être élevée », la loi du 9 juillet 1991 en a fixé la durée à *un mois* (art. 45). Les auteurs du décret du 31 juillet 1992 ont précisé que ce délai, qui court à compter de la *dénonciation de la saisie* au débiteur, est prescrit à peine d'*irrecevabilité* (art. 66, al. 1 ; v. aussi, art. 58, al. 2, 2°, même Décr.). Encore faut-il souligner que la jurisprudence limite l'application des prescriptions relatives à ce délai aux seules contestations relatives à la saisie *au sens des textes*[2]. Toujours est-il qu'il est également prévu, sous la même sanction de l'irrecevabilité de la contestation, que celle-ci, une fois formée, est dénoncée le *même jour*, par lettre recommandée avec demande d'avis de réception, à l'huissier de justice qui a procédé à la saisie (art. 66, al. 1, Décr. 31 juill. 1992 mod. Décr. 18 déc. 1996)[3] et[4].

On rappelle cependant que la sanction attachée au caractère tardif de la contestation élevée par le débiteur ne laisse pas celui-ci sans recours : le débiteur peut, le cas échéant, « agir à ses frais en *répétition de l'indu* devant le juge *du fond* compétent » (art. 45, L. 9 juill. 1991, auquel renvoie au demeurant art. 66, al. 3, Décr. 31 juill. 1992).

---

1. Pour la stricte application de la compétence du juge de l'exécution du lieu où demeure le débiteur dans l'hypothèse de pluralité de débiteurs, v. Civ. 2e, 4 juill. 2007, *RTD civ.* 2007. 815, obs. Perrot. – Pour l'extension de la règle de compétence à une contestation d'avis à tiers détenteur, v. Civ. 2e, 1er févr. 2001, *D.* 2001. 908. V. toutefois, pour l'option de l'art. 9, Décr. 31 juill. 1992, Com. 12 mars 2002, *D.* 2002. 1180.

2. La jurisprudence conduit, non sans de sérieuses raisons dans l'ensemble, à restreindre considérablement le domaine d'application du délai. C'est ainsi que celui-ci ne s'applique pas aux contestations opposant le créancier saisissant au tiers saisi : Civ. 2e, 28 nov. 1998, *Bull. civ.* II, n° 284, *D.* 1999. IR. 30, *RTD civ.* 1999. 208, obs. Perrot; Civ. 2e, 11 mars 1999, *Bull. civ.* II, n° 49, *RTD civ.* 1999. 707, obs. Perrot. Deux des arrêts du 5 juillet 2000, alors qu'il s'agissait, certes, de telles contestations, contiennent même un motif très général, à savoir que « le délai d'un mois imparti pour élever une contestation *ne court pas à l'encontre du tiers saisi* » (Civ. 2e, 5 juill. 2000, *D.* 2001. 724, nos 934 et 935). V. encore, en ce sens, Civ. 2e, 22 mars 2001, *Rev. huissiers* 2001. 255, obs. Putman. Il convient par ailleurs de rappeler l'inapplicabilité du délai au *débiteur* lui-même en cas d'annulation du titre exécutoire sur le fondement duquel avait été pratiquée la saisie : Civ. 2e, 21 janv. 1998, *Bull. civ.* II, n° 24, *RTD civ.* 1998. 484, obs. Perrot, *D.* 1999. J. 233, note Bourdillat.

3. V. cep., sur les limites de cette exigence de dénonciation à l'huissier, Civ. 2e, 31 mai 2001, *D.* 2001. 1925, *D.* 2001. 2717, obs. Julien, *Rev. huissiers* 2001. 387, obs. Putman : l'omission de cette formalité n'entraîne pas l'irrecevabilité de la contestation lorsque l'huissier, informé de celle-ci par l'assignation délivrée à domicile élu, est celui qui a procédé à la saisie. Cpr. Paris, 11 sept. 2002, *Rev. huissiers* 2002. 43, obs. Putman. V. par ailleurs la solution sévère de Montpellier, 24 juill. 2002, *Rev. huissiers* 2003. 38, obs. Caille (dénonciation faite, non à l'huissier qui a procédé à la saisie, mais à l'huissier qui l'a dénoncée). Pour un ferme rappel de la nécessité d'une dénonciation à l'huissier, *le même jour,* dans une hypothèse où cet huissier avait été destinataire d'un projet d'assignation, v. Civ. 2e, 16 oct. 2003, *D.* 2003. 2670, *D.* 2004. 1486, obs. Taormina, *Rev. huissiers* 2004. 102, obs. Putman. – On notera que s'agissant de « dénoncer » la contestation à l'huissier, la dénonciation ne saurait être antérieure à la saisine du juge de l'exécution : Civ. 2e, 20 mars 2003, *D.* 2003. 947, *Rev. huissiers* 2003. 316, obs. Hoonakker.

4. Tout en soulignant que la recevabilité de la contestation suppose l'accomplissement des formalités prescrites dans les conditions de délai indiquées, la Cour de cassation a précisé que cette contestation n'est pas tardive du fait que l'assignation n'a été enrôlée que postérieurement à l'expiration du délai mensuel prévu : Civ. 2e, 3 nov. 2005, *D.* 2005. 2826, *Rev. huissiers* 2006. 108, obs. Lefort, *RTD civ.* 2006. 159, obs. Perrot. Rappr. Civ. 2e, 15 déc. 2005, *D.* 2006. 181.

278. – À supposer la contestation formée, son auteur en *informe* le tiers saisi par lettre simple (art. 66, al. 2, Décr.). Cette règle ne saurait évidemment s'appliquer lorsque le tiers saisi est lui-même... l'auteur de la contestation !

Toujours est-il qu'il incombe au juge de l'exécution de se prononcer sur la contestation.

S'il estime celle-ci totalement injustifiée, il la rejette, auquel cas et après notification aux parties en cause de la décision, le tiers saisi paie le créancier saisissant sur présentation de cette décision (art. 68, Décr.).

Si, au contraire, la contestation (que nous supposons ici portant globalement sur la validité de la saisie) est accueillie, la nullité de la mesure débouche logiquement sur la mainlevée de celle-ci[1].

Il faut tenir compte par ailleurs des dispositions de l'article 67 du décret du 31 juillet 1992.

C'est ainsi tout d'abord que, dans l'hypothèse où la dette n'est contestée que pour partie, le juge de l'exécution donne *effet* à la saisie pour la *fraction non contestée* de cette dette, sa décision étant *exécutoire sur minute* (v. art. 67, al. 1, Décr., ce texte déclarant en outre inapplicables les dispositions de l'art. 31, al. 2, Décr. : sur ces dispositions, *supra,* n° 130).

Ensuite, lorsqu'« il apparaît que ni le montant de la créance du saisissant ni la dette du tiers saisi ne sont sérieusement contestables, le juge de l'exécution peut ordonner *provisionnellement* le paiement d'une somme qu'il détermine en prescrivant, le cas échéant, des garanties » (art. 67, al. 2)[2]. Une telle décision n'a pas autorité de chose jugée au principal (art. 67, al. 3).

Section IV
L'avis à tiers détenteur, saisie-attribution particulière

278 *bis*. – Cette procédure simplifiée d'exécution permet au Trésor public de saisir des créances de sommes d'argent dont un redevable d'impositions (par hypothèse débiteur *défaillant*) est titulaire à l'égard d'un tiers (dit « tiers détenteur ») auquel un avis est notifié en vue du versement des sommes saisies à l'administration fiscale.

Il convient d'examiner l'avis à tiers détenteur dans le prolongement immédiat de la saisie-attribution proprement dite dont, malgré une certaine spécificité, il est très proche, notamment (et non exclusivement) en raison de l'effet attributif qui lui est reconnu[3].

---

1. Il incombe au créancier de donner mainlevée auprès du tiers saisi d'une saisie-attribution fondée sur un titre exécutoire annulé, mais une abstention fautive ne pourrait être reprochée au créancier qu'à compter de la signification de la décision portant annulation du titre exécutoire : Civ. 2e, 28 juin 2001, *Rev. huissiers* 2001. 391, obs. Putman, *RTD civ.* 2001. 963, obs. Perrot.

2. Ce pouvoir du juge permet, le cas échéant, de faire échec à des contestations purement dilatoires.

3. Il s'agit donc d'une saisie-attribution spéciale. À la vérité, l'on peut en dire autant de la procédure de paiement direct des pensions alimentaires (v. d'ailleurs Perrot et Théry, *Procédures civiles d'exécution*, examinant successivement ces deux procédures particulières qu'ils qualifient de saisies-*attributives* [et non attribution] *spéciales*; v. ég. Leborgne, *Voies d'exécution*, Dalloz, nos 189 et s.). Le paiement direct des pensions alimentaires sera toutefois étudié *infra*, nos 316 et s., avec l'ensemble des questions de recouvrement desdites pensions.– À propos de la procédure examinée dans la présente section, v., entre autres, P. Ancel, « Les incidences de la réforme sur l'avis à tiers détenteur », *Petites affiches* 6 janv. 1993 (n° spéc.), « L'exécution de la puissance publique », *RTD civ.* 1993 (n° spéc. « La réforme des procédures civiles d'exécution »), p. 135 et s., nos 15 et s.; J.-J. Bourdillat, « L'avis à tiers détenteur : une procédure civile d'exécution », *Gaz. Pal.* 1998. I. Doct. 188.

À la vérité, cette procédure est ancienne, puisque remontant à une loi du 12 novembre 1808. Elle peut être considérée comme un prodrome de la saisie-attribution examinée dans les précédentes sections, et donc comme l'une des sources d'inspiration du législateur de 1991 à cet égard. Elle fait directement l'objet des articles L. 262 et L. 263 du Livre des procédures fiscales et de l'article 86 de la loi du 9 juillet 1991 (mod. L. 30 déc. 1991), mais l'étude de la matière implique aussi la prise en compte de quelques autres dispositions. Les textes étant lacunaires, il faut en outre être attentif à la jurisprudence, appelée à donner quelques précisions. On verra que si certaines règles tirées du droit de la saisie-attribution précédemment examinée sont appliquées ou transposées, d'autres sont au contraire écartées. À ce propos, il importe de relever que la Cour de cassation a solennellement affirmé que « Si l'avis à tiers détenteur comporte l'effet d'attribution immédiate prévu à l'article 43 de la loi nº 91-650 du 9 juillet 1991, impliquant le droit pour le comptable public de recourir aux dispositions de l'article 64 du décret du 31 juillet 1992 » (sur ce texte, *supra*, nº 270), « aucune disposition légale ne prévoit l'application à l'avis à tiers détenteur des autres règles relatives à la saisie-attribution »[1]. On remarquera qu'aujourd'hui l'article 86 de la loi du 9 juillet 1991, outre la référence à l'effet attributif, renvoie à un autre texte applicable en matière de saisie-attribution, à savoir l'article 47-1, ajouté à la loi de 1991 par la loi du 12 mai 2009, dont l'objet est de préserver (automatiquement) la partie insaisissable du solde bancaire (*supra*, nº 73). En dehors de tels renvois, des « emprunts » à d'autres règles relatives à la saisie-attribution ne peuvent être totalement exclus, en raison de l'insuffisance des textes applicables à l'avis à tiers détenteur.

Les *conditions d'utilisation* (§ 1), puis les *conséquences* (§ 2) de la procédure d'avis à tiers détenteur seront successivement (et assez sommairement) présentées.

§ 1. CONDITIONS D'UTILISATION DE LA PROCÉDURE D'AVIS À TIERS DÉTENTEUR

278 *ter*. – S'agissant des *causes de la procédure, sont visés les « impôts », « pénalités »* et « frais accessoires » dont le recouvrement est garanti par le privilège du Trésor (art. L. 262, LPF). L'objectif est donc d'assurer le recouvrement de créances fiscales[2].

Conformément aux règles générales du droit de l'exécution forcée, la créance cause de la mesure doit être liquide, exigible[3] et constatée dans un titre exécutoire. Encore faut-il rappeler, à propos de cette dernière exigence, que l'administration peut se délivrer à elle-même des titres exécutoires (art. 3-6°, L. 9 juill. 1992 : *supra*, nº 88)… ce qui facilite évidemment sa tâche !

---

1. Ch. mixte, 26 janv. 2007, *D.* 2007. 451, *Rev. huissiers* 2007. 220, obs. Putman, *RTD civ.* 2007. 389, obs. Perrot, *D.* 2008. 1173, obs. Leborgne.

2. Pour des précisions, v. Perrot et Théry, *op. cit.*, 2e éd., nº 454; Vignal, *Droit et pratique des voies d'exécution* 2007-2008, nos 931-11 et s. Il convient de remarquer que le recouvrement des amendes *pénales*, fut-il garanti par le privilège du Trésor, n'entre pas dans le champ d'application de l'avis à tiers détenteur : Com. 12 mai 2004, *Bull. civ.* IV, nº 91, Com. 23 nov. 2004, *D.* 2005. 1607, obs. Taormina. – Sur la question, *adde* : Bourdillat, *Rev. huissiers* 2005. 292 (à propos de la solution contraire donnée par JEX Paris, 20 janv. 2005).

3. On relèvera qu'une demande de sursis de paiement régulièrement faite, en application de l'article L. 277 du LPF suspend l'exigibilité des impositions et fait obstacle à l'utilisation de la procédure d'avis à tiers détenteur (v. Perrot et Théry, *op. cit.*, 2e éd., nº 457). V., à propos de la modification de l'article L. 277 et de la nature juridique de l'avis à tiers détenteur, Taormina, *D.* 2004. 360.

S'agissant de la créance *objet* de la mesure d'exécution, sont visées, d'une manière *générale*, des « sommes *appartenant* ou *devant revenir* au redevable d'impôts » (ou assimilés), dont le tiers entre les mains duquel la saisie est pratiquée est dépositaire, détenteur ou débiteur (art. L. 262, LPF). Autrement dit, le domaine des créances saisissables en vertu d'un avis à tiers détenteur est plus vaste qu'il ne l'est dans le cadre de la saisie-attribution précédemment examinée. À la différence de celle-ci, il comprend *aussi* les *rémunérations* (v. d'ailleurs, *infra*, n° 306).

S'agissant des conditions d'ordre *procédural*, les textes ne témoignent pas d'un grand souci de formalisme. Il est simplement prévu qu'un « avis à tiers détenteur est *notifié* par le comptable public chargé du recouvrement », le tiers en question étant par là même informé qu'il est tenu de verser, au lieu et place du redevable, les fonds qu'il détient pour le compte de celui-ci ou qu'il lui doit, à concurrence des impositions dues par le redevable (art. L. 262, LPF).

À la différence de la saisie-attribution proprement dite, l'avis (qui correspond à l'acte de saisie) n'est donc pas signifié, ce qui exclut la nécessité de recourir à un huissier de justice. Il est simplement notifié par la voie postale et, en l'absence d'exigence particulière à cet égard, la recommandation de la lettre n'est pas nécessaire, même si elle apparaît souhaitable et si, au demeurant, des instructions la préconisent dans certains cas[1].

L'avis est non seulement notifié au tiers détenteur, mais il l'est *aussi* parallèlement, selon les mêmes formes simplifiées, au *redevable d'impositions* lui-même. La Cour de cassation voit d'ailleurs dans cette notification, qui correspond à une dénonciation de l'avis au redevable considéré, une condition de validité de la procédure[2]. Encore qu'aucun texte n'impose en la matière de délai pour procéder à cette formalité, il est certain que l'administration fiscale est incitée à l'accomplir rapidement, étant donné que la « dénonciation » fait courir le délai de deux mois dont dispose son destinataire pour contester. On s'explique donc qu'en pratique, la notification au tiers détenteur et sa dénonciation au redevable d'impositions soient simultanées[3].

§ 2. Conséquences de l'avis à tiers détenteur

278 *quater*. – S'agissant de la question de l'*effet* proprement dit, il est précisé, à l'article 86 de la loi du 9 juillet 1991 (mod. L. 30 déc. 1991) que l'avis à tiers détenteur « comporte l'effet d'*attribution immédiate* prévu à l'article 43 » (v. ég. art. L. 263, al. 2, LPF). S'appliquent donc les solutions, plus haut présentées (n°s 257 et s.), découlant d'un tel effet attributif, auxquelles il convient de se reporter.[4]

On sait toutefois qu'attribution immédiate ne signifie pas paiement immédiat. Pour que le Trésor public puisse demander au tiers détenteur de lui verser les sommes que

---

1. Vignal, *op. cit.*, n°s 932-13 et s.

2. Com. 13 nov. 1973, *Bull. civ.* IV, n° 326; Com. 18 juin 1996, *Bull. civ.* IV, n° 181. Il doit s'agir au demeurant d'une véritable notification d'un avis à tiers détenteur : Com. 19 avr. 2005, *Rev. huissiers* 2005. 353, a précisé qu'un « document revêtu d'une signature illisible et dépourvu de l'indication du nom et de la qualité du signataire ne constitue pas la notification d'un avis à tiers détenteur au redevable d'impôt ».

3. Vignal, *op. cit.*, n° 932-26.

4. On retrouve donc cet effet, mais aussi son « altération » consécutive au jeu éventuel de l'art. L. 632-2, al. 2, C. com., dont l'application est expressément prévue en matière d'avis à tiers détenteur comme en matière de saisie-attribution – (sur ce texte, *supra*, n° 258, al. 2).

celui-ci devait au redevable d'impôts (à concurrence évidemment du montant des impositions à l'origine de la procédure), il doit attendre l'expiration du délai de contestation qui est, en la matière, de *deux mois* (application art. R. 281-2, LPF) et non d'un mois comme c'est le cas en matière de saisie-attribution proprement dite. Encore faut-il qu'il n'y ait pas eu de contestation dans le délai prescrit. On remarquera que, dans le cas contraire, le règlement juridictionnel de celle-ci ne saurait intervenir directement. Il *présuppose* un recours devant l'autorité administrative compétente (règle du « recours préalable ») et le *rejet* (total ou partiel) de ce recours. C'est en effet seulement dans ces conditions qu'un juge peut ensuite être saisi. Celui-ci est, notamment dans l'hypothèse de contestation portant sur l'existence ou le montant de la créance cause de la mesure d'exécution, le « juge de l'impôt » (juge administratif ou juge judiciaire, selon la nature des impositions : pour la répartition des compétences à cet égard, v. art. L. 199, LPF). Dans l'hypothèse où est contestée « la régularité en la forme » des poursuites, compétence est *attribuée* au *juge de l'exécution* (art. L. 281, LPF)[1], et l'on notera que, s'agissant de compétence *territoriale*, la Cour de cassation a déclaré applicable l'article 65 du décret du 31 juillet 1992 concernant la saisie-attribution, le juge compétent étant donc celui du « lieu où demeure le débiteur »[2].

Toujours est-il qu'en l'absence de contestation dans le délai prescrit, de même que dans l'hypothèse de contestation déclarée injustifiée, le *paiement* peut être demandé au *tiers détenteur*. À ce propos, il importe de souligner que si celui-ci n'a pas répondu à l'avis qui lui avait été notifié, en ne retournant pas à l'administration fiscale l'accusé de réception qui y était joint, il ne saurait pour autant s'exposer à devoir payer au-delà des sommes dues par lui au redevable d'impôts. La Cour de cassation, écartant l'application de l'article 60 du décret du 31 juillet 1992, relatif aux sanctions de l'inexécution par le tiers saisi de son obligation de renseignement en matière de saisie-attribution (*supra*, n° 265 *bis*), a précisé que le tiers détenteur « n'était tenu, à l'égard du Trésor public, au paiement… que dans les limites de ses propres dettes » envers le redevable d'impôts[3]. Il ne saurait donc être condamné au paiement des causes de la saisie. Il convient de relever que c'est à propos de la même question qu'a été rendu (en chambre mixte) l'arrêt, déjà rencontré, du 26 janvier 2007. Par cet arrêt (et sur le fondement du motif général cité *supra*, n° 278 *bis*), la Cour de cassation a consacré la solution énoncée plus haut en affirmant que l'*obligation de renseignement* incombant au tiers saisi et les *sanctions* attachées à son inexécution en matière de saisie-attribution sont *inapplicables* au tiers détenteur. Dès lors, le tiers détenteur ne saurait non plus être condamné à des dommages et intérêts sur le fondement de l'article 60 susvisé[4].

Il n'en demeure pas moins que, dans la mesure qui a été précisée ci-dessus, le tiers détenteur doit verser au Trésor public les sommes réclamées. En cas de *refus de paiement,* il ne peut plus être question aujourd'hui pour l'administration fiscale de se délivrer un titre exécutoire à l'encontre du tiers détenteur, comme elle l'a longtemps fait. C'est qu'en effet, si le tiers détenteur doit payer, c'est en raison de ce qu'il devait *lui-*

---

1. Pour plus de détails, v. Perrot et Théry, *op. cit.*, 2e éd., n° 468. – Sur la notion de « régularité en la forme », v. Vignal, *op. cit.*, n° 934-22. V., affirmant que les contestations relatives au caractère insaisissable des sommes appréhendées (en l'espèce des rémunérations du travail) ressortit à la compétence du juge de l'exécution, Civ. 2e, 2 déc. 2004, *D.* 2005. 1608, obs. Taormina, *Rev. huissiers* 2005. 234, obs. Hoonakker.

2. Civ. 2e, 1er févr. 2001, *D.* 2001. 908. V. cep., pour l'option de compétence de l'article 9, Com. 12 mars 2002, *D.* 2002. 1180.

3. Com. 7 janv. 2004, *D.* 2004. 325, *Bull. civ.* II, n° 7, *D.* 2005. 1607, obs. Taormina. Sur la question, v. antérieurement, dans le même sens, Paris (j. ex.) 3 juill. 2003, *Rev. huissiers* 2003. 376, obs. Hoonakker.

4. Com. 6 mai 2008, *D.* 2009. 1176, obs. Leborgne.

même au redevable d'impositions, donc en raison d'une dette *civile*, et non fiscale. On comprend donc que la Cour de cassation, étendant cette fois une disposition du décret du 31 juillet 1992 (art. 64) à la matière examinée, ait estimé que l'administration devait demander au juge de l'exécution la délivrance d'un titre exécutoire contre le tiers détenteur[1]. S'agissant de la modalité de saisine du juge à ce propos, elle a écarté la procédure sur requête, laquelle aurait pu permettre une condamnation du tiers détenteur sans débat contradictoire préalable, alors que le refus de paiement peut être justifié par l'absence de dette à l'égard du redevable d'impôts. En conséquence, la demande de délivrance d'un titre exécutoire « doit être présentée selon les formes ordinaires de l'introduction de l'instance, c'est-à-dire par une *assignation,* conformément à l'article 19 » du décret du 31 juillet 1992[2].

1. Avis 7 nov. 1997, *Bull. civ.*, avis n° 3, *D.* 1997. 454, note Ruellan et Lauba, *RTD civ.* 1997. 1000, obs. Perrot; Civ. 2e, 23 nov. 2000, *Bull. civ.* II, n° 154, *D.* 2001. 283. V. aussi, dans motifs de Ch. mixte 26 janv. 2007, préc., la référence à l'article 64, Décr. 31 juill. 1992.
2. Avis 9 févr. 1998, *Bull. civ.*, avis n° 2.

Chapitre 2

Procédures spéciales de saisies relatives à certaines créances

279. – Ces procédures sont spéciales car l'on prend en compte soit la nature particulière des créances saisies (rémunérations du travail) ou de la créance cause de la saisie (créance alimentaire)[1], soit la « personnalité » du tiers saisi (personne morale de droit public). Il convient ainsi d'examiner dans ce chapitre :

– **la saisie des rémunérations du travail,** qui a fait l'objet en 1991 de remaniements non négligeables, mais dont on verra qu'elle est nettement distincte de la saisie-attribution (Section I);

– **le recouvrement des créances alimentaires,** qui demeure régi par des textes antérieurs à la réforme (Section II);

– **la saisie** pratiquée **entre les mains d'une personne morale de droit public,** qui a fait l'objet de textes à l'occasion de la réforme des voies d'exécution (dont il résulte que le domaine de la spécificité de cette procédure est fort limité) (Section III).

Section I

La saisie des rémunérations du travail[2]

280. – Quelques remarques d'ordre *général* (§ 1) précéderont les précisions nécessaires relatives à la *fraction saisissable* des rémunérations (§ 2). Seront ensuite présentés la *procédure* (§ 3) et les *incidents* (§ 4) de la saisie examinée. Un dernier développement sera consacré à la *cession des rémunérations* (§ 5), question réglementée parallèlement à la saisie de celles-ci.

---

1. S'agissant de *créances fiscales*, susceptibles de recouvrement par la voie de l'avis à tiers détenteur, la question a été examinée à la fin du chapitre précédent (n°s 278 *bis* et s.), dans le prolongement même de la saisie-attribution proprement dite.

2. Textes applicables : C. trav., art. L. 3252-1 à L. 3252-13 et R. 3252-1 à R. 3252-49. Sur la matière, v. M. Garrec, « La saisie des rémunérations », *Rev. trim. C. app. Versailles* 1993 (n° 27) p. 73 et s.; C. Launay, « Les techniques suivies par le greffe en matière de saisie des rémunérations », *Rev. trim. C. app. Versailles* 1993 (n° 27), p. 79 et s.; I. Pétel-Teyssié, « Saisie et cession des rémunérations », *Rev. huissiers* 1996. 12.

§ 1. Généralités

281. – Il est souvent question en pratique de saisie des « salaires » mais cette formulation est (cela depuis 1949) trop restrictive : les règles particulières à examiner ici s'appliquent « aux sommes dues à titre de rémunération à toutes les personnes salariées *ou* travaillant, *à quelque titre* et en quelque lieu *que ce soit,* pour un ou plusieurs *employeurs, quels que soient* le montant et la nature de leur rémunération, la *forme et la nature de leur contrat* » (art. L. 3252-1, C. trav.). La formule vise donc non seulement le salaire proprement dit, mais plus généralement toute *rémunération* d'un travail *effectué pour le compte d'autrui* et traduisant une *dépendance* (par rapport à l'« employeur »)[1]. On notera d'ailleurs qu'en conséquence d'une loi du 24 août 1930, les règles ci-dessus visées s'appliquent à la saisie des *traitements* des fonctionnaires (civils et militaires)[2].

282. – Depuis longtemps, il est admis que la saisie des rémunérations du travail doit obéir à un régime particulier, tenant compte du caractère *alimentaire* et donc « vital » pour son titulaire (et sa famille) de la créance qui en fait l'objet. C'est en considération de ce caractère qu'ont été posées des règles (déjà évoquées et qu'il conviendra de préciser) relatives à la fraction insaisissable des rémunérations en question : ces règles tracent certaines limites quant aux possibilités de pratiquer des saisies sur de telles rémunérations. Le particularisme de la créance saisie a conduit en outre à des dispositions spéciales réglementant la procédure même d'exécution utilisable en la matière[3].

283. – Ce particularisme explique au demeurant le souci des auteurs de la réforme des voies d'exécution de ne pas étendre le mécanisme de la saisie-attribution à la saisie

---

1. V., affirmant la nécessité d'un véritable lien de *subordination* entre le débiteur et le tiers saisi, Paris 20 mars 2003, *D.* 2003. 1340.

2. L'applicabilité du régime spécial de saisie des rémunérations étant fondée sur une dépendance (assimilable au lien unissant celui qui effectue un travail pour autrui à son « employeur ») il en avait été déduit qu'*en principe* la saisie d'une *pension de retraite* échappait à ce régime particulier (v. en ce sens Civ. 2e, 23 oct. 1991, *Bull. civ. II,* no 282; Civ. 2e, 8 janv. 1992, *D.* 1993. J. 42, note M.-P. Camproux, *D.* 1993. somm. 281, obs. Julien; Paris, 27 nov. 1997, *D.* 1998. IR. 23). À la vérité, tenant compte toutefois du fait que des textes particuliers prévoient que certaines pensions (notamment les pensions de vieillesse du régime général de la sécurité sociale : art. L. 355-2, al. 1, C. sécur. soc.) ne sont saisissables « que dans les mêmes *conditions* et *limites* que les salaires », la Cour de cassation a été conduite à estimer que la saisie de ces pensions obéit aux conditions de *fond* et de *forme* (et donc aussi de *procédure*) prévues en matière de saisie des rémunérations : Cass. (avis), 21 juill. 1995, *Bull. civ.*, avis no 11. V. aussi, pour l'applicabilité de ce régime particulier, en vertu de l'art. L. 922-7 C. séc. soc., à la saisie d'une pension de retraite complémentaire, Civ. 2e, 16 mars 2000, *D.* 2000. IR. 109. Pour une étude d'ensemble de la question, v. F. Andrieux, « La saisie des pensions de retraite ou les dessous d'un brutal revirement », *Rev. huissiers* 2003. 140. Pour la qualification de rémunération appliquée à une indemnité de départ *volontaire* en retraite, v. Soc. 30 janv. 2008, *D.* 2008. 490, *Rev. huissiers* 2008. 222, obs. Salati, *D.* 2009. 1176, obs. Leborgne. – S'agissant des pensions relevant du Code des pensions civiles et militaires (v. art. L. 56 de ce code), on notera que, jusqu'à une époque récente, elles étaient *en principe* totalement insaisissables (v. 7e éd. du présent ouvrage p. 144, note 1). Cette remarquable spécificité a disparu en conséquence de la loi no 2003-775 du 21 août 2003 portant réforme des retraites. L'article L. 56 susvisé, dans sa nouvelle rédaction, renvoie en effet aux conditions de l'article L. 355-2, C. sécur. soc.; lequel prévoit l'applicabilité des règles relatives à la saisie des rémunérations. – L'ancien système d'insaisissabilité totale ayant été maintenu pour les pensions de retraite des marins (art. L. 30 C. pensions de retraite des marins) la Cour de cassation a estimé que l'application de ce système pouvait constituer une mesure discriminatoire, contraire à la Convention européenne des droits de l'homme : Civ. 2e, 3 mai 2007, *Rev. huissiers* 2007. 287, obs. Fricero, *RTD civ.* 2007. 643, obs. Perrot, *D.* 2008. 1169 (1re col.) et 1170 (1re col.), obs. Leborgne. – Pour une excellente synthèse de l'évolution (concernant l'ensemble des régimes de retraites) et le point sur le droit positif, après la loi du 21 août 2003, v. Taormina, *D.* 2004. 1484 (à propos de Civ. 2e, 20 nov. 2003). – On notera par ailleurs que la procédure de saisie des rémunérations ne saurait s'appliquer à la saisie de *droits d'auteur* (v. s'agissant, d'une manière générale, de la saisie des revenus tirés de l'exploitation d'une œuvre de l'esprit, les articles L. 333-1 à L. 333-4, C. propr. intell.).

3. La procédure de saisie des rémunérations s'impose, même si le contrat de travail a pris fin : A. P. 9 juill. 2004, *Bull. civ.*, no 11, *D.* 2004. 3161, note Bugada, *Rev. huissiers* 2004. 349, obs. Bourdillat, *RTD civ.* 2004. 779, obs. Perrot.

des rémunérations du travail[1]. C'est qu'en effet, il convenait d'éviter à tous ceux (c'est-à-dire l'immense majorité) dont les seules (ou principales) ressources consistent en de telles rémunérations de *perdre tout crédit,* le système de l'attribution immédiate de la créance saisie au saisissant *excluant* en effet le *concours* entre créanciers. C'est dire que, s'agissant de saisie des rémunérations, la possibilité d'un tel concours n'a pas été remise en cause.

Dans ces conditions, les changements en la matière ont été moins fondamentaux que ceux qui ont affecté la procédure de droit commun.

284. – Il convient cependant de remarquer que les innovations introduites par la réforme des voies d'exécution sont loin d'être négligeables.

On observera tout d'abord que le législateur a exclu toute saisie conservatoire des rémunérations (art. L. 3252-7, C. trav.)[2] : ces dernières ne peuvent faire l'objet que de mesures d'exécution, ce qui conduit à exiger du saisissant qu'il soit muni d'un *titre exécutoire*[3] constatant une créance liquide et exigible (art. R. 3252-1, C. trav.)[4]. Cette solution permet de faire l'économie d'une instance en validité (qu'imposaient les textes antérieurs).

Il faut en outre souligner ce qui a été présenté comme une *innovation majeure* en la matière, à savoir le principe selon lequel le titulaire d'une créance de rémunération du travail doit être assuré de *conserver en toute hypothèse* une *fraction* de sa rémunération, même lorsque le saisissant est un créancier d'*aliments* (sur ce point, *infra,* n° 288).

285. – Pour être intéressantes, les innovations demeurent tout de même limitées. On notera au demeurant que les auteurs d'une réforme dont résulte, entre autres, l'institution du juge de l'exécution, n'ont pas prévu la compétence de celui-ci en matière de saisie de rémunérations du travail (v. cep., à ce propos, *supra*, n° 113 *ter*, 2°). Les résultats de l'application de la solution antérieure ayant été estimés satisfaisants, la compétence du *juge d'instance* (art. 3252-7, C. trav.) (exerçant d'ailleurs les pouvoirs du juge de l'exécution : art. R. 3252-11, C. trav.) a été maintenue[5]. À la vérité, la dérogation au principe de la compétence du juge de l'exécution en matière de saisies n'est guère importante dès lors que (on le sait) les fonctions de juge de l'exécution peuvent être déléguées... à un juge d'instance ! (Rappelons ici encore, s'agissant de perspectives d'avenir, *supra* n° 113 *ter* 2°).

---

1. V. cep., s'agissant de l'hypothèse particulière d'*avis à tiers détenteur*, *supra*, n° 278 *ter*, et *infra*, n° 306.

2. Cela étant, dès lors que les rémunérations sont versées sur un compte bancaire, elles peuvent faire l'objet d'une mesure conservatoire (Civ. 2e, 24 juin 2004, *JCP* 2004. IV. 2742, *RTD civ.* 2004. 780, obs. Perrot), mais le titulaire du compte est protégé par le système de mise à disposition immédiate des sommes insaisissables (*supra*, n° 73). – S'agissant du *domaine* de l'interdiction de la saisie conservatoire, on notera que l'interdiction a été déclarée applicable à l'indemnité de non-concurrence : Paris, 23 févr. 2006, *Rev. huissiers* 2006. 222, obs. Lefort.

3. Pour l'impérieuse nécessité d'un tel titre, v. Civ. 2e, 15 févr. 1995, *D.* 1995. IR. 75. Il faut au demeurant que ce titre impose de payer : c'est la raison pour laquelle une décision d'expulsion ne peut fonder une saisie des rémunérations (Civ. 2e, 21 mars 2002, *D.* 2002. 1325).

4. Pour le rappel de la condition d'exigibilité (dans l'hypothèse de saisie des rémunérations par le Trésor public), v. Civ. 2e, 8 oct. 1997, *D.* 1998. J. 476, note Ruellan et Lauba.

5. Selon la Cour de cassation, il faut en déduire que le juge d'instance peut « trancher les incidents de fond soulevés par le débiteur », à condition de respecter les limites des pouvoirs du juge de l'exécution, telles que précisées par son avis du 16 juin 1995 : Cass. (avis) 14 févr. 1997, *Bull. civ.*, avis n° 2, p. 1, *RTD civ.* 1997. 518, obs. Perrot. Sur l'avis du 16 juin 1995, *supra,* n° 116. – On relèvera que les parties peuvent se faire représenter devant le juge « par un avocat, par un officier ministériel du ressort, lequel est dispensé de produire une procuration, ou par tout autre mandataire de leur choix, muni d'une procuration; si ce mandataire représente le créancier saisissant, sa procuration doit être spéciale à l'affaire pour laquelle il représente son mandant » (art. L. 145-11, C. trav.).

§ 2. Fraction saisissable des rémunérations du travail

286. – La saisie ne peut porter sur la totalité de la créance de rémunération du travail. Une partie de celle-ci doit en effet échapper à la mesure d'exécution.

Cette partie est proportionnellement d'autant plus élevée que le montant de la rémunération est faible. L'idée sur laquelle repose cette solution est évidemment que lorsque ce montant est modeste, la part consacrée aux dépenses d'ordre alimentaire est relativement importante et que la fraction insaisissable de la rémunération doit donc l'être également. Au contraire, on peut admettre une fraction saisissable plus étendue lorsque la rémunération est élevée, la part consacrée aux dépenses alimentaires étant, par hypothèse, proportionnellement plus faible.

287. – Les proportions dans lesquelles les rémunérations du travail sont saisissables sont fixées à l'article R. 3252-2 du Code du travail. Les seuils (et correctifs) prévus par ce texte sont *révisés annuellement* par décret en fonction de l'évolution de l'indice des prix à la consommation hors tabac des ménages urbains (art. R. 3252-4, C. trav.)[1].

288. – Il importe de souligner que la règle de l'insaisissabilité d'une partie des rémunérations du travail ne peut *en principe* être opposée aux créanciers d'*aliments,* ceux-ci pouvant donc normalement poursuivre le recouvrement de leur pension alimentaire sur l'*intégralité* des revenus considérés (art. L. 3252-5, al. 1, C. trav.).

L'application rigoureuse de cette règle sous l'empire du droit antérieur à la réforme des voies d'exécution avait révélé de sérieux inconvénients. C'est qu'en effet, la solution est propre à « désespérer » le débiteur, à le conduire parfois à ne plus travailler ou à ne le faire que clandestinement... ce qui aboutit à léser les intérêts du créancier d'aliments lui-même ! Aussi bien la Cour de cassation avait-elle entendu limiter les effets pervers de la règle en décidant que l'application de celle-ci ne devait pas priver le débiteur du « minimum de survie »[2].

Dans le même esprit, le législateur, à l'occasion de la réforme des procédures civiles d'exécution, a prévu que le débiteur saisi doit conserver « dans tous les cas » une partie de sa rémunération (art. L. 3252-5, al. 2, C. trav.). La somme qui doit ainsi être laissée au bénéficiaire de la rémunération correspond au montant forfaitaire du *revenu de solidarité active* pour un foyer composé d'une seule personne (art. R. 3252-5, C. trav., mod. Décr. 18 juin 2009)[3].

---

1. Sachant que ces chiffres doivent normalement, *chaque année,* être *révisés,* on notera donc, à titre purement indicatif, que la fraction *saisissable* des rémunérations *annuelles* a été fixée comme suit, pour 2009, par le décret n° 2008-1288 du 9 déc. 2008 modifiant l'article R. 3252-2 du Code du travail :
1° Le vingtième, sur la tranche inférieure ou égale à 3 460 € ;
2° Le dixième, sur la tranche supérieure à 3 460 € et inférieure ou égale à 6 790 € ;
3° Le cinquième, sur la tranche supérieure à 6 790 € et inférieure ou égale à 10 160 € ;
4° Le quart, sur la tranche supérieure à 10 160 € et inférieure ou égale à 13 490 € ;
5° Le tiers, sur la tranche supérieure à 13 490 € et inférieure ou égale à 16 830 € ;
6° Les deux tiers, sur la tranche supérieure à 16 830 € et inférieure ou égale à 20 220 € ;
7° La totalité, sur la tranche supérieure à 20 220 €.
Les « seuils » déterminés ci-dessus sont augmentés *d'un* montant de 1 310 euros par personne à la charge du débiteur saisi (pour la liste de ces personnes, v. ég. l'art. R. 3252-3). V. en outre *infra*, n° 288 *in fine*, et la note (3).

2. Civ. 2e, 10 oct. 1984, *RTD civ.* 1985. 218, obs. Perrot.

3. Il y a lieu de tenir compte de ce montant pour déterminer la fraction saisissable (v. actuellement art. L. 3252-3, C. trav. mod.).

289. – Dans ces conditions, le système actuel conduit à distinguer entre trois « parties » de la rémunération :

– l'une de celles-ci, correspondant au montant forfaitaire du revenu de solidarité active pour un foyer composé d'une seule personne, est *absolument* insaisissable[1] puisque même le recouvrement d'une pension alimentaire ne peut être poursuivi sur elle ;

– une autre partie de la rémunération est saisissable seulement par les créanciers d'*aliments*. Il s'agit de celle qui, tout en étant comprise dans la fraction *normalement* insaisissable, excède le montant forfaitaire du revenu de solidarité active (dont il vient d'être question). Le paiement de ces créanciers est au demeurant *d'abord* imputé sur cette partie (art. L. 3252-5, al. 1, *in fine*, C. trav.) ;

– la troisième partie est saisissable par *tout* créancier, étant entendu que si le créancier d'aliments n'a pu être totalement désintéressé sur la précédente, il exerce ses droits sur cette fraction normalement saisissable *avant* les autres créanciers[2].

§ 3. Procédure

290. – Comme sous l'empire des textes antérieurs, la saisie des rémunérations du travail a nécessairement un caractère *judiciaire*. Elle suppose l'intervention du *juge d'instance* (v. à ce propos, *supra*, n° 113 *ter*, 2°), ce juge étant *en principe* celui du lieu *où demeure le débiteur*. Si ce dernier réside à l'étranger ou n'a pas de domicile connu, le juge compétent est celui du lieu où demeure le tiers saisi (art. R. 3252-7, C. trav.).

Cela étant, une *tentative de conciliation* (A) doit obligatoirement précéder une *éventuelle saisie* (B).

A. La tentative de conciliation

291. – Il convient de souligner le caractère *obligatoire* de cette phase de la procédure (a) avant d'examiner les règles qui lui sont applicables (b).

a) Caractère obligatoire de la tentative de conciliation

292. – La saisie des rémunérations du travail, bien qu'obéissant à des règles que l'on a voulues relativement simples, est gênante non seulement pour le saisi mais aussi pour son employeur (tiers saisi), et elle risque au demeurant de compromettre les rapports entre ces deux personnes. Il est donc souhaitable que l'on ne puisse pratiquer une telle mesure d'exécution que s'il est acquis qu'aucun arrangement n'est possible entre le créancier qui envisage de saisir et son débiteur.

C'est la raison pour laquelle la saisie ayant pour objet des rémunérations du travail doit toujours être précédée, à peine de *nullité,* d'une tentative de conciliation (art. R. 3252-12, C. trav.) : celle-ci constitue donc un *préliminaire obligatoire*[3].

---

1. V. cep. note ci-dessus. Pour la nécessité de tenir compte en outre d'un correctif pour charges de famille, v. Civ. 2e, 19 sept. 2002, *D.* 2002. 2715, *Rev. huissiers* 2003. 40, obs. Bourdillat.

2. Ce droit de préférence au bénéfice du créancier alimentaire ne s'applique qu'en cas de demande de *paiement direct* : Civ. 2e, 28 sept. 2000, *D.* 2000. IR. 265 (sur l'incident consécutif à une telle demande, *infra*, n° 308. Sur la procédure de paiement direct, *infra*, nos 319 et s.).

3. La Cour de cassation a toutefois relevé qu'aucun texte n'impose que le juge autorisant la saisie constate que la tentative de conciliation a eu lieu : Civ. 2e, 16 déc. 2004, *D.* 2005. 246.

b) Règles applicables à la tentative de conciliation

293. – Le juge d'instance devant lequel la tentative de conciliation doit se dérouler est saisi par le créancier par une *requête* (remise ou adressée au greffe du tribunal). Cette requête, à laquelle est jointe une copie du *titre exécutoire* en vertu duquel la procédure est menée[1], contient, outre les indications prescrites à l'article 58 du Code de procédure civile, le nom et l'adresse de l'employeur du débiteur, le décompte des sommes réclamées (avec indication du taux des intérêts) ainsi que des précisions relatives aux modalités de versement desdites sommes (art. R. 3252-13, C. trav.).

Il incombe au greffier d'*aviser* le demandeur (par tout moyen) des lieu, jour et heure de la tentative de conciliation (art. R. 3252-14, C. trav.) et de *convoquer* le débiteur en vue de celle-ci.

La *convocation* (adressée par lettre *recommandée* avec demande d'*avis de réception* : art. R. 3252-6, C. trav.) comporte certaines mentions (art. R. 3252-15, C. trav.), à savoir :

– des éléments d'*identification* du *créancier* ainsi que les *lieu, jour et heure* de la tentative de conciliation;

– des indications relatives à l'*objet de la demande* (avec des précisions sur les sommes réclamées);

– une mention selon laquelle le débiteur doit élever lors de l'audience prévue *toutes les contestations* qu'il pourrait faire valoir (étant précisé qu'une contestation tardive ne suspendrait pas le cours des opérations de saisie);

– la reproduction de dispositions relatives aux *possibilités* et *modalités* de *représentation* des parties devant le juge (sur ce point, v. art. L. 3252-11, C. trav.).

On notera que la convocation des parties à l'audience de conciliation doit être faite *quinze jours au moins* avant la date fixée pour celle-ci (art. R. 3252-16, C. trav.).

294. – Au jour de l'*audience,* le juge d'instance tente de concilier les parties (dès lors évidemment que celles-ci comparaissent toutes deux)[2].

En cas d'arrangement, il n'y a naturellement pas lieu de pratiquer la saisie.

Dans le cas contraire, le juge *vérifie* le montant des sommes réclamées, réglant, le cas échéant, les contestations soulevées par le débiteur[3]. Ensuite, et dès lors évidemment que lesdites contestations ne sont pas de nature à faire échec à la mesure d'exécution, le procès-verbal de non-conciliation établi à l'issue de la phase préalable de la procédure permet de procéder à la saisie (art. R. 3252-21, C. trav.).

---

1. Pour le refus d'une substitution, au cours de la phase de conciliation, d'un autre titre à celui qui avait été joint à la requête, v. Civ. 2e, 8 juin 2000, *Rev. huissiers* 2001. 46, obs. Hoonakker. V. aussi Civ. 2e, 24 mars 2005, *Rev. huissiers* 2005. 301, obs. Putman.

2. Si le créancier ne comparaît pas, il est fait application de l'art. 468, C. pr. civ. (Sur ce point, v. Couchez, *Procédure civile,* 15e éd., no 313); si le débiteur ne comparaît pas, il est procédé à la saisie, à moins que le juge n'estime nécessaire une nouvelle convocation (art. R. 3252-19, al. 1 et 2, C. trav.). V. cep. Civ. 2e, 14 juin 2001, *Bull. civ.* II, no 120, *D.* 2001. 2243 et 2717, obs. Julien, précisant, sur le fondement de l'article 670-1, C. pr. civ., qu'il ne peut être procédé à la saisie sans que le juge d'instance ait ordonné une nouvelle comparution, qu'après que celui-ci se soit assuré que le débiteur avait été régulièrement convoqué.

3. Il n'appartient pas au juge d'instance (investi des pouvoirs du juge de l'exécution à l'occasion de la procédure de saisie sur les rémunérations), après avoir autorisé la saisie, de condamner le débiteur à payer à son créancier le montant des causes de la saisie : Civ. 2e, 20 oct. 2005, *D.* 2005. 2772.

B. La saisie et ses suites

295. – L'*originalité* de la procédure examinée tient notamment au fait que le *greffier* du tribunal d'instance est chargé de *procéder à la saisie*. Quelques précisions s'imposent quant à l'acte de saisie (a) et ses conséquences (b).

a) L'acte de saisie

296. – Le greffier doit *en principe* procéder à la saisie dans les *huit jours* suivant l'établissement du *procès-verbal de non-conciliation*. Toutefois, dans l'hypothèse où l'audience de conciliation a donné lieu à un jugement (le règlement de contestations rend un tel jugement nécessaire), le délai ci-dessus ne court qu'à compter de l'expiration des délais de recours contre ce jugement (art. R. 3252-21, C. trav.).

L'acte de saisie, établi par le greffe, contient les mentions suivantes (art. R. 3252-22, C. trav.) :

– des éléments d'*identification* du saisi et du saisissant;

– des précisions relatives aux *sommes réclamées* (avec indication du taux des intérêts);

– le mode de calcul de la fraction saisissable et les modalités de son règlement;

– l'*injonction* consécutive à l'obligation de *déclaration* pesant sur le tiers saisi (*infra*, n° 299), ainsi que la reproduction de textes relatifs aux diverses *obligations* dont celui-ci est tenu.

297. – L'acte de saisie ainsi établi doit être porté à la *connaissance* du *tiers saisi* et du *débiteur saisi*.

Ainsi est-il prévu que :

– d'une part, l'acte de saisie est *notifié* à l'employeur (en application de l'article R. 3252-6 du Code du travail, la notification doit être faite par lettre *recommandée* avec demande d'*avis de réception*);

– d'autre part, il en est donné copie au débiteur par lettre *simple*, avec l'indication qu'en cas de changement d'employeur, la saisie sera poursuivie entre les mains du nouvel employeur (art. R. 3252-23, C. trav.).

b) Les conséquences de la saisie

298. – En conséquence de la notification qui lui est faite de la saisie, l'employeur est tenu de certaines *obligations*.

299. – La première de celles-ci est une obligation de *déclaration* (déjà évoquée à propos des mentions de l'acte de saisie : *supra*, n° 296) : le tiers saisi doit en effet, dans les *quinze jours au plus tard* suivant ladite notification (art. R. 3252-24, al. 1, C. trav.), « faire connaître la situation de droit existant entre lui-même et le débiteur saisi ainsi que les cessions, saisies, avis à tiers détenteur ou paiement direct de créances alimentaires en cours d'exécution » (art. L. 3252-9, C. trav. – Sur les possibilités de consultation de cette déclaration par les intéressés, v. art. R. 3252-24, al. 2, C. trav.).

On relèvera que l'obligation de déclaration mise à la charge du tiers saisi est assortie de *sanctions* (art. L. 3252-9, al. 2, et art. R. 3252-25, C. trav.) : si l'employeur, *sans motif légitime*, n'exécute pas cette obligation (de même d'ailleurs que s'il l'exécute mal, en faisant une déclaration mensongère), il peut être condamné par le juge au paiement d'une *amende civile* (dont le montant peut s'élever jusqu'à 3 000 euros), sans préjudice des dommages et intérêts qui pourraient lui être réclamés et de l'application de la sanction attachée à l'inexécution de l'autre obligation pesant sur le tiers saisi (v. ci-dessous)[1].

300. – C'est qu'en effet, en conséquence de la mesure pratiquée, le tiers saisi est tenu d'exécuter une obligation dont l'objet est de permettre le *paiement* du saisissant.

On notera à ce propos que si le saisissant a le droit d'obtenir paiement sur les rémunérations dues au saisi (grâce à des « retenues » opérées par l'employeur sur celles-ci), cela ne lui ouvre pas pour autant la possibilité de se faire directement payer par le tiers saisi. Il s'est agi, ici encore, de limiter les inconvénients de la saisie pour celui-ci. C'est ainsi qu'il est prévu que l'employeur doit adresser tous les mois au greffe une somme égale à la fraction saisissable des rémunérations (v. art. L. 3252-10, al. 1 et art. R. 3252-27, al. 1, C. trav.). Le chèque, libellé conformément aux indications données par le créancier saisissant lorsque celui-ci est unique, est ensuite adressé par le greffe au saisissant ou à son mandataire. Le versement peut, le cas échéant, être opéré par virement, également établi conformément aux indications données par le créancier. Dans ce cas, il incombe à l'employeur de justifier auprès du greffe de la date et du montant du virement (art. R. 3252-27, al. 2, C. trav.)[2].

À défaut d'exécution par l'employeur de l'obligation dont il vient d'être question, une *sanction* énergique doit être appliquée : « le juge, même d'*office,* le déclare *débiteur des retenues* qui auraient dû être opérées et qu'il détermine, s'il y a lieu, au vu des éléments dont il dispose » (art. L. 3252-10, al. 2, C. trav.). Sans doute l'employeur ainsi sanctionné (et qui, devenu personnellement débiteur du saisissant, aura dû verser les sommes fixées à ce dernier) dispose-t-il d'un recours contre le débiteur saisi, mais un tel recours ne peut être exercé qu'*après* la *mainlevée* de la saisie (art. L. 3252-10, al. 3, C. trav.).

§ 4. Incidents

301. – Les « incidents » auxquels la saisie des rémunérations du travail est susceptible de donner lieu peuvent être très divers.

Il importe de souligner dès l'abord que tous les événements visés ne sont pas nécessairement – tant s'en faut ! – source de contentieux. Sans doute certains incidents peuvent-ils se traduire par (ou déboucher sur) une ou des contestations portées devant le *juge d'instance* : en pareille hypothèse, celles-ci sont formées, instruites et jugées selon les règles de la procédure *ordinaire* devant le tribunal d'instance (art. R. 3252-8, C. trav.)[3]. Toutefois, en l'absence de contestation, le règlement des incidents ne suppose pas de décision contentieuse.

Quoi qu'il en soit, les difficultés à examiner peuvent être classées en fonction de leur *origine* : certaines d'entre elles procèdent de la pluralité de créanciers (A), d'autres de diverses autres circonstances relatives aux parties à la procédure de saisie (B).

---

1. Le texte devant être interprété strictement, la sanction ne s'applique pas en cas de déclaration seulement incomplète : Civ. 2e, 11 juill. 2002, *D.* 2002. 2382.
2. Dans l'hypothèse de pluralité de créanciers, le versement est fait par chèque ou par virement établi à l'ordre du régisseur installé auprès du greffe : v. ég. *infra,* nos 303 et s.
3. Sur cette procédure, v. Couchez, *Procédure civile,* 15e éd., nos 287 à 290 *bis.*

A. Incidents consécutifs à la pluralité de créanciers

302. – Encore que les auteurs du décret du 31 juillet 1992 les aient édictées en dehors du cadre des « incidents » proprement dits, il convient d'envisager d'abord les *règles générales* applicables en cas de pluralité de créanciers (a), avant de s'attacher à des *règles spéciales*, commandées par la qualité particulière de certains créanciers (b).

a) Règles générales

303. – « Tout créancier muni d'un *titre exécutoire*[1] *peut, sans tentative de conciliation préalable*[2], *intervenir* à une procédure de saisie des rémunérations du travail en cours, afin de participer à la répartition des sommes saisies » (art. R. 3252-30, al. 1, C. trav.)[3].

L'intervention est formée par *requête* (contenant les mentions prescrites à l'article R. 3252-13, C. trav.), remise contre récépissé ou adressée au greffe (art. R. 3252-30, al. 2 et 3), auquel il incombe, après vérification par le juge du montant de la créance, de procéder à l'*information* des personnes intéressées (art. R. 3252-31, C. trav.).

C'est ainsi en effet que l'intervention est *notifiée* au débiteur et aux créanciers qui sont déjà dans la procédure. L'employeur est parallèlement *avisé* que les versements seront désormais effectués *à l'ordre du régisseur* installé auprès du greffe du tribunal d'instance (et non évidemment à l'ordre *du* créancier, solution qui ne vaut plus dès qu'il y a pluralité de saisissants).

L'intervention peut être *contestée* à tout moment de la procédure de saisie, le débiteur ayant en outre la possibilité, après la fin de la procédure, d'agir à ses frais en répétition contre un intervenant qui aurait été indûment payé (art. R. 3252-32, C. trav.).

304. – Les sommes versées au régisseur sont *réparties* entre les créanciers saisissants *au moins tous les six mois*, à moins que, dans l'intervalle, les sommes atteignent un montant suffisant pour désintéresser ceux-ci.

Le greffe *notifie* l'état de répartition à chaque créancier. Dans l'hypothèse où une intervention a été contestée, les sommes susceptibles de revenir à l'intervenant sont consignées. Elles ne seront évidemment remises à celui-ci que si la contestation est rejetée. Si, au contraire, cette dernière est accueillie, ces sommes sont, selon le cas, distribuées aux créanciers ou restituées au débiteur (art. R. 3252-35, C. trav.).

On notera enfin que l'état de répartition peut être lui-même contesté dans le délai de *quinze jours* suivant sa notification. À défaut de contestation, le greffe envoie à chaque créancier un chèque d'un montant égal aux sommes qui lui reviennent. Dans le cas contraire, le versement des sommes dues n'intervient qu'après règlement par le juge de la contestation (art. R. 3252-36, C. trav.).

b) Règles spéciales

305. – Ces règles sont dictées par le souci de favoriser certains créanciers, à savoir le *Trésor public* et les créanciers d'*aliments*, les incidents à examiner étant consécutifs soit

---

1. Est-il besoin de rappeler qu'un acte notarié revêtu de la formule exécutoire constitue un tel titre ? (*supra*, n° 86). La Cour de cassation a dû cependant le faire, à propos précisément d'une intervention à une procédure de saisie des rémunérations : Civ. 2e, 13 mars 2001, *D.* 2001. 1219 ; 22 mars 2001, *Rev. huissiers* 2001. 318, obs. Putman.

2. Civ. 2e, 22 mars 2001, préc.

3. En principe, l'intervention est le fait d'un créancier qui n'est pas encore partie à la procédure. Elle peut toutefois émaner aussi d'un créancier *déjà partie*, réclamant par cette voie les intérêts échus et les frais et dépens liquides ou vérifiés depuis la saisie (art. R. 3252-33, C. trav.).

à la notification au tiers saisi d'un *avis à tiers détenteur* (1°), soit à une demande de *paiement direct* (2°).

***1° Incident consécutif à un avis à tiers détenteur*[1]**

306. – La notification à l'employeur, faite en application des articles L. 262 et L. 263 du Livre des procédures fiscales, d'un avis à tiers détenteur *suspend le cours de la saisie* jusqu'à l'extinction de l'obligation du redevable. Il s'agit en effet de permettre *en principe* le paiement de la dette du débiteur saisi envers le Trésor public avant celui (ou la poursuite de celui) des autres créanciers. Toutefois, la prééminence du Trésor public n'est pas absolue, les auteurs des dispositions régissant la matière n'ayant pas voulu qu'elle s'exerçât au préjudice des créanciers d'aliments : sont donc réservées les procédures de paiement direct engagées pour le recouvrement de *pensions alimentaires* (art. R. 3252-37, al. 1, C. trav.).

307. – Toujours est-il que l'employeur auquel est notifié un avis à tiers détenteur doit informer de la saisie en cours le comptable public, ce dernier ayant à indiquer au greffe du tribunal la *date* de l'avis ainsi que celle de sa notification au redevable. Il incombe au greffe de *notifier* aux créanciers saisissants la *suspension* de la saisie (art. R. 3252-37, al. 2, C. trav.).

Après extinction de la dette du redevable, le comptable en informe le greffe qui *avise* les créanciers de la *reprise* des opérations de saisie (art. R. 3252-37, al. 3, C. trav.).

2° Incident consécutif à une demande de paiement direct

308. – Dans l'hypothèse où lui est notifiée une demande de paiement direct d'une pension alimentaire[2], l'employeur verse au débiteur de celle-ci la fraction absolument insaisissable de sa rémunération[3].

Il verse au *créancier d'aliments* les sommes qui lui sont dues (si ces sommes sont inférieures à celles qui peuvent être saisies par les seuls créanciers d'aliments, le reliquat est versé au débiteur) (art. R. 3252-39, al. 1, C. trav.).

L'employeur continue de verser au greffe la fraction *normalement* saisissable[4], après imputation, le cas échéant, des sommes versées au créancier d'aliments (art. R. 3252-39, al. 2, C. trav.).

B. Incidents consécutifs à diverses circonstances relatives aux parties à la procédure de saisie

309. – Ces circonstances peuvent tenir à une *pluralité d'employeurs* (a), à la *cessation* du lien de droit entre le débiteur et l'employeur (b), à un *changement d'employeur* (c), ou à un *changement de domicile* (ou de résidence) du créancier ou du débiteur (d).

a) Pluralité d'employeurs

310. – Le débiteur percevant, en pareille hypothèse, des rémunérations émanant de plusieurs personnes, il appartient au juge d'instance de déterminer les employeurs chargés d'opérer les retenues (art. R. 3252-40, al. 1, C. trav.).

---

1. Sur l'*avis à tiers détenteur*, v. *supra*, n°s 278 *bis* et s.
2. Sur la procédure de paiement direct des pensions alimentaires, *infra*, n°s 319 et s.
3. Sur cette « fraction », v. *supra*, n° 288.
4. … c'est-à-dire saisissable par *tout* créancier : v. *supra*, n° 287.

Dès lors que l'un des employeurs est en mesure de verser la *totalité* de la fraction *saisissable,* un souci de simplification a conduit à prévoir que la saisie peut être pratiquée entre ses mains (art. R. 3252-40, al. 2, C. trav.).

b) Cessation du lien de droit entre le débiteur et l'employeur

311. – Lorsque le lien de droit entre le débiteur et son employeur prend fin, ce dernier en informe le greffe, après quoi les fonds détenus par le régisseur sont répartis (art. R. 3252-43, C. trav.).

c) Changement d'employeur

312. – Dans cette hypothèse, la saisie peut être *poursuivie* entre les mains du nouvel employeur, *sans conciliation préalable.*

Encore faut-il pour que cette solution soit applicable que la demande de poursuite de la procédure soit faite *dans l'année* suivant l'*avis,* donné par l'ancien employeur, de la cessation du lien de droit qui l'unissait au débiteur. À défaut, la saisie prend fin et les fonds sont répartis (art. R. 3252-44, al. 1, C. trav.).

d) Changement de domicile (ou de résidence) du créancier ou du débiteur

313. – En cas de changement du lieu où demeure le *créancier,* celui-ci en avise le greffe, à moins qu'il n'ait comparu par mandataire, auquel cas il est réputé avoir élu domicile chez celui-ci (art. R. 3252-41, C. trav.).

En cas de changement du lieu où demeure le *débiteur,* il faut distinguer selon que cette modification accompagne ou non un changement d'employeur.

Si le changement de domicile (ou de résidence) intervient à la suite d'un changement d'employeur et si le lieu où demeure désormais le débiteur se trouve dans le ressort d'un *autre* tribunal d'instance, le créancier poursuit la procédure (sans conciliation préalable) devant cet autre tribunal à condition que la demande en soit faite *dans l'année* suivant l'*avis* donné par l'ancien employeur de la cessation du lien de droit qui l'unissait au débiteur (art. R. 3252-44, al. 2, C. trav.).

Lorsque, sans changer d'employeur, « le débiteur transfère le lieu où il demeure hors du ressort du tribunal saisi de la procédure, celle-ci est poursuivie devant ce même tribunal. Les dossiers des saisies susceptibles d'être ensuite pratiquées contre le débiteur lui sont transmis. Le greffe avise les créanciers » (art. R. 3252-42, C. trav.).

§ 5. Cession de rémunérations

314. – La cession de rémunérations n'étant pas interdite[1], les auteurs de la réforme des voies d'exécution ont été soucieux d'éviter qu'une telle opération n'empêche ensuite en pratique une saisie desdites rémunérations, en rendant cette mesure d'exécution inefficace.

---

1. La cession ne peut cependant pas porter sur la totalité des rémunérations. Comme en matière de saisie, il faut respecter les « proportions » fixées à l'art. R. 3252-2, C. trav. (v. art. L. 3252-2) (*supra,* n° 287), en tenant compte également de l'impératif de l'article R. 3252-5 (*supra,* n° 288).

Aussi bien le législateur a-t-il décidé qu'en cas de saisie ayant pour objet « une rémunération sur laquelle une cession a été antérieurement consentie et régulièrement notifiée, le *cessionnaire* est de droit *réputé saisissant* pour les sommes qui lui restent dues, tant qu'il est en concours avec les autres créanciers saisissants » (art. L. 3252-12, C. trav.). Autrement dit, dans l'hypothèse visée, le cessionnaire est assimilé à un saisissant[1], venant donc *en concours* avec les autres créanciers saisissants.

On notera que les auteurs du décret du 31 juillet 1992 ont réglementé la matière avec une certaine précision (v. actuellement art. R. 3252-45 à R. 3252-49, C. trav.).

En application de ces textes, la cession des rémunérations est *déclarée* par le cédant *en personne* au greffe du tribunal d'instance du lieu où il demeure. Il incombe au cessionnaire (informé de la déclaration) de demander au greffe de *notifier* la cession à l'employeur. Cette notification, qui doit intervenir dans le délai d'*un an* (sous peine de *péremption* de la cession) rend la cession *opposable aux tiers*. L'employeur doit alors verser *directement* au cessionnaire le montant des sommes cédées *dans la limite de la fraction saisissable*.

315. – Cela étant, si une *saisie* portant sur les rémunérations considérées est pratiquée, le greffe notifie l'acte de saisie au cessionnaire en lui faisant savoir que – comme il a été dit plus haut – il viendra *en concours* avec le saisissant pour la répartition des sommes et en l'invitant à produire un relevé du montant de ce qui lui reste dû. L'employeur (informé à cet égard par le greffe) doit désormais effectuer les versements à l'ordre du *régisseur* (v. en outre, dans l'hypothèse où la saisie prend fin avant la cession, les précisions données à l'article R. 3252-49, C. trav.).

Section II

Le recouvrement des créances alimentaires

316. – Notre droit a longtemps connu une procédure, qui avait son origine dans une loi du 13 juillet 1907[2], et avait été conçue comme une véritable saisie-arrêt entre époux, encore qu'obéissant à des formes très simplifiées. Depuis une loi du 2 janvier 1973, l'on pouvait être tenté de ne plus la qualifier de saisie-arrêt, bien qu'en pratique l'appellation ait survécu. C'est qu'en effet, cette loi a déclaré applicable en la matière le système de *paiement direct* par elle prévu pour le recouvrement des pensions alimentaires (*infra*, n°s 319 et s.), système plus énergique que la saisie-arrêt proprement dite, et qui permet en réalité une sorte de saisie-attribution.

Il en était résulté que les seules dispositions spécifiques applicables à la « saisie entre époux » ne concernaient plus en réalité que la phase (préalable) de la procédure, relative aux conditions d'obtention du jugement fixant la contribution aux charges du mariage[3].

---

1. On remarquera au passage que cette solution conduit indirectement, d'une certaine manière, à déroger à la règle selon laquelle une saisie des rémunérations (comme toute mesure d'exécution) est subordonnée à la justification d'un titre exécutoire : le cessionnaire des rémunérations est en effet assimilé à un saisissant alors même qu'il ne remplit pas cette condition.

2. Il s'agit de la loi sur le libre salaire de la femme mariée.

3. Sur cette question, v. 7e éd. du présent ouvrage, n° 317.

317. – Les développements qui pouvaient être consacrés à ces dispositions spécifiques, lesquelles faisaient l'objet des articles 1069-3 à 1069-6 du Code de procédure civile (alors qualifié de « nouveau ») n'ont plus aujourd'hui de raison d'être. En effet, les auteurs du décret n° 2004-1158 du 29 octobre 2004, pris en conséquence de la loi de réforme du divorce du 26 mai 2004, et relatif à la « procédure en matière familiale », a, entre autres, abrogé les dispositions particulières des articles susvisés.

À la vérité, l'intérêt des textes abrogés était – comme on l'a souligné plus haut – extrêmement limité puisque ceux-ci ne concernaient pas la saisie entre époux proprement dite, mais une phase préalable à la mesure d'exécution. Toujours est-il qu'il n'y a plus lieu actuellement de faire une place particulière à la saisie entre époux et qu'il convient d'envisager directement, et d'une manière générale, les règles applicables au recouvrement des pensions alimentaires.

318. – On peut remarquer à ce propos que la volonté du législateur de protéger tout particulièrement les *créanciers d'aliments* s'est traduite par l'institution de procédures de recouvrement spécifiques. L'une d'entre elles a été évoquée avec ce qu'on appelait la saisie entre époux (*supra*, n° 316) et il convient de l'examiner spécialement à présent : il s'agit du *paiement direct* des pensions alimentaires (§ 1). L'autre est une procédure qui tend au recouvrement *public* de telles pensions (§ 2).

§ 1. Paiement direct des pensions alimentaires

319. – Cette procédure a été prévue par une loi du 2 janvier 1973 (mod. par L. 11 juill. 1975). L'objectif a été d'offrir aux créanciers d'aliments la possibilité d'obtenir rapidement, selon des formes simplifiées, le paiement de leurs créances.

320. – S'agissant des *conditions* d'utilisation de la procédure de paiement direct, l'on soulignera tout d'abord que celui qui entend y recourir doit être en principe *créancier d'une pension alimentaire* (la pension visée peut être consécutive à l'obligation alimentaire fondée sur la parenté ou l'alliance, ou être une pension au cours d'une instance en divorce ou après divorce...). Il est précisé que cette procédure est applicable au recouvrement de la contribution aux charges du mariage, qu'elle a vocation à être utilisée pour le recouvrement de la prestation compensatoire lorsque celle-ci prend la forme d'une *rente*[1], de même que pour obtenir paiement des subsides prévus par l'article 342 du Code civil (art. 1er, al. 3, L. 2 janv. 1973 mod. L. 11 juill. 1975).

Il importe d'observer ensuite que la créance alimentaire dont il s'agit d'obtenir le paiement direct doit résulter d'une *décision judiciaire*[2] devenue *exécutoire*.

Ces conditions préalables étant remplies, la procédure est susceptible d'être mise en œuvre dès qu'*une* échéance de la pension n'a pas été payée à son terme[3]. Le créancier d'aliments peut alors exercer son droit contre tout *tiers* qui doit au débiteur d'aliments

---

1. Il s'agit de la rente prévue à l'art. 276, C. civ. On remarquera que ce texte a reçu successivement deux nouvelles rédactions consécutives aux lois n° 2000-596 du 30 juin 2000 et n° 2004-439 du 26 mai 2004. Le caractère *exceptionnel* de cette forme de la prestation compensatoire a été renforcé.

2. Civ. 2e, 7 mars 2002, *Bull. civ.* II, n° 29, *RTD civ.* 2002. 567, obs. Perrot, a retenu une conception restrictive de la notion de *décision* du juge, écartant la procédure de paiement direct dans l'hypothèse de créance alimentaire résultant d'un contrat judiciaire.

3. La procédure est applicable aux termes à échoir ainsi qu'aux termes échus pour les 6 derniers mois précédant la notification de la demande de paiement.

des « salaires, produits du travail ou autres revenus », ou qui est « dépositaire de fonds » appartenant audit débiteur[1].

321. – La *procédure* proprement dite est extrêmement simple.

Elle suppose cependant l'intervention d'un huissier[2], encore que – pour limiter les frais – celui-ci n'ait pas à procéder par « exploit »[3]. Le créancier d'aliments doit s'adresser à l'huissier du lieu de sa résidence, auquel il appartient de notifier au tiers la demande de paiement direct de la pension (art. 1er, Décr. nº 73-216 du 1er mars 1973). Encore faut-il que l'huissier dispose de renseignements suffisants pour accomplir la mission qui lui est confiée, notamment quant à l'adresse du débiteur ainsi qu'à l'identité et l'adresse des tiers susceptibles de devoir certaines sommes à celui-ci (par exemple de son employeur... ou de son banquier). C'est la raison pour laquelle il est prévu que les administrations au service de l'État et les collectivités publiques, les organismes de sécurité sociale et ceux qui assurent la gestion de prestations sociales *sont tenus de réunir et communiquer à l'officier public* les renseignements dont ils sont susceptibles de disposer et permettant de résoudre ces problèmes d'adresse, voire d'identité (art. 7, L. 2 janv. 1973 mod. L. 11 juill. 1975) (sur la perspective de généralisation d'une telle solution, v. *supra*, nº 107 *bis*).

L'huissier bénéficie donc de certaines facilités pour accomplir sa tâche. Dès lors qu'il dispose des éléments nécessaires, il *notifie* au *tiers* une demande de *paiement direct* : cette notification est faite par *lettre recommandée* avec demande d'*avis de réception*[4]. Simultanément, il avise le débiteur d'aliments de la démarche effectuée, au moyen d'une lettre recommandée (art. 1er, Décr. 1er mars 1973).

322. – La notification de la demande de paiement direct a des *conséquences* énergiques puisqu'elle entraîne pour le tiers l'*obligation de payer directement* (sur les sommes dont il est redevable envers le débiteur d'aliments) la pension due au créancier d'aliments. Ce paiement se fera aux échéances fixées par le jugement dont résulte ladite pension. Comme on l'a souligné, l'obligation du tiers « à un caractère permanent; elle se manifeste à chaque échéance, au fur et à mesure que la pension devient exigible »[5].

Cette obligation pour le tiers de payer directement le créancier d'aliments, dont l'inexécution est sanctionnée par une peine d'amende[6], ne saurait être suspendue du *seul fait* d'une contestation relative à la demande de paiement direct. Sans doute une telle contestation est-elle possible : elle relève du tribunal d'instance[7] (v. à ce propos, s'agissant de perspectives d'avenir, *supra*, nº 113 *ter*, 2°) du domicile du débiteur de la pen-

---

1. Il est entendu que le créancier d'aliments ne pourra se faire payer directement par le tiers saisi que si les sommes dues par celui-ci sont liquides et exigibles.

2. ... sauf dans l'hypothèse où la procédure est mise en œuvre par une administration publique (subrogée dans les droits d'un créancier d'aliments) ou un organisme de prestations familiales (agissant pour le compte du créancier), auxquels cas l'administration ou l'organisme en question peut former (elle-même ou lui-même) la demande de paiement direct (art. 6, L. 2 janv. 1973, compl. L. 22 déc. 1984).

3. Ce terme vise l'acte d'huissier classique, soumis à un strict formalisme.

4. On notera que pèse sur ce tiers l'obligation de communiquer toutes pièces nécessaires et renseignements utiles, notamment quant à la réalité de son obligation à l'égard du débiteur saisi (à savoir le débiteur d'aliments) (art. 7, dern. al., L. 2 janv. 1973).

5. Vincent et Prévault, *Voies d'exécution,* 19e éd., nº 204 – Évidemment, en cas de révision de la pension par une nouvelle décision judiciaire, il y aura lieu de modifier les modalités de paiement direct en fonction du nouveau jugement dès lors que le tiers en aura reçu notification (art. 3, Décr. 1er mars 1973).

6. Art. 4-1, Décr. 1er mars 1973, réd. Décr. 31 déc. 1975.

7. Pour l'affirmation du maintien de la compétence du tribunal d'instance après l'institution du juge de l'exécution, v. Cass. (avis) 8 mars 1996, *D.* 1996. somm. 360. V. d'ailleurs art. R. 221-8, COJ (réd. Décr. 2 juin 2008).

sion[1]. Toutefois, par elle-même, elle « ne suspend pas l'obligation incombant au tiers de payer directement les sommes dues au créancier de la pension alimentaire » (art. 3, L. 2 janv. 1973).

La notification de la demande de paiement direct vaut *attribution* au bénéficiaire de la pension des sommes dues par le tiers au débiteur d'aliments, attribution dont découlent précisément l'obligation pour le tiers de payer directement le créancier d'aliments, ainsi qu'un privilège pour ce dernier qui est préféré à *tous autres créanciers* (art. 2, L.)[2].

§ 2. Recouvrement public des pensions alimentaires

323. – Les espoirs que l'on avait pu placer dans la procédure de paiement direct qui vient d'être examinée ayant été, dans une large mesure, déçus, le législateur a entendu offrir aux créanciers d'aliments une procédure dotée de plus d'efficacité, laquelle tend à faire recouvrer les pensions alimentaires par les *agents du Trésor public* (donc avec les moyens de droit public inhérents à ce mode de recouvrement). C'est à l'occasion de la réforme du divorce et de la séparation de corps, par une (autre) loi du 11 juillet 1975[3] qu'a été instituée cette procédure.

Celle-ci, contrairement à la procédure de paiement direct, ne peut être qualifiée de saisie-attribution particulière (elle ne peut même pas être qualifiée de saisie-arrêt). Le tiers auquel l'on s'adresse n'est pas d'ores et déjà détenteur de fonds dus au débiteur d'aliments. On demande à ce tiers (qui est le Trésor public) de *procéder au recouvrement* des sommes dont est redevable ledit débiteur. Dans ces conditions, comme on l'a observé, il s'agit « d'une sorte de saisie-exécution[4] effectuée non pas selon les règles du droit privé, mais selon celles du droit administratif »[5]. Il reste que c'est un tiers qui, en définitive, versera les sommes recouvrées au créancier d'aliments. En outre, eu égard à son objet, à sa finalité, et à son caractère *subsidiaire* (*infra,* n° 324), il est cohérent de traiter cette procédure aussitôt après celle relative au recouvrement direct.

324. – Les *conditions* d'emploi de la procédure de recouvrement public découlent logiquement du fait que celle-ci a été instituée pour *compléter* celle prévue par la loi du 2 janvier 1973, et qu'on a voulu par ailleurs qu'elle ait un caractère *subsidiaire* par rapport aux voies d'exécution de droit privé.

Dès lors, l'on retrouve tout d'abord des conditions déjà posées en matière de paiement direct : la procédure de recouvrement public n'est susceptible de bénéficier qu'au *créancier de pension alimentaire*[6] fixée par une *décision judiciaire* devenue *exécutoire.*

En outre, eu égard au caractère subsidiaire de la procédure ici examinée, celle-ci ne peut être utilisée que dans la mesure où le recouvrement (total ou partiel) de la pension *n'a pu être obtenu* par *une* des voies d'exécution du droit privé (art. 1er, L. 11 juill. 1975). Le créancier d'aliments doit donc justifier qu'il a recouru *vainement* à l'une de ces voies[7] :

---

1. Art. 5, Décr. 1er mars 1973.
2. Sur les causes de cessation du paiement direct, v. art. 2 et 4, Décr. 1er mars 1973.
3. Cette loi porte la même date que celle qui a opéré la réforme du divorce et de la séparation de corps mais elle en est distincte (quoique complémentaire).
4. Cette expression vise – on le sait – la saisie à laquelle a été substituée la saisie-vente.
5. V. Vincent et Prévault, *op. cit.,* n° 210.
6. Il convient d'entendre cette condition comme dans le cadre du recouvrement direct (*supra,* n° 320).
7. Civ. 3 janv. 1979, *Bull. civ.* II, n° 4, p. 3, *D.* 1979. IR. 236.

pour cela, il lui appartient de produire soit une attestation du *greffier* de la juridiction ayant connu d'une procédure d'exécution ou d'un *huissier* de justice, soit tous autres documents (l'attestation ou ces documents établissant que l'utilisation d'une voie ordinaire n'a pas permis le recouvrement de la pension alimentaire). Les éléments ainsi produits doivent au demeurant comporter la justification des diligences effectuées et de leurs dates, ainsi que les résultats obtenus (art. 2, Décr. 31 déc. 1975).

325. – *La procédure* comporte deux phases.

1° La première est destinée à permettre de vérifier que les conditions auxquelles le recouvrement public des pensions est subordonné sont remplies. C'est la raison pour laquelle la demande doit être adressée au *procureur de la République* près le tribunal de grande instance dans le ressort duquel se trouve le domicile du demandeur (c'est-à-dire du créancier d'aliments), le ministère public étant en effet chargé du contrôle requis. Les formes prévues sont souples : la demande peut être soit présentée sur papier libre et envoyée par lettre recommandée avec demande d'avis de réception, soit même déposée directement auprès du ministère public (qui y porte sans délai la date de dépôt); elle doit comporter un certain nombre de renseignements utiles concernant le débiteur (identité, adresse, profession, identité et adresse de son employeur, situation et importance de son patrimoine, source de ses revenus) (art. 3, Décr. 31 déc. 1975)[1]. Certains documents doivent être joints : outre ceux – plus haut évoqués – justifiant de la procédure d'exécution antérieurement tentée, le créancier doit fournir une expédition (ou une copie certifiée conforme) du jugement fixant la pension alimentaire.

Le procureur examine la demande (sur le seul plan de sa *régularité,* car il n'est pas juge de son opportunité), puis prend sa décision, qu'il fait connaître au demandeur par lettre simple. Il peut soit refuser, soit admettre la demande de recouvrement public : au cas d'admission, il doit notifier cette décision au débiteur par lettre recommandée avec demande d'avis de réception (confirmée par lettre simple), en précisant les sommes sur lesquelles porte le recouvrement et lui faisant savoir qu'il ne peut plus s'en libérer qu'entre les mains d'un comptable public, suivant des modalités à communiquer ultérieurement. Suivant la nature de sa décision, il informe le créancier ou le débiteur de la possibilité de contester celle-ci par lettre simple (à lui adressée). Au cas où il fait usage de cette faculté de recours, c'est au président du tribunal de grande instance qu'il appartient de statuer rapidement (sans frais, ni formes de procédure, mais après avoir convoqué créancier et débiteur). Son ordonnance n'est susceptible ni d'appel, ni d'opposition, mais peut faire l'objet d'un *pourvoi en cassation.*

Lorsque la demande de recouvrement public a été admise, le procureur de la République adresse au trésorier-payeur général du département de son ressort un « état exécutoire » émis à l'encontre du débiteur de la pension alimentaire, document dans lequel sont notamment indiqués le montant des termes échus et impayés au titre de la période de six mois ayant précédé la date de la demande, et le montant des termes échus ou à échoir à compter de cette même date.

2° On entre alors dans la deuxième phase de la procédure, qui est une phase d'*exécution,* la pension devant être recouvrée par le Trésor.

Le trésorier-payeur général confie au comptable public du domicile ou de la résidence du débiteur l'état exécutoire que lui a adressé le procureur de la République. Il appar-

---

1. V. sur la portée des exigences relatives aux renseignements à fournir par le créancier, Vincent et Prévault, *op. cit.,* n° 216.

tient alors au comptable de recouvrer les sommes à percevoir au titre de la pension alimentaire (majorées de 10 % au profit du Trésor, pour frais de recouvrement) selon les procédures applicables en matière de contributions directes (art. 7, L. 11 juill. 1975). Pour faciliter le recouvrement, il est prévu que les administrateurs au service de l'État et des collectivités publiques, les organismes de sécurité sociale et ceux qui assurent la gestion des prestations sociales sont tenus de réunir et communiquer au comptable du Trésor tous les renseignements utiles dont ils sont susceptibles de disposer (art. 8, L. 11 juill. 1975).

326. – Il reste à préciser les *conséquences* de la procédure de recouvrement public, tant à l'égard du *créancier* que du *débiteur*.

S'agissant du premier, le choix de recourir au recouvrement public lui fait perdre, *dès le dépôt* de la demande d'admission à cette procédure et jusqu'à la cessation de celle-ci, la possibilité d'exercer toute autre action[1] destinée à permettre le paiement des sommes faisant l'objet de la demande (art. 5, L. 11 juill. 1975). Cela étant, le Trésor public, qui, en conséquence de la demande, se trouve subrogé dans les droits et actions du créancier pour le recouvrement de la pension alimentaire, devra verser à celui-ci les sommes perçues.

S'agissant du débiteur, il convient de relever qu'à compter de la notification – qui lui est adressée[2] – des sommes faisant l'objet du recouvrement public, il ne peut plus s'en libérer valablement qu'entre les mains du comptable du Trésor (art. 9, L. 11 juill. 1975).

Toutefois, après avoir acquitté les arriérés de la créance prise en charge par le Trésor, et versé *pendant douze mois consécutifs* les termes de la pension, le débiteur peut demander au procureur de la République de pouvoir se libérer à l'avenir directement entre les mains du créancier de la pension. Cependant, en cas de nouvelle défaillance dans les deux années qui suivent, le créancier pourrait solliciter à nouveau la mise en œuvre de la procédure de recouvrement public, sans qu'il soit nécessaire de recourir préalablement à une autre voie d'exécution de droit privé (art. 12 et 13, L. 11 juill. 1975).

Telles sont – schématiquement présentées – les règles relatives au recouvrement public, procédure dont les résultats pratiques sont loin d'être à la hauteur des espoirs que l'on avait pu nourrir. À vrai dire, comme on l'a très justement souligné, le problème du recouvrement des pensions alimentaires « est d'ordre social et non procédural »[3]. Au demeurant, conscient de l'insuffisance des règles présentées ci-dessus, le législateur a estimé opportun de prévoir une « allocation de soutien familial », versée par les Caisses d'allocations familiales, dont peuvent notamment bénéficier les enfants victimes du non-paiement de pensions alimentaires. Parallèlement, la loi a reconnu auxdites caisses, à certaines conditions, le pouvoir de poursuivre le recouvrement de créances alimentaires[4].

---

1. Il faut cependant tenir compte, pour apprécier la portée de cette règle, d'une autre disposition permettant au créancier, *à tout moment,* de renoncer à la procédure de recouvrement public (art. 11, L. 11 juill. 1975).

2. Cette notification lui est faite – on l'a vu – par le ministère public lorsque celui-ci lui fait savoir qu'il a admis la demande de recouvrement public, les modalités de paiement étant ensuite précisées par le comptable public : art. 4, al. 2, Décr. 31 déc. 1975.

3. Vincent et Prévault, *op. cit.,* n° 224.

4. Ces règles résultent d'une loi du 22 décembre 1984, complétée par des décrets des 30 mai 1985 et 30 septembre 1986. v. C. sécur. soc., art. L. 523-1, R. 523-1 et s.; art. L. 581-1 et s., R. 581-1 et s. – Sur la question, v. Vincent et Prévault, *op. cit.,* n°s 225 à 227. – La procédure de recouvrement public ouverte aux caisses d'allocations familiales n'est pas exclusive des voies d'exécution civiles : Civ. 2e, 9 déc. 2003, *Rev. huissiers* 2004. 167, obs. Putman.

Section III
Saisie entre les mains d'une personne morale de droit public

327. – L'hypothèse à examiner est celle où le *tiers saisi* est une personne morale de droit public. À vrai dire, si cette hypothèse fait l'objet de dispositions particulières, les spécificités de la procédure qui en découle est fort limitée. Au demeurant, dans le décret nº 93-977 du 31 juillet 1993 qui réglemente aujourd'hui la matière[1], est au préalable posé le principe de l'applicabilité à celle-ci des « dispositions du décret nº 92-755 du 31 juillet 1992 instituant de nouvelles règles relatives aux procédures civiles d'exécution pour l'application de la loi nº 91-650 du 9 juillet 1991 portant réforme des procédures civiles d'exécution » (art. 2).

Les articles 3 et suivants du décret du 31 juillet 1993 énoncent les règles propres à l'hypothèse examinée.

On relèvera tout d'abord qu'à peine de nullité, *tout acte de saisie* doit être signifié au *comptable public assignataire de la dépense* (art. 4), lequel est appelé à viser l'original de l'acte (art. 5, al. 1).

Ensuite, s'agissant de *saisie-attribution,* sont énoncées les règles suivantes :

– En premier lieu, outre qu'il doit contenir les mentions prescrites par l'article 56 du décret du 31 juillet 1992, l'acte de saisie entre les mains d'un comptable public contient, à peine de nullité, la désignation de la créance saisie (art. 3).

– En second lieu, le comptable public dispose d'un délai de vingt-quatre heures pour fournir à l'huissier les renseignements que la loi impose normalement au tiers saisi de fournir sur-le-champ (il en va de même pour la communication des pièces justificatives) (art. 5, al. 2).

328. – S'agissant de *saisies des rémunérations* (versées en tant qu'employeur par des personnes morales de droit public soumises aux règles de la comptabilité publique) (art. 7), les articles 8 à 11 du décret du 31 juillet 1993 contiennent les dispositions suivantes.

La déclaration qui incombe au tiers saisi sur la situation de droit existant entre lui et le débiteur est faite par le service employeur au secrétariat-greffe du tribunal d'instance[2]. Les déclarations relatives aux cessions, saisies, avis à tiers détenteur ou paiement direct de créances alimentaires sont faites par le comptable public à ce même secrétariat-greffe (art. 8).

Le comptable public verse tous les mois au compte Caisse des dépôts et consignations du régisseur dudit secrétariat-greffe le montant des sommes correspondant aux retenues effectuées (art. 11, al. 1 ; v. précisions données al. 2 et 3)[3].

---

1. On notera que ce décret vise non seulement les saisies (et cessions) notifiées aux comptables publics, mais aussi aux Centres de chèques postaux (donc de la « Banque postale » aujourd'hui) ou de la Caisse nationale d'épargne.

2. Pour des précisions relatives à cette déclaration, v. art. 9.

3. Dans l'hypothèse où le comptable public cesse d'être assignataire de la créance saisie, v. art. 10. – Pour des précisions sur l'ensemble de la question des saisies auprès d'une personne morale de droit public, v. Perrot et Théry, *Procédures civiles d'exécution*, 2e éd., nos 555 et s.

Sous-titre III

La saisie des droits d'associé et des valeurs mobilières

329. – Avant la réforme des voies d'exécution, une des grandes lacunes de notre droit en la matière consistait en l'absence de dispositions applicables à la saisie de ce qui est qualifié dans la loi du 9 juillet 1991 de « droits incorporels, autres que les créances de sommes d'argent » (art. 59). Cette absence s'expliquait sans doute au début du XIXe siècle, époque à laquelle la fortune mobilière n'avait pas l'importance qu'elle a acquise par la suite. Elle n'était plus admissible dès lors que, dans les fortunes actuelles, ces droits (ou certains d'entre eux) avaient une importance considérable. Il est devenu banal de relever la place aujourd'hui occupée dans les patrimoines par les *valeurs mobilières* (titres émis par l'État et les collectivités publiques, actions et obligations d'établissements industriels et commerciaux...).

Aussi bien la pratique avait-elle dû adapter, non sans difficulté, les voies d'exécution existantes en vue de la saisie de telles valeurs[1]. Les problèmes posés étaient plus complexes en ce qui concernait les *parts sociales* (parts de sociétés civiles, de sociétés en nom collectif, de sociétés à responsabilité limitée...)[2] : c'est qu'en effet, à la différence des valeurs mobilières et donc notamment des actions, ces droits d'associé ne sont pas négociables; sans doute leur cession n'est-elle pas exclue, mais elle n'est pas libre en raison de la nécessité de respecter l'*intuitus personae* qui caractérise les sociétés concernées.

Des textes précis s'imposaient donc, lesquels ont été pris dans le cadre de la loi du 9 juillet 1991 et du décret du 31 juillet 1992.

La loi contient deux articles (59 et 60)[3] dont le domaine d'application paraît s'étendre au-delà des seuls droits d'associé et valeurs mobilières. Le premier de ces textes vise en effet la saisie des *droits incorporels autres que les créances de sommes d'argent* : parmi les droits ainsi visés peuvent donc *a priori* être compris, entre autres, les droits de propriété intellectuelle[4].

1. Sur les solutions antérieures à la réforme, v. 2e éd. de cet ouvrage, n°s 181 et 182.

2. V. 2e éd. de cet ouvrage, n° 183.

3. On s'en tient ici aux dispositions légales relatives aux mesures d'*exécution* (s'agissant de saisie conservatoire, il faut tenir compte en outre de la formule – très générale – de l'article 74).

4. Bien que – comme on va le voir – les auteurs du décret n'aient réglementé que la saisie des droits d'associé et des valeurs mobilières, il ne faut pas pour autant exclure la possibilité de saisir les autres « droits incorporels ». S'agissant tout d'abord des *brevets d'invention*, leur saisie est au demeurant expressément prévue, faisant l'objet de l'article L. 613-21 du Code de la propriété intellectuelle. S'agissant des autres droits, des adaptations des procédures existantes sont concevables, en dépit des difficultés (v. sur la question et les solutions proposées, Perrot et Théry, *Procédures civiles d'exécution*, 2e éd., n°s 671 et s.). – On relèvera avec intérêt que la Cour de cassation a émis un avis favorable à l'extension de la procédure de saisie des droits d'associé et valeurs mobilières à la saisie de la licence d'exploitation d'un débit de boissons de 4e catégorie, en l'absence d'une réglementation spécifique (v. Cass., avis, 8 févr. 1999, *D.* 1999. J. 287, note Brenner). V., dans le même sens, pour la saisie d'une licence de taxi, TGI Lyon, 15 mai 2001, *Rev. huissiers* 2002. 39, obs. Brenner; Versailles, 4 mai 2006, *Rev. huissiers* 2007. 34, obs. Abbou. V. encore, s'agissant d'une simple saisie conservatoire, Paris (j. ex.), 28 mai 2003, *Rev. huissiers* 2003. 373, obs. Chardon.

À la vérité, les auteurs du décret n'ont réglementé que la saisie des droits d'associé et des valeurs mobilières, en distinguant entre mesure d'exécution (art. 178 à 193), seule envisagée ici, et saisie conservatoire (art. 244 à 249) (sur cette question, *infra,* n°s 390 et s.).

Seront successivement présentées les **conditions** (Section I) et la **procédure** (Section II) de la saisie examinée[1].

Section I
Conditions de la saisie

330. – Dès lors qu'il entend procéder à une mesure d'exécution, le *créancier saisissant* doit, en application des principes généraux, être « muni d'un *titre exécutoire* constatant une créance *liquide* et *exigible* » (art. 59, L. 9 juill. 1991).

S'agissant du *débiteur saisi,* celui-ci doit évidemment être titulaire (même art.) des « droits incorporels » frappés par la mesure.

331. – Eu égard aux règles actuellement applicables aux valeurs et droits visés, la saisie ne peut être pratiquée qu'entre les mains d'un tiers. De manière très schématique, l'on peut dire que le *tiers saisi* est la *société* lorsqu'il s'agit de saisir des *parts sociales,* et celui qui *tient le compte* de valeurs mobilières lorsque la saisie porte sur ces dernières.

La réglementation applicable à cette question fait l'objet des articles 178 à 181 du décret du 31 juillet 1992.

Le premier de ces textes pose la règle selon laquelle les « droits d'associé et les valeurs mobilières dont le débiteur est titulaire sont saisis auprès de la société ou de la personne morale émettrice ». Les articles suivants contiennent les précisions indiquées ci-dessous :

Les valeurs mobilières *nominatives* dont les comptes sont tenus par un mandataire de la société sont saisies auprès de ce mandataire (il est parallèlement précisé que la société est tenue de faire connaître à l'huissier de justice le nom dudit mandataire) (art. 179, Décr.).

Les valeurs mobilières *au porteur* sont saisies « auprès de l'intermédiaire habilité chez qui l'inscription a été prise ».

Si le titulaire de valeurs *nominatives* a chargé un intermédiaire habilité de gérer son compte, « la saisie doit être opérée auprès de ce dernier » (art. 180).

On notera enfin que la saisie peut être pratiquée « auprès d'un intermédiaire habilité *pour l'ensemble des valeurs mobilières* inscrites en compte au nom du débiteur » (art. 181).

Section II
Procédure

332. – On distinguera entre la phase de *saisie* proprement dite (§ 1) et la *vente* des biens incorporels saisis (§ 2).

---

1. Sur la question, v. P. Le Cannu, « Les saisies portant sur les droits d'associé et les valeurs mobilières », *Petites Affiches,* 6 janv. 1993, p. 78 et s.; P. Le Cannu, « Procédures civiles d'exécution, droit des sociétés et droit boursier », *RTD civ.* 1993 (n^{o} spéc.), p. 87 et s.; Ph. Théry, « La saisie des valeurs mobilières et des parts d'associé », *Rev. trim. C. app. Versailles* 1993 (n° 27), p. 99 et s.; E. Putman, « La saisie des droits d'associé et des valeurs mobilières », *JCP* 1993. I. 3689; G. Desdessus-Le-Moustier, « La saisie-vente des droits d'associé et des valeurs mobilières », *Rev. jur. Ouest* 1994. 425.

§ 1. Phase de saisie proprement dite

333. – L'*acte de saisie* (A) et sa *dénonciation* (B) doivent être successivement présentés.

A. Acte de saisie

334. – La saisie est pratiquée au moyen d'une *signification* faite au tiers saisi d'un acte qui contient, à peine de nullité, un certain nombre d'énonciations : éléments d'identification du débiteur; indication du titre exécutoire justifiant la mesure, décompte des sommes réclamées (avec indication du taux des intérêts); précisions relatives à l'effet d'indisponibilité totale (v. *infra*) attaché à la saisie; sommation de faire connaître d'éventuels nantissements ou saisies (art. 182, Décr. 31 juill. 1992).

335. – En raison de l'effet général d'*indisponibilité* attaché à tout acte de saisie (art. 29, L. 9 juill. 1991), les biens (incorporels) frappés par la mesure ne peuvent plus être aliénés. De plus, les « droits pécuniaires » du débiteur saisi (c'est-à-dire les créances de sommes d'argent ayant leur source dans les valeurs saisies, comme les intérêts des obligations ou les dividendes d'actions) sont eux-mêmes indisponibles (art. 184, al. 1, Décr.)[1] : il en découle notamment qu'ils ne sauraient faire l'objet d'une saisie-attribution[2].

On notera toutefois que le débiteur peut obtenir la *mainlevée* de la mesure (et donc échapper à l'effet d'indisponibilité attaché à celle-ci) en *consignant* une somme d'argent suffisante pour désintéresser le créancier, ladite somme étant alors *spécialement affectée* au profit de celui-ci (art. 184, al. 2, Décr.).

B. Dénonciation de la saisie

336. – Le débiteur doit être *informé* de la saisie dans un délai de *huit jours* suivant celle-ci, ce délai étant prescrit à peine de *caducité* de la mesure pratiquée (art. 183, al. 1, Décr.).

L'acte de dénonciation permettant d'assurer l'information du débiteur contient, à peine de nullité (art. 183, al. 2) :

– une copie du procès-verbal de saisie;

– l'indication (en caractères *très apparents*) que les contestations doivent, à peine d'*irrecevabilité,* être soulevées dans le délai d'*un mois* suivant la signification de l'acte, *avec la date à laquelle expire ce délai;*

– la désignation du juge de l'exécution compétent (à savoir celui du *domicile* du débiteur);

---

1. Il est précisé que l'indisponibilité s'applique aux « droits pécuniaires attachés à l'*intégralité* des parts ou valeurs » saisies (v. art. 182, 4°).

2. En l'absence d'obligation pour le tiers saisi d'indiquer l'étendue des droits d'associé et des valeurs mobilières dont le débiteur est titulaire, la personne morale émettrice ne peut être condamnée de ce fait en application de l'art. 24 de la loi du 9 juill. 1991, à moins qu'ayant reçu du juge de l'exécution une injonction à cet effet, elle n'y ait pas déféré : Civ. 2e, 8 avr. 1999, *D.* 1999. J. 313, note R. Martin, *Bull. civ.* II, n° 69, *JCP* II. 10123, note Bonneau, *RGP* 1999. 710, obs. Putman. – Le tiers saisi qui ne défère pas à la sommation de faire connaître l'existence d'éventuels nantissements ou saisies ne s'expose s'il y a lieu, qu'à une condamnation à des dommages-intérêts : Civ. 2e, 3 mai 2001, *Rev. huissiers* 2001. 331, obs. Leborgne.

– en caractères très apparents, l'indication que le débiteur dispose d'un délai d'*un mois* pour procéder à la *vente amiable* des valeurs saisies (avec des précisions sur les modalités de cette vente et la reproduction des textes qui y sont relatifs) ;

– si la saisie porte sur des valeurs mobilières *cotées,* l'indication qu'il peut, en cas de *vente forcée* et jusqu'à la réalisation de celle-ci, faire connaître au tiers saisi l'*ordre* dans lequel elles devront être vendues.

En cas de contestation (dont l'hypothèse est prise en compte dans l'acte de dénonciation dont il vient d'être question), il est actuellement prévu, en conséquence de l'article 183-1 du décret du 31 juillet 1992 (article ajouté par un décret du 28 décembre 2005) qu'« À peine d'irrecevabilité, la contestation est dénoncée le même jour, par lettre recommandée avec demande d'avis de réception, à l'huissier de justice qui a procédé à la saisie », étant précisé que « l'auteur de la contestation en informe le tiers saisi par lettre simple ».

§ 2. Vente

337. – L'objectif assigné à la mesure d'exécution étant de désintéresser le ou les créanciers, les valeurs et droits saisis sont appelés à être vendus en vue du paiement sur le prix de la vente. On soulignera à ce propos que *seuls* sont admis à faire valoir leurs droits sur ce prix « les créanciers opposants ou saisissants qui se sont manifestés *avant la vente* » (art. 60, L. 9 juill. 1991 ; v. ég. art. 186, Décr. 31 juill. 1992). Cela étant, s'agissant des formalités relatives à cette vente, une distinction s'impose selon que l'opération porte sur des valeurs mobilières cotées (A) ou des valeurs non cotées, voire des parts sociales (B).

A. Vente des valeurs mobilières cotées

338. – Les valeurs mobilières considérées sont celles admises à la cote *officielle* ou à celle du *second marché.*

On a voulu permettre au débiteur de faire procéder *lui-même* à la vente. Un délai d'*un mois* lui est en effet accordé pour donner l'ordre de vendre les valeurs mobilières saisies. Lorsqu'il use de cette faculté, le produit de la *vente amiable* ainsi réalisée est *indisponible* entre les mains de l'intermédiaire habilité, pour être affecté *spécialement* au paiement du créancier (art. 187, al. 1, Décr. 31 juill. 1992). Si les sommes provenant de la vente suffisent à désintéresser le ou les créanciers, l'indisponibilité *cesse* pour le *surplus* des valeurs mobilières saisies (art. 187, al. 2).

À défaut de vente amiable, il y a évidemment lieu de recourir à la *vente forcée*. Il est prévu que cette vente est effectuée à la demande du créancier sur la présentation d'un certificat délivré par le greffe ou établi par l'huissier de justice qui a procédé à la saisie attestant qu'aucune contestation n'a été formée dans le mois suivant la dénonciation de la saisie ou, le cas échéant, d'un jugement rejetant la contestation soulevée par le débiteur (art. 185, Décr. 31 juill. 1992 mod. Décr. 28 déc. 2005).

On remarquera que, même dans le cas de vente forcée, les auteurs des textes réglementaires ont tenu à ce que le débiteur conserve quelque prérogative : jusqu'à la réalisation de la vente, celui-ci peut indiquer au tiers saisi l'*ordre* dans lequel les valeurs mobilières seront vendues ; s'il n'est pas usé de ce droit, aucune contestation n'est recevable sur le choix des valeurs vendues (art. 188, Décr.).

B. Vente des valeurs mobilières non cotées et des parts sociales

339. – S'agissant de ces droits et valeurs, une *vente amiable* est également prévue, celle-ci étant alors soumise aux dispositions applicables en matière de saisie-vente (sur ce point, *supra,* n°s 170 et s.). À défaut d'utilisation de cette possibilité, et sous réserve du respect de la disposition « générale » de l'article 185 du décret du 31 juillet 1992 (préc. *supra*, n° 338), la vente est faite sous forme d'*adjudication* (art. 189, Décr.), donc aux enchères publiques[1].

Pour la *préparation* de cette vente, un *cahier des charges* doit être établi, lequel contient notamment les statuts de la société et tout document nécessaire à l'établissement de la consistance et de la valeur des droits mis en vente. Il importe de relever que les conventions instituant un agrément ou un droit de préférence au profit des associés ne s'imposent à l'adjudicataire que si elles *figurent* dans le cahier des charges (art. 190, Décr.).

Une *copie* de ce cahier doit être adressée à la *société* qui en informe les associés. En outre, le même jour, une *sommation de prendre communication* dudit cahier chez la personne chargée de la vente est notifiée, s'il y a lieu, aux autres créanciers opposants. Tout intéressé peut formuler des *observations* auprès de ladite personne (dans un délai de *deux mois* à compter de la notification – plus haut visée – faite à la société, ce délai étant prescrit à peine d'irrecevabilité des observations). Le cas échéant, la personne chargée de la vente doit être informée par la société de la volonté des associés de dissoudre celle-ci ou d'acquérir les parts objet de la vente forcée (art. 191, Décr.).

Un *mois* au *plus* et *quinze jours* au *moins* avant la date fixée pour la vente, une *publicité* relative à celle-ci doit être effectuée (par voie de *presse* et, si nécessaire, par voie d'*affiches*) (art. 192, al. 1 et 2, Décr.).

Le débiteur, la société et, s'il y a lieu, les autres opposants sont informés de la date de la vente par voie de *notification* (art. 192, al. 3).

On notera enfin – ce qui ne simplifie pas les choses ! – que les « procédures légales et conventionnelles d'*agrément*[2], de *préemption* ou de *substitution* sont mises en œuvre conformément aux dispositions propres à chacune d'elles » (art. 193, Décr.).

---

1. V. R. Martin, « Lieu de l'adjudication forcée des droits d'associé », *D.* 1994. chron. 322.

2. La nécessité de l'agrément n'entraîne pas l'insaisissabilité (qui ne peut résulter que d'une disposition législative); mais fait obstacle à la régularité de la saisie : v., s'agissant de la saisie de parts d'une SCP de notaire, Civ. 1re, 4 nov. 2003, *D.* 2004. 521, note Taormina, *Rev. huissiers* 2004. 104, obs. Hoonakker, soulignant que l'exigence d'agrément préalable du cessionnaire par le Garde des Sceaux est incompatible avec une saisie-vente de ces parts, réalisant une cession forcée.

Titre II
Procédures conservatoires

340. – Un chapitre préliminaire a pour objet la présentation de quelques **généralités** relatives à ces procédures (Chapitre préliminaire). Dans les chapitres suivants, sont successivement examinées les saisies-conservatoires des **meubles corporels** (Chapitre 1), les saisies-conservatoires des **créances** (Chapitre 2) et les saisies-conservatoires des **droits d'associé et valeurs mobilières** (Chapitre 3)[1].

1. V., s'agissant des « nouvelles » dispositions applicables aux procédures conservatoires : D. Legeais, « Les mesures conservatoires », *Petites Affiches,* 6 janv. 1993, p. 63 et s.; J.-Y. Toullec, « Les mesures conservatoires », *Rev. trim. C. app. Versailles* 1993 (n° 27), p. 51 et s.

Chapitre préliminaire

Généralités

341. – Le titre précédent a permis de présenter des saisies qualifiées de mesures d'exécution. Même si – comme on l'a vu – certaines de leurs formalités ont pour objectif de permettre d'éviter, si possible, la vente des biens, il s'agit généralement de pouvoir organiser celle-ci dans des délais assez brefs dès lors que le débiteur persiste à ne pas payer.

L'objectif immédiat des *saisies conservatoires* est différent : la fonction de celles-ci est en effet de frapper d'*indisponibilité* certains biens mobiliers appartenant au débiteur en vue de permettre la *conservation* de ces meubles. On est donc en présence d'une mesure de *précaution* : il s'agit de prévenir l'insolvabilité éventuelle du débiteur en l'empêchant de disposer de certains de ses biens (et donc de les dilapider ou d'en diminuer la valeur)[1].

Une telle mesure est intéressante pour le *créancier* saisissant : elle protège son gage, de telle sorte que si le débiteur ne paie pas, les biens placés sous main de justice pourront être *ultérieurement* vendus ou, pour utiliser un terme plus général, réalisés; elle est peu exigeante quant aux conditions, ce que l'on comprend étant donné que l'objectif (tout au moins immédiat) n'est pas de faire vendre les biens du débiteur : un titre exécutoire n'est donc pas nécessaire, pas plus d'ailleurs qu'un commandement préalable (un tel commandement ne risquerait-il pas, en pratique, de rendre la mesure inefficace ?)

En outre, la mesure considérée n'est pas sans intérêt pour le *débiteur* lui-même (au moins par rapport à d'autres procédures) : des mesures simplement conservatoires risquent moins de porter atteinte à son crédit que des mesures d'exécution qui, à cet égard, peuvent avoir des effets catastrophiques.

Cela étant, une saisie conservatoire ne peut avoir – comme la dénomination permet de le pressentir – qu'un caractère *provisoire* : si, par la suite, le débiteur paie sa dette, la mesure est levée; dans le cas contraire, le créancier est conduit à demander la *conversion* de la mesure conservatoire en mesure d'exécution.

Après ces quelques indications, un développement (assez bref) doit être consacré à l'**évolution de la réglementation** en la matière (Section I), un autre aux règles aujourd'hui applicables à toute saisie conservatoire et même, plus généralement, à toute **mesure conservatoire** (Section II).

---

1. Pour l'inapplicabilité de la règle du « délai raisonnable » (art. 6-1, Convention européenne des droits de l'homme) à une procédure conservatoire, v. CEDH 28 juin 2001, *D.* 2002. 686, obs. Fricero.

Section I
Évolution de la réglementation

342. – Jusqu'en 1955, il n'existait que des saisies conservatoires *spéciales* (saisie-gagerie, saisie foraine et saisie-revendication, prévues dès l'origine par l'ancien Code de procédure civile, saisie des aéronefs à partir de 1924) auxquelles il fallait, certes, ajouter une saisie conservatoire de portée plus générale, mais tout de même limitée à la matière commerciale. Ce n'est qu'en conséquence d'une loi du 12 novembre 1955 que notre droit a connu une saisie conservatoire dite « générale », laquelle constituait une saisie de droit commun dans la mesure où avaient été maintenues, à côté d'elle, les saisies spéciales mentionnées plus haut[1]. Cette même loi avait au demeurant institué des mesures conservatoires autres que des saisies proprement dites (inscription provisoire d'hypothèque sur un immeuble, inscription provisoire de nantissement sur un fonds de commerce).

Le législateur de 1991 a eu le souci de consacrer un corps de dispositions applicables à l'ensemble des *mesures conservatoires,* celles-ci comprenant non seulement des *saisies,* mais également des *sûretés judiciaires* : parmi ces dernières, figurent, comme dans la loi de 1955, les inscriptions provisoires d'*hypothèque* sur un immeuble et de *nantissement* sur un fonds de commerce, mais aussi les nantissements conservatoires de parts sociales et de valeurs mobilières, qui font donc actuellement l'objet d'une réglementation[2].

S'agissant de saisies conservatoires proprement dites, on peut constater la disparition de certaines saisies particulières (saisie-gagerie et saisie foraine), la saisie-revendication étant en revanche maintenue. Cela étant, des dispositions sont successivement consacrées à la saisie conservatoire des meubles corporels (avec, à côté d'une saisie de droit commun, des dispositions propres à la saisie de biens placés dans un coffre-fort), à celle des créances, puis des droits d'associé et des valeurs mobilières.

On peut donc remarquer que les biens susceptibles de faire l'objet d'une saisie conservatoire sont divers. Le législateur a d'ailleurs entendu assigner un domaine très étendu à cette mesure : aux termes de l'article 74 de la loi du 9 juillet 1991, la saisie conservatoire peut en effet « porter sur *tous* les biens *mobiliers, corporels* ou *incorporels* appartenant au débiteur » (étant entendu que ces biens peuvent être saisis, qu'ils se trouvent entre les mains de celui-ci ou entre les mains d'un tiers).

Avant d'examiner les différents corps de dispositions réglementant les diverses saisies conservatoires, il importe de souligner l'existence de règles *communes* à toutes les *mesures* conservatoires, lesquelles s'appliquent donc *notamment* aux *saisies* conservatoires en général.

Section II
Règles générales applicables aux mesures conservatoires

343. – Ces règles sont édictées aux articles 67 à 73 de la loi du 9 juillet 1991 et 210 à 219 du décret du 31 juillet 1992. Certaines de ces dispositions sont relatives aux *condi-*

---

1. On notera cependant que la saisie conservatoire « générale » devait finalement « absorber » la saisie conservatoire commerciale, que réglementait l'article 417, anc. C. pr. civ. (texte abrogé en 1975).

2. Perrot et Théry, *Procédures civiles d'exécution*, 2e éd., nos 881 et s.

tions de la mesure conservatoire (§ 1), les autres aux *contestations* susceptibles d'être soulevées à l'occasion d'une telle procédure (§ 2).

§ 1. Conditions de la mesure conservatoire

344. – Il convient de distinguer entre les conditions requises pour pratiquer une mesure conservatoire (A) et celles concernant les suites de cette mesure (B).

A. Conditions requises pour pratiquer une mesure conservatoire

345. – En principe, une mesure conservatoire ne peut être pratiquée qu'en vertu d'une *autorisation judiciaire* (a). Des *dérogations* à ce principe existent toutefois (b).

a) Principe de la nécessité d'une autorisation judiciaire préalable

346. – Normalement, toute mesure conservatoire doit être préalablement autorisée par le juge. Pour des raisons évidentes (et déjà signalées), le créancier peut solliciter cette autorisation sans qu'il soit nécessaire de signifier un « commandement préalable » au débiteur (art. 67, al. 1, L. 9 juill. 1991).

Le juge *compétent* pour autoriser une mesure conservatoire est en principe la *juge de l'exécution* du lieu où demeure le débiteur (art. 69, L. 9 juill. 1991 et art. 211, al. 1, Décr. 31 juill. 1992). Toutefois, si la mesure tend à la conservation d'une créance relevant de la compétence d'une juridiction commerciale, elle *peut* être autorisée, avant tout procès, par le *président du tribunal de commerce* de ce même lieu (art. 69, L. et art. 211, al. 2, Décr.)[1].

On notera le caractère d'*ordre public* des dispositions relatives à la compétence du juge appelé à délivrer l'autorisation : toute clause contraire est réputée non écrite; si le juge saisi est incompétent, il *doit* relever d'office son incompétence (art. 211, al. 2, Décr.).

C'est naturellement par la voie d'une *requête* qu'il convient de formuler la demande d'autorisation.

347. – L'accueil de cette dernière est subordonné à l'existence de conditions concernant la *créance* cause de la mesure conservatoire.

On rappelle que les conditions requises ne se situent pas sur le plan *formel*. Il n'est pas exigé que la créance soit constatée dans un acte doté de la force exécutoire. C'est qu'en effet, l'exigence d'un titre exécutoire n'est posée que pour une mesure d'exécution : dès lors, un acte sous seing privé est suffisant et – mieux encore – l'absence d'acte ne fait pas obstacle à une mesure conservatoire à partir du moment où sont remplies certaines conditions de *fond* relatives à la créance invoquée.

1° C'est ainsi tout d'abord que cette créance doit *paraître fondée dans son principe* (art. 67, al. 1, L. et art. 210, al. 1, Décr.).

---

1. Encore faut-il que l'autorisation soit demandée au président du tribunal de commerce *avant tout procès*. Si un procès est déjà engagé, il faut en revenir à la compétence du juge de l'exécution pour autoriser la mesure : Paris, 7 sept. 2000, *Rev. huissiers* 2001. 130, obs. Brenner.

On retrouve à cet égard l'exigence très souple que consacrait le droit applicable à la saisie conservatoire dite « générale » sous l'empire de la loi 1955. Comme antérieurement, il suffit que l'obligation invoquée soit, aux yeux du juge, apparemment fondée[1], la formulation de la condition conduisant à admettre qu'une mesure conservatoire peut être pratiquée en vertu d'une créance qui n'est ni liquide, ni exigible.

On notera en outre que l'origine et la nature de la créance invoquée importent peu en principe[2]. Toutefois, il doit s'agir d'une obligation de *somme d'argent*[3] : cette dernière solution est commandée par la règle selon laquelle dans l'ordonnance d'autorisation de la mesure conservatoire, « le juge détermine le *montant des sommes* pour la garantie desquelles la mesure conservatoire est autorisée » (v. art. 212, Décr. 31 juill. 1992, imposant cette règle à peine de nullité de l'ordonnance, et prévoyant en outre, sous la même sanction, que le juge précise la nature des biens sur lesquels porte la mesure)[4].

2° L'autorisation de pratiquer une mesure conservatoire est en outre subordonnée à une autre condition, à savoir que les *circonstances* doivent être *susceptibles* de *menacer le recouvrement de la créance* (art. 210, al. 1, Décr.).

Si cette formule n'est pas sans évoquer celle utilisée dans les textes antérieurement applicables, il semble toutefois qu'elle traduise la volonté de poser une condition plus souple que celle qui avait été précédemment retenue. Sous l'empire de la loi de 1955, une mesure conservatoire ne pouvait être pratiquée qu'en cas d'*urgence* et si le recouvrement de la créance semblait en *péril* : encore que certaines décisions aient été moins exigeantes, il était volontiers affirmé que le créancier devait apporter la preuve de l'*insolvabilité imminente* du débiteur. La formule actuelle doit inciter le juge à admettre plus facilement le recours à une mesure conservatoire : il suffit en effet que les circonstances soient *susceptibles* de menacer le recouvrement de la créance[5].

348. – S'il estime remplies les conditions ci-dessus, le juge rend une *ordonnance* autorisant la mesure conservatoire[6].

Cette décision est – comme on l'a indiqué plus haut « rendue sur requête, donc en conséquence d'une procédure unilatérale »[7]. On relèvera cependant que le juge peut se réserver de réexaminer sa décision ou ses modalités d'exécution au vu d'un *débat contradictoire,* auquel cas il fixe la date de l'audience destinée à permettre celui-ci (sans préjudice du droit pour le débiteur de le saisir à une date plus rapprochée) (art. 213, al. 1, Décr.). Il incombe au créancier d'assigner le débiteur en vue de ladite audience, l'assignation pouvant être contenue, le cas échéant, dans l'acte qui dénonce la saisie (art. 213, al. 2, Décr.).

---

1. Pour l'affirmation du pouvoir souverain du juge d'apprécier si la créance invoquée paraît fondée dans son principe, v. Civ. 2e, 29 janv. 2004, *Bull. civ.* II, no 35, *Rev. huissiers* 2004. 221, obs. Salati.

2. Pour la possibilité d'une mesure conservatoire en vertu de l'apparence d'une créance susceptible de résulter d'une condamnation *pénale* ultérieure, solution qui ne s'oppose pas à la présomption d'innocence en raison du caractère provisoire de l'ordonnance du juge de l'exécution et du fait qu'elle ne s'impose pas au juge pénal, v. Civ. 2e, 20 nov. 2003, *Rev. huissiers* 2004. 155, obs. Leborgne, *RTD civ.* 2004. 143, obs. Perrot.

3. Il convient toutefois de réserver à ce propos l'hypothèse de la *saisie-revendication* (*infra,* nos 371 et s.) ainsi que les cas correspondant à certains termes de la distinction visée *infra,* no 370 à propos de la saisie conservatoire de biens placés dans un coffre-fort.

4. Civ. 2e, 10 juill. 2003, *D.* 2003. 2053, *Rev. huissiers* 2004. 36, obs. Hoonakker (à propos de la détermination expresse du montant des sommes à garantir).

5. Encore faut-il souligner que le créancier saisissant a la charge de la preuve des circonstances qui mettent en péril le recouvrement de la créance : Paris, 16 nov. 2000, *D.* 2001. IR. 284. V. aussi Paris, 7 sept. 2000, *Rev. huissiers* 2001. 130, obs. Brenner.

6. Sur les précisions que doit contenir l'ordonnance, v. le texte précité de l'article 212 du décret du 31 juillet 1992.

7. Sur la possibilité d'un recours en rétractation, v. *supra,* no 131 et *infra,* no 352.

Quoi qu'il en soit, il importe de souligner que l'on a entendu que le créancier qui a obtenu l'autorisation de pratiquer une mesure conservatoire procède à celle-ci sans trop tarder : l'autorisation est en effet *caduque* si la mesure n'est pas exécutée dans un délai de *trois mois* à compter de l'ordonnance (art. 214, Décr.).

b) Dérogations au principe de l'autorisation judiciaire

349. – Dans certains cas, le principe de la nécessité d'une autorisation judiciaire de pratiquer la mesure conservatoire est écarté (art. 68, L. 9 juill. 1991).

Il en va ainsi tout d'abord lorsque le créancier se prévaut d'un *titre exécutoire*. Un tel créancier pourrait parfaitement poursuivre directement une procédure d'exécution. Il peut cependant avoir des raisons de vouloir limiter son ambition, dans l'immédiat, à une simple mesure conservatoire. Il était opportun de lui permettre de procéder ainsi. Il était tout aussi opportun de dispenser alors le créancier de la nécessité d'une autorisation judiciaire.

La même solution s'imposait – et elle a été retenue par le législateur – lorsqu'un créancier se prévaut d'une *décision de justice* qui *n'a pas encore* la force exécutoire : tel est le cas lorsque cette décision n'a pas été notifiée au débiteur[1].

Le législateur a de même écarté le principe de l'autorisation judiciaire préalable en quelques autres hypothèses dans lesquelles la créance cause de la mesure ne saurait également *a priori* prêter à discussion : il s'agit des « cas de défaut de paiement d'une *lettre de change* acceptée, d'un *billet à ordre,* d'un *chèque* ou d'un *loyer* resté impayé dès lors qu'il résulte d'un contrat *écrit* de louage d'immeuble » (art. 68 *in fine*, L.)[2].

B. Conditions relatives aux suites de la mesure conservatoire

350. – Il ressort des développements précédents que, dans la plupart des cas, la mesure conservatoire est pratiquée par un créancier qui ne justifie pas d'un titre exécutoire : il en va ainsi non seulement dans l'hypothèse où la mesure doit être judiciairement autorisée, mais aussi, le cas échéant, alors même que le créancier bénéficie d'une dispense d'autorisation.

Le législateur a voulu *limiter les effets dans le temps* d'une mesure pratiquée de la sorte (art. 70, L. 9 juill. 1991). Aussi bien est-il prévu que, sauf évidemment dans l'hypothèse où la mesure s'appuie sur un titre exécutoire, « le créancier doit, *dans le mois* qui suit *l'exécution de la mesure,* à peine de *caducité,* introduire une procédure ou accomplir les formalités *nécessaires* à l'obtention d'un *titre exécutoire* » (art. 215, al. 1,

---

1. V. ég. s'agissant d'une *sentence arbitrale* (par hypothèse non encore revêtue de l'exequatur), Civ. 2e, 12 oct. 2006, *D.* 2006. 2627, *Bull. civ.* II, n° 270, *RTD civ.* 2007. 183, obs. Perrot, *Rev. huissiers* 2007. 82, obs. Cuniberti, *D.* 2007. 1387, obs. Julien. – Sur la question (classique) de la mesure conservatoire pratiquée sur le fondement d'un jugement étranger non revêtu de l'exequatur, on lira avec intérêt G. Cuniberti, *Rev. huissiers* 2004. 190. – Après que Paris, 15 déc. 2004, *D.* 2005. 342, note Strickler, ait souligné que l'ordonnance sur requête en injonction de payer non encore revêtue de la formule exécutoire n'est pas une décision de justice au sens de l'art. 68 de la loi de 1991, la Cour de cassation a consacré la solution, affirmant qu'une ordonnance portant injonction de payer n'est une décision de justice au sens de l'article 68 de la loi du 9 juillet 1991 qu'en l'absence d'opposition dans le mois de sa signification : Civ. 2e, 13 sept. 2007, *RTD civ.* 2007. 813, obs. Perrot, *Rev. huissiers* 2008. 29, obs. Lefort.

2. Cette dernière hypothèse suscite des difficultés : v. Perrot, *RTD civ.* 1994. 688. V. aussi, pour une critique de la disposition considérée, Perrot et Théry, *op. cit.*, 2e éd., n° 792. – Pour l'application stricte de la dérogation v. Paris, 23 févr. 2006, *Rev. huissiers* 2006. 225, obs. Bourdillat : le contrat de location-gérance d'un fonds de commerce portant sur un *meuble* incorporel, ne saurait être assimilé à un contrat de louage d'*immeuble*.

Décr. 31 juill. 1992)[1]. Cette règle connaît toutefois un *tempérament* : en effet, en cas de rejet d'une requête en injonction de payer présentée dans ledit délai, le juge du fond peut encore valablement être saisi *dans le mois* qui suit l'ordonnance de rejet (art. 215, al. 2, Décr.)[2].

On remarquera enfin que, dans l'hypothèse où la mesure conservatoire est pratiquée entre les mains d'un *tiers*[3], le créancier doit *signifier* à ce dernier une copie des actes attestant les diligences dont il est question ci-dessus, dans un délai de *huit jours* à compter de leur date. À défaut, la mesure conservatoire est *caduque* (art. 216, Décr.)[4].

§ 2. Contestations relatives à la mesure conservatoire

351. – Les contestations peuvent évidemment porter sur le principe même de la mesure conservatoire. Elles peuvent aussi avoir un autre objet, notamment l'exécution de la mesure.

352. – S'agissant du *principe même* de la procédure conservatoire, il y a lieu de distinguer selon que la contestation émane du créancier ou du débiteur.

Le *créancier* devant (sauf cas de dispense) obtenir une autorisation judiciaire pour pratiquer une mesure conservatoire, peut se heurter au refus du juge d'accorder cette autori-

---

1. Pour l'applicabilité de la caducité lorsque l'autorisation a été obtenue sur le fondement d'un procès-verbal des douanes (qui est un titre permettant d'obtenir l'autorisation, *mais non* un titre *exécutoire*), v. Com. 27 juin 2000, *D.* 2000. IR. 223. La méconnaissance du délai prescrit entraîne, certes, la caducité de la mesure conservatoire, mais il convient en outre de considérer que, dans l'hypothèse où cette mesure avait été autorisée par le juge, l'ordonnance d'autorisation ne saurait en aucun cas servir de fondement à une nouvelle mesure conservatoire : TGI Nice, 20 avr. 1994, *D.* 1994. somm. 347, obs. Julien, *RTD civ.* 1995. 197, obs. Perrot. – Pour une application rigoureuse de la sanction (caducité) dans l'hypothèse où une demande en référé-provision (formée dans le délai) avait été rejetée et où l'instance « au fond » avait été engagée tardivement, v. Paris, 17 févr. 1995, *D.* 1997. J. 464, note Hoonakker, *RGP* 1998 (n° 1), 150, obs. Putman. À vrai dire, cette solution peut s'expliquer par le fait que le juge avait dit qu'il n'y avait pas lieu à référé, mais on ne saurait en tout cas considérer qu'une demande en référé-provision dans le délai d'un mois suivant l'exécution de la mesure ne constitue pas une « procédure » (au sens de l'art. 215, Décr.) en vue d'obtenir un titre exécutoire, même si finalement la demande en référé a été rejetée par une décision devenue irrévocable : Civ. 2e, 18 févr. 1999, *D.* 1999. somm. 218, obs. Julien, *Bull. civ.* II, n° 34, *RTD civ.* 1999. 472, obs. (crit.) Perrot, *D.* 2000. J. 813, note Hoonakker. V., par ailleurs, pour l'affirmation qu'une assignation en divorce n'ouvre pas, au sens des art. 70 de la loi et 215 du décret, une procédure permettant l'obtention d'un titre exécutoire par le conjoint autorisé par le juge à pratiquer une saisie conservatoire, Cass. (avis) 9 févr. 1998, *Procédures* 1998, n° 4, p. 7, obs. Perrot. V. aussi, affirmant que l'exercice d'une action paulienne n'introduit pas une procédure destinée à l'obtention d'un titre exécutoire, au sens de l'art. 215, Décr., Montpellier, 15 déc. 2003, *Rev. huissiers* 2004. 169, obs. Lefort. – V. à l'inverse, pour l'affirmation qu'une plainte avec constitution de partie civile constitue la mise en œuvre d'une procédure destinée à obtenir un titre exécutoire lorsqu'elle permet au plaignant d'obtenir des dommages et intérêts, Civ. 2e, 30 mars 1999, *D.* 2000. IR. 154 (v. toutefois, dans l'hypothèse de plainte contre X n'impliquant pas d'éventuels dommages-intérêts dus par le débiteur, Civ. 2e, 21 nov. 2002, *D.* 2002. 3246, *JCP* 2003, Édit. E, p. 276 et 277, note Le Corre, *Rev. huissiers* 2003. 172, obs. Cuniberti). – V. aussi, s'agissant de l'Administration fiscale ayant notifié au débiteur saisi dans le mois suivant l'exécution de la mesure, l'ouverture de la procédure en vérification de la comptabilité (dont les résultats peuvent permettre à l'Administration de se délivrer à elle-même un titre exécutoire), Civ. 2e, 4 oct. 2001, *D.* 2001. 3093, *JCP* 2002, éd. E, p. 425 à 427, note Croze et Masson. – V. par ailleurs Civ. 2e, 3 avr. 2003, *D.* 2003. 1138, *Bull. civ.* II, n° 97, *RTD civ.* 2003. 550, obs. Perrot, écartant la caducité malgré la saisine d'un juge incompétent dès lors que le juge compétent avait été ensuite saisi (avant le désistement de la précédente instance).

2. Encore faut-il que ce soit le juge du *fond* (et non simplement le juge des référés) qui soit saisi dans ce délai : Civ. 2e, 5 juill. 2001, *D.* 2001. 2563, *Bull. civ.* II, n° 132, *RTD civ.* 2001. 960, obs. Perrot, *Rev. huissiers* 2002. 42, obs. Hoonakker.

3. Sur la notion de *tiers*, v. Perrot, *RTD civ.* 1994. 428.

4. Civ. 2e, 15 janv. 2009, *D.* 2009. 378, *Rev. huissiers* 2009. 165, obs. Salati. – Le tiers saisi n'est pas fondé à invoquer la caducité d'une mesure pour méconnaissance des articles 215 et 216 du décret dès lors qu'avant l'expiration des délais imposés par ces textes, le créancier a signifié au tiers saisi un acte de conversion de la saisie conservatoire en saisie-attribution : Civ. 2e, 10 déc. 1998, *D.* 1999. Somm. 216, obs. Julien.

sation. En pareille hypothèse, un *appel* contre la décision de rejet de sa requête lui est ouvert (appl. art. 496, al. 1, nouv. C. pr. civ.).

On songe cependant surtout aux contestations émanant du *débiteur,* lequel peut en effet critiquer la mesure conservatoire pratiquée, estimant que les conditions de celle-ci ne sont pas remplies.

Si la mesure a fait l'objet d'une autorisation judiciaire préalable (comme c'est normalement le cas), le débiteur peut demander au juge qui en est l'auteur de rétracter son ordonnance en vue d'obtenir la *mainlevée* de la mesure[1]. Si la procédure conservatoire a été menée sans autorisation (le créancier bénéficiant d'une dispense à cet égard), la demande de mainlevée est normalement portée devant le *juge de l'exécution* du lieu où *demeure* le *débiteur,* étant entendu que « lorsque la mesure est fondée sur une créance relevant de la compétence d'une juridiction *commerciale* » ladite demande « *peut* être portée, *avant tout procès*[2], devant le *président du tribunal de commerce* de ce même lieu » (art. 218, Décr. 31 juill. 1992).

En toute hypothèse, dès lors que la validité même de la mesure conservatoire est ainsi contestée, il incombe au créancier de prouver que les conditions requises pour la pratiquer sont remplies (art. 217, al. 2, Décr.). S'il apparaît que les conditions ne sont pas réunies, la *mainlevée* de la mesure peut être ordonnée *à tout moment* (art. 72, L. et art. 217, al. 1, Décr.).

À ce propos, on notera que si les frais occasionnés par une mesure conservatoire sont *en principe* à la charge du débiteur (art. 73, al. 1, L.), il est prévu que lorsque la mainlevée a été ordonnée par le juge, le créancier peut être condamné à réparer le préjudice causé par la mesure conservatoire (art. 73, al. 2, L.)[3].

353. – Il ne faut pas négliger la possibilité de contestations ayant un autre objet que de critiquer le principe même de la mesure conservatoire, et portant, par exemple, sur l'*exécution* de celle-ci. Les auteurs du décret du 31 juillet 1992 ont tenu compte de cette possibilité en prévoyant que les « autres contestations, notamment celles relatives à l'exécution de la mesure, sont portées devant le *juge de l'exécution* du lieu où sont *situés* les *biens* saisis » (art. 219).

---

1. *Supra,* n° 131 (et la note 3, p. 79). – Il ne faut pas négliger par ailleurs la compétence des juges saisis de l'instance au fond pour ordonner la mainlevée; v. Civ. 2e, 18 janv. 2001, *D.* 2001. 982 (dans l'hypothèse de refus du président du tribunal de commerce de rétracter son ordonnance d'autorisation de la mesure).

2. Pour l'importance de cette précision, v. note 5 sous n° 116 p. 68 (à propos de Civ. 2e, 26 févr. 1997).

3. La Cour de cassation a souligné que l'article 73, alinéa 2, susvisé n'exige pas, pour son application, la constatation d'une faute du créancier : Civ. 2e, 29 janv. 2004, *Rev. huissiers* 2004. 221, obs. Salati. On peut remarquer que, deux semaines auparavant, Com. 14 janv. 2004, *Bull. civ.* IV, n° 9, avait retenu la solution contraire ! Sur les deux décisions, et pour une argumentation (très convaincante) favorable à la décision de Civ. 2e, v. Perrot, *RTD civ.* 2004. 353. Pour le maintien de sa jurisprudence par la deuxième chambre civile, v. Civ. 2e, 7 juin 2006, *RTD civ.* 2006. 830, obs. Perrot.

Chapitre 1

La saisie conservatoire des meubles corporels

354. – S'agissant de procéder à une saisie conservatoire sur des objets mobiliers corporels, il y a lieu de distinguer entre la saisie de **droit commun** (Section I) et des saisies **particulières** (Section II).

Section I
La saisie conservatoire de droit commun

355. – Un premier développement doit être consacré aux *opérations de saisie* (§ 1), un deuxième à la *conversion* de la saisie conservatoire en saisie-vente (§ 2). Il importe de faire en outre une place à l'hypothèse de *pluralité de saisies* (§ 3).

§ 1. Opérations de saisie

356. – La *procédure* applicable (A), puis les *effets* de celle-ci seront successivement présentés (B).

A. Procédure

357. – Celle-ci est diligentée par un *huissier de justice,* seul habilité à procéder à une *saisie* conservatoire (art. 18, L. 9 juill. 1991 mod. L. 13 juill. 1992). La mesure suppose évidemment l'existence de biens susceptibles d'être saisis (dans le cas contraire, l'huissier dresse un procès-verbal de carence : v. le renvoi de l'article 223 du décret du 31 juillet 1992 à l'article 92). Cela étant, les biens à saisir peuvent se trouver soit entre les mains du débiteur lui-même, soit entre les mains d'un tiers. Il convient de tenir compte de ces deux éventualités, en signalant immédiatement que, dans l'hypothèse d'incidents relatifs aux biens saisis ou, d'une manière générale, à l'exécution de la saisie, leur règlement est régi par les dispositions applicables en matière de saisie-vente (v. le renvoi opéré par l'article 225 du décret).

a) Saisie pratiquée entre les mains du débiteur

358. – À supposer le débiteur présent lors des opérations de saisie, l'huissier attire l'attention de celui-ci sur son obligation de lui indiquer les biens ayant fait l'objet d'une *saisie antérieure* (et de lui en communiquer le procès-verbal) avant de dresser l'*acte de saisie* (art. 221, al. 1, Décr. 31 juill. 1992).

À peine de nullité, cet acte contient un certain nombre d'indications : mention de l'autorisation judiciaire ou du titre en vertu duquel la saisie est pratiquée (ces documents doivent *en principe* être annexés à l'acte); désignation détaillée des biens saisis (dont on notera qu'ils peuvent être photographiés par l'huissier : v. renvoi art. 221, al. 3); éventuelle déclaration du débiteur quant à des saisies antérieures sur les mêmes biens; mentions (en caractères *très apparents*) relatives aux *effets* de la saisie (et aux *sanctions* dont ceux-ci sont assortis) ainsi qu'au *droit* pour le débiteur de demander la *mainlevée* de la mesure pratiquée[1] au juge de l'exécution du lieu de son domicile pour défaut de réunion des conditions de validité de la saisie, mention de la juridiction compétente pour connaître des autres contestations... (pour plus de précisions, v. art. 221, al. 2, Décr.).

Certaines de ces mentions (celles concernant les effets de la saisie et les sanctions prévues ainsi que celle relative à la possibilité de demander la mainlevée de la mesure) doivent – à condition évidemment que le débiteur soit présent – être *rappelées verbalement* à celui-ci, auquel une copie de l'acte est immédiatement remise : cette remise *vaut signification* (art. 222, al. 1, Décr.).

Lorsque le débiteur n'a pas assisté aux opérations de saisie, une copie de l'acte lui est *signifiée,* un délai de *huit jours* lui étant imparti pour faire connaître à l'huissier l'existence d'une éventuelle saisie antérieure et lui en communiquer le procès-verbal (art. 222, al. 2, Décr.).

b) Saisie pratiquée entre les mains d'un tiers

359. – Dans cette hypothèse, les règles prescrites en matière de *saisie-vente* (dans le cas correspondant évidemment) sont applicables, sous réserve d'adaptations (pour tenir compte notamment du fait que, s'agissant de saisie conservatoire, un commandement préalable signifié au débiteur n'est pas requis) (v. art. 224, al. 1, Décr.; sur les règles auxquelles renvoie ce texte, *supra,* n°s 159 et s.).

On notera toutefois que l'acte de saisie, *signifié au débiteur* dans un délai de *huit jours,* contient à peine de nullité, outre les mentions prescrites en matière de saisie-vente (sur ce point, v. art. 101, Décr., et *supra,* n° 161), sauf les mentions relatives à la vente (et donc au délai pour tenter de procéder à une vente amiable) :

– une copie de l'autorisation du juge ou du titre, selon le cas, en vertu duquel la saisie a été pratiquée;

– la mention, en caractères *très apparents,* du droit pour le débiteur de demander au juge de l'exécution de son propre domicile la *nullité* de la saisie en cas de défaut de réunion des conditions de validité de celle-ci (les dispositions générales régissant ces conditions en matière de mesures conservatoires devant au demeurant être reproduites).

B. Effets de la procédure

360. – Les effets à préciser sont relatifs aux *biens* frappés de saisie et à la *créance* cause de celle-ci.

---

1. Pour une réflexion générale sur la notion, v. D. Lebeau, « La mainlevée », *Rev. huissiers* 2004. 249.

En ce qui concerne les *biens saisis,* ceux-ci sont évidemment frappés d'*indisponibilité*. On sait qu'il s'agit là d'un effet attaché à tout acte de saisie (art. 29, L. 9 juill. 1991) et que, s'agissant de saisie conservatoire, il est même l'*objectif* (au moins immédiat) de la procédure (pour la nécessité d'indiquer cet effet dans l'acte de saisie, v. art. 221, al. 2, 4°, préc., Décr. 31 juill. 1992). Cette indisponibilité interdit évidemment toute aliénation des biens saisis. On notera cependant que, comme en matière de saisie-vente, l'indisponibilité n'empêche pas en principe le débiteur de *conserver l'usage* des biens frappés par la mesure, à moins qu'il ne s'agisse de biens consomptibles (v. le renvoi de l'article 222 à l'article 97; v. ég. les précisions données aux alinéas 2 et 3 de ce dernier texte).

On remarquera au demeurant que les biens saisis sont en principe placés sous la *garde* du débiteur lui-même lorsque la mesure a été pratiquée entre ses mains (art. 221, al. 2, 4°, Décr.; v. cep. art. 97, al. 2, auquel renvoie l'art. 223). Il en va différemment dans l'hypothèse où la saisie a été effectuée entre les mains d'un tiers, auquel cas ce dernier a normalement été constitué gardien, encore qu'il ait pu refuser cette charge (de même qu'il peut, à tout moment, demander à en être déchargé) (art. 101 et 104, Décr., auxquels renvoie l'art. 224, al. 1). Quel que soit le gardien, celui-ci ne saurait *déplacer* les biens saisis, sauf cause *légitime* (dans ce dernier cas, le gardien doit informer préalablement le créancier du déplacement, en lui indiquant le lieu où les biens seront placés) (art. 91, al. 2, auquel renvoie art. 221, al. 2, 4°).

En ce qui concerne la *créance cause de la saisie,* il importe de souligner qu'en vertu d'une disposition générale applicable à toute mesure conservatoire (et donc notamment à une saisie conservatoire), la notification au débiteur de l'exécution de la mesure *interrompt la prescription* de ladite créance (art. 71, L. 9 juill. 1991).

§ 2. Conversion en saisie-vente

361. – Comme on l'a indiqué plus haut, la saisie examinée étant une mesure *conservatoire* ne doit avoir, en tant que telle, qu'un caractère *provisoire*.

Il peut arriver – c'est au demeurant ce qu'espère le créancier poursuivant – que le débiteur, impressionné par la mesure **qui** frappe ses biens (ou gêné par l'indisponibilité qui y est attachée) paie sa dette. En pareil cas, la saisie ne doit plus être maintenue et le débiteur peut obtenir du juge qu'il en ordonne la mainlevée.

362. – La saisie conservatoire ne connaît cependant pas toujours – tant s'en faut – l'heureux dénouement auquel il vient d'être fait allusion. Il faut donc envisager l'hypothèse où le débiteur ne paie pas, malgré la saisie.

Dans ce cas, le créancier est normalement conduit à procéder à une mesure d'exécution, plus précisément à une saisie-vente.

À la vérité, cette mesure suppose un titre exécutoire. Si la saisie conservatoire a été pratiquée sur le fondement d'un tel titre, les conditions pour procéder à une saisie-vente sont d'ores et déjà remplies, et l'on peut penser que le créancier ne se contentera probablement pas très longtemps de la simple mesure de précaution à laquelle il a d'abord entendu se limiter. Si la saisie conservatoire a été pratiquée sans titre exécutoire (ce qui est normalement le cas), on sait que les textes imposent au créancier, *dans le mois* qui suit l'exécution de la mesure conservatoire (à peine de caducité de celle-ci) d'introduire une procédure ou d'accomplir les formalités nécessaires à l'obtention d'un titre exécutoire (la saisie conservatoire ayant pu être pratiquée sur le fondement d'une créance *paraissant* fondée dans son principe, il s'agit à présent de faire constater en justice que la créance *existe* véritablement; ou bien, le créancier ayant fondé la mesure conservatoire sur une décision de justice n'ayant pas encore force exécutoire parce que non notifiée au débiteur, il s'agit de procéder à cette notification...).

363. – À partir du moment où le créancier obtient le titre exécutoire nécessaire à la procédure d'exécution, lui est ouverte la voie de la *conversion* de la saisie conservatoire en saisie-vente.

La transformation de la procédure conservatoire en procédure d'exécution suppose que le créancier *signifie* au débiteur un *acte de conversion* qui contient, à peine de nullité : la référence au procès-verbal de saisie conservatoire; l'énonciation du titre exécutoire; le décompte des sommes à payer, avec l'indication du taux des intérêts; un *commandement de payer* dans les *huit jours,* sous peine de voir vendre les biens saisis (art. 226, al. 1, 1° à 4°, Décr. 31 juill. 1992; il est précisé à l'alinéa 2 de ce même article que la conversion peut être signifiée dans le même acte que le jugement, à savoir celui qui condamne le débiteur).

Dans l'hypothèse où la saisie a été pratiquée entre les mains d'un *tiers,* il est en outre prévu qu'une copie de l'acte de conversion est *dénoncée* à celui-ci (art. 226, al. 3, Décr.).

364. – Si, à l'expiration du délai qui lui est imparti pour payer (délai de huit jours suivant la signification qui lui a été faite de l'acte de conversion), le débiteur n'a toujours pas exécuté son obligation, l'huissier de justice procède à la *vérification des biens saisis*. Dans l'acte dressé en conséquence, l'huissier mentionne, le cas échéant, les biens manquants ou dégradés (art. 227, al. 1, Décr.)[1]. Il fait en outre savoir au débiteur qu'il dispose d'un délai d'*un mois* pour *vendre à l'amiable* les biens saisis (selon les règles prescrites à cet égard en matière de saisie-vente : sur ces règles, v *supra,* n°s 170 et s.).

À défaut de vente amiable dans ce délai, il est procédé à la *vente forcée* des biens considérés, les dispositions édictées dans le cadre de la saisie-vente étant également applicables (art. 229, Décr.) (sur ces dispositions, v. *supra*, n°s 174 et s.).

§ 3. PLURALITÉ DE SAISIES

365. – Dans l'hypothèse où les biens qui font l'objet d'une saisie (saisie conservatoire ou saisie-vente) ou encore d'une conversion de saisie conservatoire en saisie-vente ont *déjà* été saisis *à titre conservatoire* par d'autres créanciers, il importe que ces derniers soient *avisés* de la nouvelle saisie ou de la conversion intervenue. Aussi bien est-il prévu que, selon le cas, le *procès-verbal* de la nouvelle *saisie* ou l'*acte de conversion* doit être *signifié* aux créanciers qui avaient pratiqué une saisie conservatoire sur les mêmes biens avant l'acte (de saisie ou de conversion) considéré (art. 230 et 231, Décr. 31 juill. 1992).

366. – Il convient par ailleurs de tenir compte du fait que les biens en question sont susceptibles d'être vendus à l'amiable ou de faire l'objet d'une vente forcée.

---

1. Dans l'hypothèse où les biens ne se retrouvent plus au lieu où ils avaient été saisis, v. les précisions données à l'article 228 du décret du 31 juillet 1992.

1° Si des propositions de *vente amiable* sont présentées par le débiteur, le créancier saisissant qui les accepte est tenu d'*informer* de celles-ci les saisissants (à titre conservatoire) antérieurs. Cette information est faite au moyen d'une *lettre recommandée* avec demande d'*avis de réception* qui doit, à peine de nullité, reproduire en caractères *très apparents* les dispositions relatives aux *conséquences* de cette formalité (art. 232, al. 1, Décr.) (sur le contenu de ces dispositions, v. ci-dessous).

C'est qu'en effet, il incombe à chaque créancier, dans un délai de *quinze jours* à compter de la réception de la lettre, de *prendre parti* sur les propositions de vente amiable et *faire connaître* à celui qui lui a communiqué la teneur de celles-ci la *nature* et le *montant* de sa créance (art. 232, al. 2, Décr.).

Les *sanctions* attachées à cette double obligation sont de nature à inciter le créancier à ne pas s'abstenir de répondre. En effet, tout d'abord, à défaut de réponse dans le délai prescrit et donc si le créancier *ne prend pas parti* dans les quinze jours sur les propositions de vente qui lui ont été communiquées, il est *réputé avoir accepté* celles-ci (art. 232, al. 3). Ensuite, si dans ce même délai, il ne fournit *aucune indication* sur la nature et le montant de sa créance, il *perd le droit* de *concourir à la distribution* des deniers résultant de la vente amiable (sauf à faire valoir ses droits sur un solde éventuel *après* la répartition) (art. 232, al. 4).

2° Dans l'hypothèse de *vente forcée* (art. 233, al. 1, Décr.), le saisissant qui fait procéder à l'enlèvement des biens en vue de leur réalisation doit en *informer* les créanciers qui, comme dans le cas précédent, avaient antérieurement (à l'acte de saisie ou de conversion) pratiqué une saisie conservatoire sur les mêmes biens.

Dans cette hypothèse encore, l'information est faite par *lettre recommandée* avec demande d'*avis de réception*. Cette dernière indique, à peine de nullité, le nom et l'adresse de l'officier ministériel chargé de la vente et reproduit, en caractères *très apparents,* le texte relatif aux *conséquences* de cette formalité (v. *infra*).

Dans ce cas encore, en effet, chaque créancier dispose d'un délai de *quinze jours* à compter de la réception de la lettre pour répondre. Il s'agit cette fois uniquement de *faire connaître* (à l'officier ministériel) la *nature* et le *montant* de la créance au jour de l'enlèvement.

Le défaut de réponse dans le délai imparti a pour conséquence que le créancier *perd le droit* de *concourir à la distribution* des deniers provenant de la vente forcée (il lui reste, ici encore, le cas échéant, à faire valoir ses droits sur le solde après répartition) (art. 233, al. 2, Décr.).

Section II
Les saisies conservatoires particulières

367. – Seront présentées deux de ces procédures conservatoires[1] : l'une d'elles est particulière en raison du *lieu* (un *coffre-fort*) où sont placés les objets à saisir (§ 1), l'autre

---

1. On négligera ici des saisies conservatoires très spéciales, comme celles des *navires* et des *aéronefs,* ressortissant au droit maritime et aérien. – Sur la délimitation des domaines des textes généraux de 1991-1992 et des dispositions spécifiques, v. Perrot, *RTD civ.* 1998. 483. V., soulignant les limitations quant aux possibilités de saisie conservatoire des aéronefs, Paris, 4 avr. 2002, *D.* 2002. 1533.

du fait de la *nature* de la *cause* de la mesure (celui qui pratique une *saisie-revendication* fonde celle-ci sur son droit – au moins apparent – d'obtenir la délivrance ou la restitution d'un meuble corporel) (§ 2).

§ 1. La saisie conservatoire de biens placés dans un coffre-fort

368. – Il convient de rappeler que le coffre-fort visé appartient à un *tiers* (art. 266, al. 1, Décr. 31 juill. 1992).

Cette saisie conservatoire est réglementée aux articles 278 à 282 du décret du 31 juill. 1992.

Le premier de ces textes renvoie à des dispositions générales, à savoir, d'une part, celles applicables à toute *mesure* conservatoire (*supra,* n°s 343 et s.), d'autre part, celles qui gouvernent toute saisie de biens placés dans un coffre-fort, d'où notamment la nécessité d'un acte de saisie signifié au tiers propriétaire du coffre-fort, acte examiné à propos de la saisie-vente des biens en question (*supra,* n°s 199 et s.).

Il est en outre prévu que le premier jour ouvrable suivant l'accomplissement de ladite formalité de saisie, le débiteur doit être informé de celle-ci par la *signification* d'un acte contenant, à peine de nullité, certaines indications : dénonciation de l'acte de saisie; mention de l'autorisation du juge ou du titre en vertu duquel la saisie est pratiquée (ces documents devant être *en principe* annexés à l'acte); indication que l'accès au coffre est interdit au débiteur, sauf en présence de l'huissier; mention – en caractères *très apparents* – du droit pour le débiteur de demander (en cas de défaut de réunion des conditions de validité de la saisie) la *mainlevée* de la mesure[1] au juge de l'exécution de son domicile; la reproduction des textes généraux relatifs aux conditions de validité des mesures conservatoires et aux contestations concernant ces mesures (art. 279, Décr.).

369. – Il est possible que les biens saisis demeurent dans le coffre-fort et que celui-ci ne soit ouvert (et les biens inventoriés) qu'en conséquence d'une mesure d'*exécution* (la procédure conservatoire n'ayant, par hypothèse, pas conduit le débiteur à exécuter son obligation).

Toutefois, l'*ouverture* du coffre est susceptible d'être antérieure à une (éventuelle) procédure d'exécution.

C'est qu'en effet, en premier lieu, le débiteur peut demander *à tout moment* qu'il soit procédé à cette ouverture en présence de l'huissier (art. 280, al. 1, Décr.), lequel « procède alors à *l'inventaire* détaillé des biens qui sont saisis à titre conservatoire ou appréhendés au titre d'une saisie-revendication » (sur celle-ci, *infra,* n°s 371 et s.). Ces biens sont immédiatement enlevés par l'huissier (qui peut au demeurant les photographier) pour être placés sous sa garde ou celle d'un sequestre (à défaut d'accord amiable, ce dernier est désigné, sur requête, par le juge de l'exécution du lieu de la saisie) (art. 280, al. 2; v. ég. les précisions données à l'alinéa 3 de cet article relativement à l'information du débiteur). Il est ensuite procédé comme en matière de saisie conservatoire des meubles corporels en général (*supra,* n°s 357 et s.) ou de saisie-revendication (*infra,* n°s 373 et s.), selon le cas (art. 280, al. 4).

---

1. Sur la notion, on rappelle D. Lebeau, *Rev. huissiers* 2004. 249.

En second lieu, dans l'hypothèse de *résiliation* du *contrat de location* du coffre, l'*ouverture* de ce dernier est également appelée à intervenir avant une éventuelle procédure d'exécution. Le propriétaire du coffre étant tenu d'informer immédiatement l'huissier de cette résiliation, ledit officier ministériel signifie au débiteur une sommation d'être présent ou représenté au jour et à l'heure fixés pour l'ouverture ; le débiteur est en même temps averti qu'en cas d'absence ou de refus d'ouverture, celle-ci aura lieu par la force et à ses frais (art. 281, al. 2, Décr. 31 juill. 1992 ; v. les précisions données par ce texte quant à la date à laquelle peut intervenir l'ouverture forcée ; v. en outre les renvois opérés par l'alinéa 3 du même article).

370. – Quoi qu'il en soit, on sait que toute saisie conservatoire n'a qu'un caractère provisoire et que si le débiteur ne paie pas, le créancier est conduit à procéder à une mesure d'exécution.

Cependant, celle-ci suppose un titre exécutoire dont le créancier n'est pas nécessairement (ni même en principe) titulaire puisqu'il a pu procéder à la mesure conservatoire sans disposer d'un tel titre. Aussi bien devra-t-il normalement introduire une procédure ou accomplir les formalités nécessaires à l'obtention d'un titre exécutoire (et cela – en application de règles générales – *dans le mois* suivant l'exécution de la mesure conservatoire) (v. art. 215, Décr.).

À supposer qu'il ait obtenu un tel titre, il faut distinguer selon que les biens ont ou non déjà été *retirés* du coffre au moment de cette obtention.

S'ils l'ont été, lui est ouverte la *conversion* de la saisie conservatoire en *saisie-vente* lorsque son titre constate une créance de somme d'argent[1] ; dans l'hypothèse où le titre prescrit la délivrance ou la restitution du bien saisi, il lui incombe d'utiliser la voie de la *saisie-appréhension* (v. les renvois opérés par art. 282, al. 1, Décr.).

Si le coffre n'a pas encore été ouvert, il y a lieu de mettre en œuvre, selon le cas, les dispositions applicables à la saisie-vente des biens placés dans un coffre-fort (*supra,* n°s 198 et s.) ou celles régissant la *saisie-appréhension* de tels biens (*supra,* n°s 218 et s.) (v. renvois art. 282, al. 2, Décr.).

§ 2. La saisie-revendication

371. – Cette saisie, qui faisait déjà l'objet d'une réglementation dans l'ancien Code de procédure civile, est traditionnellement présentée comme permettant au titulaire d'un *droit de suite* sur un meuble de faire placer celui-ci sous main de justice en vue d'en assurer la *conservation,* dans l'attente de pouvoir en obtenir la remise.

Il importe de souligner que le droit de suite suppose un *droit réel* (propriété, usufruit, gage…) dont la sanction normale est l'action en revendication ou (pour les droits réels autres que le droit de propriété) une action voisine de celle-ci. Cependant, s'agissant de *meubles,* une telle action, exercée directement, risque de se révéler inefficace : dans l'attente du jugement constatant le droit réel invoqué, les meubles revendiqués peuvent changer de mains, et échapper en définitive au revendiquant. Celui qui peut prétendre à un droit de suite sur ces biens a donc intérêt à utiliser une procédure conservatoire pour inter-

---

1. En cas de *pluralité de saisies,* les règles examinées avec la saisie conservatoire de droit commun (*supra,* n° 365) sont également applicables (v. les renvois de l'art. 282, al. 1er Décr. 31 juill. 1992).

dire tout acte de disposition (ou de déplacement) de ces biens en attendant un jugement en ordonnant la remise : c'est à cette fin qu'a été conçue la voie de la saisie-revendication.

Dans ces conditions, encore faut-il évidemment que la revendication elle-même soit concevable. Or, en matière mobilière, les possibilités de revendiquer sont *limitées,* en raison de la règle de l'article 2276 du Code civil (« En fait de meubles, la possession vaut titre »). Toutefois, ce texte ne bénéficie qu'au *possesseur* de *bonne foi.* La revendication reste donc possible contre celui qui n'a pas la qualité de possesseur, au sens technique du terme (par exemple, contre un détenteur) ou celui qui, bien qu'étant un véritable possesseur, est de mauvaise foi (celle-ci devant évidemment être démontrée). Par ailleurs, en cas de *perte* ou de *vol,* une action en revendication, obéissant à des règles spéciales (v. art. 2276, al. 2, et art. 2277, C. civ.), peut être exercée contre le possesseur actuel des meubles perdus ou volés, alors même qu'il est de bonne foi (il a pu en effet acquérir ces biens en ignorant leur origine).

La revendication des meubles étant possible dans certains cas, la saisie-revendication l'est aussi logiquement. Il en va de même dans des hypothèses où sont ouvertes des actions voisines de la revendication proprement dite, comme celles que peuvent exercer des personnes invoquant un droit réel autre que le droit de propriété : ainsi en est-il de l'usufruitier, ou encore du créancier gagiste ayant perdu la possession de son gage.

Dans le même ordre d'idées, la saisie-revendication est ouverte au bailleur d'immeuble relativement aux objets garnissant les lieux loués dans l'hypothèse où ils ont été déplacés sans son consentement (la revendication devant toutefois être exercée dans un court délai : v. art. 2332, 1° *in fine*, C. civ.). Mérite enfin d'être relevée la possibilité de revendication ouverte au vendeur impayé sur la chose vendue (pour en empêcher la revente, le vendeur devant agir dans la huitaine de la livraison : art. 2332, 4°, C. civ.).

372. – Les auteurs du décret du 31 juillet 1992 ont maintenu une procédure de saisie-revendication, celle-ci étant ouverte, d'une manière générale, à toute personne *apparemment fondée* à requérir la *délivrance* ou la *restitution* d'un bien meuble corporel (art. 155, Décr.)[1]. Il est ainsi possible à une telle personne, dans l'attente de la remise du meuble, de rendre *indisponible* celui-ci[2].

Comme on peut le constater, la saisie-revendication correspond actuellement, dans le cadre des procédures conservatoires, à ce qu'est, en matière de procédures d'exécution, la saisie-appréhension[3] (sur cette saisie, *supra,* n°s 205 et s.). Au demeurant, les deux saisies sont réglementées dans un même titre du décret (Titre VI), la procédure conservatoire faisant l'objet des articles 155 à 163 de ce texte.

Parce que la saisie-revendication est une mesure conservatoire, les dispositions relatives aux conditions de validité d'une telle mesure lui sont en principe applicables (encore qu'il ait fallu tenir compte du fait que la cause de la saisie-revendication n'est pas une créance de somme d'argent) (v. les renvois opérés par l'art. 156, al. 1, Décr.). On observera cependant que la question des contestations fait l'objet de dispositions spécifiques,

---

1. Pour la nécessité de ne pas ajouter à cette condition : v. Civ. 2e, 29 mars 1995, *D.* 1995. somm. 330, obs. Grimaldi, *JCP* 1995. II. 22440, note S. Hovasse-Banget.

2. S'agissant d'une hypothèse particulière, v. Ribadeau-Dumas, « La saisie-revendication dans le cadre d'une procédure collective : une technique efficace pour les créanciers titulaires d'une clause de réserve de propriété », *D.* 2008. 2190.

3. Pour le lecteur qui découvrirait, dans un autre ouvrage, pareille formule (pour ne citer qu'elle !) sans guillemets, ni référence particulière, l'auteur tient simplement à souligner que cette formule figurait *dès 1994* dans son manuel (v. 3e éd., n° 372).

lesquelles reprennent toutefois, avec certaines adaptations, des règles générales (pour les détails, v. art. 156, al. 2 et s., et art. 157, Décr.).

La *procédure* de la saisie-revendication (A) et ses *conséquences* (B) doivent être précisées.

A. Procédure

373. – En principe, celui qui pratique une saisie-revendication doit avoir préalablement obtenu une *autorisation du juge* délivrée sur requête (art. 155, al. 2, Décr.). On retrouve ici la même règle que celle énoncée dans le cadre des dispositions applicables à toute mesure conservatoire.

Pour obtenir cette autorisation, la personne qui entend utiliser la voie de la saisie-revendication doit être « apparemment fondée à requérir la délivrance ou la restitution d'un bien meuble corporel » (art. 155, al. 1).

L'ordonnance portant autorisation contient une *double* précision : d'une part, elle désigne le *bien* qui peut être saisi, d'autre part, elle précise l'*identité* de la *personne tenue* de délivrer ou restituer ledit bien. Il convient de souligner que cette ordonnance est *opposable* à tout détenteur du bien désigné (art. 155, al. 3, Décr.).

En vertu de règles générales (auxquelles renvoie l'art. 156, al. 1), l'autorisation du juge est *caduque* si la saisie-revendication n'a pas été pratiquée dans un délai de *trois mois* à compter de l'ordonnance.

Comme pour toute mesure conservatoire, le *principe* de la nécessité d'une autorisation judiciaire préalable est *écarté* dans quelques cas (ceux visés à l'article 68, L. 9 juill. 1991, texte auquel se réfère l'art. 155, al. 2, Décr.) (sur ces cas, *supra,* n° 349), notamment lorsque le saisissant dispose d'un *titre exécutoire* ou d'une *décision de justice* qui n'*a pas* (encore) *force exécutoire*.

374. – Sur présentation de l'autorisation judiciaire ou de l'un des titres dispensant de celle-ci, il peut être procédé à la saisie-revendication « en tout lieu et entre les mains de tout détenteur » (art. 158, al. 1, Décr.).

Encore faut-il réserver l'hypothèse où cette mesure est pratiquée dans un local servant à l'*habitation* d'un *tiers détenteur,* auquel cas une *autorisation spéciale* du juge est nécessaire (art. 158, al. 2). Cette autorisation ne doit pas être confondue avec celle dont il a été question précédemment : autrement dit, dans l'hypothèse considérée, pour procéder à une saisie-revendication, il convient d'être muni soit de *deux* autorisations (l'autorisation préalable en principe requise *et* l'autorisation *spéciale*), soit d'un *titre* dispensant de la première autorisation *et* de l'autorisation *spéciale*.

Toujours est-il que, s'agissant des opérations de saisie proprement dites, l'huissier de justice doit tout d'abord attirer l'attention du détenteur sur l'obligation dont il est tenu de lui indiquer si le bien sur lequel doit porter la mesure a fait l'objet d'une saisie antérieure (et de lui communiquer, le cas échéant, le procès-verbal de celle-ci).

Ensuite, l'huissier dresse l'*acte de saisie,* lequel contient, à peine de nullité, un certain nombre d'*indications* : mention de l'autorisation judiciaire préalable ou du titre qui en dispense (le document en question étant *en principe* annexé à l'acte); désignation détaillée du bien saisi; si le détenteur est présent, déclaration relative à une éventuelle saisie antérieure; mention – en caractères *très apparents* – des *effets* de la saisie (quant à l'indisponibilité du bien, à sa garde, aux obligations du détenteur et sanctions prévues);

mention – également en caractères *très apparents* – relative aux possibilités de contestations etc. (pour plus de détails, v. art. 159, Décr.).

375. – Si le détenteur est *présent* lors des opérations de saisie, l'acte lui est *remis* (avec un rappel *verbal* des mentions figurant en caractères « très apparents » dans cet acte) (art. 160, al. 1, Décr.). Si, au contraire, *il n'a pas assisté* auxdites opérations, une copie de l'acte lui est signifiée, un délai de *huit jours* lui étant en outre imparti pour informer l'huissier relativement à une éventuelle saisie antérieure (et lui en communiquer le procès-verbal) (art. 160, al. 4). On notera que dans l'hypothèse où la saisie a été pratiquée entre les mains d'un *tiers,* détenteur du bien, l'acte de saisie est également signifié dans un délai de huit jours au plus tard à celui qui est tenu de le délivrer ou de le restituer (art. 160, al. 2, Décr.).

B. Conséquences de la saisie-revendication

376. – S'agissant des *effets* proprement dits de la procédure conservatoire examinée, on retrouve naturellement l'*indisponibilité* attachée à tout acte de saisie.

Le bien frappé par la mesure est normalement placé sous la *garde* du détenteur, lequel ne peut non seulement pas l'aliéner (le bien étant indisponible), mais ne peut pas davantage le déplacer (sauf motif légitime, et aux conditions de l'article 91 du décret), sous peine de sanctions pénales (art. 159, al. 2, 4°, Décr.). Si le détenteur est en principe gardien, il faut cependant réserver l'application de la règle selon laquelle le juge peut, à *tout moment,* autoriser sur requête la remise du bien à un *sequestre* qu'il désigne (art. 161, Décr.).

377. – S'agissant des *suites* de la saisie, il faut souligner qu'en vertu de règles générales (auxquelles renvoie art. 156, al. 1, Décr.), le saisissant est tenu, sauf évidemment s'il dispose déjà d'un titre exécutoire, d'introduire une procédure ou d'accomplir les formalités nécessaires à l'obtention d'un tel titre (à peine de *caducité* de la saisie).

On remarquera que le détenteur peut, le cas échéant, se prétendre titulaire d'un *droit propre* sur le bien saisi. Sauf évidemment s'il l'a fait par déclaration au moment de la saisie, il lui incombe d'informer l'huissier du droit invoqué par *lettre recommandée* avec demande d'*avis de réception*. Le saisissant dispose d'un délai d'*un mois* pour porter la contestation devant le juge de l'exécution du lieu où demeure le détenteur, le bien demeurant indisponible pendant l'instance. À défaut d'une telle action dans le délai prescrit, l'indisponibilité cesse.

Sous réserve de cette toute dernière hypothèse et des cas dans lesquels, d'une manière générale, la mainlevée de la mesure est obtenue, la saisie-revendication est normalement appelée à déboucher sur une mesure d'*exécution.*

Dès lors en effet que celui qui l'a pratiquée dispose d'un titre exécutoire prescrivant la délivrance ou la restitution du bien, la voie de la *saisie-appréhension* lui est ouverte (art. 163, Décr.) (sur cette saisie, *supra,* n°s 205 et s.).

Chapitre 2

La saisie conservatoire des créances

378. – Sous l'empire de l'ancien Code de procédure civile, la saisie conservatoire des créances, bien qu'ayant fait l'objet de controverses, avait été admise par la Cour de cassation[1]. Les auteurs de la réforme des voies d'exécution ont entendu consacrer la possibilité d'une telle saisie, dont la pratique antérieure avait démontré l'utilité. Après que le législateur de 1991 ait affirmé que la saisie conservatoire « peut porter sur tous les biens mobiliers corporels ou *incorporels* appartenant au débiteur » (art. 74, L. 9 juill.), les auteurs du décret du 31 juillet 1992 ont spécialement réglementé la saisie conservatoire de ces « biens incorporels » que sont les créances (art. 234 à 243, Décr.).

Par hypothèse, les créances visées sont en principe toutes celles qui ont pour objet une *somme d'argent*. On rappelle toutefois que le législateur a *écarté* du domaine de la mesure examinée les créances de *rémunérations du travail* : une saisie conservatoire ne saurait être pratiquée sur de telles rémunérations (art. L. 3252-7, C. trav.)[2].

379. – L'existence de la réglementation (signalée plus haut) propre à la saisie conservatoire des créances ne doit pas faire oublier l'applicabilité des dispositions communes à toutes les mesures conservatoires (*supra,* n°s 343 et s.), et notamment deux règles essentielles : la première consiste dans la nécessité (sauf dans les cas visés à l'article 68 de la loi du 9 juillet 1991) d'une *autorisation judiciaire* pour procéder à la mesure (celle-ci devant être ensuite pratiquée *dans les trois mois* de l'ordonnance d'autorisation); la deuxième est relative à l'obligation pour celui qui pratique la mesure conservatoire sans titre exécutoire d'*introduire une procédure (ou d'accomplir des formalités) permettant l'obtention d'un tel titre,* dans le mois *suivant l'exécution de la mesure.*

Cela étant, il convient de préciser les règles *spécialement* applicables aux **opérations de saisie** conservatoire des créances (Section I) avant d'examiner la **conversion** de cette saisie en saisie-attribution (Section II).

Section I
Opérations de saisie

380. – Quelques développements s'imposent relativement au *déroulement des opérations* (§ 1) et aux *effets* de l'acte de saisie (§ 2).

---

1. Com. 17 avr. 1961, *D.* 1961. J. 644, note Raynaud, *JCP* 1961. II. 12187, obs. J.A.

2. Encore faut-il que les rémunérations n'aient pas encore été versées sur un compte bancaire (v. Civ. 2e, 24 juill. 2004, *JCP* 2004. IV. 2742, *RTD civ.* 2004. 780, obs. Perrot). La protection du titulaire du compte est toutefois assurée par la mise à sa disposition des sommes insaisissables (*supra*, n° 73).

§ 1. Déroulement des opérations

381. – Comme dans le cadre des mesures d'exécution ayant pour objet des créances (*supra*, n°s 233 et s.), les « parties » à la procédure sont non seulement le saisissant et son débiteur (débiteur saisi), mais également le tiers saisi (par hypothèse débiteur du débiteur saisi).

La saisie proprement dite est pratiquée au moyen d'un *acte signifié* au *tiers saisi* (A). La mesure conservatoire à laquelle il a ainsi été procédé doit être ensuite *dénoncée* au débiteur saisi (B).

A. Acte de saisie

382. – « Le créancier procède à la saisie au moyen d'un *acte* d'huissier de justice *signifié* au tiers » (art. 234, al. 1, Décr.).

Cet acte doit contenir un certain nombre de mentions, prescrites à peine de nullité (art. 234, al. 2) : éléments d'identification du débiteur saisi[1] ; indication de l'autorisation judiciaire permettant la saisie ou du titre qui en dispense ; décompte des sommes pour lesquelles la mesure est pratiquée ; *défense* faite au tiers *de disposer* des *sommes réclamées* dans la *limite* de ce qu'il doit au débiteur ; reproduction de dispositions relatives, d'une part, à l'effet *interruptif* de la *prescription* attaché à la saisie quant à la créance qui en fait l'objet, et, d'autre part, aux obligations de *renseignements* pesant sur le tiers saisi (v. ci-dessous).

383. – Cette toute dernière mention appelle quelques précisions : le tiers saisi est tenu de faire connaître à l'huissier qui procède à la saisie *l'étendue de ses obligations* à l'égard du débiteur ainsi que les *modalités* qui peuvent les affecter (et, s'il y a lieu, les cessions de créance, délégations ou saisies antérieures) (art. 237, al. 1, Décr., renvoyant à l'art. 44, L. 9 juill. 1991)[2]. Le tiers doit remettre à l'huissier toutes pièces justifiant ses déclarations, les renseignements fournis étant mentionnés dans l'acte de saisie (art. 237, al. 1 et 2, Décr.)[3].

Des *sanctions* sont attachées aux obligations mises à la charge du tiers saisi. Si ce dernier, sans motif légitime[4], ne fournit pas les renseignements prévus[5], il s'expose à devoir payer les sommes pour lesquelles la saisie est pratiquée si le débiteur est condamné (sauf son recours contre ce dernier) (art. 238, al. 1, Décr.). Il est en outre prévu que ce

---

1. V., à propos d'un acte émis par le Trésor public, dans lequel une contribuable avait été désignée par le nom de son mari, Civ. 1re, 6 mars 2007, *D.* 2007. 950, estimant que cette désignation n'avait pas gêné le tiers saisi dans l'identification du débiteur (la saisie conservatoire ne devant donc pas être annulée).

2. S'agissant de saisie conservatoire pratiquée entre les mains d'un établissement habilité par la loi à tenir des comptes de dépôts, certaines règles spécifiques sont applicables, le « banquier » (au sens large) étant tenu de déclarer le solde du (ou des) compte(s) au jour de la saisie (v. le renvoi de l'art. 75, al. 3, L. 9 juill. 1991 à l'art. 47 de cette L. – Sur cette dernière disposition, figurant parmi les textes régissant la saisie-attribution, *supra*, n° 249).

3. On notera que si la déclaration du tiers n'est pas contestée *avant* l'acte de *conversion* de la saisie conservatoire en saisie-attribution (sur cette conversion, *infra*, n° 388) elle est réputée exacte pour les seuls besoins de la saisie.

4. Sur la notion de « motif légitime », v. *supra*, n° 265 *ter* (à propos de la saisie-attribution).

5. Pour l'obligation du tiers saisi de fournir les renseignements « sur-le-champ » (comme en matière de saisie-attribution), alors que l'article 237 du décret ne le prévoit pas, v. Civ. 2e, 7 nov. 2002, *D.* 2002. 3189, *Rev. huissiers* 2003. 118, obs. Hoonakker. – En cas de motif légitime de ne pas répondre immédiatement, le tiers saisi doit à tout le moins fournir les renseignements dans un délai raisonnable : Civ. 2e, 28 févr. 2006, *Rev. huissiers* 2006. 279, obs. Hoonakker.

tiers « peut aussi être condamné à des dommages et intérêts en cas de négligence fautive ou de déclaration inexacte ou mensongères » (art. 238, al. 2)[1].

B. Dénonciation de la saisie au débiteur

384. – Le saisissant dispose d'un délai de *huit jours* suivant la saisie pour *informer* de celle-ci le débiteur par *acte d'huissier* de justice. Le délai dans lequel cette formalité doit être accomplie est prescrit à peine de *caducité* de la saisie conservatoire.

L'acte par lequel la mesure qui a été pratiquée entre les mains du tiers est ainsi dénoncée au débiteur saisi contient, à peine de nullité, les éléments suivants : copie de l'*autorisation* du juge ayant permis la saisie[2] ou copie (voire mentions) du *titre* qui dispense de cette permission; copie du *procès-verbal de saisie;* mention – en caractères *très apparents* – du *droit* pour le débiteur de demander au juge de l'exécution du lieu de son domicile la *mainlevée* de la saisie[3] pour défaut de réunion des conditions de validité de celle-ci; désignation de la juridiction devant laquelle seront portées les *autres contestations,* notamment celles relatives à l'*exécution* de la saisie; reproduction des dispositions communes à toutes les mesures conservatoires relatives aux conditions de validité de ces dernières et aux contestations dont elles peuvent faire l'objet; en cas de *saisie de compte*, indication que le titulaire du compte peut demander au tiers saisi, dans les quinze jours suivant la saisie, la mise à disposition d'une somme d'un montant au plus égal au montant forfaitaire du revenu de solidarité active applicable à un foyer composé d'une seule personne, dans la limite du solde créditeur du compte au jour de la réception de la demande (art. 236, Décr. 31 juill. 1992, compl. par Décr. 11 sept. 2002 et mod. Décr. 15 avr. 2009)[4].

§ 2. Effets de la saisie

385. – Il s'agit évidemment des effets qui sont attachés à l'*acte de saisie* lui-même (c'est-à-dire à celui qui est signifié au *tiers* saisi) et non à sa dénonciation au débiteur, étant entendu toutefois que ces effets ne sauraient se prolonger au-delà de huit jours si

---

1. On retrouve ici des formules rencontrées avec l'art. 60 du Décr., ce qui implique l'applicabilité des solutions dégagées à ce propos en matière de saisie-attribution (*supra*, n°s 265 à 265 *ter*). V. d'ailleurs, pour l'inapplicabilité des sanctions en cas d'annulation de la saisie conservatoire, Civ. 2e, 5 juill. 2000, *Bull. civ.* II, n° 111, *D.* 2001. 722 (n° 679) ou, dans l'hypothèse de caducité de la saisie (en raison de l'absence de dénonciation de celle-ci dans le délai prescrit), de la sanction consistant en la condamnation du tiers saisi à payer le montant des causes de la mesure (Civ. 2e, 6 mai 2004, *D.* 2004. 1646, *Rev. huissiers* 2004. 284, obs. Putman). V. encore, en cas d'absence de conversion de la saisie conservatoire (sur cette conversion, *infra*, n° 388) avant le jugement d'ouverture d'une procédure collective, Civ. 2e, 20 oct. 2005, *D.* 2005. 2804, *Rev. huissiers* 2006. 106, obs. Putman. V. par ailleurs, dans l'hypothèse où l'acte de saisie ayant été signifié en mairie (procédé de signification aujourd'hui remplacé par le dépôt en l'étude de l'huissier), le tiers saisi n'en avait pas eu connaissance, Civ. 2e, 13 juin 2002, *D.* 2002. 2102.

2. Il faut tenir compte de l'applicabilité de l'article 495 C. pr. civ. qui impose de signifier en même temps une copie de la requête aux fins d'autorisation : Civ. 2e, 6 déc. 2001, *D.* 2002. 258, *Rev. huissiers* 2002. 177, obs. Dymant, *RTD civ.* 2002. 362, obs. Perrot.

3. Pour une réflexion générale sur la notion, v. D. Lebeau, *Rev. huissiers* 2004. 249.

4. Cette solution (réglementaire) est aujourd'hui en retrait par rapport à la disposition de l'art. 47-1 L. 9 juill. 1991 (créé par L. 12 mai 2009) (*supra*, n° 73) qui impose une mise à disposition *automatique* (donc sans nécessité d'une demande) de la somme indiquée. Bien que l'art. 47-1 figure parmi les textes relatifs à la saisie-attribution, il faut espérer que le décret d'application de cet article précise que la mise à disposition automatique s'applique à la saisie conservatoire.

cette dénonciation n'intervenait pas dans ce délai (en pareil cas, la saisie serait frappée de caducité, comme il a été indiqué plus haut)[1].

Comme toute saisie, la mesure examinée a un effet d'*indisponibilité*. Le bien saisi étant une créance, cet effet porte évidemment sur celle-ci[2]. Il y a cependant lieu de préciser la *portée* de l'indisponibilité, que le législateur a voulu *limiter*.

Soucieux de prendre en considération les intérêts (légitimes) du débiteur saisi, les auteurs de la loi du 9 juillet 1991 ont édicté la règle suivante : « lorsque la saisie porte sur une créance ayant pour objet une somme d'argent, l'acte de saisie la rend indisponible *à concurrence* du *montant autorisé* par le juge ou, lorsque cette autorisation n'est pas nécessaire, *à concurrence* du *montant* pour lequel la saisie est *pratiquée*... » (art. 75, al. 1, L.).

Autrement dit, si le montant de la créance *objet* de la saisie est supérieur à celui (autorisé ou invoqué, selon les cas) de la créance *cause* de cette mesure, l'indisponibilité de la première n'est que *partielle,* le débiteur saisi pouvant en conséquence obtenir du tiers saisi le paiement de la *différence* entre les deux montants.

386. – Cependant, si les légitimes intérêts du débiteur saisi sont protégés, ceux du créancier saisissant ne sont pas pour autant sacrifiés. C'est qu'en effet, la saisie « emporte de plein droit consignation des sommes indisponibles », ledit créancier bénéficiant d'une *affectation spéciale* de ces dernières (v. art. 75, al. 1, L. 9 juill. 1991 renvoyant à l'art. 2075-1, C. civ., abr. par Ord. 23 mars 2006, mais le texte correspondant est celui de l'actuel art. 2350 de ce code) : titulaire d'un tel *privilège,* il n'a guère à redouter un concours avec d'autres créanciers sur les sommes rendues indisponibles. Il s'agit pour lui d'une garantie particulièrement intéressante[3].

387. – La créance rendue indisponible est et demeure en principe « bloquée » entre les mains du tiers saisi jusqu'à l'issue de la procédure. Il faut toutefois tenir compte de la règle selon laquelle *tout intéressé* peut demander que les sommes saisies soient consignées entre les mains d'un *séquestre* désigné, à défaut d'accord amiable, sur requête, par le juge de l'exécution (en pareil cas, la remise des fonds au séquestre arrête le cours des intérêts dus par le *tiers saisi*) (art. 235, Décr. 31 juill. 1992).

Section II

Conversion en saisie-attribution

388. – La conversion de la saisie conservatoire en saisie-attribution est possible à partir du moment où le saisissant dispose d'un *titre exécutoire* constatant l'existence de sa créance[4 et 5].

---

1. On ne revient pas sur la question de l'effet interruptif de prescription, qui a fait l'objet de précisions *supra*, n° 99, dernier alinéa.

2. Une saisie conservatoire peut être pratiquée sur une créance déjà rendue indisponible par une précédente saisie conservatoire, sous réserve du droit de préférence du premier saisissant : Civ. 2ᵉ, 28 février 2006, *Rev. huissiers* 2006. 279, obs. Hoonakker.

3. Le renvoi aux dispositions susvisées du Code civil a pu conduire à estimer que le créancier saisissant bénéficie du droit d'un véritable *créancier gagiste*. V. toutefois, soulignant que « l'affectation spéciale » de l'article 75 ne constitue, à la vérité, qu'un *privilège* et non un droit de gage, la démonstration de Perrot et Théry, *Procédures civiles d'exécution*, 2ᵉ éd., nᵒˢ 850 et s.

4. Au cas où le débiteur fait l'objet d'une procédure collective après la saisie conservatoire, il est important pour le *créancier* que la conversion intervienne *avant* le jugement d'ouverture (v. Com. 10 déc. 2002, *D.* 2003. 68, note ➢

L'acte de conversion, *signifié* au *tiers saisi* par le saisissant[1], doit contenir, à peine de nullité, les mentions suivantes (art. 240, Décr.) : référence au *procès-verbal* de *saisie conservatoire;* énonciation du *titre exécutoire;* décompte des sommes dues au saisissant par le débiteur saisi; *demande de paiement* desdites sommes à concurrence de celles dues par le tiers du débiteur saisi.

Par cet acte, le tiers est en outre *informé* de l'*attribution immédiate* au profit du saisissant de la créance saisie (dans la limite de la dette du tiers) (art. 240 *in fine* Décr.).

389. – La copie de l'acte de conversion est ensuite *signifiée* au *débiteur* (art. 241). Ce dernier dispose d'un délai de *quinze jours* à compter de cette signification pour contester la conversion devant le juge de l'exécution du lieu où il demeure. En conséquence d'un décret du 28 décembre 2005, dont résulte la rédaction actuelle de l'article 242 du décret du 31 juillet 1992, il est précisé que « Ce délai est prescrit à peine d'irrecevabilité » et que « Sous la même sanction, la contestation est dénoncée le même jour, par lettre recommandée avec demande d'avis de réception, à l'huissier de justice qui a procédé à la saisie », l'auteur de la contestation devant en outre en informer le tiers saisi par lettre simple (v. al. 1 à 3 art. préc.).

Si aucune contestation n'est élevée dans le délai prescrit, le tiers est *tenu de payer* le saisissant sur présentation d'un certificat délivré par le greffe ou établi par l'huissier de justice qui a procédé à la saisie, attestant l'absence d'incident dans les quinze jours suivant la dénonciation de l'acte de conversion[2]. On notera qu'un paiement pourrait intervenir plut tôt (donc avant l'expiration du délai de quinze jours) dans l'hypothèse où le débiteur, par déclaration (constatée par *écrit*) a fait savoir qu'il ne contestait pas l'acte de conversion (art. 242, al. 4 et 5, réd. Décr. 28 déc. 2005).

➢ Lienhard, *RTD civ.* 2003. 147, obs. Perrot, *Rev. huissiers* 2003. 163, obs. Crocq, *D.* 2003. 1473, obs. Taormina, et Com. 29 avr. 2003, *D.* 2003. 1364, obs. Lienhard, affirmant la solution alors que la saisie conservatoire avait été pratiquée pendant la période suspecte). Si elle n'intervient qu'après, la saisie conservatoire initialement pratiquée n'emporte plus affectation spéciale et privilège à son profit : Com. 22 avr. 1997, *D.* 1997. IR. 128. V. ég., Com. 31 mars 1998, *Procédures,* 1998, n° 6, p. 7. – En l'absence de conversion avant le jugement d'ouverture, le poursuivant ne peut faire condamner le tiers saisi qui ne fournit pas les renseignements prévus : Civ. 2e, 20 oct. 2005, *D.* 2005. 2804, *Rev. huissiers* 2006. 106, obs. Putman; Civ. 2e, 14 sept. 2006, *D.* 2006. 2418, *Rev. huissiers* 2007. 46, obs. Salati, *D.* 2007. 1386, obs. Julien. – S'agissant toujours de l'hypothèse d'une saisie conservatoire non convertie en saisie-attribution avant le jugement d'ouverture, la Cour de cassation a précisé que « la substitution d'un séquestre judiciaire à une saisie conservatoire n'a pas pour conséquence de faire échapper la créance séquestrée au régime juridique de la saisie conservatoire dont les effets sont maintenus » (Com. 6 mars 2001, *D.* 2001. 1102, obs. Lienhard). Pour une étude d'ensemble, v. C. Lefort, « Le sort d'une saisie conservatoire de créances pratiquée antérieurement au jugement d'ouverture d'une procédure collective », *Rev. huissiers* 2003. 204 (1re partie) et 272 (2e partie). – On notera par ailleurs qu'à condition de ne pas avoir été conclu en fraude des droits du saisissant, un accord mettant fin aux relations contractuelles entre débiteur saisi et tiers saisi et éteignant, *avant* la *conversion* en saisie-attribution, la créance qui avait fait l'objet d'une saisie conservatoire, est opposable au créancier saisissant : Civ. 2e, 22 nov. 2001, *Rev. huissiers* 2002. 172, obs. Putman.

5. En cas de conversion de la saisie conservatoire après notification d'un avis à tiers détenteur, le droit de préférence du créancier poursuivant ne peut être invoqué à l'égard du Trésor public dont la créance fiscale bénéficie du privilège de l'article 1920 CGI : Civ. 2e, 18 janv. 2007, *D.* 2007. 451, *Rev. huissiers* 2007. 217, obs. Lefort, *D.* 2007. 2338, obs. Vigneau.

1. Sur les conséquences (et l'intérêt pour le saisissant) d'une signification de la conversion au tiers saisi dans les délais des articles 215 et 216, Décr., v. Civ. 2e, 10 déc. 1998. *D.* 1999. somm. 216, obs. Julien; v. ég., pour l'importance de cette signification, Civ. 2e, 21 nov. 2000, *D.* 2001. 284; v. aussi Civ. 2e, 8 déc. 2005, *Rev. huissiers* 2006. 167, obs. Lefort (après réception de la signification de l'acte de conversion, le tiers saisi ne peut plus contester ses déclarations initiales, même si celles-ci sont erronées).

2. En cas de refus de paiement, la contestation est portée devant le juge de l'exécution qui peut délivrer un titre exécutoire contre le tiers saisi (v. le renvoi de l'art. 243 à l'art. 64. – V. ég. le renvoi à l'art. 67). – Le saisissant qui n'a pas été payé par le tiers conserve *en principe* ses droits contre le débiteur (v. art. 63 auquel renvoie l'art. 243).

En conséquence du paiement, une quittance est délivrée au tiers par celui qui a été payé (ce dernier en informant le débiteur). Dans la limite des sommes versées, le paiement *éteint* l'obligation du débiteur et celle du tiers saisi (v. le renvoi de l'art. 243 à 62).

Chapitre 3

La saisie conservatoire des droits d'associé et des valeurs mobilières

390. – Dès lors que – pour les raisons précédemment indiquées (*supra,* n° 329) – les auteurs de la réforme des voies d'exécution avaient pris le parti de réglementer une procédure d'exécution adaptée à ces « biens incorporels », ils se devaient d'édicter parallèlement des règles permettant de pratiquer une saisie conservatoire sur les droits d'associé et valeurs mobilières. Tel est l'objet des articles 244 à 249 du décret du 31 juillet 1992.

Dans ce cadre encore, il importe de prendre également en considération l'applicabilité des dispositions communes à toutes les mesures conservatoires, déjà présentées (*supra,* n°s 343 et s.) : il en résulte que la saisie à examiner suppose en principe une autorisation judiciaire (sous réserve des cas visés à l'article 68 de la loi du 9 juillet 1991), la mesure devant être au demeurant pratiquée dans les trois mois suivant l'ordonnance d'autorisation; il en résulte également que celui qui procède à la saisie sans titre exécutoire doit (dans le mois qui suit l'exécution de la mesure) introduire une procédure (ou accomplir les formalités) en vue de l'obtention d'un tel titre.

Seule la réglementation propre à la saisie conservatoire des droits d'associé et des valeurs mobilières est en principe examinée dans les développements suivants : **la procédure de saisie** (Section I) et **la conversion en saisie-vente** (Section II) seront successivement présentées.

Section I
Procédure de saisie

391. – Les opérations de saisie comprennent un *acte de saisie* (§ 1) et la *dénonciation* de cet acte au débiteur (§ 2).

§ 1. Acte de saisie

392. – Le créancier procède à la saisie par la *signification* d'un acte à une personne qui est, selon le cas, la personne morale émettrice, le mandataire de celle-ci ou l'intermédiaire qui tient les comptes de valeurs à saisir (pour plus de précisions, v. les art. 178 à 181, Décr. 31 juill. 1992 auxquels renvoie l'art. 244, al. 1 du même texte).

Le *contenu* (A) puis les *effets* (B) de l'acte de saisie appellent quelques précisions.

A. Contenu de l'acte

393. – À peine de nullité, l'acte de saisie contient (art. 244, al. 2) : des éléments d'*identification* du *débiteur;* l'indication de l'*autorisation judiciaire* permettant la saisie ou du *titre* qui dispense de cette permission; le *décompte des sommes* pour lesquelles la saisie est pratiquée; la mention de l'effet d'*indisponibilité totale* attaché à la saisie (v. *infra,* B); la *sommation* de faire connaître d'éventuels *nantissements* ou *saisies.*

B. Effets de l'acte

394. – Comme toute saisie, la mesure examinée produit un effet d'*indisponibilité* (art. 29, L. 9 juill. 1991).

Cet effet s'applique d'abord évidemment aux parts ou valeurs saisies elles-mêmes et interdit donc leur aliénation. Il s'applique aussi aux « droits pécuniaires » attachés à l'*intégralité* de celles-ci (v. art. 244, al. 2, 4°) (il en découle notamment que ces droits ne sauraient faire l'objet d'une saisie-attribution)[1].

Cependant, comme dans le cadre d'une procédure d'exécution, le débiteur peut obtenir la *mainlevée* de la saisie conservatoire en *consignant* une somme d'argent suffisante pour désintéresser le créancier (cette somme est alors *spécialement affectée* au profit du saisissant) (al. 2 de l'art. 184, art. auquel renvoie l'art. 246, Décr.).

§ 2. Dénonciation de la saisie au débiteur

395. – Dans un délai de *huit jours* suivant la saisie conservatoire, le débiteur doit être *informé* de celle-ci par *acte d'huissier* de justice. Ce délai est prescrit à peine de *caducité* de la saisie (art. 245, al. 1, Décr.).

L'acte par lequel la mesure est ainsi dénoncée au débiteur doit contenir, à peine de nullité, les éléments suivants : copie de l'*autorisation du juge* ayant permis la saisie ou du *titre* (voire simples mentions du titre) dispensant de l'autorisation; copie du *procès-verbal de saisie;* mention – en caractères *très apparents* – du droit qui appartient au débiteur, si les conditions de la saisie ne sont pas réunies, d'en demander la *mainlevée* au juge de l'exécution de son domicile; désignation de la juridiction devant laquelle seront portées les *autres contestations,* notamment celles relatives à l'*exécution* de la mesure; reproduction des dispositions, communes à toutes les mesures conservatoires, relatives aux conditions de validité de celles-ci et aux contestations les concernant.

Section II
Conversion en saisie-vente

396. – La conversion de la saisie conservatoire en saisie-vente suppose que le créancier saisissant puisse justifier d'un titre exécutoire. Dès lors qu'il a obtenu un tel titre, le

---

1. Civ. 2e, 21 juin 2007, *D.* 2007. 1972, *Rev. huissiers* 2007. 350, obs. Lefort, à propos de bénéfices distribués attachés aux parts sociales, lesquels « sont des droits pécuniaires du débiteur ».

passage à la procédure d'exécution est opéré au moyen d'un acte de conversion *signifié* au débiteur par le saisissant.

Cet acte contient, à peine de nullité (art. 247, Décr.) : la référence au *procès-verbal de saisie conservatoire,* l'énonciation du *titre exécutoire;* le décompte des *sommes à payer,* avec l'indication du *taux des intérêts;* un *commandement* de *payer* (sous peine de voir vendre les biens incorporels saisis); l'indication – en caractères *très apparents* – que le débiteur dispose d'un délai d'*un mois* pour procéder à la vente *amiable* des valeurs saisies (v. les précisions données au 5° de l'art.), le cas échéant, l'indication du *droit* pour le *débiteur,* dans l'hypothèse de vente *forcée* et jusqu'à la réalisation de celle-ci, de faire connaître au tiers saisi l'*ordre* dans lequel les valeurs mobilières *cotées* saisies doivent être vendues; la reproduction des dispositions applicables à la *vente amiable.*

Une copie de l'acte de conversion est ensuite *signifiée* au *tiers saisi* (art. 248, Décr.).

Pour le reste, sont applicables les règles, déjà examinées (*supra,* n°s 337 et s.), gouvernant la vente des droits d'associé et valeurs mobilières : à défaut de vente amiable par le débiteur dans le mois de la signification qui lui a été faite, il est procédé à la vente forcée selon lesdites règles (v. le renvoi opéré par l'art. 249, Décr.).

LIVRE II
La saisie immobilière

397. – Avant d'examiner, dans les chapitres consacrés à cette saisie, les règles actuellement applicables en la matière, une section (préliminaire) permettra de présenter quelques **généralités** relatives à la saisie immobilière, en soulignant les principaux aspects de la **réforme** dont cette voie d'exécution a fait l'objet en 2006.

Section préliminaire
Généralités et réforme de la saisie immobilière

398. – Comme son nom l'indique, la saisie immobilière porte sur un immeuble[1]. Aux termes de l'article 2190 du Code civil, elle « tend à la vente forcée de l'immeuble du débiteur ou, le cas échéant, du tiers détenteur en vue de la distribution de son prix ».

Cette voie d'exécution a un caractère *judiciaire* particulièrement marqué, le rôle du juge étant en effet très important. La procédure à suivre est *complexe* (donc longue) et *onéreuse*, même si la réforme de 2006 a opportunément tendu à la simplifier et à en alléger le coût.

399. – À la vérité, la complexité paraît inhérente à la matière.

Sans doute cette complexité est-elle d'abord la conséquence du souci de protéger tout spécialement la fortune immobilière. Cette préoccupation était très influente à l'époque où les biens immobiliers constituaient la part la plus importante des patrimoines Assez curieusement, elle s'est maintenue, alors même que l'évolution devait faire apparaître le caractère prépondérant de la richesse mobilière. Les immeubles sont encore considérés, en dépit des réalités « nouvelles », comme des biens suffisamment « précieux »[2] pour que paraisse justifiée une protection spéciale, que le caractère judiciaire de la saisie et le nombre des formalités prescrites sont destinés à assurer.

La complexité de la saisie immobilière tient aussi à d'autres raisons : c'est ainsi que l'immeuble pouvant faire l'objet d'un *droit de suite* en conséquence de sûretés (privilège, hypothèque) dont il est susceptible d'être grevé, il a fallu prendre quelques précautions pour assurer à la fois la protection des tiers (qui ont pu acquérir des droits sur l'immeuble) et celle de l'adjudicataire. La saisie immobilière est au demeurant – on le

---

1. Elle peut éventuellement porter sur plusieurs immeubles.
2. Joly, *Procédure civile et voies d'exécution,* T. II, n° 395.

verra – de nature à provoquer des conflits, et donc des incidents, qu'il faut bien régler si l'on n'a pas pu les prévenir.

400. – Le législateur a entendu lutter contre une complexité excessive. Après que les rédacteurs de l'ancien Code de procédure civile aient réglementé la matière (art. 673 et s.), un certain nombre de textes – d'inégale importance – sont intervenus, dans un but de simplification. Des améliorations ont ainsi pu être apportées, sans toutefois que l'on parvienne (même à l'issue d'une refonte opérée en 1938) à une procédure relativement simple. On pouvait se demander au demeurant si ce dernier objectif ne relevait pas de l'utopie, tant il est difficile de simplifier tout en assurant les garanties nécessaires.

La difficulté n'a pas interdit toutefois une réflexion sur une réforme d'ensemble de la saisie immobilière. Cette réflexion avait au demeurant débouché sur le décret n° 67-167 du 1er mars 1967… qui n'est cependant jamais entré en application. C'est qu'en effet la mise en vigueur de ce texte – qui abrogeait les articles 673 et suivants de l'ancien Code de procédure civile, qu'il était destiné à remplacer – avait été subordonnée à l'intervention d'un autre décret… qui n'a pas été pris ! Dès lors, les *articles* susvisés de l'ancien *Code de procédure* que les auteurs du texte de 1967 avaient entendu abroger et remplacer *sont demeurés applicables* jusqu'à une époque récente, même si certaines dispositions ont pu subir, entre-temps, quelques modifications, notamment avec la loi n° 98-46 du 23 janvier 1998 renforçant la *protection* des personnes *surendettées* en cas de *saisie immobilière*[1], ainsi qu'à l'occasion de la loi n° 98-657 du 29 juillet 1998 d'orientation relative à la *lutte contre les exclusions*[2]. S'agissant de la saisie immobilière, l'un des intérêts majeurs de la deuxième loi citée est d'avoir mis fin à un régime spécial dont bénéficiait le Crédit Foncier, régime qui avait été au demeurant étendu, sous quelques réserves, à d'autres organismes de prêt[3].

Toujours est-il que ce n'est qu'en 2006 qu'est (enfin !) intervenue une réforme d'ensemble de la saisie immobilière, les dispositions issues de cette réforme étant entrées en vigueur le 1er janvier 2007 (pour des dispositions transitoires, v. art. 168, Décr. 27 juill. 2006, compl. par Décr. 12 févr. 2009).

La réforme de 2006[4]

400 *bis*. – Sur le plan *législatif*, la réforme a été opérée par l'ordonnance n° 2006-461 du 21 avril 2006 qui a suivi de près la réforme du droit des sûretés[5]. Il en est résulté que les *principes généraux* gouvernant la saisie immobilière (et la procédure de distribution

1. V. aussi à ce propos, dans le cadre particulier et en raison de la procédure de *rétablissement personnel*, art. R. 332-26 et s., C. consom.

2. R. Martin, « Surendettement, exclusion et saisie immobilière », *D.* 1999. chron. 205.

3. Il a été mis fin à ce régime par l'article 105 de la loi du 29 juillet 1998, abrogeant les articles 32 à 42 du décret du 28 février 1852 sur les sociétés de Crédit foncier. Sur la question, v. A. Leborgne, « Chronique d'une mort annoncée : l'abrogation de la procédure dite de crédit foncier », *D.* 1999. chron. 49.

4. Sur cette réforme, v., entre autres : A. Leborgne, « Éclairage sur l'ordonnance n° 2006-461 du 21 avril 2006 réformant la saisie immobilière », *Rev. huissiers* 2006. 188; « L'huissier de justice et la réforme de la saisie immobilière », *Rev. huissiers* 2007. 7; A. Leborgne et O. Salati (à propos du Décr. du 23 déc. 2006), *Rev. huissiers* 2007. 64; Ph. Hoonakker, « Présentation schématique des nouvelles procédures de saisie immobilière et de distribution du prix de vente de l'immeuble » *Gaz. Pal.* 21 déc. 2006 et 4 janv. 2007, 2 et s.; « Toilettage préventif des nouvelles procédures de saisie immobilière et de distribution du prix d'un immeuble », *Gaz. Pal.* 21-23 janv. 2007, 31. – V. ég., pour un *dossier* consacré à la réforme, *D.* 2007. 234 et s., par J.-J Bourdillat, A. Leborgne et F.-J. Pansier.

5. Le droit des sûretés a fait l'objet de l'ordonnance n° 2006-346 du 23 mars 2006. Les deux réformes ont été évidemment « liées ». Du point de vue formel, on notera que les auteurs de l'ordonnance du 23 mars 2006 ont procédé à des modifications qui ont conduit à une nouvelle numérotation des articles du Code civil relatifs aux deux matières.

du prix de l'immeuble) sont aujourd'hui énoncés aux articles 2190 à 2216 du Code civil, lesquels figurent, dans le livre III de ce code, au titre XIX, précisément intitulé « De la saisie et de la distribution du prix de vente de l'immeuble ».

Sur le plan *réglementaire*, la matière examinée a fait l'objet du décret n° 2006-936 du 27 juillet 2006, auquel les décrets n° 2006-1805 du 23 décembre 2006 (art. 9) et n° 2009-160 du 12 février 2009[1] ont apporté quelques retouches[2].

La réforme s'est inscrite naturellement dans le prolongement des textes de 1991-1992 (*supra*, n°s 11 et s.), avec lesquels elle est, autant que possible, en harmonie (v. d'ailleurs art. 1er Décr. 27 juill. 2006), en assurant donc, pour la satisfaction du créancier, l'efficacité de la procédure d'exécution[3], sans sacrifier pour autant les légitimes intérêts du débiteur.

Il n'est donc pas étonnant que la réforme témoigne d'une même volonté de simplification (notamment, mais pas seulement, de la terminologie), de réduction des lenteurs et du coût de la procédure. Encore a-t-il fallu tenir compte de la spécificité de la matière et de certaines « pesanteurs » qui, si elles n'interdisaient pas tout changement ont tout de même fait obstacle à de véritables bouleversements.

Aussi bien les rédacteurs des textes actuellement applicables ont-ils fermement maintenu le caractère essentiellement *judiciaire* de la procédure, en le renforçant même dans une certaine mesure. Ce caractère explique le rôle important de l'avocat tout au long de cette procédure, rôle qui n'a donc pas été remis en cause.

Le souci d'harmonisation avec les textes de 1991-1992 a conduit à étendre à la matière examinée la compétence du *juge de l'exécution* (art. 12, Ord. 21 avr. 2006 et art. 2, Décr. 27 juill. 2006) (sur ce juge, *supra*, n°s 111 et s.), devant lequel la saisie immobilière doit donc être poursuivie, juge ayant vocation à contrôler la procédure, et – comme on le soulignera (n° 400 *ter*) – à décider des modalités de celle-ci, réglant parallèlement les éventuelles contestations par des décisions qui sont en principe susceptibles d'appel (art. 8, Décr.) (solution conforme aux textes de 1991-1992). Toutefois, l'harmonisation à cet égard ne va pas sans limites. Ainsi, notamment, alors que le législateur de 1991 a, s'agissant d'assistance et de représentation devant le juge de l'exécution, renvoyé aux règles applicables devant le tribunal d'instance, les auteurs de la réforme de 2006 ont apporté une dérogation à ce propos en matière de saisie immobilière (art. 16, Ord.), ce qui ne saurait surprendre, compte tenu du maintien du rôle essentiel de l'avocat. Il est au demeurant prévu que les parties sont en principe tenues de *constituer avocat* (art. 5, Décr.)[4].

Si le maintien du caractère (nécessairement) judiciaire de la saisie immobilière s'oppose à la volonté de déjudiciariser (autant que possible) les procédures de saisies mobilières (*supra*, n°s 16 et s.), il n'en demeure pas moins que l'on retrouve, dans les solutions de 2006, l'esprit de la réforme de 1991-1992, avec le souci de limiter le domaine de la vente forcée (vente aux enchères publiques), dont on a souligné qu'elle

---

1. Sur le décret du 12 févr. 2009, v. A. Leborgne, *Rev. huissiers* 2009. 128.

2. Ainsi qu'on l'a signalé plus haut (n° 400, *in fine*), les textes issus de la réforme sont entrés en vigueur le 1er janvier 2007, mais il faut tenir compte du droit transitoire (v. art. 168, Décr. 27 juill. 2006 mod. Décr. 12 févr. 2009). – On notera par ailleurs que les nouvelles dispositions ont fait l'objet d'une circulaire du 14 novembre 2006.

3. On pense, par exemple, à la prévision du point de départ des effets de la saisie (notamment de l'effet d'*indisponibilité* de l'immeuble saisi), à l'égard du *débiteur*, à la *date* de la signification à celui-ci du *commandement*.

4. On notera au demeurant qu'aux termes de l'article 7, alinéa 1er, du décret du 27 juillet 2006, « À moins qu'il en soit disposé autrement, toute contestation ou demande incidente est formée par le dépôt au greffe de conclusions signées d'un avocat ».

est « traumatisante » pour le débiteur (*supra*, n° 18), outre le fait qu'elle est un facteur de vente « à vil prix ».

400 *ter*. – C'est ainsi que l'une des grandes innovations intervenues a consisté dans l'instauration d'une *audience d'orientation* (art. 49 et s., Décr.). Celle-ci a été destinée à remplacer l'« audience éventuelle », mais il ne s'est pas agi d'un simple changement de terminologie. Tout d'abord, l'audience d'orientation a été *conçue* comme *obligatoire* (v. toutefois, *infra*, n° 460), alors qu'il en allait différemment, par hypothèse, de l'audience *éventuelle,* qui n'avait lieu d'être tenue que si des contestations avaient été soulevées, par « dires et observations » relatifs (ou annexés) au cahier des charges (v. 8e éd. de cet ouvrage, n°s 437 et s. et 487). Ensuite – et c'est la raison pour laquelle elle a été conçue comme obligatoire[1] – l'audience d'orientation n'a pas seulement pour objectif le « contrôle » du *cahier des conditions de vente* (qui a succédé au cahier des charges : sur celui-ci, v. 8e éd., n°s 431 et s.) et, d'une manière générale, le règlement d'éventuelles contestations. En effet, le juge de l'exécution, appelé à entendre les parties (ce qui lui permet, le cas échéant, de vérifier si la vente du bien est véritablement inévitable), a aussi pour mission de *déterminer les modalités de poursuite de la procédure*. Deux possibilités lui sont en effet offertes, à savoir la vente forcée ou la vente amiable (la décision du juge quant à la modalité retenue étant, ici encore, susceptible d'appel : art. 52, Décr.). Il s'agit en effet d'éviter la vente aux enchères, en permettant au débiteur d'être *autorisé* par le juge à vendre à l'amiable le bien saisi[2].

Autrement dit, la vente aux enchères n'est plus inéluctable, tout en demeurant évidemment une des modalités de poursuite de la procédure, la vente forcée pouvant être, soit directement décidée par le juge lors de l'audience d'orientation, soit la conséquence de l'échec de la tentative de vente amiable.

Cela étant, même dans l'hypothèse de vente aux enchères, celle-ci ne doit pas avoir nécessairement lieu à partir de la mise à prix fixée dans le cahier des conditions de vente par le créancier poursuivant, le débiteur ayant la possibilité de contester cette mise à prix, ce qui peut conduire le juge à modifier celle-ci. Sans doute une telle contestation était-elle possible depuis une loi du 23 janvier 1998, mais cette loi ne l'avait permise que dans un cadre très limité, le montant de la mise à prix pouvant être contesté, pour cause d'insuffisance manifeste, mais seulement dans l'hypothèse où il s'agissait de vendre le *logement principal* du débiteur. Or, il importe de remarquer que les auteurs de la réforme de 2006 ont reconnu au débiteur la possibilité de contester la mise à prix, en cas d'insuffisance manifeste du prix fixé par le poursuivant, sans limiter le domaine d'application de la règle, et donc quelle que soit l'affectation de l'immeuble vendu (art. 2206, al. 2, C. civ.).

On s'en tient ici à quelques indications concernant la saisie immobilière proprement dite, en rappelant cependant que les auteurs de la réforme ont parallèlement (et logiquement) édicté des règles relatives à la distribution du prix de vente de l'immeuble, sur lesquelles on reviendra (*infra*, n°s 545 et s.). On notera toutefois d'ores et déjà que certains des textes de 2006 traduisent le souci de prendre en considération, dans la procé-

---

1. Telle était la conception des *initiateurs* de la réforme, mais il faut réserver l'application de l'article 53, alinéa 1re, du décret du 27 juillet 2006 (*infra*, n° 460).

2. On rapprochera évidemment cette modalité de la vente amiable examinée dans le cadre de la saisie-vente (*supra*, n°s 170 et s.). On remarquera toutefois que, dans le cadre de la saisie immobilière, la possibilité pour le débiteur de vendre à l'amiable suppose une *autorisation du juge* alors que, s'agissant de la saisie-vente, le débiteur se voit reconnaître *directement* par les textes le droit de procéder à une vente amiable dans le délai d'un mois suivant la signification de l'acte de saisie.

dure même de saisie immobilière, la future distribution[1] : ainsi peut-on relever la nécessité du dépôt d'un *état hypothécaire* avec le cahier des conditions de vente (art. 44, Décr.), de même que l'obligation faite aux créanciers inscrits auxquels a été dénoncé le commandement de payer valant saisie de *déclarer* leur *créance* dans un délai de deux mois à compter de la dénonciation, faute de quoi ils sont déchus du bénéfice de leur sûreté pour la distribution du prix de vente de l'immeuble (*infra*, n° 450). On remarquera que, dans sa rédaction d'origine, l'article 48 du décret du 27 juillet 2006 prévoyait, toujours en vue de préparer la distribution, que le créancier poursuivant devrait dresser et remettre au greffe, quinze jours au moins avant la date fixée pour l'audience d'adjudication ou de constatation de la vente amiable, un *état des créances ordonné* selon leur rang. Cette exigence était toutefois peu adaptée aux réalités et a été en conséquence supprimée par le décret du 12 février 2009.

Cela étant, les **conditions** (Chapitre 1), la **procédure** (Chapitre 2) et les **incidents** (Chapitre 3) de la saisie immobilière doivent être successivement examinés.

1. Pour l'affirmation que la saisie immobilière et la distribution du prix « constituent les deux phases d'une même procédure », v. Cass. (avis), 16 mai 2008, *Rev. huissiers* 2008. 285, obs. Leborgne.

Chapitre 1

Les conditions de la saisie immobilière

401. – Doivent être précisées les conditions relatives aux **parties** à la saisie (Section I) et celles qui concernent les **biens** saisis (Section II).

Section I
Les conditions relatives aux parties à la saisie

402. – On envisagera ces conditions relativement au *saisissant* d'abord (§ 1), au *saisi* ensuite (§ 2).

§ 1. Le saisissant

403. – Il doit être tenu compte en la matière, dès lors évidemment qu'elles ne sont pas contraires aux dispositions spécifiques applicables à la saisie immobilière (v. art. 2191, al. 1, *in fine,* C. civ.), des règles précédemment exposées lors de l'étude des conditions *générales* des saisies (*supra*, n°s 35 et s.).

1° Le *droit de saisir* peut donc être reconnu à *tout créancier*, sans qu'il y ait *en principe* à distinguer entre les créanciers chirographaires et ceux qui bénéficient de sûretés (tout au moins lorsque l'immeuble à saisir est entre les mains du débiteur). Toutefois, il est bien évident qu'*en pratique*, les premiers ne seront pas enclins à exercer leur droit dans l'hypothèse où le montant des créances privilégiées ou hypothécaires excède la valeur de l'immeuble[1]. Par ailleurs, s'agissant spécialement du créancier hypothécaire, il faut souligner que celui-ci est tenu de saisir *en priorité* l'immeuble sur lequel porte sont hypothèque : ce n'est qu'au cas où la valeur de cet immeuble ne permet pas de le désintéresser totalement qu'il peut poursuivre la vente d'autres immeubles (art. 2192, al. 2, C. civ.)[2]. On notera en outre que, d'une manière générale (c'est-à-dire indépendamment de l'existence d'une sûreté), « Le créancier qui a procédé à la saisie d'un immeuble de son débiteur ne peut engager une nouvelle procédure de saisie sur un autre bien immobilier de celui-ci que dans le cas d'insuffisance du bien déjà saisi » (art. 2192,

---

1. Ils doivent l'être d'autant moins que le fait de pratiquer la saisie ne leur confère aucun droit de préférence, *même* par rapport aux *autres* créanciers *chirographaires* : Civ. 3e, 26 mai 1992, *D.* 1993. somm. 280, obs. Julien.
2. La solution vaut aussi pour celui qui bénéficie d'un privilège portant spécialement sur un immeuble.

al. 1, C. civ.). Cette disposition peut être considérée comme une application particulière de la règle, énoncée à l'article 22, alinéa 1, de la loi du 9 juillet 1991 (*supra*, n°s 36 et 80), selon laquelle le droit de saisir doit être limité « à ce qui se révèle nécessaire pour obtenir le paiement de l'obligation ».

S'agissant précisément de l'*exercice* du droit de saisir (déjà concerné par les dispositions précitées de l'article 2192), le caractère judiciaire de la saisie immobilière justifie pleinement l'exigence – qu'il paraît d'ailleurs raisonnable de considérer comme condition générale des saisies – de l'aptitude à exercer le droit d'agir en justice. On soulignera en outre que, compte tenu, de la gravité des conséquences éventuelles de la saisie immobilière pour le saisissant (*infra*, n° 481), il y a lieu d'exiger de celui qui la pratique l'aptitude requise pour accomplir un acte de disposition (v. d'ailleurs art. 13, al. 2, Décr. 27 juill. 2006).

2° Le saisissant doit justifier d'un titre exécutoire constatant une créance *liquide* et *exigible*[1] (art. 2191, al. 1, C. civ.).

On sait qu'en principe une saisie peut être fondée sur un titre exécutoire *à titre provisoire* (art. 31, al. 1, L. 9 juill. 1991). Toutefois, s'agissant de saisie immobilière, si la poursuite peut être engagée en vertu d'une décision de justice exécutoire par provision[2] la vente forcée ne peut intervenir qu'après une décision définitive passée en force de chose jugée (art. 2191, al. 2, C. civ.)[3].

§ 2. Le saisi

404. – En matière de saisie mobilière, le saisi était nécessairement le débiteur. S'agissant de saisie immobilière, la situation est différente : sans doute la mesure d'exécution est-elle normalement poursuivie *contre le débiteur*, propriétaire de l'immeuble objet de la saisie (A), mais elle peut parfois l'être *contre un tiers* (art. 2190, C. civ.) (B).

A. Saisie pratiquée contre le débiteur

405. – C'est l'hypothèse que l'on peut qualifier de « normale », car elle est la plus fréquente. En effet, la saisie est généralement pratiquée contre le débiteur de l'obligation cause de la mesure d'exécution, lequel est propriétaire de l'immeuble (ou titulaire du droit réel immobilier) saisi[4].

---

1. Étant constatée dans un titre exécutoire, même si celui-ci peut être – on va le voir – provisoire, la créance est « certaine », au sens précisé *supra*, n° 77. – Un titre authentique entaché de faux ne peut servir de fondement aux poursuites sur saisie immobilière : Civ. 2e, 13 mars 2008, p. n° 06.21.105, P + B. – Une créance qui paraît simplement « fondée dans son principe » (et qui n'est en conséquence pas certaine, au sens qui a été précisé au n° 77) ne peut donc servir de fondement à une saisie immobilière. Elle offre cependant la possibilité pour le créancier, moyennant en principe l'autorisation préalable du juge, de prendre une inscription provisoire d'hypothèque judiciaire sur les immeubles de son débiteur (art. 67 et s., L. 9 juill. 1991 et art. 250 et s., Décr. 31 juill. 1992). On relevera qu'une telle mesure conservatoire n'a pas pour effet de frapper d'indisponibilité l'immeuble hypothéqué, les biens grevés d'une sûreté judiciaire demeurant en effet aliénables (art. 79, al. 1, L. préc.).

2. V. ég., pour la possibilité de faire inscrire une hypothèque judiciaire sur le fondement d'un titre provisoire (ordonnance de référé), Civ. 3e, 26 sept. 2001, *Rev. huissiers* 2002. 46, obs. S. Piedelièvre.

3. Il importe de relever qu'il est précisé à l'art. 2191, al. 3 que « Toutefois, pendant le délai de l'opposition, aucune poursuite ne peut être engagée en vertu d'un jugement rendu par défaut ».

4. Il n'y a guère lieu de distinguer entre cette situation et celle où la saisie immobilière est pratiquée entre les mains d'un ayant cause universel du débiteur (*supra*, n° 44), si ce n'est que, dans cette dernière hypothèse, le saisissant doit signifier le titre exécutoire à l'ayant cause et *attendre huit jours* avant de continuer les poursuites (art. 877, C. civ., réd. L. 23 juin 2006).

Cela étant, faut-il que le droit du débiteur sur l'immeuble soit *exclusif*, ou la voie d'exécution est-elle possible alors qu'il existe des droits « concurrents » sur le bien considéré ? En d'autres termes, et plus concrètement, la saisie peut-elle être pratiquée sur un immeuble *indivis* ? Actuellement la question est réglée par l'article 815-17 du Code civil, sur la base de la distinction suivante : les créanciers qui auraient pu agir sur l'immeuble considéré avant qu'il y eût indivision (donc titulaire sur ce bien d'un droit *antérieur* à l'indivision) peuvent poursuivre la saisie[1] ; en revanche, les créanciers personnels d'un indivisaire *ne peuvent saisir sa part* dans les biens indivis, mais ils disposent de la faculté de provoquer le partage[2], ce qui leur permettra de saisir ensuite les biens compris dans le lot attribué au débiteur (et bien évidemment, si un immeuble – ou un droit réel immobilier – en fait partie, ils pourront pratiquer une saisie immobilière).

Par ailleurs, on relèvera que s'agissant de saisie ayant pour objet des immeubles *communs*, les auteurs de la réforme de 2006 ont précisé à l'article 2195 du Code civil qu'une telle saisie « est poursuivie contre les deux époux ».

406. – La situation *personnelle* du saisi peut entraîner l'application de règles particulières. Celles-ci concernent les cas où la mesure d'exécution doit porter sur les biens immobiliers d'un *mineur* ou d'un *majeur* soumis à un régime de *curatelle* ou de *tutelle*, et l'hypothèse où une *procédure collective* est menée contre le saisi.

Dans les premiers cas, un souci de protection du patrimoine immobilier du mineur (même émancipé) et du majeur en curatelle ou en tutelle a conduit à *interdire* en principe de saisir les immeubles appartenant à l'une de ces personnes sans que le mobilier ait été préalablement « discuté » (art. 2197, al. 1, C. civ.) : il en résulte que les biens meubles du mineur, ou du majeur en curatelle ou en tutelle, doivent être saisis et vendus avant que le créancier (s'il n'est pas, malgré cela, totalement désintéressé) puisse faire saisir leurs immeubles[3].

Dans l'hypothèse de procédure collective (en application des textes relatifs à la sauvegarde des entreprises), on sait que toutes les poursuites individuelles sont arrêtées (*supra*, n° 49). S'agissant de saisie immobilière, mesure d'exécution qui est « suspendue » en raison de l'ouverture de la procédure collective, il est prévu que le liquidateur peut être subrogé dans les droits du créancier saisissant pour les actes que celui-ci a effectués, et reprendre ainsi la procédure de saisie au stade où elle avait été suspendue (art. L. 642-18, al. 2, C. com. réd. Ord. 18 déc. 2008)[4]. Il importe cependant de relever que les créanciers *hypothécaires* ou *privilégiés* « peuvent, dès lors qu'ils ont *déclaré leurs créances* même s'ils ne sont pas encore admis, exercer leur droit de poursuite individuelle si le liquidateur n'a pas entrepris la liquidation des biens grevés dans le délai de *trois mois* à compter du *jugement* qui ouvre ou prononce la *liquidation* judiciaire » (art. L. 643-2, al. 1, C. com. réd. Ord. 18 déc. 2008. – Pour plus de précisions sur les créanciers visés, voir ce texte)[5].

---

1. Il en va de même pour ceux dont la créance résulte de la conservation ou de la gestion des biens indivis, la possibilité de saisir ces biens ayant été alors reconnue à un indivisaire : Civ. 1re, 20 févr. 2001, *Rev. huissiers* 2001. 253, note Brenner. – Sur quelques questions relatives au domaine d'application de l'art. 815-17, C. civ., v. Perrot, *RTD civ.* 2002. 150.
2. La solution est affirmée à la fois pour les meubles et les immeubles (mais seuls ces derniers nous intéressent ici).
3. Sur les exceptions à cette règle, v. l'art. 2197, al. 2, C. civ.
4. Civ. 2e, 19 déc. 2002, *Rev. huissiers* 2003. 182, obs. A. Leborgne, a précisé que l'ordonnance du juge-commissaire qui autorise le liquidateur à reprendre une procédure de saisie immobilière suspendue par l'ouverture de la procédure collective, *emporte de plein droit* subrogation du liquidateur dans les droits du créanciers saisissant, pour les actes que celui-ci a effectués.
5. Ph. Théry, « L'incidence d'une procédure collective sur les procédures civiles d'exécution », *Rev. huissiers* 2002. 140.

B. Saisie pratiquée contre un tiers

407. – Il arrive que la saisie porte sur un immeuble appartenant à une autre personne que le débiteur : elle est donc pratiquée contre un *tiers* qui, par définition, n'est pas obligé personnellement à la dette, mais qui est tenu parce qu'il détient l'immeuble (on dit qu'il est tenu « propter rem », c'est-à-dire en raison de la *chose* ainsi détenue).

C'est la situation que l'on rencontre lorsqu'un immeuble hypothéqué (ou faisant l'objet d'un privilège) a été aliéné. En vertu de son droit de suite, le créancier hypothécaire (ou privilégié) peut saisir l'immeuble entre les mains de l'acquéreur propriétaire actuel du bien considéré : il s'agit de ce que l'on appelle habituellement une saisie immobilière contre un *tiers détenteur*.

Avant la réforme de 2006, on rapprochait de cette situation celle résultant du fait qu'une personne, pour garantir le paiement de la dette d'autrui, a consenti une hypothèque sur un immeuble qui lui appartient : cette personne dont l'immeuble, affecté à la garantie de la dette d'autrui, peut être saisi par le créancier au cas de non-paiement de ladite dette, est, classiquement, appelée « caution réelle », encore que l'expression ne soit plus aujourd'hui adaptée à la jurisprudence de la Cour de cassation[1].

Actuellement, s'agissant de la saisie immobilière, les textes incitent à éviter un tel rapprochement, la procédure utilisable en cas de poursuites contre une personne qui a consenti une hypothèque sur l'un de ses biens pour garantir la dette d'autrui étant (sous une légère réserve relative au délai imparti pour payer) identique à la procédure poursuivie contre le débiteur lui-même (*infra*, n° 435) alors que des règles spécifiques s'appliquent au tiers détenteur.

Dans ces conditions, il est question, dans le développement qui suit, de ce tiers, par hypothèse poursuivi sur le fondement d'un droit de suite sur l'immeuble qu'il détient.

408. – En vertu de certaines dispositions du Code civil, le *tiers détenteur* bénéficie de possibilités qui lui permettent d'échapper à la saisie ou, tout au moins, à certains inconvénients de cette mesure[2].

C'est ainsi que le tiers détenteur peut toujours *délaisser* l'immeuble[3], c'est-à-dire en abandonner la possession, ce qui lui permet de ne pas subir la *procédure* de saisie. Au cas où le tiers use de cette faculté de « délaissement », la vente est poursuivie contre un *curateur* créé à l'immeuble délaissé (art. 2469, C. civ.).

Le tiers peut, le cas échéant, choisir de *payer*[4] la dette invoquée par le créancier poursuivant (si, par exemple, le montant du prix de l'immeuble n'a pas encore été versé au vendeur, il peut être intéressant pour le tiers de désintéresser directement le poursuivant et d'obtenir en conséquence la mainlevée de la saisie). Le paiement, outre qu'il permet d'échapper aux poursuites, entraîne alors au profit du tiers une subrogation dans les droits du créancier qu'il a désintéressé (art. 1251, C. civ.).

---

1. Ch. mixte 2 déc. 2005, *D.* 2005. 61, obs. V. Avena-Robardet, *D.* 2006. 733, obs. Aynès, *JCP* 2005. II. 10183, obs. Simler, *RTD civ.* 2006. 594, obs. Crocq : « une sûreté réelle consentie pour garantir la dette d'un tiers n'implique aucun engagement personnel à satisfaire à l'obligation d'autrui » et n'est « pas, dès lors, un cautionnement... ».

2. Il s'agit là de simples possibilités, qui peuvent ne pas être utilisées : le tiers peut éventuellement subir tout simplement la saisie (l'on notera au passage que le tiers disposera, après son « expropriation », d'un recours en garantie contre le vendeur de l'immeuble – s'il a acheté ce bien – mais la perspective de ce recours est une mince consolation dès lors que le vendeur est, par hypothèse, insolvable).

3. Il est en effet prévu à l'article 2463 du Code civil que le tiers détenteur est tenu « ou de payer... *ou de délaisser* l'immeuble hypothéqué... ».

4. V. art. 2463, préc.

Le tiers détenteur se voit aussi offrir la possibilité de *purger* l'immeuble de ses hypothèques (suivant les formes prévues par les articles 2476 et s. du Code civil et 1281-13 et s. Code de procédure civile). Le procédé de la purge permet de libérer l'immeuble des hypothèques qui le grèvent (et donc d'éliminer le droit de suite consécutif à ces hypothèques) en offrant aux créanciers hypothécaires de leur verser le montant du *prix d'acquisition* de l'immeuble[1].

Il faut enfin souligner que le tiers détenteur peut opposer le *bénéfice de discussion* (v. art. 2465, C. civ.). Cela signifie qu'il peut exiger du créancier qu'il saisisse et fasse vendre *d'abord* les autres immeubles hypothéqués garantissant la même dette et demeurés en la possession du débiteur (v. toutefois art. 2466, C. civ.).

Section II
Les conditions relatives aux biens saisis

409. – On sait que la saisie examinée porte sur des biens (ou droits) ayant une nature *immobilière*. Aux termes de l'actuel article 2193 du Code civil, « Sauf dispositions législatives particulières, la saisie immobilière peut porter sur tous les droits réels afférents aux immeubles, y compris leurs accessoires réputés immeubles, susceptibles de faire l'objet d'une cession », étant ensuite précisé (v. art. 2194) que « La saisie d'un immeuble emporte saisie de ses fruits, sauf l'effet d'une saisie antérieure » (sur ce dernier texte, *infra*, n°s 433 et 434). Il convient en conséquence de remarquer que les biens (ou droits) susceptibles de faire l'objet d'une saisie immobilière peuvent être non seulement des immeubles *par nature* (fonds de terre, constructions, arbres, fruits et récoltes...)[2], mais aussi des immeubles par *destination* ou *par l'objet* auxquels ils s'appliquent.

S'agissant des immeubles par destination[3], il n'est pas inutile de rappeler qu'ils ne peuvent en principe être saisis indépendamment de l'immeuble par nature (il n'en va autrement que si la voie d'exécution est pratiquée en vue du paiement de leur prix) (art. 14, dern. al. L. 9 juill. 1991). Autrement dit, en règle générale, un immeuble par destination doit être saisi *avec* (et donc en même temps) que l'immeuble par nature au service ou à l'exploitation duquel il est affecté, ou auquel il est attaché à perpétuelle demeure.

Certains immeubles par l'objet auquel ils s'appliquent, dont on sait qu'ils sont constitués par des droits réels autres que le droit de propriété[4], peuvent aussi donner lieu à une

---

1. Plus précisément, il s'agit pour le tiers détenteur d'offrir aux créanciers inscrits de les payer, mais (pour reprendre une formule de l'article 2479, C. civ.) « jusqu'à concurrence seulement du prix ou, s'il a reçu l'immeuble par donation, de la valeur qu'il a déclarée... » (la précision relative à l'immeuble reçu par donation a été ajoutée par l'Ord. n° 346 du 23 mars 2006).

2. En ce qui concerne les *fruits* et *récoltes*, il faut relever qu'ils ne doivent pas être détachés du sol (dans le cas contraire, ils sont devenus des meubles); en outre, même non détachés, il ne faut pas qu'ils soient proches de la maturité : l'on se souvient en effet que dans les six semaines qui précèdent l'époque habituelle de celle-ci, ils sont considérés comme des meubles par anticipation, auquel cas c'est une saisie-vente particulière qui doit être pratiquée (*supra*, n°s 194 et s.).

3. On sait que l'expression vise les « animaux et les objets que le propriétaire d'un fonds y a placés pour le *service* et l'*exploitation* de ce fonds » ainsi que « tous effets mobiliers » qu'il « a attachés au fonds à perpétuelle demeure » (art. 524, C. civ., mod. L. 6 janv. 1999).

4. Un droit de *copropriété* (comme un droit de propriété pur et simple) peut faire l'objet d'une saisie immobilière, mais en revanche, il existe (*supra*, n° 405) des solutions restrictives (et donc différentes) pour l'*indivision*.

saisie immobilière. C'est notamment le cas de l'*usufruit*, qui n'est plus aujourd'hui expressément visé[1], mais est compris dans la formule de l'article 2193 précité, tout au moins dès lors qu'il peut faire l'objet d'une cession[2]. Il faut y ajouter d'autres droits comme le droit d'*emphythéose* (L. 25 juin 1902 : v. art. L. 451-1 C. rur.), ou encore le droit réel immobilier conféré au *preneur* par le *bail à construction* (L. 16 déc. 1964 : v. art. L. 251-3 du Code de la construction et de l'habitation).

410. – Il ne faut pas en déduire que tous les droits réels immobiliers sont saisissables. Il existe en effet des exceptions, dont quelques-unes méritent d'être mentionnées ici. Par ailleurs, même s'agissant de biens normalement saisissables, la liberté du créancier d'exercer son droit de saisir est parfois altérée en raison de règles particulières.

Tout d'abord, certains droits réels immobiliers sont *insaisissables*. C'est le cas notamment des droits d'*usage* ou d'*habitation* (incessibles en raison de leur caractère personnel) ou encore des *servitudes* (que l'on ne saurait céder – et donc saisir – indépendamment du fonds dominant).

Ensuite, l'application de règles particulières entraîne des restrictions ou atteintes à la liberté du créancier d'exercer son droit de saisir.

Certaines d'entre elles ont déjà été rencontrées, comme celles qui concernent la saisie d'immeubles appartenant à un mineur, un majeur en curatelle ou en tutelle ou à un débiteur contre lequel est dirigée une procédure collective (*supra*, n° 406); on connaît également la règle applicable lorsque le créancier a une hypothèque (ou un privilège) sur un immeuble, règle qui lui impose de poursuivre d'abord la vente de l'immeuble grevé de cette sûreté. De même, on sait que, d'une manière générale, une nouvelle saisie ne peut être engagée sur un autre bien immobilier du débiteur que dans le cas d'insuffisance du bien déjà saisi (*supra*, n° 403; v. par ailleurs, sur la question particulière de la saisie d'un bien *indivis*, *supra*, n° 405).

Il faut également tenir compte des dispositions figurant à l'article 2196 du Code civil.

Tout d'abord, aux termes du premier alinéa de cet article, « En cas de saisies simultanées de plusieurs de ses immeubles, le débiteur peut demander au juge le *cantonnement* de celles-ci »[3].

Ensuite, il est prévu, dans la même hypothèse de saisies simultanées, que le débiteur « peut également solliciter du juge une *conversion partielle* des saisies *en hypothèque* sur certains de ses immeubles qui prendra rang au jour de la publication de la saisie, sous réserve de l'inscription de la sûreté dans le mois de la notification de la décision » (second alinéa)[4].

---

1. Il l'était, avant la réforme de 2006, à l'ancien article 2204 du Code civil.
2. Il faut en effet exclure du domaine de la saisie certains usufruits (*supra*, n° 62).
3. Pour l'application de ce texte, v. art. 24, al. 1, Décr. 27 juill. 2006 qui dispose notamment que « Le juge de l'exécution fait droit à la demande du débiteur tendant à ce que les effets de la saisie soient provisoirement cantonnés à un ou plusieurs de ses immeubles lorsque celui-ci établit que la valeur de ces biens est suffisante pour désintéresser le créancier poursuivant et les créanciers inscrits ».
4. V. les précisions contenues à l'art. 24, al. 2, Décr. 27 juill. 2006.

Chapitre 2

La procédure de la saisie immobilière

411. – Le caractère essentiellement *judiciaire* de cette procédure a déjà été relevé (n° 398). Le juge compétent est, en conséquence de la réforme de 2006, le *juge de l'exécution* du *tribunal de grande instance* dans le ressort duquel est *situé l'immeuble* objet de la voie d'exécution (art. 2, Décr. 27 juill. 2006)[1].

La procédure à étudier peut être présentée en distinguant entre deux grandes phases, dont la première comprend les formalités tendant à la saisie de **l'immeuble** (Section I), la deuxième les formalités relatives à la **vente** dudit immeuble (Section II).

Section I
Les formalités tendant à la saisie de l'immeuble

412. – On examinera tout d'abord les formalités qui doivent être accomplies dans le cas que l'on peut qualifier de « normal » (cas où la saisie est dirigée *contre le débiteur* lui-même) (§ 1); sera ensuite étudiée l'hypothèse particulière où la saisie est dirigée *contre un tiers* (§ 2).

§ 1. Saisie pratiquée contre le débiteur

413. – Après avoir précisé la *nature* des formalités tendant à la saisie de l'immeuble (A), on s'attachera aux *effets* de cette saisie (B).

A. Nature des formalités de saisie

414. – La saisie examinée suppose nécessairement un *commandement de payer valant saisie* (a), signifié au débiteur à la requête du créancier poursuivant (art. 13, al. 1, Décr. 27 juill. 2006)[2], la délivrance de cet acte, qui engage la procédure d'exécution

---

1. V., dans l'hypothèse de saisie simultanée de plusieurs immeubles, art. 3, Décr. 27 juill. 2006.

2. Il est précisé que « Dans le cas où un immeuble appartenant en propre à un époux constitue la résidence de la famille, le commandement est dénoncé à son conjoint, au plus tard le premier jour ouvrable suivant la signification de l'acte » (art. 13, al. 3, Décr.) (délai imposé à peine de caducité du commandement : art. 12, al. 1, Décr., compl. par Décr. 12 févr. 2009), mais une telle obligation de dénonciation n'existe pas au bénéfice du concubin (Civ. 2e, 30 avr. 2009, *Rev. huissiers* 2009. 285, obs. Lauvergnat). Il est en outre précisé que « Lorsque la saisie porte sur des immeubles situés dans le ressort de plusieurs bureaux des hypothèques, il est établi un commandement de payer *par ressort* » (art. 14).

(art. 4, Décr., mod. Décr. 12 février 2009), constituant un *acte de disposition* réalisé aux risques du créancier (art. 13, al. 2, Décr., et *supra*, nº 40). Si – comme on le verra (*infra*, nº 422) – les effets de la saisie courent, à l'égard du débiteur, à compter de la signification du commandement, ils ne courent, à l'égard des tiers, que du jour de la publication dudit acte (b), autre formalité nécessaire.

a) Le commandement de payer valant saisie

Il convient de présenter les *mentions* de cet acte avant de préciser la *sanction* prévue en cas d'inobservation des règles prescrites.

1° Mentions du commandement

415. – Cet acte doit non seulement contenir les mentions prescrites pour les actes d'huissier de justice en général (v. art. 648, C. pr. civ.), mais il doit en outre comporter, en application de l'article 15 du décret du 27 juillet 2006, les mentions suivantes :

– constitution d'avocat du créancier poursuivant, laquelle vaut élection de domicile ;

– date et nature du titre exécutoire en vertu duquel le commandement est délivré ;

– relatives aux sommes réclamées et aux taux des intérêts moratoires ;

– avertissement que le débiteur doit payer dans le délai de huit jours, faute de quoi la procédure à fin de vente sera poursuivie en conséquence d'une assignation du débiteur à comparaître devant le juge de l'exécution (appelé à statuer sur les modalités de la procédure) ;

– indication que le commandement *vaut saisie de l'immeuble* ou, le cas échéant, des immeubles (avec *désignation* des *biens* ou *droits* visés selon les exigences des règles de la publicité foncière) *et des fruits* (le débiteur étant séquestre de ces derniers) ;

– mention relative à l'effet d'*indisponibilité* attaché à la saisie, avec précisions quant à son point de départ (signification du commandement à l'égard du débiteur et publication du commandement à l'égard des tiers) ;

– dans l'hypothèse où le bien fait l'objet d'un bail, sommation de faire connaître à l'huissier les éléments d'identification du preneur ;

– indication que l'huissier pourra pénétrer dans les lieux afin de dresser un procès-verbal de description de l'immeuble ;

– indication du juge de l'exécution territorialement compétent pour connaître de la procédure de saisie et des contestations ou demandes incidentes qui y sont afférentes ;

– diverses mentions relatives aux *droits du débiteur* : possibilité de rechercher un acquéreur de l'immeuble en vue d'une vente amiable, étant précisé que la conclusion d'une telle vente suppose une autorisation du juge de l'exécution ; possibilité de bénéficier d'une aide juridictionnelle (selon les conditions de ressources prévues par la loi) ; faculté, si le débiteur s'estime en situation de surendettement, de saisir la commission de surendettement (pour d'autres précisions, v. art. 15, Décr. préc.).

2° Sanction

416. – Toutes les mentions dont il vient d'être question sont, aux termes de l'article 15, dernier alinéa, du décret du 27 juillet 2006, prescrites *à peine de nullité*. Encore convient-il de tenir compte d'une double précision.

– D'une part, le texte précité réserve le cas dans lequel les sommes réclamées sont supérieures à celles dues au créancier, la nullité du commandement n'étant pas encourue pour un tel motif.

– D'autre part, en vertu de l'article 11 du décret du 27 juillet 2006, la nullité des actes de procédure de la saisie immobilière obéit aux règles générales gouvernant la nullité des actes de procédure (v. art. 112 et s., C. pr. civ.). Autrement dit, dès lors que la cause de nullité invoquée est un simple vice de forme, le commandement ne peut être annulé qu'à charge pour celui qui invoque ladite cause de nullité de prouver le grief que lui cause l'irrégularité (art. 114, al. 2, C. pr. civ.). Le débiteur ne pourra donc obtenir l'annulation du commandement pour méconnaissance des règles de forme prescrites que s'il établit que cette méconnaissance lui a causé un préjudice.

b) La publication du commandement

417. – Cette formalité est destinée à permettre aux tiers (susceptibles de vouloir acquérir un droit sur le bien) d'être informés de la saisie qui a été pratiquée, et de savoir donc notamment que l'immeuble qui en est l'objet est indisponible. L'importance de cette formalité est attestée à l'article 2200, alinéa 1, du Code civil aux termes duquel « La saisie immobilière est opposable aux tiers à partir de sa publication au fichier immobilier ». En application de ce texte, on peut lire à l'article 25 du décret du 27 juillet 2006, s'agissant des effets de la saisie (sur ces effets, *infra*, n°s 424 et s.), que ceux-ci « courent, à l'égard des tiers, du jour de la publication du commandement ».

Cette publication est opérée selon les règles qui gouvernent la publicité foncière (Décr. n° 55-22 du 4 janv. 1955 et n° 55-1350 du 14 oct. 1955, auxquels renvoie art. 19, al. 1, Décr. 27 juillet 2006). En conséquence, la formalité examinée suppose la remise au bureau des hypothèques de la situation de *l'immeuble*[1] de deux exemplaires du commandement (original et copie certifiée conforme par l'huissier) (art. 35, Décr. 4 janv. 1955 et art. 79, Décr. 14 oct. 1955 mod. Décr. 27 juill. 2006), ce dépôt faisant l'objet d'une inscription sur un registre spécial (art. 2453, C. civ.).

418. – La volonté de protéger le débiteur, dont il est souhaitable qu'il ne soit pas exposé indéfiniment à une vente sur le fondement d'une procédure engagée mais non poursuivie assez rapidement, explique la prévision d'un *délai* dans lequel la publication doit intervenir. C'est ainsi que « Le commandement de payer valant saisie doit être publié... dans un délai de deux mois à compter de sa signification » (art. 18, Décr. 27 juill. 2006). Ce délai est prescrit à peine de *caducité* du commandement, toute partie intéressée pouvant demander au juge de l'exécution de déclarer cette caducité (appl. art. 12, Décr. 27 juill. 2006)[2].

419. – Il convient de souligner qu'il appartient au conservateur des hypothèques de procéder à certaines vérifications avant d'accepter le dépôt des documents qui lui sont remis aux fins de publication (il doit vérifier notamment que les documents sont complets et réguliers). À l'issue de cette vérification, et compte tenu de ses pouvoirs actuels, le conservateur peut éventuellement refuser le dépôt. Il peut aussi, tout en acceptant

---

1. On s'en tient ici à l'hypothèse simple d'*une* saisie pratiquée sur *un* immeuble. Dans les cas de pluralité de biens ou de saisies, v. les précisions des art. 20 et s., Décr. 27 juill. 2006 (sur ces textes, *infra*, n°s 506 et s.).

2. V. aussi ce texte en tant qu'il prévoit, en cas de motif légitime de retard de la publication, de ne pas déclarer la caducité, ou de rapporter la déclaration de caducité.

celui-ci, *refuser d'exécuter* la *formalité de publicité*, par exemple parce que certaines énonciations ont été omises dans les documents remis. En pareil cas, c'est-à-dire lorsque l'exécution de la formalité de publicité a été retardée en raison d'une cause de rejet soulevée par le conservateur, le délai de deux mois prescrit pour procéder à la publication est augmenté du nombre de jours écoulés entre le dépôt du commandement et l'exécution de la formalité (art. 19, al. 2, Décr. 27 juill. 2006. Sur la constatation du dépôt, v. les précisions de cet alinéa 2, *in fine*, et de l'alinéa 3).

420. – On remarquera que le même souci de protection du débiteur que celui dont il a été question plus haut (n° 418) a conduit à prévoir un autre délai, lequel court cette fois *à compter* de la *publication* du commandement. Il est en effet disposé que « Le commandement de payer valant saisie cesse *de plein droit* de produire effet si, dans les deux ans de sa publication, il n'a pas été mentionné en marge de cette publication un jugement constatant la vente du bien saisi » (art. 32, Décr. 27 juill. 2006; v. les précisions de l'alinéa 2 prévoyant, le cas échéant, le report du point de départ du délai de deux ans). L'inobservation de ce délai entraîne la *péremption* du commandement (*infra*, n° 528).

B. Effets de la saisie

421. – Avant de préciser la nature de ces effets (b), un rappel du point de départ de ceux-ci s'impose (a).

a) Point de départ des effets de la saisie

422. – On a déjà eu l'occasion d'indiquer (et il importe de le souligner à présent) que ce point de départ n'est pas le même selon que l'on envisage la situation du débiteur ou la situation des tiers.

S'agissant du *débiteur*, la signification qui lui est faite du commandement marque le point de départ des effets de la saisie (art. 25, al. 1 *in fine*, Décr. 27 juill. 2006).

S'agissant des *tiers*, la saisie leur est opposable à partir de la publication du commandement au fichier immobilier (art. 2200, al. 1, C. civ.). En ce qui les concerne, les effets de la saisie courent donc du jour de cette publication (art. 25, al. 2, Décr.).

423. – Cette distinction a conduit les auteurs du décret du 27 juillet 2006 (art. 25, al. 3) à envisager le cas d'une convention conclue par le débiteur entre la signification du commandement et la publication de cet acte, donc à un moment où la saisie a effet à son égard, sans être encore opposable aux tiers. Dès lors que cette convention méconnaît les effets de la saisie (qui s'imposent déjà, par hypothèse, au débiteur), il est prévu que sa nullité est déclarée par le juge à la demande du cocontractant. On remarquera que la nullité ne peut être demandée que par le *cocontractant*, étant entendu que si elle l'est, elle *doit* être déclarée par le juge.

b) Nature des effets de la saisie

424. – Le débiteur saisi, bien que demeurant propriétaire de l'immeuble sur lequel porte la voie d'exécution (jusqu'à la vente de ce bien), n'a plus véritablement les prérogatives d'un propriétaire : en application de l'article 2198 du Code civil, la saisie rend en effet l'immeuble *indisponible* (1°) et *restreint* les *droits* de *jouissance* et *d'administration* du débiteur (2°). Par ailleurs, la saisie de l'immeuble emporte *saisie* de ses *fruits* (art. 2194, C. civ.) : ceux-ci sont – selon l'expression classique – immobilisés (3°).

1° L'indisponibilité de l'immeuble

425. – Le débiteur est privé de l'un des attributs (et non du moindre !) du droit de propriété, à savoir du droit de disposer de son bien. L'indisponibilité est un effet général des saisies (art. 29, L. 9 juill. 1991) qui, s'agissant de la saisie immobilière, est spécialement prévu à l'article 2198 du Code civil.

Dès lors, sous réserve des possibilités offertes par la procédure même de saisie, le débiteur ne peut *ni aliéner*, *ni grever* de *droits réels* le bien objet de la mesure d'exécution (art. 2198, al. 2, C. civ.).

Encore faut-il indiquer les conséquences attachées à la méconnaissance de l'interdiction de disposer de l'immeuble, et donc préciser le sort des actes de disposition éventuellement accomplis par le débiteur après la signification du commandement valant saisie.

À la vérité, la question ne se pose que pour des actes accomplis *entre* cette *signification* et la *publication* du commandement car, après cette publication, l'accomplissement d'un acte de disposition portant sur le bien saisi ne saurait être opposé ni au créancier poursuivant, ni à la personne ayant acquis le bien en conséquence de la procédure de saisie.

426. – Dans ces conditions, s'agissant donc d'actes de disposition antérieurs à la publication du commandement, deux textes doivent être cités.

– Le premier, déjà rencontré (n° 423), est l'article 25, alinéa 3, du décret du 27 juillet 2006, qui a d'ailleurs vocation à s'appliquer à toute *convention* conclue en *violation* des *effets* attachés à la signification du *commandement* et donc (entre autres) à la convention par laquelle est accompli un acte de disposition portant sur le bien saisi (on sait qu'à l'égard du débiteur, les effets de la saisie notamment l'effet d'indisponibilité sont la conséquence de la signification du commandement). En vertu de ce texte, le *cocontractant* du débiteur se voit offrir la possibilité de faire *annuler* une telle convention. On rappelle que si la nullité suppose une demande en ce sens de ce cocontractant, par hypothèse, il est entendu que, dès lors qu'elle est demandée (et encourue !), le juge *doit* la prononcer.

– Le second texte est l'article 2200 du Code civil (spéc. al. 2 et 3)[1]. Il en résulte que l'opposabilité d'un acte de disposition au poursuivant et à celui qui a acquis l'immeuble en conséquence de la saisie suppose que l'acte de disposition ait été publié *avant* la publication du commandement. La solution vaut pour les aliénations ainsi que pour la constitution de droits réels.

S'agissant des premières, il est en effet prévu (art. 2200, al. 2, C. civ.) que « Les aliénations non publiées ou publiées postérieurement » (à la publication de la saisie) « sont inopposables au créancier poursuivant comme à l'acquéreur dans les conditions prévues à l'article 2201 » (il s'agit de l'acquéreur en conséquence de la saisie, à la suite, selon le cas, d'une vente amiable ou d'une vente forcée). Toutefois, par dérogation à cette règle, une aliénation publiée postérieurement à la publication du commandement peut être rendue opposable par la « consignation d'une somme suffisante pour acquitter en principal, intérêts et frais, ce qui est dû aux créanciers inscrits ainsi qu'au créancier poursuivant », cette somme leur étant spécialement affectée (art. 2200, al. 2, *in fine*, C. civ.). Encore faut-il préciser que cette consignation « doit être signifiée au créancier

---

1. De cet article, on connaît déjà le premier alinéa, qui dispose que la saisie immobilière est opposable aux tiers à partir de sa publication au fichier immobilier.

poursuivant ainsi qu'aux créanciers inscrits *avant l'audience d'adjudication*, sans qu'il puisse être accordé de délai pour y procéder » (art. 26, Décr. 27 juill. 2006).

S'agissant de la constitution de droits réels, est énoncée, à l'article 2200, alinéa 3, du Code civil, la même solution de principe que celle relative aux aliénations : « Sont pareillement inopposables les inscriptions du chef du débiteur qui n'ont pas été prises antérieurement à la publication de la saisie »[1]. Toutefois, le texte réserve le « droit pour le vendeur, le prêteur de deniers pour l'acquisition et le copartageant d'inscrire, dans les délais prévus par les articles 2379 à 2381, le privilège qui leur est conféré par l'article 2374 ».

2° Les restrictions des droits de jouissance et d'administration du débiteur

427. – Le saisi n'est pas privé seulement de son droit de disposer de l'immeuble. Il subit en outre d'importantes restrictions de ses droits de jouissance et d'administration.

428. – Certes, *en principe*, le débiteur conserve l'*usage* de l'immeuble saisi (art. 27, al. 1, Décr. 27 juill. 2006). Dès lors, à supposer qu'il occupe ce bien, il peut y demeurer, mais il en est constitué séquestre (art. 2198, al. 3, C. civ.), avec les pouvoirs et devoirs attachés à cette qualité.

Dans l'exercice de son droit d'usage de l'immeuble, le débiteur ne doit accomplir aucun acte matériel susceptible d'en amoindrir la valeur : dans le cas contraire, il s'expose à devoir verser des dommages et intérêts, sans préjudice, s'il y a lieu, de l'application des sanctions prévues à l'article 3146 du Code pénal (art. 27, al. 1, Décr. 27 juill. 2006).

Cela étant, il est prévu que, le cas échéant, « le juge de l'exécution peut, à la demande du créancier poursuivant *ou du débiteur*, autoriser l'accomplissement de certains actes sur la bien saisi » (art. 27, al. 2, Décr.).

Si le principe est que le débiteur conserve l'usage de ce bien et qu'il en est constitué séquestre, il peut parfois en aller autrement si les circonstances le justifient. C'est ainsi que *l'expulsion* du débiteur peut être ordonnée pour *cause grave* et qu'un tiers peut être désigné comme séquestre (art. 2198, al. 3, C. civ.).

429. – Si l'immeuble saisi n'est pas occupé par le débiteur lui-même, mais est loué ou affermé[2], on doit admettre que le saisi – qui demeure propriétaire de cet immeuble et conserve vocation à en recueillir, d'une manière générale, les fruits pour le compte de ses créanciers (sur l'immobilisation de ces fruits, *infra*, n° 433) – peut valablement percevoir les loyers ou fermages.

Telle est au demeurant la solution énoncée à l'article 30, alinéa 2, du décret du 27 juillet 2006 qui précise que le débiteur est alors séquestre des sommes reçues. Encore importe-t-il de souligner que la *validité* des paiements ainsi faits au débiteur suppose l'*absence d'opposition* du créancier poursuivant : en effet, il est précisé que celui-ci « peut, par acte d'huissier de justice, s'opposer à ce que le locataire se libère des loyers

---

1. Le texte vise des inscriptions « *du chef du débiteur* ». Il laisse la possibilité pour des tiers d'inscrire des droits sur l'immeuble, le bien saisi pouvant ainsi faire l'objet d'une servitude légale nouvelle ou d'une hypothèque judiciaire prise par un créancier (v. à ce propos le rapport au président de la République relatif à l'ordonnance du 21 avril 2006, *J-O.* 22 avr. 2006, p. 6069, 1re col. – V. ég. Leborgne, *D.* 2007. 239, 2e col.).

2. Le locataire est détenteur et doit conserver le bien en conséquence du bail et non en qualité de séquestre, qu'il ne peut être : v. rapport relatif à l'Ord. du 21 avr. 2006, *JO* 22 avr. 2006, p. 6009 (col. 1 *in fine* et col. 2).

et fermages entre les mains du débiteur et lui faire obligation de les verser entre les mains d'un séquestre qu'il désigne ou de les consigner à la Caisse des dépôts et consignations » (art. 30, al. 1, Décr.).

430. – Le développement précédent témoigne, sous réserve des limitations qui viennent d'être indiquées, d'un certain pouvoir de *gestion* reconnu au débiteur, dans le cas où l'immeuble saisi fait l'objet d'un contrat de bail, par hypothèse antérieur à la saisie.

Cela étant, si le débiteur a pu évidemment conclure valablement un tel contrat, les pouvoirs d'administration (restreints) qu'il conserve *après la saisie* lui permettent-ils encore ce type d'opération juridique ? Par ailleurs, même s'agissant de baux consentis antérieurement, ceux-ci s'imposent-ils totalement ?

• **Baux postérieurs à la saisie**

431. – S'agissant de baux consentis par le débiteur postérieurement à la saisie[1] on peut lire à l'article 2199 du Code civil qu'ils « sont, quelle que soit leur durée, inopposables au créancier poursuivant comme à l'acquéreur »[2]. Pour l'application de ce texte, en cas de difficulté relative à la question de savoir si le bail a été conclu avant ou après la saisie, il est prévu que « La preuve de l'antériorité du bail peut être faite par tout moyen » (même art. al. 2).

• **Baux antérieurs à la saisie**

432. – S'agissant de baux consentis par le débiteur antérieurement à la saisie (sachant que l'antériorité du bail peut être prouvée par tout moyen), il est aisé de déduire de l'article 2199 du Code civil (par un raisonnement *a contrario*) qu'ils sont normalement opposables au créancier poursuivant et à l'acquéreur. Toutefois, le sont-ils pour toute leur durée ?

Il faut en effet tenir compte du décret du 4 janvier 1955 relatif à la publicité foncière, dont l'article 28-1° prescrit la publication des baux de plus de douze ans. Il en résulte que de tels baux ne peuvent être opposés pour toute leur durée aux créanciers inscrits et à l'acquéreur que s'ils ont été publiés. Sinon, ils ne leur sont opposables que pour douze ans.

3° La saisie des fruits

433. – Aux termes de l'article 2194 du Code civil, « La saisie d'un immeuble emporte saisie de ses fruits... ». Accessoires de l'objet principal de la saisie, les fruits de l'immeuble sont en effet saisis en même temps que celui-ci. Ces fruits, ainsi « immobilisés[3] à compter de la signification du commandement de payer valant saisie sont distribués avec le prix de l'immeuble selon le même ordre que la distribution de celui-ci » (art. 28, Décr. 27 juillet 2006).

Autrement dit, les fruits recueillis (s'ils sont industriels ou naturels) ou échus (s'il s'agit de fruits civils) postérieurement à la signification du commandement, sont en effet fictivement considérés comme des immeubles : en conséquence, ils entrent dans l'objet de

---

1. Il s'agit de baux conclus après la signification du commandement.
2. Il convient aussi de tenir compte, le cas échéant, de l'application de l'artice 25, alinéa 3, du décret du 27 juillet 2006 (sur ce texte, v. *supra*, n°s 423 et 426).
3. Expression classique, reprise à l'article 28 du décret du 27 juillet 2006.

la saisie immobilière, de telle sorte qu'ils seront ensuite distribués comme un complément du prix de vente de l'immeuble. Cette « immobilisation » a donc une conséquence importante quant à la distribution : si l'on conservait à ces fruits leur nature de meubles, ils seraient distribués par contribution[1] entre tous les créanciers, y compris les créanciers chirographaires; en les immobilisant, c'est-à-dire en les traitant comme des immeubles, on est conduit à les distribuer « avec le prix de l'immeuble selon le même ordre[2] que la distribution de celui-ci » (pour reprendre les termes de l'article 28 – précité – du décret du 27 juillet 2006), les créanciers hypothécaires ou privilégiés sur l'immeuble bénéficiant donc sur eux (comme sur l'immeuble qui les a produits) d'un droit de préférence par rapport aux créanciers chirographaires[3].

L'immobilisation des fruits ne se produit cependant pas en toute hypothèse.

434. – L'article 2194 du Code civil, après avoir posé le principe dont il est question ci-dessus, réserve logiquement « l'effet d'une saisie antérieure ».

On pense évidemment, s'agissant de fruits naturels ou industriels, à une saisie pratiquée avant la saisie immobilière sur des « récoltes sur pied » c'est-à-dire sur des fruits non recueillis, mais proches de la maturité, dont on sait que l'on voit en eux des meubles par anticipation (*supra*, n° 194). Une telle saisie fait obstacle à l'immobilisation des fruits ultérieurement recueillis.

S'agissant des fruits civils (loyers, fermages), il convient de même de tenir compte, le cas échéant, de l'effet d'une saisie-attribution (ou même simplement d'une saisie conservatoire) dont ils ont pu faire l'objet avant la saisie immobilière.

§ 2. Saisie pratiquée contre un tiers

435. – Il a déjà été fait allusion aux possibilités de saisie à l'encontre de tiers (*supra*, n° 407) et à la distinction entre deux situations : la saisie peut être pratiquée soit, en vertu d'un droit de suite, contre un tiers détenteur, soit contre une personne qui a consenti une hypothèque sur l'un de ses biens pour garantir la dette d'autrui.

À la vérité, actuellement, la deuxième hypothèse n'appelle guère de développement. Elle est en effet simplement visée dans le cadre même des règles applicables à la saisie pratiquée contre le débiteur : il est prévu, à l'article 15, 13°, 3e alinéa, du décret du 27 juillet 2006, que dans le cas où le commandement de payer valant saisie est signifié à la personne qui a consenti une hypothèque sur l'un de ses biens pour garantir la dette d'autrui, le délai de sommation de payer est porté à un mois (s'agissant du débiteur lui-même, on sait que le délai n'est que de huit jours). Il s'agit de la seule différence par rapport aux règles précédemment examinées (*supra*, nos 415 et s.), au demeurant aisément explicable dans la mesure où la procédure d'exécution est dirigée contre un tiers à la dette[4].

---

1. Sur le sens de ce terme, *infra*, n° 559.

2. Même si – comme on le verra – il n'est plus question aujourd'hui de procédure d'« ordre », la procédure de distribution du prix de vente de l'immeuble, dès lors qu'il y des créanciers bénéficiant de sûretés, implique un *classement* (donc un ordre !) de ceux-ci (*infra*, nos 545 et s.).

3. V. par ailleurs, pour la possibilité de vente amiable, concernant par hypothèse les fruits naturels ou industriels, art. 29, Décr. 27 juill. 2006. – S'agissant des fruits civils, que sont les loyers et fermages, v. art. 30, Décr., et *supra*, n° 429.

4. En effet, celui-ci *n'est pas personnellement* tenu de la dette.

L'hypothèse de saisie pratiquée contre un *tiers détenteur* mérite un peu plus d'attention. Prévue à l'article 2190 du Code civil, elle fait l'objet, dans le décret du 27 juillet 2006, des articles 16, 17 et 31.

436. – On remarquera que, bien qu'il s'agisse de pratiquer la saisie entre les mains d'un *tiers détenteur*, la signification d'un *commandement de payer* au *débiteur lui même* est imposée, cet acte devant comporter la mention qu'un commandement valant saisie (dont il est question ci-dessous) est délivrée au tiers détenteur (art. 17, al. 1, Décr.).

C'est qu'en effet, il est également prévu qu'à la diligence du créancier poursuivant, un *commandement de payer valant saisie* est signifié au tiers détenteur. Cet acte comporte les mêmes mentions que l'acte prévu dans l'hypothèse où la saisie est pratiquée contre le débiteur lui-même, mentions prescrites à l'article 15 du décret du 27 juillet 2006 (*supra*, n° 415), sous réserve de quelques adaptations. On relèvera notamment que l'avertissement visé au 4° de l'article 15 est remplacé par la sommation, qui est donc faite au tiers détenteur, de payer les sommes dues par le débiteur *ou* de *délaisser* l'immeuble. La sommation précise que le tiers détenteur dispose d'un délai d'un mois pour satisfaire à l'une *ou* l'autre de ces obligations, faute de quoi la saisie immobilière et la vente consécutive seront poursuivies à son encontre (v. le renvoi de l'article 17, alinéa 2, Décr., aux art. 2463 et 2464, C. civ.; v. ég. art. 31, al. 2, Décr.).

437. – S'agissant des *conséquences* de la signification du commandement de payer valant saisie au tiers détenteur, on peut lire à l'article 31, alinéa 1, du décret du 27 juillet 2006 que cet acte produit à l'égard de son destinataire « les effets attachés à la signification du commandement de payer valant saisie au débiteur ». Il suffit donc de renvoyer au développement consacré à la question de ces effets dans le cadre du paragraphe précédent (*supra*, n°s 424 et s.).

Section II

Les formalités relatives à la vente de l'immeuble

438. – Avant l'étude de la phase de vente proprement dite (Sous-section III), il convient d'examiner différentes formalités qui permettent de *préparer* celle-ci (Sous-section I) et de mettre l'accent sur la prévision d'une audience dite d'*orientation* (Sous-section II) ayant notamment pour objet, outre le règlement d'éventuelles contestations, de déterminer les modalités de la vente.

Sous-section I

Les actes préparatoires

439. – Les diverses formalités que les textes qualifient « actes préparatoires à la vente » consistent en l'établissement d'un procès-verbal de description des lieux (§ 1), l'assignation à comparaître (§ 2), la rédaction et le dépôt du cahier des conditions de vente et de l'état hypothécaire (§ 3) et les déclarations de créances (§ 4).

§ 1. Le procès-verbal de description des lieux

440. – À défaut de paiement à l'expiration d'un délai de huit jours suivant le commandement valant saisie, il est prévu que l'huissier de justice instrumentaire, sous réserve de respecter les conditions des articles 20 et 21 de la loi du 9 juillet 1991 (*supra*, nº 152)[1], peut pénétrer dans les lieux désignés dans le commandement afin de dresser un procès-verbal de description (art. 35, Décr. 27 juill. 2006). Il est précisé que l'huissier peut utiliser tout moyen pour décrire les lieux et se faire assister par tout professionnel qualifié en cas de nécessité (art. 37, Décr.). Le document ainsi établi comporte, outre la description des lieux, leur composition et leur contenance, quelques autres précisions : indication des conditions d'occupation et identité des occupants, ainsi que la mention des droits dont ils se prévalent; le cas échéant, le nom et l'adresse du syndic de copropriété; tous autres renseignements utiles fournis notamment par l'occupant (art. 36, Décr.).

§ 2. L'assignation à comparaître

441. – Il s'agit de l'assignation à comparaître devant le juge de l'exécution à l'*audience d'orientation* (sur celle-ci, *infra*, nºs 453 et s.). Une telle assignation concerne non seulement le débiteur (A), mais également les créanciers inscrits, en vertu de la dénonciation qui leur en est faite (B), l'accomplissement de ces formalités devant être mentionné en marge du commandement publié (C).

A. L'assignation du débiteur

442. – Cette assignation, délivrée à la diligence du créancier poursuivant, doit intervenir dans le respect des délais prescrits à l'article 38 du décret du 27 juillet 2006, c'est-à-dire, d'une part, dans les deux mois suivant la publication du commandement valant saisie, d'autre part, dans un délai compris entre un et trois mois avant la date de l'audience d'orientation (sur la sanction – caducité du commandement valant saisie – v. art. 12, al. 1, Décr.; v. ég. al. 2 et s. de cet art. sur les conditions de la déclaration de caducité et la possibilité de rapporter cette caducité).

443. – Outre les mentions imposées pour toute assignation (art. 56, C. pr. civ.), l'acte examiné doit, en application de l'article 39 du décret du 27 juillet 2006 (mod. par Décr. 23 déc. 2006 et 12 févr. 2009), contenir, à peine de nullité, diverses indications relatives notamment aux lieu, jour et heure de l'audience d'orientation, à l'objet de cette audience (règlement des éventuelles contestations et détermination des modalités de poursuite de la procédure), aux conséquences d'une défaillance du débiteur (vente forcée sur les seules indications du créancier poursuivant), à la mise à prix du bien saisi (et à la possibilité de la contester) (*infra*, nº 447), à l'éventuel droit pour le débiteur de bénéficier de l'aide juridictionnelle ou encore d'une suspension des poursuites en raison du surendettement. Est également imposée, en *caractères très apparents*, la mention que *toute contestation* ou demande incidente doit être déposée au greffe du juge de l'exécution par *acte d'avocat*, au plus tard lors de l'audience.

---

1. V., s'agissant spécialement de la question examinée, l'al. 3 (aj. par Ord. 21 avr. 2006) de l'art. 21 de la loi préc.

L'assignation doit également comporter, toujours à peine de nullité, une *sommation* et un *avertissement* : en effet, d'une part, le débiteur est *sommé* de prendre connaissance des conditions de vente figurant dans le cahier des conditions de vente qui peut être consulté au *greffe* du juge de l'exécution où il sera déposé le cinquième jour ouvrable au plus tard après l'assignation ou au *cabinet* de l'*avocat* du créancier poursuivant; d'autre part, il est *averti* qu'il peut demander au juge de l'exécution à être autorisé à vendre le bien saisi à l'amiable s'il justifie qu'une vente non judiciaire peut être conclue dans des conditions satisfaisantes (une telle demande d'autorisation – qui peut être formée verbalement à l'audience – ainsi que les actes consécutifs à une vente amiable étant dispensés du ministère d'avocat : v. al. 2, art. 50, Décr. 27 juill. 2006, article dont les dispositions doivent être rappelées dans l'assignation) (pour plus de précisions sur le contenu de l'assignation, v. art. 39, Décr. mod. Décr. 23 déc. 2006 et 12 févr. 2009).

B. L'assignation des créanciers inscrits

444. – En application de l'article 40 du décret du 27 juillet 2006, cette assignation est réalisée au moyen d'une dénonciation du commandement de payer valant saisie (*supra*, n°s 414 et s.). La *dénonciation*, qui *vaut* en effet *assignation* à comparaître à l'audience d'orientation du juge de l'exécution, est faite aux créanciers *inscrits au jour de la publication du commandement*[1].

La formalité examinée doit être accomplie au plus tard le cinquième jour ouvrable suivant la délivrance de l'assignation au débiteur, la méconnaissance de ce délai étant sanctionnée, en vertu de l'article 12 du décret, par la *caducité* du commandement valant saisie (sur les conditions de la déclaration de caducité, et les possibilités de rapport de cette déclaration, v. al. 2 à 4, art. 12).

445. – Outre les mentions prescrites pour toute assignation (art. 56, C. pr. civ.), la dénonciation doit contenir, à peine de nullité, quelques indications spécifiques (lieu, jour et heure de l'audience d'orientation, montant de la mise à prix du bien saisi, reproduction de certaines dispositions relatives à la déclaration de créances et aux éventuelles contestations) ainsi qu'une *double sommation* : la dénonciation doit en effet comprendre, d'une part, sommation de *prendre connaissance* du *cahier des conditions de vente* (au greffe, où il est déposé le cinquième jour ouvrable au plus tard après l'assignation du débiteur, ou au cabinet de l'avocat du créancier poursuivant), d'autre part, sommation d'avoir à *déclarer les créances* inscrites sur le bien et à dénoncer le même jour ou le premier jour ouvrable suivant cette déclaration au créancier poursuivant et au débiteur (pour plus de détails, v. art. 41, Décr. mod. Décr. 23 déc. 2006 et 12 févr. 2009). Cette seconde sommation traduit le souci de *préparer*, dès la procédure de saisie, la future distribution du prix de vente. Il importe de souligner que l'article 2215 du Code civil sanctionne les créanciers sommés qui ont omis de déclarer leur créance par la *déchéance* du bénéfice de leur sûreté pour la distribution du prix de vente de l'immeuble.

C. Mention de l'accomplissement des formalités précédentes

446. – La délivrance de l'assignation et des dénonciations dont il a été question ci-dessus doit faire l'objet d'une *mention* portée en *marge* de la copie du *commandement*

---

1. « La dénonciation aux créanciers inscrits peut être faite aux domiciles élus sur les bordereaux d'inscription. Elle peut être faite aux héritiers collectivement sans désignation des noms et qualités respectifs, à domicile élu ou, à défaut, au domicile du défunt » (art. 42, Décr. 27 juill. 2006).

valant saisie *publié* au bureau des hypothèques, cette formalité devant être accomplie dans les huit jours de la dernière signification en date (art. 43, al. 1, Décr. 27 juill. 2006).

Du jour de ladite mention, « l'inscription du commandement *ne peut plus être radiée* que du *consentement* de *tous* les créanciers inscrits *ou* en vertu d'un *jugement* qui leur soit opposable » (art. 43, al. 2, Décr.). On peut donc considérer qu'à partir du jour où est portée cette mention, les créanciers inscrits sont véritablement associés à la saisie (donc *parties* à celle-ci).

§ 3. Rédaction du cahier des conditions de vente et son dépôt au greffe avec un état hypothécaire

447. – Le cahier des conditions de vente succède à ce qu'on appelait, avant la réforme de 2006, le cahier des charges. Il s'agit d'un document important qui, à la vérité, n'est, à l'origine, qu'un projet dans la mesure où, en conséquence du règlement des éventuelles contestations dont il peut faire l'objet (v. art. 45, al. 3, Décr. 27 juill. 2006), il est susceptible de modifications.

Ce cahier « est élaboré sous la responsabilité du créancier poursuivant » (art. 45, al. 1, Décr.), mais l'on sait que celui-ci ayant, par hypothèse, constitué avocat pour les besoins de la procédure, l'avocat constitué est évidemment appelé à rédiger le document pour le compte du poursuivant.

L'objet du cahier examiné est naturellement, comme son nom l'indique, de préciser, par des mentions (prescrites à peine de nullité), les « conditions de la vente judiciaire » et notamment « *la mise à prix* fixée par le créancier poursuivant » (art. 44, al. 2, 5° Décr. 27 juill. 2006), c'est-à-dire le chiffre à partir duquel il est possible de porter une enchère. En pratique, ce chiffre est d'un montant nettement inférieur à la valeur de l'immeuble : cela s'explique par le fait que, dans l'hypothèse où aucune enchère n'est portée, le saisissant est déclaré adjudicataire pour le montant de la mise à prix (qu'il a lui-même fixée !). En fixant celle-ci à un montant modeste, le poursuivant évite généralement l'application de cette règle ou, en tout cas, limite les conséquences du risque qu'il y a pour lui d'être déclaré adjudicataire.

On conçoit aisément les dangers inhérents à la liberté reconnue au poursuivant de fixer lui-même la mise à prix. Ce n'est toutefois qu'à une époque assez récente que le législateur a entendu assurer une certaine protection du débiteur à cet égard. En 1998, cette protection avait été limitée à l'hypothèse de saisie du logement principal du débiteur. En conséquence de la réforme de 2006, elle ne connaît plus une telle limite et s'applique donc quelle que soit l'affectation de l'immeuble objet de la mesure d'exécution. On peut lire aujourd'hui à l'article 2206, alinéa 2, du Code civil que « Le débiteur peut, en cas d'insuffisance manifeste du montant de la mise à prix, saisir le juge afin de voir fixer une mise à prix en rapport avec la valeur vénale de l'immeuble et les conditions du marché ». Il est cependant précisé qu'« à défaut d'enchère, le poursuivant ne peut être déclaré adjudicataire que pour la mise à prix initiale ».

Cela étant, si la mise à prix constitue un aspect important des conditions de vente, lesquelles sont l'un des objets essentiels du cahier dont il est question, il convient de remarquer que d'autres mentions, également prescrites à peine de nullité, doivent aussi figurer dans le document examiné, relatives au titre exécutoire justifiant les poursuites, aux sommes dues au poursuivant, au commandement valant saisie et à sa publication ainsi qu'aux autres actes et jugements postérieurs, à l'immeuble saisi (le cahier des conditions de vente doit, entre autres, contenir l'indication des baux consentis sur celui-ci et le *procès-verbal de description* : sur celui-ci, *supra*, n° 440). Doit y être enfin désigné un séquestre des fonds provenant de la vente ou la Caisse des dépôts et consignations, consignataire des fonds (pour le contenu du cahier des conditions de vente, v. art. 44, al. 2, Décr. 27 juill. 2006, qui n'exclut d'ailleurs pas d'autres mentions)[1].

448. – Une fois rédigé, le cahier des conditions de vente qui – comme on l'a vu – précise notamment les « modalités de la vente » et comporte « l'état descriptif de l'immeuble » (art. 44, al. 1, Décr.), est *déposé* au greffe du juge de l'exécution, au plus tard le cinquième jour ouvrable suivant l'assignation délivrée au débiteur saisi (*infra*, n° 449) où il peut être consulté, sa consultation étant également possible au cabinet de l'avocat du créancier poursuivant (art. 45, al. 2, Décr. mod. Décr. 12 févr. 2009). Tout intéressé peut en contester les stipulations (v. art. 45, al. 3, Décr., qui réserve toutefois le jeu de l'art. 2206, C. civ.). On remarquera qu'au cahier ainsi déposé, une copie de l'assignation délivrée au débiteur et un *état hypothécaire* doivent être joints (art. 44, al. 1, Décr.). Il a déjà été indiqué qu'en imposant le dépôt de ce dernier document avec le cahier des conditions de vente, on a voulu prendre en compte, dès la procédure de saisie, la future distribution du prix de vente de l'immeuble.

449. – Il importe d'insister sur la règle, énoncée à l'article 44, alinéa 1, du décret du 27 juillet 2006 (mod. Décr. 23 déc. 2006), selon laquelle la formalité de dépôt au greffe doit être accomplie par le créancier poursuivant *au plus tard* le cinquième jour ouvrable suivant l'assignation délivrée au débiteur. En application de l'article 12 du même décret, ce délai est prescrit à peine de *caducité* du commandement de payer valant saisie (sur la déclaration de caducité, qui peut être demandée par les parties intéressées et peut, le cas échéant, être rapportée, v. art. 12, al. 2 et s.).

§ 4. La déclaration de créance

450. – On sait que les auteurs de la réforme de 2006 ont eu le souci de prendre en compte, dès la procédure de saisie, la future distribution du prix de vente de l'immeuble. Ce souci a été rappelé à propos de la nécessité de joindre un état hypothécaire au cahier des conditions de vente déposé au greffe (*supra*, n° 448), mais il avait été antérieurement souligné avec l'examen de la dénonciation aux créanciers inscrits du commandement de payer valant saisie (dénonciation qui vaut au demeurant assignation à comparaître à l'audience d'orientation), que cet acte comporte une *sommation* d'avoir à déclarer les créances inscrites sur le bien saisi et à dénoncer cette déclaration au créancier poursuivant et au débiteur (*supra*, n° 445). Il a été d'ailleurs précisé à ce propos que les créanciers sommés qui ont omis de déclarer leur créance sont *déchus* du bénéfice de leur sûreté pour la distribution du prix de vente de l'immeuble.

Toujours est-il qu'il est prévu que le créancier inscrit à qui a été dénoncé le commandement doit *en principe* déclarer sa créance au greffe du juge de l'exécution[2] dans le délai de *deux mois* suivant la dénonciation (art. 46, al. 1, Décr. 27 juill. 2006). Encore

---

1. On peut lire en effet à l'art. 44, al. 2 que « Le cahier des conditions de vente contient *notamment*… ».

2. La déclaration de créance est faite par acte d'avocat, accompagné d'une copie du titre de créance et du bordereau d'inscription (art. 41, 4°, Décr. 27 juill. 2006 mod. Décr. 12 févr. 2009). – Pour la nécessité d'une déclaration par acte d'un avocat inscrit au barreau du tribunal de grande instance *devant* lequel la *vente est poursuivie*, v. Cass. (av.) 16 mai 2008, *Rev. huissiers* 2008. 285, obs. Leborgne.

faut-il préciser que « le créancier qui justifie que sa défaillance n'est pas de son fait peut demander à être autorisé à déclarer sa créance postérieurement au délai imparti », le juge statuant « par ordonnance sur requête qui doit être déposée, à peine d'irrecevabilité, quinze jours au plus tard avant la date fixée pour l'audience d'adjudication ou de constatation de la vente amiable » (art. 46, al. 2, Décr. 27 juill. 2006).

451. – Par ailleurs, on notera que, s'agissant de créanciers qui ont inscrit leur sûreté sur l'immeuble *après* la *publication* du *commandement* valant saisie, mais *avant* la publication de la vente, il est prévu qu'ils interviennent à la procédure en déclarant leur créance arrêtée au jour de la déclaration (à peine d'irrecevabilité, la déclaration est faite par *acte d'avocat* déposé au greffe dans un délai d'un mois suivant l'inscription). Une telle déclaration doit être parallèlement *dénoncée*, dans les mêmes formes ou par signification, le même jour ou le premier jour ouvrable suivant, au créancier poursuivant et au débiteur (art. 47, Décr. 27 juill. 2006 mod. Décr. 12 févr. 2009).

452. – Cela étant, il incombe au créancier poursuivant de se faire « remettre par le greffe copie des créances produites en vue d'établir le projet de distribution prévu à l'article 114 », dont il sera question avec l'étude de la procédure de distribution du prix de l'immeuble (*infra*, n° 552) (art. 48, Décr. 27 juill. 2006 mod. Décr. 12 févr. 2009)[1].

Sous-section II
L'audience d'orientation

453. – L'importance de cette phase de la procédure a déjà été soulignée (*supra*, n° 400 *ter*). L'audience d'orientation joue non seulement le rôle qui était assigné antérieurement à l'audience « éventuelle » (laquelle permettait précisément de régler les éventuelles contestations)[2], mais elle est en outre destinée à la détermination des modalités de poursuite de la procédure. C'est la raison pour laquelle, à la différence de l'audience prévue par les textes antérieurs à la réforme, elle doit normalement être tenue[3], même en l'absence de « contestation ».

La matière fait l'objet des articles 49 à 52 du décret du 27 juillet 2006.

454. – Il est tout d'abord prévu (art. 49, al. 1) qu'à l'audience d'orientation, le juge de l'exécution entend les parties présentes ou représentées. L'intérêt de cette disposition ne doit pas être négligé. On peut penser que le juge, par l'audition des parties, peut vérifier que la vente du bien est inévitable : il ne faut point perdre de vue qu'en vertu de la disposition générale de l'article 22 de la loi du 9 juillet 1991, l'exécution des mesures « ne peut excéder ce qui se révèle nécessaire pour obtenir le paiement de l'obligation ».

455. – L'audience d'orientation permet ensuite au juge de l'exécution de vérifier que sont remplies les conditions permettant la saisie, aussi bien quant aux causes de celle-ci

---

1. Dans sa rédaction initiale, l'art. 48, Décr. 27 juill. 2006 imposait au créancier poursuivant, en conséquence de la délivrance par le greffe de la copie des créances produites, de dresser un *état* des créances *ordonné* selon leur rang qui devait être remis au greffe quinze jours au moins avant la date fixée pour l'audience d'adjudication ou de constatation de la vente amiable. Les auteurs du décret n° 2009-160 du 12 février 2009 ont supprimé cet état ordonné des créances (v. chap. V de ce décret), modifiant donc notamment l'art. 48 susvisé.

2. En cas de renvoi de l'audience d'orientation, les contestations et demandes incidentes formulées au plus tard au jour de l'audience de renvoi sont recevables : Civ. 2e, 23 oct. 2008, *D.* 2008. 3120, note Leborgne, *D.* 2009. 768, chr. Sommer et Nicoletis, n° 10, *RTD civ.* 2009. 174, obs. Perrot.

3. … sous réserve de l'application de l'article 53, alinéa 1er, du décret du 27 juillet 2006 (*infra*, n° 460).

(titre exécutoire constatant une créance liquide et exigible...) que relativement à son objet. La formulation de l'article 49 paraît bien impliquer l'*obligation* faite au juge de procéder spontanément (c'est-à-dire indépendamment de toute contestation) à ces vérifications : il est dit qu'« il vérifie que les conditions des articles 2191 et 2193 du Code civil sont réunies ». C'est qu'en effet, l'intervention du juge est destinée à garantir la régularité de la procédure. Par ailleurs, dans l'hypothèse de contestations, il est appelé à les régler[1], de même qu'il a vocation à statuer sur les éventuelles demandes incidentes. Il peut, le cas échéant, être appelé à statuer sur une demande de suspension de la procédure en raison de la situation de surendettement du débiteur (une telle demande de suspension devant être formée dans les conditions prévues par l'article R. 3111-4 du Code de la consommation : v. art. 50, Décr. renvoyant à ce texte).

456. – Enfin, le juge de l'exécution « détermine les modalités de poursuite de la procédure, en autorisant la vente amiable à la demande du débiteur ou en ordonnant la vente forcée » (art. 49, al. 1, *in fine*, Décr.). On sait que l'une des grandes innovations introduites par les auteurs de la réforme de la saisie immobilière a été la prévision d'une alternative à la vente aux enchères publiques (source de vente à vil prix), alternative consistant en une vente amiable autorisée par le juge. On peut lire ainsi à l'article 2201, alinéa 1, du Code civil que « Les biens sont vendus soit à l'amiable sur autorisation judiciaire, soit par adjudication ».

L'un des objectifs de l'audience d'orientation est précisément de permettre au juge de l'exécution de choisir entre l'une ou l'autre de ces modalités de vente.

Il faut insister sur le fait que la vente amiable ne peut intervenir que sur *autorisation du juge*[2]. Il est prévu que l'autorisation suppose une demande du débiteur, cette demande et les actes consécutifs à la vente amiable étant dispensés du ministère d'avocat. On notera que la demande peut même être formée verbalement à l'audience (art. 50, al. 2, Décr.).

Lorsqu'il autorise la vente amiable, « le juge s'assure qu'elle peut être conclue dans des conditions satisfaisantes compte tenu de la situation du bien, des conditions économiques du marché et des diligences éventuelles du débiteur » (art. 49, al. 2, Décr.).

À défaut d'autorisation de procéder à une vente amiable, le juge ordonne la vente forcée (donc aux enchères publiques), fixant alors la date de l'audience d'adjudication (*infra*, n°s 473 et s.), et déterminant, à la demande du poursuivant, les modalités de visite de l'immeuble (art. 59, al. 1 et 2, Décr.).

457. – Quelle que soit la modalité de la procédure de vente, le jugement d'orientation mentionne le montant retenu quant à la créance du poursuivant en principal, frais, intérêts et autres accessoires (art. 51, Décr.). Ce jugement est susceptible d'appel dans les 15 jours de sa notification (application de la disposition « générale » de l'art. 8, al. 1, Décr., réd. Décr. 12 févr. 2009. V. les précisions de l'al. 2). L'appel est formé, instruit et jugé selon la procédure à jour fixe, sans que l'appelant ait à se prévaloir dans sa requête d'un péril (art. 52, Décr., réd. Décr. 12 février 2009. V. les précisions données à l'al. 2 de cet article)[3].

---

1. V., s'agissant des contestations relatives à la validité des déclarations de créances soulevées au cours de l'audience d'orientation, l'affirmation du *devoir* du juge de l'exécution de les trancher, par Cass. (av.) 16 mai 2008, *Rev. huissiers* 2008. 285, obs. Leborgne.

2. C'est là une différence importante par rapport à la saisie-vente, examinée dans le cadre des saisies mobilières (v. spéc. *supra*, n°s 170 et s.).

3. Bourin et Cardini, « Les incidences de l'appel du jugement d'orientation ordonnant la vente forcée de l'immeuble », *Rev. huissiers* 2008. 180.

Sous-section III
La vente de l'immeuble

458. – Ainsi qu'on l'a dit (*supra*, n° 456) cette vente peut être aujourd'hui soit une vente amiable sur autorisation judiciaire (§ 1), soit une vente forcée (§ 2).

§ 1. La vente amiable sur autorisation judiciaire

459. – On sait que la prévision de cette modalité de la procédure examinée a été dictée par le souci d'éviter, autant que possible, la vente forcée, dont il est devenu banal de relever qu'elle est une source de vente à vil prix.

Étant donné que la vente amiable de l'immeuble objet de la saisie est subordonnée à une autorisation judiciaire qui, par hypothèse, doit être demandée par le débiteur, il convient de préciser tout d'abord le moment de l'autorisation. Il y aura lieu ensuite d'examiner successivement la décision d'autorisation et ses conséquences, l'établissement de l'acte notarié de vente amiable, la constatation judiciaire et les effets de cette vente, ainsi que les conséquences du défaut de constatation de la vente amiable :

A. Moment de l'autorisation

460. – Normalement, c'est l'audience d'orientation qui permet, le cas échéant, au juge de l'exécution d'autoriser le débiteur à procéder à une vente amiable. Au demeurant, pour les initiateurs de la réforme, cette audience avait été conçue comme le cadre *exclusif* dans lequel le juge pourrait accorder l'autorisation dont il est question. On notera toutefois la disposition (qui peut dès lors surprendre) de l'article 53, alinéa 1, du décret du 27 juillet 2006 prévoyant que « La demande tendant à la vente amiable de l'immeuble peut être présentée et jugée avant la signification de l'assignation à comparaître à l'audience d'orientation, sous réserve pour le débiteur de mettre en cause les créanciers inscrits sur le bien ».

De prime abord, la possibilité ouverte par l'article 53, alinéa 1, peut paraître intéressante dans la mesure où elle permet d'aboutir plus rapidement à la vente de l'immeuble saisi. À la vérité, le débiteur estimera-t-il vraiment opportun de l'utiliser ? On peut en douter et il est permis de penser que, le plus souvent, l'éventuelle autorisation sera accordée par le jugement rendu à l'issue de l'audience d'orientation (sur ce jugement, *supra*, n° 457).

B. Décision d'autorisation et conséquences

461. – Dans la décision par laquelle il autorise la vente amiable, le juge de l'exécution « fixe le montant du prix en deçà duquel l'immeuble ne peut être vendu eu égard aux conditions du marché ainsi que, le cas échéant, les conditions particulières de la vente » (art. 54, al. 1, Décr. 27 juill. 2006)[1 et 2].

---

1. Pour quelques réserves quant à ce rôle du juge de l'exécution et même (curieusement) sur le souci de permettre la vente amiable, v. R. Martin, « les détournements de la procédure judiciaire », *RTD civ.* 2007. 723 et s. (spéc. 725).
2. Il est précisé à l'alinéa 2 de l'article 54 que le juge taxe les frais de poursuite à la demande du créancier poursuivant.

Le juge doit en outre fixer « la date de l'audience à laquelle l'affaire sera rappelée dans un délai qui ne peut excéder quatre mois » (art. 54, al. 3). On verra que l'objectif de cette audience est de permettre, lorsqu'un acte notarié de vente aura été établi, la constatation judiciaire de cette vente (*infra*, n° 464). On notera toutefois que cette audience peut aussi, lorsque la vente amiable n'a pas encore donné lieu à un acte authentique, ouvrir la possibilité de l'octroi par le juge d'un délai supplémentaire qui ne peut excéder trois mois. Encore faut-il souligner que le juge ne pourra accorder un tel délai « que si le demandeur justifie d'un engagement *écrit* d'acquisition et qu'à fin de permettre la rédaction et la conclusion de l'acte authentique de vente » (art. 54, al. 4, Décr.).

462. – Quoi qu'il en soit – et pour en revenir à la décision par laquelle le juge autorise la vente amiable – il convient de relever que cette décision *suspend* le cours de la procédure d'exécution, à l'exception du délai imparti aux créanciers inscrits pour déclarer leur créance (art. 53, al. 2, Décr. 27 juill. 2006 mod. Décr. 12 févr. 2009)[1], mais emporte *obligation* pour le débiteur d'accomplir les diligences nécessaires à la conclusion de la vente amiable, et de rendre compte au créancier poursuivant (sur sa demande) des démarches effectuées à cette fin (art. 55, al. 1, Décr.).

Ledit créancier peut au demeurant, à tout moment, assigner le débiteur en vue de faire constater sa carence et ordonner la *reprise* de la procédure sur vente forcée, la décision ordonnant cette reprise n'étant pas susceptible d'appel (art. 55, al. 2 et 4). On notera qu'il est précisé que, dans l'hypothèse où « la reprise de la procédure est postérieure à l'audience d'orientation, le juge fixe la date de l'audience d'adjudication qui doit se tenir dans un délai compris entre deux et quatre mois » (art. 55, al. 3, Décr.)[2].

C. L'établissement de l'acte notarié de vente amiable

463. – La conclusion de la vente amiable doit donner lieu à un acte notarié, pour l'établissement duquel le notaire qui en est chargé peut obtenir, contre récépissé, la remise par le créancier poursuivant des documents recueillis pour l'élaboration du cahier des conditions de vente (art. 57, al. 1, Décr. 27 juill. 2006).

Encore faut-il souligner que l'acte notarié de vente n'est établi que sur *consignation* du prix et justification du paiement des frais taxés (art. 2203, C. civ.)[3], les sommes consignées étant acquises aux créanciers qui participent à la distribution du prix ainsi que, le cas échéant, au débiteur[4] pour leur être distribuées (art. 56, al. 1, Décr.)[5].

D. Constatation judiciaire et effets de la vente amiable

464. – On sait que le juge de l'exécution ayant autorisé la vente amiable a dû fixer la date de l'audience à laquelle l'affaire serait rappelée (*supra*, n° 461). À cette audience,

---

1. Civ. 2e, 23 oct. 2008 préc. sous n° 453. Cet arrêt précise que *seul* le juge de l'exécution suit la procédure postérieure à l'autorisation.

2. La décision est notifiée au débiteur saisi, au créancier poursuivant et aux créanciers inscrits (même texte).

3. S'agissant de ces frais, l'article 57, alinéa 2, du décret du 27 juillet 2006 précise qu'ils sont versés directement par l'acquéreur en sus du prix de vente.

4. Le montant du prix de vente peut en effet excéder le montant des causes de la saisie, auquel cas l'excédent sera normalement distribué au débiteur.

5. En cas de défaut de conclusion de la vente amiable du fait de l'acquéreur, les versements effectués par celui-ci restent en principe consignés pour être ajoutés au prix de vente dans la distribution (art. 56, al. 2, Décr.).

« le juge s'assure que l'acte de vente est conforme aux conditions qu'il a fixées et que le prix a été consigné. Il ne constate la vente que lorsque ces conditions sont remplies » (art. 58, al. 1, Décr., mod. Décr. 12 févr. 2009), par un jugement qui n'est pas susceptible d'appel (art. 58, al. 2, Décr.) et dont la publication est assurée par le conservateur des hypothèques au moyen d'une mention en marge de la copie du commandement publié (art. 58, al. 3, Décr.).

465. – Aux termes de l'article 2202 du Code civil « La vente amiable sur autorisation judiciaire produit les effets d'une vente volontaire », ce qui conduit à rendre normalement applicables en la matière les dispositions régissant les ventes de droit commun, notamment celles des articles 1603 et suivants dudit code.

Il convient toutefois de relever un effet propre aux ventes sur saisie immobilière, qui concerne non seulement la vente forcée (*infra*, n° 492), mais aussi la vente amiable sur autorisation judiciaire, laquelle doit donc à cet égard être distinguée de la vente volontaire aux effets de laquelle renvoie l'article 2202 précité. Alors qu'en droit commun, le créancier bénéficiant d'une hypothèque ou d'un privilège sur l'immeuble dispose sur celui-ci d'un droit de suite lui permettant de poursuivre l'acquéreur du bien (application de l'article 2461, C. civ.), il en va différemment dans l'hypothèse d'une vente sur saisie immobilière.

En vertu de l'article 2213 du Code civil, disposition commune à la vente amiable sur autorisation judiciaire et à la vente forcée, « La consignation du prix et le paiement des frais de la vente *purgent* de plein droit l'immeuble de toute hypothèque et de tout privilège du chef du débiteur ». Autrement dit, l'acquéreur du bien ne peut plus subir le droit de suite consécutif à une hypothèque ou un privilège du chef du débiteur, ce qui s'explique par le fait que le prix de vente, par hypothèse consigné et affecté au paiement des créanciers bénéficiant d'une sûreté sur l'immeuble, est réputé correspondre à la valeur vénale de celui-ci (v. ég., sur l'art. 2213, qui déroge au principe selon lequel on ne saurait transmettre plus de droits que l'on a sur le bien vendu, *infra*, n° 492, à propos de la vente forcée).

Eu égard à l'effet de purge des hypothèques et privilèges dont il vient d'être question, il est prévu que le juge qui constate la vente (*supra*, n° 464) « ordonne alors la radiation des inscriptions d'hypothèque et de privilège prises du chef du débiteur » (art. 58, al. 1, *in fine*, Décr.) et que « Le conservateur des hypothèques qui procède à la publication du jugement... procède aux radiations des inscriptions correspondantes » (art. 58, al. 3, Décr.).

E. Conséquences du défaut de constatation de la vente amiable

466. – On sait que la vente amiable ne peut être constatée par le juge que si les conditions visées à l'article 58, alinéa 1, du décret du 27 juillet 2006 (mod. Décr. 12 févr. 2009) sont réunies (*supra*, n° 464). Si tel n'est pas le cas, le juge ordonne la vente forcée (art. 58, al. 4, Décr.), la procédure d'exécution, qui avait par hypothèse été suspendue par la décision ayant autorisé la vente amiable, étant donc « reprise »[1]. On rappelle à ce propos que lorsque la reprise (ordonnée par une décision notifiée au débiteur saisi, au poursuivant et aux créanciers inscrits, mais non susceptible d'appel) est postérieure à

---

1. En cas de défaut de conclusion de la vente amiable *du fait de l'acquéreur*, v. art. 56, al. 2, Décr., cité en note sous le n° 463.

l'audience d'orientation, le juge fixe la date de l'audience d'adjudication qui doit être tenue dans un délai compris entre deux et quatre mois (art. 55, al. 3, Décr.).

§ 2. La vente forcée

467. – Cette vente doit être précédée d'une publicité, dont il sera d'abord question (A). Il conviendra ensuite de préciser la date (B) et la procédure (C) de la vente forcée ainsi que les effets de l'adjudication (D) et la possibilité d'une surenchère (E).

A. Publicité de la vente

468. – Afin de permettre à toute personne susceptible de se porter adjudicataire d'être informée de la prochaine vente aux enchères de l'immeuble saisi, sont prévues des formalités de publicité qui font actuellement l'objet de dispositions générales du décret du 27 juillet 2006 (a). Il convient en outre de tenir compte de dispositions spécifiques prévoyant une formalité supplémentaire (éventuelle) que l'on peut rapprocher de la publicité (b).

a) Formalités prévues par le décret du 27 juillet 2006

469. – Aux termes de l'article 63 du décret, « La vente forcée est poursuivie après une publicité visant à permettre l'information du plus grand nombre d'enchérisseurs possible dans les conditions prévues » aux articles 64 à 71 dudit décret. À peu de choses près, les auteurs du décret de 2006 ont repris les dispositions qui découlaient d'un décret du 11 janvier 2002[1].

Quelques indications s'imposent quant aux *objectifs* visés par les auteurs de ces dispositions, avant l'examen de la *teneur* de celles-ci.

En ce qui concerne les objectifs, il s'est agi de mettre en œuvre une publicité efficace (tout en étant aussi simple que possible), respectueuse de la dignité du débiteur (grâce à la limitation des informations objet de la publicité) et aussi peu onéreuse que possible (ainsi, la publicité par affichage sur le bien prend la forme d'un avis *simplifié*, contribuant à limiter les frais consécutifs à l'impression des affiches, et, dans le même esprit, c'est cet avis simplifié qui – on le verra – doit être publié par voie de presse).

En ce qui concerne la teneur des dispositions considérées, il convient de distinguer entre une publicité de *droit commun* et l'*aménagement judiciaire* de la publicité.

1° La publicité de droit commun

470. – S'agissant de ce droit commun, (art. 64 à 69, Décr. 27 juill. 2006), on remarquera que les formalités de publicité de la vente (formalités à accomplir – à peine de caducité du commandement valant saisie : art. 12, Décr. – dans un délai compris entre un et deux mois avant l'audience d'adjudication) demeurent à l'initiative du créancier poursuivant et sup-

---

1. Sur ce décret, v. G. Taormina, « Le glas de la publicité... "à son de cloche, trompe ou tambour" ou les apports du décret n° 2002-77 du 11 janvier 2002 », *D.* 2002. 1698; B. Menut, « Adieu, "son de cloche, trompe ou tambour" (à propos du décret n° 2002-77, du 11 janv. 2002...) » *Rev. huissiers* 2002. 146, v. aussi C. Laporte, *JCP* 2002. Act. 377 et *Procédures* 2002. chron. 2; C. Leipp, *Gaz. Pal* 18-19 janv. 2002. 34.

posent la rédaction d'un *avis* comportant les mentions suivantes : nom, prénoms et domicile du créancier poursuivant et de son avocat; désignation et description sommaire de l'immeuble saisi, avec indication de son occupation éventuelle et de tous éléments connus relatifs à sa superficie ainsi que, le cas échéant, des dates et heures de visite; montant de la mise à prix; lieu, jour et heure de la vente; indication que les enchères ne peuvent être portées que par un avocat inscrit au barreau du tribunal de grande instance du lieu de la vente; indication que le cahier des conditions de vente peut être consulté au greffe du juge de l'exécution.

Cet avis est déposé au greffe du juge de l'exécution afin d'y être *affiché*[1], le poursuivant devant parallèlement faire procéder à sa *publication* dans un journal d'annonces légales diffusé dans l'arrondissement de la situation du bien saisi.

Il est aussi prévu (art. 65, Décr. 27 juill. 2006) que, dans les délais prescrits pour l'accomplissement des formalités dont il vient d'être question, le créancier poursuivant doit faire apposer à l'entrée de l'immeuble saisi (ou, à défaut, en limite de celui-ci) et faire publier dans deux éditions périodiques de journaux à diffusion locale ou régionale, un *avis simplifié* comportant les mentions suivantes : mise en vente aux enchères publiques de l'immeuble, sa nature et son adresse; jour, heure et lieu de la vente; mise à prix; indication que le cahier des conditions de vente peut être consulté au greffe du juge de l'exécution.

Il est justifié de l'insertion *des* avis dans les journaux par un exemplaire de ceux-ci et de l'avis apposé au lieu de l'immeuble par un *procès-verbal d'huissier de justice* (pour ces dernières précisions, v. art. 66, Décr. 27 juill. 2006 mod. par Décr. 23 déc. 2006).

Deux remarques s'imposent quant au *contenu* de la *publicité* prévue : tout d'abord, d'une manière générale, celle-ci ne fait *aucune place* aux *éléments d'identification* (nom, domicile) *du saisi*[2]*;* ensuite, s'agissant spécialement de l'avis simplifié il est précisé qu'il *ne doit pas faire apparaître le caractère forcé* de la vente[3].

Il convient de relever par ailleurs qu'il est prévu que « Le créancier poursuivant ou les créanciers inscrits peuvent, *sans avoir à recueillir l'autorisation du juge*, recourir à tous moyens complémentaires d'information à l'effet d'annoncer la vente. Ces moyens ne doivent *ni entraîner de frais pour le débiteur ni faire apparaître le caractère forcé* de la vente ou le *nom du débiteur* » (art. 69, Décr. 27 juill. 2006). Ne supposant pas d'autorisation judiciaire, cette possibilité doit évidemment être distinguée de l'aménagement de la publicité dont il est ensuite question.

2° L'aménagement judiciaire de la publicité

471. – S'agissant de cet aménagement (art. 70 et 71, Décr. 27 juill. 2006) il est prévu qu'il peut être demandé, par requête présentée au juge de l'exécution, non seulement par le créancier poursuivant, mais aussi par l'un des créanciers inscrits ou la partie saisie elle-même. « La requête est formée... à l'audience d'orientation, deux mois au plus tard avant l'audience d'adjudication » (art. 70, al. 2, Décr.).

---

1. L'avis doit être affiché sans délai dans les locaux de la juridiction, à un emplacement *aisément accessible* au public (art. 64, al. 2, Décr. 27 juill. 2006).

2. On notera qu'il est précisé que l'avis publié dans le journal d'annonces légales ne doit comporter aucune autre mention que celles indiquées aux 1° à 6° de l'art. 64, Décr. 27 juill. 2006 (v. art. 64, av. dern. al.).

3. Cette précision a son importance lorsque l'on sait que, notamment, cet avis est apposé à l'*entrée* de l'*immeuble saisi*.

Le juge de l'exécution, par une décision qui n'est pas susceptible d'appel lorsqu'il statue par ordonnance, peut ainsi aménager, restreindre ou compléter les mesures de publicité que prévoit le droit commun. Il est notamment prévu que la publicité ainsi aménagée, qui est réalisée à la diligence et *aux frais* de la partie *requérante* (art. 71, Décr.), pourra être accomplie « par d'autres modes de communication » (que ceux précédemment visés) indiqués par le juge (pour d'autres précisions, v. art. 70, Décr.).

b) Formalité supplémentaire

472. – Dans certaines hypothèses, une formalité supplémentaire est prévue, en conséquence de l'existence d'un *droit de préemption* relatif à l'immeuble saisi.

Ainsi, par exemple, lorsque cet immeuble est soumis au statut des *baux ruraux*, le preneur bénéficiaire d'un tel droit doit, à peine de nullité de la vente[1], y être convoqué par lettre recommandée avec demande d'avis de réception ou par un acte d'huissier de justice, *vingt jours au moins* avant la date de l'adjudication, par le greffier en chef du tribunal devant lequel la vente est poursuivie (art. L. 412-11, C. rural).

On relèvera aussi que s'il y a lieu à l'adjudication de tout ou partie des droits d'un indivisaire dans un ou des *biens indivis*, l'avocat doit en informer les indivisaires *un mois* avant la date prévue pour la vente (chaque indivisaire ayant en effet la possibilité de se substituer à l'adjudicataire) (art. 815-15, C. civ.)[2].

B. Date de la vente

473. – Aux termes de l'article 59, alinéa 1, du décret du 27 juillet 2006, « Lorsque le juge de l'exécution ordonne la vente forcée, il fixe la date de l'audience à laquelle il y sera procédé dans un délai compris entre deux et quatre mois à compter du prononcé de sa décision ».

La date de la vente est donc normalement celle qui a été précisée dans cette décision. Cependant, il faut bien voir que la date initialement fixée ne sera pas nécessairement celle où aura lieu l'adjudication.

En mettant à part l'hypothèse où, au jour indiqué, l'adjudication n'est pas demandée[3] (*infra*, n° 475) il faut tenir compte de certaines possibilités de *sursis à l'adjudication*. Certes, les auteurs des textes actuellement applicables ont entendu limiter de telles possibilités. On peut lire en effet à l'article 61 du décret du 27 juillet 2006 que « La vente forcée ne peut être reportée que pour un cas de force majeure ou sur la demande de la commission de surendettement formée en application de l'article L. 331-5 du Code de la consommation ».

474. – À la vérité, un report de la vente est concevable non seulement en vertu de ce texte, mais aussi, le cas échéant, sur le fondement de dispositions spécifiques, et il convient de remarquer que le sursis est tantôt obligatoire (au sens précisé ci-dessous), tantôt facultatif[4].

---

1. Sur les caractères de cette nullité : Vincent et Prévault, *op. cit.*, 19e éd., n° 391.
2. V. ég. sur le droit de préemption institué par l'article 108 de la loi du 29 juillet 1998, *supra*, n° 20 (note). Pour d'autres exemples de droits de préemption, v. A. Leborgne, *Droit et pratique des voies d'exécution*, 2007, nos 1412-131 et s.
3. On verra que, dans cette hypothèse, la vente ne peut avoir lieu.
4. Encore faut-il souligner que les textes permettant la remise de la vente se suffisent à eux-mêmes, excluant tout autre mode de sursis en la matière : Civ. 2e, 11 sept. 2003, *Rev. huissiers* 2004. 47, obs. A. Leborgne (inapplicabilité des art. 1244-1 et 1244-2, C. civ.).

Dans certaines hypothèses, le sursis à l'adjudication sera *obligatoire* (en ce sens qu'il devra être prononcé dès lors qu'il aura été demandé) : il faut signaler le cas de décès du débiteur saisi (appl. art. 877, C. civ., réd. L. 23 juin 2006) ou encore l'hypothèse de la *suspension des poursuites individuelles* consécutive à une *procédure collective* dirigée contre le débiteur saisi (art. L. 622-21, L. 631-14 et L. 641-3, C. com., L. 26 juill. 2005). Le sursis est également obligatoire lorsque le titre exécutoire en vertu duquel la procédure de saisie a été menée est argué de *faux principal* (art. 1319, C. civ.). La *force majeure*, que vise l'article 61 du décret, doit aussi évidemment conduire nécessairement au report de l'adjudication (encore faut-il qu'elle soit effectivement caractérisée).

Le sursis est parfois simplement *facultatif*, ce qui signifie que le juge de l'exécution auquel il est demandé est libre de l'accorder ou non, en fonction d'une appréciation souveraine. Tel est le cas, que vise également l'article 61 du décret du 27 juillet 2006, lorsque la demande de remise de l'adjudication émane de la commission de surendettement en application de l'article L. 331-5 du Code de la consommation[1], ce qui suppose (aux termes de l'alinéa 3 de ce dernier texte) des « causes graves et dûment justifiées » que le juge devra apprécier pour user, le cas échéant, de son pouvoir de reporter la vente forcée.

Toujours est-il que, dans tous les cas où cette vente « est renvoyée à une audience ultérieure, il est procédé à une nouvelle publicité dans les formes et délais » prescrits pour toute vente forcée (art. 62, Décr. ; sur ces formalités de publicité, *supra*, n° 468).

C. Procédure de la vente

475. – Cette procédure tend à l'adjudication de l'immeuble, qui « emporte vente forcée du bien saisi et en transmet la propriété à l'adjudicataire » (art. 2208, al. 1, C. civ.). L'immeuble saisi est ainsi vendu « aux enchères publiques, à l'audience du juge » (art. 2204, C. civ.).

Il importe de souligner une règle importante, selon laquelle la vente doit être *requise*. Certes, toute la procédure antérieure tendait à la réalisation de cette vente. Cependant, le souci de laisser au saisi une dernière chance d'échapper à celle-ci conduit à exiger qu'au dernier moment soit manifestée la volonté d'aller jusqu'au bout de la procédure : il est nécessaire qu'il y ait, de la part du *poursuivant* ou de *l'un* des *créanciers inscrits* (alors subrogé dans les poursuites), persistance (exprimée) de la volonté de voir vendre l'immeuble (art. 60, Décr. 27 juill. 2006 mod. Décr. 12 févr. 2009)[2]. Autrement dit, le juge ne pourrait pas procéder d'office à la vente par adjudication. Bien au contraire, il est actuellement prévu que « Si aucun créancier ne sollicite la vente, le juge constate la caducité du commandement de payer valant saisie »[3], étant précisé que « Dans ce cas, le créancier poursuivant défaillant conserve à sa charge l'ensemble des frais de saisie enga-

---

1. En cas de surendettement, le pouvoir reconnu à la commission de demander la remise de l'adjudication n'exclut pas celui du débiteur surendetté lui-même : Civ. 2e, 8 avr. 2004, *D.* 2004. 1354.

2. Il était généralement admis, avant la réforme de 2006, malgré le silence des textes à cet égard, qu'à défaut de demande de l'une de ces personnes, le débiteur lui-même pouvait solliciter la vente. On relevait en effet que le saisi pouvait vouloir éviter de demeurer sous la menace d'une « expropriation » et en terminer sans plus tarder, surtout s'il craignait une dépréciation ultérieure de l'immeuble. On remarquera que cette solution n'est pas davantage prévue dans les textes actuels qu'elle ne l'était dans les textes antérieurs.

3. Sur cette hypothèse particulière de caducité (à distinguer des hypothèses de l'art. 20, Décr. : sur ce texte, *infra*, n° 527), v. L. Llahi, *Rev. huissiers* 2008. 227 (à propos de JEX Aix-en-Provence, 17 mars 2008). *Adde* Bourin et Cardini préc. sous n° 457 ; Leborgne, *Voies d'exécution*, n° 2205 (avec note 5, p. 734).

gés sauf décision contraire du juge spécialement motivée » (art. 60, al. 3, Décr. 27 juill. 2006, devenu al. 2 après mod. par Décr. 12 févr. 2009).

Cela étant, lorsqu'elle est demandée par l'un des intéressés visés, la procédure de vente forcée doit se dérouler. S'agissant d'une vente aux enchères, quelques précisions s'imposent quant à la réglementation de celles-ci (a) ainsi que relativement au jugement d'adjudication et aux formalités consécutives (b).

a) Les enchères

476. – L'enchère est une *offre* d'acheter à un certain prix le bien précisément « vendu aux enchères ». Le procédé de vente ici étudié tend à ce que soit obtenu le prix le plus élevé possible pour l'immeuble qui fait l'objet de l'opération[1]. La procédure est donc organisée pour permettre des offres de prix successives, de plus en plus élevées, faites *au nom* de personnes qui souhaitent acquérir l'immeuble (et qui sont des *enchérisseurs*).

Dès l'abord, il convient de préciser le sens et l'exacte portée du principe de la *liberté des enchères* (1°), après quoi le déroulement de celles-ci (2°) et la question de leur nullité (3°) pourront être examinés.

1° La liberté des enchères

477. – Cette liberté signifie qu'*en principe*, toute personne peut avoir la qualité d'*enchérisseur* (art. 2205, C. civ.). Cette règle libérale s'impose dès lors que l'on tient à obtenir un prix de vente aussi élevé que possible : cet objectif sera d'autant mieux atteint que les enchérisseurs seront nombreux[2].

Le principe ci-dessus ne doit cependant pas aboutir à la méconnaissance des règles relatives à la *capacité* des personnes : ainsi, par exemple, s'agissant d'un mineur soumis à l'administration légale ou à la tutelle, ou d'un majeur en tutelle, il appartient à la (ou aux) personne(s) chargée(s) de la représentation légale d'enchérir pour le compte du mineur ou du majeur protégé. Il ne s'agit toutefois ici que de l'application des *règles générales* relatives à la capacité.

Il faut tenir compte également de restrictions plus *particulières* à la liberté des enchères. C'est ainsi que ne peuvent se porter enchérisseurs, ni par eux-mêmes, ni par personnes interposées, le débiteur saisi[3], les auxiliaires de justice qui sont intervenus à un titre quelconque dans la procédure[4] ou encore les magistrats de la juridiction devant laquelle la vente est poursuivie (art. 72, Décr. 27 juill. 2006). On notera en outre qu'en application de l'article 1596 du Code civil, un *tuteur* ne peut se porter adjudicataire des biens dont il a la *gestion*, ni un *mandataire* adjudicataire des biens qu'il est *chargé de vendre*.

Par ailleurs, la qualité d'enchérisseur ne peut être reconnue qu'à une personne qui « justifie de garanties de paiement » (art. 2205, *in fine*, C. civ.). Il importe en effet que celui qui est susceptible d'être déclaré adjudicataire soit en mesure de payer le prix de vente de l'immeuble (v. à ce propos, sur le rôle de l'avocat de l'enchérisseur, *infra*, n° 478).

---

1. Si tel est l'objectif, il n'en demeure pas moins qu'en pratique, les immeubles ainsi vendus le sont généralement à un prix très inférieur à leur valeur réelle.

2. Toute atteinte à la liberté des enchères est susceptible d'entraîner des sanctions *pénales* (art. 313-6, C. pén.).

3. Lorsque le débiteur saisi est une personne morale, l'interdiction d'enchérir ne s'applique pas à l'ayant droit de l'un des associés de la société poursuivie : Civ. 2e, 8 juill. 2004, *Rev. huissiers* 2005. 47, obs. A. Leborgne.

4. On pense évidemment aux avocats et aux huissiers de justice.

478. – Les restrictions à la possibilité d'être enchérisseur, qui viennent d'être examinées, ne doivent pas faire oublier que le principe est celui de la *liberté des enchères*.

Toutefois, ce principe ne signifie pas que l'enchère peut être directement « portée » par celui qu'on qualifie d'enchérisseur. En effet, si (sous les réserves signalées plus haut) toute personne peut être enchérisseur, il n'en demeure pas moins que l'enchère ne peut être portée que par *ministère d'avocat*. Celui qui souhaite acquérir l'immeuble *ne saurait* valablement se rendre au tribunal pour *faire connaître lui-même* au juge sa volonté d'enchérir : il lui faut s'adresser à un avocat inscrit au barreau du tribunal de grande instance devant lequel la vente est poursuivie (art. 73, al. 1 et 2, Décr. 27 juill. 2006)[1], avocat qui, le représentant, portera les enchères pour le compte de son client.

Pour justifier cette règle, on évoque souvent le souci de créer les meilleures conditions pour que l'audience se déroule dans l'ordre et la sérénité : laisser les particuliers porter eux-mêmes les enchères serait certainement, dit-on, un facteur d'incidents. Cette raison peut ne pas convaincre.

Une autre considération est plus pertinente. On a vu que le principe de la liberté des enchères n'excluait pas le respect des règles relatives à la capacité et aux pouvoirs : il appartient à l'avocat auquel s'adresse une personne qui souhaite enchérir de vérifier si celle-ci remplit bien les conditions fixées par ces règles, de même qu'il doit s'assurer qu'elle ne tombe pas sous le coup de l'une des interdictions particulières d'enchérir envisagées plus haut.

S'agissant plus spécialement de la justification de garanties de paiement qu'exige la loi (art. 2205, *in fine*, C. civ.), les vérifications auxquelles l'avocat pourra procéder ont leur importance. Il convient à ce propos de relever que le souci de limiter (sinon d'éliminer) le risque de non-paiement du prix de vente par tout adjudicataire potentiel a conduit à prévoir qu'« Avant de porter les enchères, l'avocat se fait remettre par son mandant et contre récépissé une caution bancaire irrévocable ou un chèque de banque rédigé à l'ordre du séquestre ou du consignataire désigné dans le cahier des conditions de vente représentant 10 % du montant de la mise à prix sans que le montant de cette garantie puisse être inférieur à 3 000 euros » (art. 74, al. 1, Décr. 27 juill. 2006 mod. Décr. 12 févr. 2009. Pour quelques précisions, v. al. 2 et s. de cet art.).

2° Le déroulement des enchères

479. – La matière fait l'objet des articles 73 à 80 du décret du 27 juillet 2006, certaines des dispositions de ces articles ayant déjà été rencontrées, spécialement quant à la nécessité pour l'enchérisseur de recourir à un avocat et à l'obligation dont est tenu ce dernier de se faire remettre par son client une caution bancaire ou un chèque de banque avant de porter les enchères (*supra*, n° 478).

Les anciens textes contenaient une réglementation minutieuse relative à la « mesure » du temps écoulé au cours des opérations de vente[2]. Le système étant devenu archaïque, les auteurs de la réforme de 2006 ont évidemment entendu moderniser les solutions à cet égard, sans remettre pour autant en cause l'ensemble du dispositif.

Toujours est-il qu'à l'audience dite d'adjudication, le juge, avant l'ouverture des enchères, doit annoncer publiquement le montant des frais de poursuite, qu'il a préalablement taxés sur le fondement des justifications fournies par le créancier poursuivant,

---

1. L'avocat ne peut être porteur que d'un seul mandat (art. 73, al. 3, Décr. 27 juill. 2006).

2. Sur l'ancien système des « bougies », v. 8e éd. de cet ouvrage, n° 450.

étant précisé qu'il ne peut rien être exigé au-delà du montant de la taxe (toute stipulation contraire serait réputée non écrite) (art. 75, Décr.). Il est également disposé que « Le juge rappelle que les enchères partiront du montant de la mise à prix fixé, selon le cas, dans le cahier des conditions de vente ou par la décision judiciaire prévue au second alinéa de l'article 2206 du Code civil » (art. 76, Décr.; sur l'art. 2206, al. 2 visé, v. *infra*, n° 481).

Cela étant, dès lors que les enchères sont ouvertes, elles peuvent évidemment être portées, étant précisé qu'elles doivent être « pures et simples » (art. 77, al. 1, Décr.) : l'offre d'acquérir le bien ne saurait donc être assortie de condition ou d'une quelconque modalité.

Le système est, par hypothèse, conçu pour permettre des offres successives pour un prix dont le montant doit être de plus en plus élevé. Il est prévu que « Chaque enchère doit couvrir » la précédente (art, 77, al. 2, Décr.), ce qui a au demeurant pour conséquence que le précédent enchérisseur, qui était jusque-là lié par son enchère (en vertu de la règle générale selon laquelle celui qui enchérit est lié par son offre de prix) cesse immédiatement d'être obligé en raison de la nouvelle enchère. On remarquera que les textes actuels – à la différence des dispositions de l'article 705, alinéa 2, de l'ancien Code de procédure civile – ne précisent pas que cette dernière solution s'applique même en cas de nullité de la nouvelle enchère, mais la solution est impliquée dans la règle de l'article 81, alinéa 3, du décret du 27 juillet 2006 (*infra*, n° 482).

480. – S'agissant de la *durée* des enchères, et donc spécialement de la question de savoir à quel moment les enchères doivent être arrêtées, on a voulu éviter de laisser au juge un pouvoir discrétionnaire. Ce souci s'exprimait déjà dans l'ancienne réglementation, et on le retrouve dans la nouvelle, avec quelques modifications toutefois. Aux termes de l'article 78, alinéa 1, du décret du 27 juillet 2006 (mod. par Décr. 23 déc. 2006), « Les enchères sont arrêtées lorsque quatre-vingt-dix secondes se sont écoulées depuis la dernière enchère ». Outre que cette durée est inférieure de moitié à celle antérieurement prévue[1], on notera que le mode de mesure du temps écoulé a été modernisé. Alors qu'antérieurement, le temps était mesuré en fonction de la durée de « consomption » de bougies successivement allumées, il est actuellement décompté par tout moyen visuel ou sonore qui signale au public chaque seconde écoulée (même texte).

481. – Quoi qu'il en soit, après l'arrêt des enchères, « Le juge constate sur le champ le montant de la dernière enchère, laquelle emporte adjudication » (art. 78, al. 2, Décr.). Autrement dit, la règle est que l'adjudicataire est le dernier (et, par hypothèse, le plus fort) enchérisseur. Bien évidemment, s'il n'y a eu qu'une seule enchère, l'adjudicataire est l'unique enchérisseur !

Toujours est-il que, dès lors qu'il y a eu adjudication, l'avocat de l'adjudicataire « est tenu de déclarer au greffier, avant l'issue de l'audience, l'identité de son mandant » (art. 79, Décr.). Il s'agit de la *déclaration d'adjudicataire* qui doit donc être faite très rapidement[2] (avant la réforme, l'avocat disposait d'un délai de trois jours pour procéder à cette déclaration; v., par ailleurs, pour la suppression de ce qu'on appelait la déclaration de command, art. 2207, C. civ.; sur cette dernière, v. 8ᵉ éd. du présent ouvrage, n° 454, p. 239).

Encore faut-il envisager l'hypothèse où, au cours du laps de temps prévu pour enchérir, aucune enchère n'a été portée. En pareil cas, *en principe*, le créancier poursuivant

---

1. Dans la rédaction initiale du décret du 27 juillet 2006, la durée prévue était de trois minutes, ce qui correspondait, en substance, à la règle antérieure, mais le décret du 23 décembre 2006 a réduit cette durée de moitié.

2. V. en cas de déclaration d'identité incomplète au regard des exigences de la publicité foncière, l'art. 89, al 2, Décr. 27 juill. 2006 (al. aj. par Décr. 23 déc. 2006).

est déclaré adjudicataire pour le montant de la mise à prix (qu'il avait, par hypothèse, lui-même fixé dans le cahier des conditions de vente) (art. 2206, al. 1, C. civ.)[1].

Il faut toutefois tenir compte de l'éventuelle application de l'article 2206, alinéa 2, du Code civil, permettant au débiteur, en cas d'*insuffisance manifeste* du montant de la mise à prix, de saisir le juge afin de voir fixer une mise à prix en rapport avec la valeur vénale de l'immeuble et les conditions du marché. Si, sur le fondement de ce texte, le montant de la mise à prix a été modifié par le juge – et à supposer donc qu'aucune enchère n'ait été portée à partir du montant de la mise à prix judiciairement fixée – « le bien est immédiatement remis en vente sur baisses successives de ce montant, le cas échéant jusqu'au montant de la mise à prix initiale ». Dès lors, de deux choses l'une :

Si, au cours du nouveau laps de temps prévu pour enchérir, une ou plusieurs enchères sont portées, les règles précédentes s'appliquent, l'adjudicataire étant l'unique ou le dernier et plus fort enchérisseur, et son avocat devant déclarer l'identité de son mandant avant l'issue de l'audience (art. 79, Décr.).

Si, à l'inverse, aucune enchère n'est portée, le créancier poursuivant est déclaré adjudicataire, mais il ne peut l'être que pour le montant de la mise à prix *initiale* (art. 2206, al. 2, *in fine*, C. civ.)[2].

3° La nullité des enchères

482. – En vertu de l'article 81 du décret du 27 juillet 2006, les dispositions plus haut présentées relatives à la capacité d'enchérir et au déroulement des enchères « sont prescrites à peine de nullité de l'enchère soulevée d'office », étant toutefois précisé que « Toute nouvelle enchère régulièrement portée couvre la nullité des enchères précédentes ». Autrement dit, on ne peut faire annuler une enchère entachée d'une irrégularité dès lors que cette enchère a été suivie d'une enchère régulière.

Encore faut-il souligner que « La nullité de la dernière enchère entraîne de plein droit la nullité de l'adjudication » (art. 81, al. 3, Décr.). Il ne peut donc être question de faire « revivre » l'enchère précédente : l'enchérisseur antérieur n'est plus lié par son offre dès lors qu'il y a eu une autre enchère (*supra*, n° 479, *in fine*), même nulle[3]. Cette solution, qui était directement énoncée dans les dispositions antérieures (art. 705, al. 2, anc. C. pr. civ., aujourd'hui abrogé) découle actuellement de l'article 81, alinéa 3, du décret du 27 juillet 2006[3].

S'agissant des *contestations* relatives à la validité des enchères, il est prévu qu'elles « sont formées verbalement à l'audience, par ministère d'avocat. Le juge statue sur le champ et, le cas échéant, reprend immédiatement les enchères dans les conditions de l'article 76 » (art. 82, Décr.).

b) Le jugement d'adjudication et les formalités consécutives

On examinera successivement la nature, puis le contenu de ce jugement, avant de présenter les formalités postérieures à celui-ci.

---

1. Pour une remarquable étude (critique) de cette solution, v. Ph. Hoonakker, « Réflexions sur l'adjudication au poursuivant à défaut d'enchère », *Mélanges Simler*, p. 867.

2. Rappelons à ce propos l'article de Ph. Hoonakker, *Mélanges Simler*, p. 867.

3. On remarquera que sous l'empire des dispositions de l'ancien Code de procédure civile, la jurisprudence avait réservé le cas d'une enchère *inexistante* (hypothèse d'enchère non portée par un avocat), laquelle laissait subsister l'offre du précédent enchérisseur (v. 8e éd. de cet ouvrage, n° 449 *in fine* et note 3, p. 238).

1° Nature du jugement

483. – Ce jugement n'a pas *en principe* de caractère contentieux. C'est qu'à la vérité son objet n'est pas de trancher un litige. On s'explique donc qu'il soit devenu habituel de le qualifier de *contrat judiciaire*. Il convient toutefois de remarquer qu'assez récemment, la Cour de cassation a *écarté* à son propos la qualification de contrat[1]. Quoi qu'il en soit, il reste acquis que normalement, cet acte *n'a pas l'autorité de la chose jugée*, et ne peut être frappé de voies de recours : seule une action en *nullité* principale peut, éventuellement, être exercée contre lui[2].

Il n'en demeure pas moins évidemment que la *force exécutoire* est attachée à ce jugement[3], en vue de permettre à l'adjudicataire d'entrer en possession de l'immeuble avec, si besoin est, le concours de la force publique.

Cela étant, il arrive que le juge ait eu, dans le jugement d'adjudication, à régler une contestation (il faut supposer en principe qu'un litige s'est produit après l'audience d'orientation). En pareil cas, on est en présence d'une véritable décision contentieuse, avec les conséquences attachées à cette qualification, notamment quant à l'autorité de chose jugée, la possibilité de voies de recours (v. la prévision de l'appel – dans les quinze jours de la notification du jugement – par l'art. 88, al. 2, Décr. 27 juill. 2006)...[4]

2° Contenu du jugement

484. – Ce contenu fait l'objet de l'article 87 du décret du 27 juillet 2006.

Outre les mentions prescrites pour tout jugement (v. art. 454 et s., C. pr. civ.), le jugement d'adjudication, qui doit viser le jugement d'orientation, les (éventuels) jugements tranchant les contestations ainsi que le cahier des conditions de vente, contient les indications suivantes :

– désignation du créancier poursuivant et, le cas échéant, du créancier subrogé dans ses droits (sur la subrogation, *infra*, n°s 509 et s.);

– mention des formalités de publicité et de leur date;

– désignation de l'immeuble adjugé;

– date et lieu de la vente forcée;

– identité de l'adjudicataire;

– prix d'adjudication et montant des frais taxés;

– le cas échéant, les contestations qu'il tranche.

---

1. Civ. 2e, 3 oct. 2002, *D.* 2003. 1322, note Mauger-Vielpeau, et 1475, obs. Taormina, *Rev. huissiers* 2003. 122, obs. Leborgne; v. aussi un *autre* arrêt de Civ. 2e, 3 oct. 2002, cité *infra*, note suivante.

2. Civ. 2e, 19 mai 1998, *D.* 1998. IR. 164. – Taormina, « De l'annulation et de la nullité de plein droit du jugement d'adjudication en matière de saisie immobilière », *D.* 2001. 3554. – Sur la « voie étroite » que constitue l'action en nullité, v. A. Leborgne, *Rev. huissiers* 2004. 353 (à propos de Civ. 2e, 27 mai 2004). Pour l'inapplicabilité de la prescription quinquennale de l'article 1304 du Code civil aux ventes sur saisie immobilière, Civ. 2e, 3 oct. 2002, *D.* 2002. 2849. Sur la question, v. A. Leborgne, *Voies d'exécution*, Dalloz, 2009, n° 2376, p. 779-780. – La Cour de cassation exclut tout recours, même en révision : Civ. 2e, 20 mai 1985, *Bull. civ.* II, n° 99, *RTD civ.* 1986. 431, obs. Perrot, et Civ. 2e, 3 oct. 2002, *D.* 2003. 1468, obs. Taormina, *D.* 2003. 1596, note Lehot. V. ég. Civ. 2e, 20 oct. 1993 et 13 déc. 1993, *D.* 1994. somm. 349, obs. Julien. – Par ailleurs, même s'agissant d'action en nullité, la Cour de cassation en restreint le domaine, l'écartant lorsqu'elle est fondée sur des causes connues avant l'adjudication : Civ. 2e, 18 sept. 2003, *Rev. huissiers* 2004. 112, obs. Leborgne.

3. V. plus précisément, s'agissant de l'apposition de la formule exécutoire, le texte de l'article 89 du décret du 27 juillet 2006, cité *infra*, n° 488.

4. Civ. 19 janv. 1977, *Bull. civ.* II, n° 12, p. 10, *Gaz. Pal.* 1977. J. 445, note Viatte.

3° *Formalités postérieures à l'adjudication*

• *Affichage d'un extrait du procès-verbal d'audience*

485. – Cette formalité est destinée à favoriser une éventuelle surenchère (sur celle-ci, *infra*, nos 495 et s.).

C'est ainsi qu'aux termes de l'article 67 du décret du 27 juillet 2006 (mod. par Décr. 23 déc. 2006), « Au premier jour ouvrable suivant la vente et hors le cas où celle-ci est réalisée après surenchère, un extrait du procès-verbal d'audience, avec mention du prix d'adjudication et des frais taxés, est affiché par le greffe à la porte de la salle d'audience pendant le délai au cours duquel la surenchère peut être exercée.

L'extrait mentionne la description sommaire de l'immeuble telle que figurant dans l'avis initial... ainsi que l'indication du greffe compétent pour recevoir les offres de surenchère et du délai de dix jours suivant la vente pour les former ».

• *Notification du jugement*

486. – Cette notification est opérée par le créancier poursuivant. Ses destinataires sont le débiteur, les créanciers inscrits, l'adjudicataire ainsi que « toute personne ayant élevé une contestation tranchée par la décision » (art. 88, al. 1, Décr. 27 juill. 2006 mod. Décr. 12 févr. 2009).

Dans l'hypothèse où le jugement a réglé une contestation, la notification fait courir le délai d'appel, dont on a déjà indiqué (*supra*, no 483) qu'il est de quinze jours (art. 88, al. 2, Décr.).

• *Consignation du prix et paiement des frais*

487. – Dans un délai de deux mois à compter de la date d'adjudication, l'adjudicataire doit consigner le prix sur un compte séquestre ou à la Caisse des dépôts et consignations et payer les frais de la vente (art. 2211, al. 1, C. civ., et art. 83, Décr. – Sur l'importance de la consignation du prix et du paiement des frais pour l'acquisition des pleines prérogatives du propriétaire, v. art. 2211, al. 2, C. civ., et *infra*, no 490). Passé ce délai, le prix vente est augmenté de plein droit des intérêts au taux légal jusqu'à la consignation complète du prix (art. 83, Décr.).

La sanction prévue en cas de méconnaissance de l'obligation de consigner le prix et de payer les frais est la *résolution de plein droit* de la vente (art. 2212, al. 1, C. civ.), ce qui justifie une « réitération des enchères » (art. 83, Décr.), c'est-à-dire une nouvelle vente du bien (*infra*, nos 535 et s.). Dans l'hypothèse où le prix de « revente » est moindre que l'enchère de l'adjudicataire défaillant, celui-ci est tenu au paiement de la différence (art. 2212, al. 2, C. civ.). Il est précisé que cet adjudicataire défaillant ne peut prétendre à la répétition des sommes qu'il a acquittées (même texte).

• *Formalités relatives au titre de vente*

488. – Aux termes de l'article 89, alinéa 1, du décret du 27 juillet 2006 (mod. Décr. 23 déc. 2006), « Le titre de vente consiste dans l'expédition du cahier des conditions de vente revêtue de la formule exécutoire, à la suite de laquelle est transcrit le jugement d'adjudication ». Ce titre fait l'objet d'une *délivrance* par le greffe et d'une *publication* au bureau des hypothèques.

C'est ainsi, tout d'abord, que le titre est normalement délivré à l'adjudicataire (art. 90, al. 1, Décr.)[1]. Encore faut-il que celui-ci justifie du paiement des frais taxés (art. 2209, C. civ.)[2]. Il est prévu par ailleurs que le titre est également délivré, à sa demande, au créancier poursuivant pour procéder aux formalités de publicité du titre à défaut de diligence à cet effet par l'adjudicataire (art. 90, al. 1, Décr.).

Ensuite, le titre de vente doit être publié au bureau des hypothèques selon les règles prévues pour les ventes judiciaires[3]. Il est procédé à cette publicité à la requête de l'adjudicataire ou, à son défaut, du créancier poursuivant la distribution (art. 91, Décr.). On notera qu'en conséquence de la publication du titre de vente « et au vu d'un état hypothécaire, le créancier de premier rang peut demander, par requête au juge de l'exécution, à être payé à titre provisionnel pour le principal de sa créance par le séquestre ou le consignataire.

La décision du juge de l'exécution est notifiée par le créancier de premier rang au débiteur et aux créanciers inscrits, lesquels disposent d'un délai de quinze jours pour faire opposition à cette décision » (art. 85, al. 1 et 2, Décr. réd. Décr. 12 févr. 2009)[4].

D. Effets de l'adjudication

489. – L'adjudication est une forme de *vente*, ce qui justifie que l'on rencontre en la matière des effets du même ordre que ceux qui sont attachés à cette catégorie d'opération juridique. Toutefois, c'est une vente *forcée*, qui se réalise devant le juge et sous son autorité : elle intervient à l'issue d'une procédure destinée à assurer des garanties aux différents intéressés, entre autres à l'adjudicataire, auquel on veut éviter toute « mauvaise surprise ». On peut donc pressentir le particularisme des effets de l'adjudication.

Il n'en demeure pas moins que, comme toute vente, l'adjudication entraîne un *transfert de propriété* (a), et qu'elle est génératrice de *droits (et obligations)* pour l'acquéreur (c'est-à-dire l'*adjudicataire*) (b).

a) Le transfert du droit de propriété

490. – Aux termes de l'article 2208, alinéa 1, du Code civil, « l'adjudication emporte vente forcée du bien saisi et en transmet la propriété à l'adjudicataire ». S'agissant de la *date* du transfert du droit de propriété, il convient de distinguer selon que l'on envisage les rapports des « parties » (à la vente) entre elles, ou la situation des tiers.

Dans les rapports entre le saisi et l'adjudicataire, le transfert de propriété a lieu à la date du jugement d'adjudication. Toutefois, étant rappelé que l'adjudicataire doit consigner le prix de vente (et payer les frais de celle-ci) (*supra*, n° 487), il importe de souligner que le *transfert de la propriété* consécutif à l'adjudication ne *saurait être* pleinement « efficace » *tant que ces formalités n'ont pas été accomplies* : en vertu de l'article 2211, alinéa 2, du Code civil, l'adjudicataire « ne peut, avant cette consignation et ce paie-

1. Si la vente forcée comprend plusieurs lots, il est délivré une expédition par acquéreur (art. 90, al. 3, devenu al. 2, Décr.).

2. La quittance du paiement des frais est annexée au titre de vente (art. 90, al. 4, devenu al. 3, Décr.).

3. V., dans le cas de déclaration d'identité de l'adjudicataire (faite par l'avocat) incomplète au regard de ces règles, l'article 89, alinéa 2, du décret du 27 juillet 2006 (al. ajouté par Décr. 23 déc. 2006).

4. Il est précisé que les intérêts, frais et accessoires de cette créance sont payés une fois le projet de distribution devenu définitif et que toute stipulation contraire est réputée non écrite (art. 85, al. 2 et 3, devenus al. 3 et 4, Décr.).

ment, accomplir un acte de disposition sur le bien *à l'exception* de la constitution d'une hypothèque accessoire à un contrat de prêt destiné à financer l'acquisition de ce bien »[1].

Par ailleurs, en ce qui concerne les *tiers*[2], ce transfert ne leur est *opposable* qu'à compter de la *publication* du titre de vente au bureau des hypothèques.

Il reste à examiner l'importante question de savoir si le droit de propriété sur l'immeuble objet de l'adjudication est transféré à l'adjudicataire *tel qu'il était* avant le transfert (avec notamment les charges dont l'immeuble était, le cas échéant, grevé), ou si son « état » peut éventuellement se trouver modifié.

À cette question, notre droit donne une réponse de *principe* (1°) en harmonie avec l'idée que l'adjudication est une vente. Cependant, elle n'est tout de même pas une vente comme les autres : une importante *exception* au principe en témoigne (2°).

1° Principe

491. – En vertu de l'article 2208, alinéa 2, du Code civil, l'adjudication « ne confère » à l'adjudicataire « d'autres droits que ceux appartenant au saisi ». Il résulte de ce texte que l'adjudication opère, comme une vente ordinaire, le *transfert* (sans plus) du droit de propriété (on sait que nul ne peut transférer à autrui plus de droits qu'il n'en a lui même)[3].

L'adjudicataire recueille donc le droit de propriété sur l'immeuble avec, en principe les *charges* qui peuvent l'affecter au moment du transfert. Si l'immeuble est, par exemple, grevé d'une servitude, le respect de celle-ci s'impose à l'adjudicataire.

De même, le droit est transféré avec les « menaces » qui peuvent peser sur lui : notamment, si le droit du saisi était exposé aux conséquences d'une *annulation* (de l'acte par lequel le saisi avait acquis l'immeuble) ou d'une *revendication*, l'adjudicataire est *en principe* appelé à subir lui-même, le cas échéant, les conséquences de l'annulation ou de la revendication.

2° Exception

492. – L'application du principe examiné ci-dessus devrait logiquement conduire à considérer que l'adjudicataire, comme tout acquéreur d'immeuble, doit subir les effets des hypothèques (et privilèges) dont le bien acquis est grevé du chef d'un précédent propriétaire.

Or, il est prévu à l'article 2213 du Code civil que « La consignation du prix et le paiement des frais de la vente[4] purgent de plein droit l'immeuble de toute hypothèque et de tout privilège du chef de débiteur ». Il en résulte que les créanciers inscrits *perdent* leur *droit de suite* sur l'immeuble (même s'ils conservent – à condition d'avoir déclaré leur créance[5] – leur droit de préférence pour la distribution du prix de vente de l'immeuble).

---

1. En application de l'article 2414 du même code, l'hypothèque ainsi consentie le sera sous la condition du versement du prix et des frais.

2. Le terme « tiers » est naturellement entendu dans le sens des règles de la publicité foncière. Il vise donc des personnes se prévalant de droits soumis à cette publicité et effectivement publiés.

3. En conséquence de cette règle, doit être annulé le jugement d'adjudication si l'immeuble a été saisi à l'encontre d'un non-propriétaire : Civ. 2e, 23 oct. 1996, *D.* 1997. J. 159, note Prévault.

4. Sur cette obligation de consignation et de paiement pesant sur l'adjudicataire, v. *supra*, nº 487, et *infra*, nº 494.

5. V. art. 2215, C. civ. Sur ce texte, *supra*, nº 445, *in fine*.

b) Droits et obligations de l'adjudicataire

493. – Comme tout acquéreur, l'adjudicataire a droit à la *délivrance* de l'immeuble (art. 2208, al. 2, C. civ.). Eu égard à la force exécutoire attachée au jugement d'adjudication, il peut même, lorsque le saisi occupe toujours les lieux, l'en faire expulser : on remarquera à ce propos que contrairement à ce qu'avait décidé la jurisprudence avant la réforme de 2006[1], l'article 2210 du Code civil dispose que « Le jugement d'adjudication constitue un titre d'expulsion à l'encontre du saisi ». L'adjudicataire a droit également aux fruits perçus ou échus *depuis* le jugement d'adjudication[2].

Par ailleurs, comme tout acheteur, l'adjudicataire bénéficie en principe d'un *droit à la garantie*. Cependant, cette garantie n'est pas aussi étendue que celle qui est due à l'acheteur dans une vente volontaire. L'article 1649 du Code civil exclut en effet expressément la garantie pour vices cachés dans les ventes faites par autorité de justice[3]. Dès lors, l'adjudicataire *peut seulement* bénéficier de la *garantie d'éviction* (v., pour l'affirmation de cette garantie, art. 2208, al. 2, C. civ.).

Encore faut-il déterminer le débiteur de l'obligation de garantie contre l'éviction. Certes, on sait que la garantie est normalement due par le vendeur, mais qui a cette qualité dans l'hypothèse de vente sur saisie ? Le vendeur est-il le saisissant ou le saisi ? À la vérité, le saisissant ne vend pas l'immeuble : il en *poursuit* la vente, ce qui est différent. Le véritable vendeur est le *saisi* – ce qu'admettent d'ailleurs depuis longtemps jurisprudence et doctrine[4] – et c'est donc seulement contre lui que pourrait être éventuellement exercée l'action en garantie d'éviction[5].

Cette solution n'est cependant guère intéressante pour l'adjudicataire dans la mesure où le saisi est, par hypothèse, insolvable. C'est la raison pour laquelle d'autres armes que l'action en garantie lui sont reconnues, armes qu'il peut utiliser contre le poursuivant. Par exemple, il peut, s'il n'a pas encore payé le prix, retenir celui-ci en cas de menace d'éviction. S'il l'a déjà payé, il convient d'admettre que l'application des règles sur le paiement de l'indu doit lui permettre d'exercer une action en *restitution* du prix[6].

494. – S'agissant des *obligations* de l'adjudicataire, il convient d'indiquer que celui-ci doit essentiellement, comme tout acheteur, *payer le prix*, auquel il faut ajouter les frais de vente. On sait au demeurant que le prix doit être *consigné* (sur la question, et notamment quant à la sanction attachée au défaut de consignation du prix ou de paiement des frais, *supra*, n°s 487 et 490).

D'une manière générale, l'adjudicataire est tenu des obligations qui découlent pour lui du cahier des conditions de vente : il peut se voir imposer par exemple, en raison de

---

1. Civ. 2e, 7 mars 2002, *D.* 2002. 1116, *Rev. huissiers* 2002. 240, obs. Bourdillat, *RTD civ.* 2002. 364, obs. Perrot, *D.* 2003. 1404, obs. Taormina; Civ. 2e, 10 juill. 2003, *D.* 2003. 2053.

2. On sait qu'*avant* ce jugement et *à partir de la signification* du *commandement* de payer valant saisie, les fruits perçus ou échus sont « immobilisés » (et appelés à être distribués avec le prix de l'immeuble) : *supra*, n° 433.

3. V., dans le même esprit, pour l'inapplicabilité de la loi *Carrez* du 18 déc. 1996, Civ. 2e, 3 oct. 2002, *D.* 2002. 2851, *Rev. huissiers* 2003. 122, note Leborgne, *D.* 2003. 1322, note Mauger-Vielpeau, *D.* 2003. 1475, obs. Taormina : dès lors, l'adjudicataire ne peut pas espérer obtenir la restitution d'une partie du prix versé si la superficie est inférieure de plus du vingtième à celle indiquée dans le cahier des charges.

4. Civ. 28 mai 1862, *DP* 62. 1. 209; Civ. 5 déc. 1952, *Bull. civ.* II, n° 24; Bordier, « Qui est le vendeur dans la saisie immobilière ? », *JCP* 1978. I. 2894.

5. Le poursuivant ne saurait en effet être tenu à la garantie d'éviction : Civ. 2e, 22 nov. 2001, *Rev. huissiers* 2002. 185, note A. Leborgne.

6. Il faut tenir compte aussi du jeu éventuel des règles relatives à la responsabilité civile.

cet acte, de payer les intérêts du prix (art. 1652, C. civ. et art. 44, al. 2, 2°, Décr. 27 juill. 2006). Il importe enfin de rappeler que l'adjudicataire est tenu en principe de faire publier son titre de vente au bureau des hypothèques et qu'à défaut, la publication est accomplie à la requête du créancier poursuivant la distribution (*supra*, n° 488).

E. La surenchère

495. – La *surenchère* est un acte par lequel l'adjudication est remise en cause, et qui entraîne une nouvelle mise aux enchères : elle suppose que son auteur offre un prix *supérieur* au prix d'adjudication, s'obligeant par là même à acquérir l'immeuble pour la somme offerte, si, lors de la nouvelle vente, il n'est pas porté d'enchères.

Cette institution, qui fait l'objet des articles 94 à 99 du décret du 27 juillet 2006, répond évidemment (de même que d'autres règles déjà rencontrées) au souci de faire en sorte que le bien saisi soit vendu au plus haut prix possible.

Seront schématiquement, présentés les *conditions* de la surenchère (a) puis les *effets* (b) de l'adjudication consécutive à la surenchère.

a) Conditions

496. – S'agissant des *personnes* susceptibles de surenchérir, notre droit est très libéral : selon l'article 94 du décret du 27 juillet 2006, « *toute personne* peut faire une surenchère[1]... ».

L'auteur de la surenchère peut être ou non un créancier du saisi. Il peut être le poursuivant lui-même, ou encore, semble-t-il, l'adjudicataire dans l'hypothèse où il a été évincé par le bénéficiaire d'un droit de préemption[2].

Le surenchérisseur doit cependant respecter deux conditions importantes :

– la première est une condition de *délai* : à peine d'irrecevabilité, il faut que la surenchère intervienne dans les *dix jours* qui suivent l'adjudication (art. 95, Décr., mod. Décr. 23 déc. 2006);

– la deuxième condition concerne le *taux* de la surenchère : il est nécessaire que cette dernière « soit du *dixième* au moins du *prix principal* de la vente » (art. 94, Décr.).

497. – Certaines *formes* doivent en outre être observées.

À peine *d'irrecevabilité*, la surenchère est formée par acte d'avocat et déposée au greffe du juge de l'exécution (sur le délai prescrit, *supra*, n° 496). Elle vaut demande de fixation d'une audience de surenchère (art. 95, al. 1, Décr. 27 juill. 2006). Il est précisé, d'une part, que l'avocat doit attester s'être fait remettre de son mandant une caution bancaire irrévocable ou un chèque de banque du dixième du prix principal de la vente, d'autre part, que la déclaration de surenchère ne peut être rétractée (art. 95, al. 2, et art. 3, Décr.).

En vue de faire savoir aux principaux intéressés (adjudicataire, débiteur saisi, saisissant) qu'une surenchère a été faite, celle-ci doit leur être dénoncée. L'article 96, alinéa 1, du

---

1. Bien évidemment, il est nécessaire d'avoir l'aptitude requise pour enchérir (*supra*, n° 477). Sur la question particulière de l'inaptitude du débiteur saisi à surenchérir, v. A. Leborgne, *Voies d'exécution*, n° 2440.

2. Cette hypothèse est cependant rare en pratique : sur les raisons de cette rareté, v. A. Leborgne, *Droit et pratique des voies d'exécution 2007-2008* (« Dalloz Action »), n° 1372-37.

décret du 27 juillet 2006 (mod. Décr. 12 févr. 2009) dispose que les dénonciations sont faites par acte d'huissier de justice ou par notification entre avocats au plus tard le troisième jour ouvrable suivant la déclaration de surenchère, à peine d'irrecevabilité. L'acte de dénonciation mentionne certaines dispositions relatives à la contestation de la validité de la surenchère : la contestation doit être formée par le dépôt au greffe de conclusions signées d'un avocat (appl. art. 7, Décr.), dans les quinze jours de la dénonciation (v. art. 96, al. 2, Décr.)[1].

L'audience de surenchère est fixée par le juge de l'exécution à une date comprise dans un délai de deux à quatre mois suivant en principe la déclaration de surenchère, mais qui, en cas de contestation, court à compter de la décision de rejet (art. 97, al. 1 et art. 2, Décr.). S'agissant de l'information du débiteur saisi, du poursuivant, des créanciers inscrits, de l'adjudicataire et du surenchérisseur quant à la date de l'audience, il est prévu que ceux-ci sont avisés par le greffe par lettre recommandée avec demande d'avis de réception (art. 97, al. 3, Décr.).

Il importe enfin de noter qu'en application de l'article 68 du décret du 27 juillet 2006, la nouvelle adjudication consécutive à la surenchère est précédée de la publicité de droit commun examinée à propos de la « première » adjudication (*supra*, n° 470). Les formalités de publicité sont réalisées à la diligence du surenchérisseur ou, à son défaut, du créancier poursuivant, sur la mise à prix modifiée par la surenchère (art. 98, Décr. mod. Décr. 12 févr. 2009).

b) Effets

498. – On sait que la surenchère conduit à la fixation d'une date d'audience de surenchère (*supra*, n° 497). Le jour de cette audience, les enchères sont reprises dans les conditions prévues pour les précédentes enchères (*supra*, n°s 476 et s.), sur la mise à prix modifiée par la surenchère (art. 99, al. 1, Décr.). En conséquence de cette remise en vente, une nouvelle adjudication est appelée à intervenir, étant entendu que si la « surenchère n'est pas couverte, le surenchérisseur est déclaré adjudicataire » (art. 99, al. 2, Décr.).

Cela étant, il n'est pas exclu que l'adjudicataire initial, qui a vocation à participer aux nouvelles enchères, soit de nouveau déclaré adjudicataire.

Cette circonstance avait conduit la jurisprudence et la doctrine, avant la réforme de 2006, à donner quelques précisions quant aux conséquences de la nouvelle adjudication, en distinguant selon que celle-ci est faite au bénéfice du premier adjudicataire ou d'une autre personne. Dans le silence des nouveaux textes (comme des anciens) à cet égard, les solutions ainsi dégagées ne peuvent évidemment être *a priori* écartées. Elles peuvent être présentées de la manière suivante.

1° Dans l'hypothèse où l'adjudication sur surenchère est faite au bénéfice de l'adjudicataire initial, la seconde adjudication se limite à *confirmer* la première : l'adjudicataire initial était devenu propriétaire en conséquence de la première adjudication, et il le demeure, compte tenu des résultats de la deuxième. Dès lors, son droit de propriété, ainsi « consolidé », existe depuis le premier jugement d'adjudication (tout au moins s'agis-

---

1. En outre, est jointe à la dénonciation une copie de l'attestation de l'avocat relative à la remise faite à celui-ci par son mandant d'une caution bancaire ou d'un chèque de banque (attestation prévue à article 95, alinéa 2, du décret et dont il a été question plus haut).

sant des effets dits « entre parties », puisqu'à l'égard des tiers, son droit n'est opposable qu'à compter de la publication du titre de vente).

2° L'autre hypothèse annoncée pose de délicats problèmes. On suppose un *nouvel* adjudicataire qui peut être soit le surenchérisseur (c'est le cas lorsqu'aucun enchérisseur ne s'est présenté lors de la deuxième vente) soit toute autre personne (à l'exclusion évidemment de l'adjudicataire initial).

Il est traditionnellement admis qu'en raison de la deuxième adjudication, il y a *disparition rétroactive* des droits (et obligations) de l'adjudicataire primitif, *comme* en conséquence du jeu d'une *condition résolutoire* : ce premier adjudicataire est censé n'avoir jamais été propriétaire, ce qui prive en particulier de toute valeur les droits réels éventuellement consentis par lui sur l'immeuble; parallèlement, étant réputé n'avoir jamais été propriétaire de ce bien, il n'était pas tenu d'en payer ou consigner le prix (s'il l'a fait, il pourra en exiger la restitution), etc.

Encore faut-il savoir quel est exactement l'*événement* qui a joué le rôle de condition résolutoire. On peut logiquement penser que c'est le jugement d'adjudication sur surenchère (c'est-à-dire le second jugement d'adjudication). Telle n'a pas été la position de la jurisprudence (classique… mais critiquée) décidant que c'est la *déclaration de surenchère* qui entraîne la résolution des droits et obligations de l'adjudicataire primitif[1].

Il reste à déterminer qui sera considéré comme ayant été propriétaire de l'immeuble pendant la période s'étendant de la première à la seconde adjudication. Deux solutions s'offrent à l'esprit : on peut songer à faire rétroagir les effets de la seconde adjudication et considérer que le nouvel adjudicataire doit être réputé propriétaire dès le premier jugement d'adjudication; on peut aussi estimer que la première adjudication étant anéantie rétroactivement, elle n'a pas pu faire perdre son droit de propriété au saisi, qui l'a donc juridiquement conservé jusqu'à l'adjudication sur surenchère (voire même, à l'égard des tiers, jusqu'à la publication de cette seconde adjudication).

La jurisprudence a retenu cette deuxième analyse, affirmant donc, dans l'hypothèse examinée, que les droits du saisi, notamment en tant que propriétaire non encore judiciairement dépossédé, restent les mêmes que ceux dont il était titulaire avant la première adjudication[2].

On s'en tient à ces quelques indications sur une matière qui est loin d'être simple, mais dont la complexité aurait sans doute… pu être plus grande si l'on n'avait, opportunément, exclu la possibilité d'une nouvelle surenchère après la seconde adjudication. Fort heureusement, en effet, « surenchère sur surenchère ne vaut » : tel est le sens de la formule qui figure actuellement à l'article 99, alinéa 3, du décret du 27 juillet 2006 : « Aucune surenchère ne pourra être reçue sur la seconde adjudication »[3].

---

1. Req. 6 déc. 1870, *S.* 71. 1. 53; Civ. 15 janv. 1873, *D.* 73. 1. 249. – Pour la critique de cette jurisprudence, v. Vincent et Prévault, *op. cit.*, n° 430. V. ég. Leborgne, *Voies d'exécution*, n° 2478.

2. Civ. 7 déc. 1868. *D.* 1869. 1. 31.

3. On s'explique donc que les formalités, postérieures à l'adjudication, prévues à l'article 67 du décret du 27 juillet 2006 (*supra*, n° 485) soient écartées dans l'hypothèse de nouvelle adjudication consécutive à une surenchère. Pour le caractère d'ordre public de la règle de l'unicité de la surenchère qu'exprime actuellement l'article 99, alinéa 3, du décret, v. Civ. 2e, 15 janv. 2004, *Rev. huissiers* 2004. 227, obs. Lefort.

Chapitre 3

Les incidents de la saisie immobilière

499. – Les auteurs de l'ancien Code de procédure civile avaient consacré, dans le cinquième livre de ce code, l'ensemble du titre XIII aux « incidents de la saisie immobilière »[1]. Les rédacteurs du décret du 27 juillet 2006, sans reprendre un tel intitulé, ont fait figurer, dans le cadre de « dispositions générales » applicables à la procédure de saisie immobilière (v. spéc., dans la Section 2 du Chapitre 1er du Titre 1er, les articles 5 à 12), quelques textes relatifs à la matière[2]. Ils ont ainsi posé des principes applicables à toute contestation ou demande incidente, dont l'énoncé est suivi de dispositions visant certaines contestations ou demandes incidentes, sans épuiser d'ailleurs la liste des « événements » entrant traditionnellement dans la catégorie des incidents de la saisie immobilière.

Cette présentation conduit naturellement à envisager d'abord, dans un bref développement, la **réglementation générale applicable aux contestations et demandes incidentes** (Section I) avant d'examiner les **principaux incidents** concernant la matière (Section II).

Section I
Réglementation générale applicable aux contestations et demandes incidentes

500. – Sur le plan de la *compétence*, on sait déjà que le juge de l'exécution (v. *supra*, n° 411) est appelé à connaître des contestations qui s'élèvent à l'occasion de la saisie immobilière ainsi que de toute demande née de cette procédure ou s'y rapportant directement (*supra*, n° 116).

Cela étant, quelques précisions doivent être données quant au moment de la contestation ou de la demande incidente, aux formes utilisables en la matière, aux effets de ces incidents et à la question des voies de recours dont la décision consécutive est susceptible.

501. – S'agissant du *moment* où peut être élevée une contestation ou formée une demande incidente, un *principe* énergique est posé à l'article 6 du décret du 27 juillet

---

1. Sur l'ancienne réglementation, v. 8e éd. de cet ouvrage, nos 468 et s. – Sur les difficultés que la notion d'« incident de saisie » avait suscitées, v. *op. cit.*, n° 470.

2. On verra que les articles 5 à 12 susvisés sont également applicables à la procédure de distribution du prix de l'immeuble (*infra*, n° 547).

2006 : « À peine d'irrecevabilité prononcée d'office, aucune contestation ni aucune demande incidente ne peut... être formée après l'audience d'orientation » (sur cette audience, *supra*, n° 453).

Encore faut-il tenir compte de *dérogations*. Le même article réserve l'hypothèse de « disposition contraire », de même évidemment que le cas de contestation ou demande incidente portant sur des actes de procédure postérieurs à l'audience d'orientation. Dans ce dernier cas, « la contestation ou la demande incidente est formée dans un délai de quinze jours à compter de la notification de l'acte ».

502. – S'agissant des *formes* utilisables, dès lors que l'on sait qu'en vertu de l'article 5 du décret du 27 juillet 2006, les parties à la procédure de saisie immobilière sont en principe tenues de constituer avocat, on ne s'étonnera pas de la règle de l'article 7, alinéa 1 : « À moins qu'il n'en soit disposé autrement, toute contestation ou demande incidente est formée par le dépôt au greffe de conclusions signées d'un avocat »[1]. On relèvera les précisions que contiennent les alinéas suivants du même article. Il est tout d'abord disposé, d'une part, que « La communication des conclusions et des pièces entre avocats est faite dans les conditions prévues par l'article 815 du Code de procédure civile », d'autre part, que « La communication des conclusions est faite par signification au débiteur qui n'a pas constitué d'avocat » (al. 2 aj. par Décr. 12 février 2009). Il est ensuite précisé que « Lorsque la contestation ou la demande incidente ne peut être examinée à l'audience d'orientation, le greffe convoque les parties à une audience par lettre recommandée avec demande d'avis de réception dans un délai de quinze jours à compter du dépôt de la contestation ou de la demande » (ancien al. 2, devenu al. 3).

S'agissant des *effets*, on remarquera que l'examen des contestations et demandes incidentes *ne suspend* pas le cours de la procédure (art. 7, al. 3, devenu al. 4, Décr.).

503. – S'agissant enfin des *voies de recours* contre les jugements statuant sur des contestations ou des demandes incidentes, on notera que ces décisions ne sont pas susceptibles d'opposition. Toutefois, les jugements considérés peuvent, sauf disposition contraire, faire l'objet d'un *appel* dans un délai de quinze jours à compter de la notification qui en est faite[2]. Cet appel est jugé selon une procédure accélérée (il s'agit ici de la procédure de « renvoi à l'audience » prévue à l'article 910, alinéa 2, C. pr. civ.)[3] (art. 8, Décr. mod. Décr. 12 févr. 2009).

Section II
Principaux incidents de la saisie immobilière

504. – Bien qu'il ne s'agisse pas d'être exhaustif, on tiendra compte non seulement des articles du décret du 27 juillet 2006 figurant dans le cadre des « dispositions généra-

1. Il doit s'agir d'un avocat inscrit au barreau du tribunal de grande instance devant lequel la vente est poursuivie : v., s'agissant de déclaration de créance, Cass. (av.), 16 mai 2008, *Rev. huissiers* 2008. 285, obs. Leborgne.
2. La notification des décisions est faite en principe par signification. V. toutefois, pour des cas de notification par le greffe, les précisions du nouvel al. 2 de l'art. 8, Décr. 27 juill. 2006, réd. Décr. 12 févr. 2009.
3. Sur cette procédure, v. Couchez, *Procédure civile*, Sirey, 15e éd., n° 431 (et le renvoi aux nos 282 et 283). – Cpr, s'agissant de l'appel contre le jugement d'orientation, la disposition de l'art. 52, Décr. (réd. Décr. 12 févr. 2009), prévoyant la procédure à jour fixe (autre procédure accélérée) : *supra*, n° 457).

les » relatives à la procédure de saisie immobilière dont il a été ci-dessus question (et parmi lesquelles sont visés – aux articles 9 à 12 – des incidents « nommés »), mais également de diverses autres dispositions du même décret.

Toujours est-il que l'on peut distinguer – comme on le faisait d'ailleurs sous l'empire des textes antérieurs à la réforme – entre des *incidents supposant une pluralité de créanciers* (Sous-section I) et des *incidents indépendants d'une telle pluralité* (Sous-section II).

Sous-section I
Les incidents supposant une pluralité de créanciers

505. – Après avoir présenté les incidents consécutifs au *concours* de saisies (§ 1), on étudiera la *subrogation* dans les poursuites (§ 2).

§ 1. Le concours de saisies

506. – On suppose deux (ou plusieurs) saisies pratiquées par des créanciers différents contre un *même débiteur*. En pareil cas, le principe est celui de l'*unité des poursuites*, principe qui est la conséquence de la règle « Saisie sur saisie ne vaut ». Celle-ci – on le sait – *interdit* seulement que soient menées des procédures *séparées*.

Pour être plus précis sur la question, il convient de distinguer selon que les saisies ont ou non *exactement* le même objet.

507. – 1° Dans la première hypothèse, on suppose que les saisies portent sur le *même* immeuble. Dès lors que ces saisies ont ainsi un objet identique, il n'est pas question de publier plus d'un commandement. Cette solution étant énoncée, il convient de sous-distinguer selon que la publication des commandements est *requise simultanément* ou selon qu'un commandement a déjà été publié et qu'une autre publication est *requise*.

Le premier cas fait l'objet de l'article 20 du décret du 27 juillet 2006. Aux termes de ce texte, « Si la publication de plusieurs commandements valant saisie du même immeuble est requise simultanément, *seul* est publié le commandement qui mentionne le titre exécutoire portant la *date* la *plus ancienne*. Lorsque des titres portent la même date, seul le commandement le plus ancien est publié; si les commandements sont de la même date, seul est publié celui dont la créance en principal est la plus élevée ».

S'agissant du second cas, on peut lire à l'article 21, alinéa 1, du même décret : « Lorsqu'un commandement de payer valant saisie *a déjà* été publié, il n'y a pas lieu de publier un nouveau commandement relatif au même bien ».

Dans les *deux cas* qui viennent d'être présentés, l'article 22 du décret précise le *rôle* du conservateur des hypothèques : celui-ci « mentionne le ou les actes qui ne sont pas publiés en *marge de la copie* du *précédent commandement* publié dans l'ordre de leur présentation », avec les éléments d'identification du ou des nouveaux poursuivants (al. 1).

Le conservateur « indique également, en marge ou à la suite de la copie du commandement présenté, son *refus* de le publier », en y mentionnant « en outre, chacun des commandements antérieurement publiés ou mentionnés » avec les éléments d'identification du ou des poursuivants (dont il est question ci-dessus) et en précisant le juge de l'exécution compétent pour connaître de la saisie (al. 2).

Ces deux séries de mentions permettent notamment aux créanciers concernés, désormais *associés* à la procédure, de se connaître. Le poursuivant dont le commandement a été publié a, certes, la direction des poursuites, mais un saisissant postérieur est cependant partie à la procédure : dès lors, son accord serait nécessaire pour radier la saisie (art. 22, al. 3, Décr.).

508. – 2° La seconde hypothèse à envisager est celle où des saisies successives n'ont pas exactement le même objet. À la vérité, il convient ici de sous-distinguer.

– Le nouveau commandement présenté au bureau des hypothèques peut avoir simplement un objet *plus large* que le premier : c'est le cas lorsqu'il porte à la fois sur l'immeuble objet du précédent commandement et sur un autre (ou d'autres) immeuble(s).

Il résulte de l'article 21, alinéa 2, du décret précité que le nouveau commandement présenté au bureau des hypothèques doit alors être *publié*, mais *seulement* pour les biens *non compris* dans le précédent.

Il est précisé que le nouveau créancier poursuivant est tenu de *dénoncer* le commandement qu'il a fait publier *au précédent créancier* qui *poursuivra les deux* procédures (si elles sont au même état). Dans le cas contraire, le précédent créancier suspend sa propre poursuite et suit la nouvelle procédure jusqu'à ce qu'elle soit en état.

On soulignera que, faute pour le précédent créancier de poursuivre la procédure à lui dénoncée, le nouveau créancier pourra demander la *subrogation* dans les poursuites (art. 21, al. 3, Décr. – sur la subrogation, *infra*, n° 509).

– Le nouveau commandement peut aussi porter sur des immeubles *différents* du précédent.

Dans ce cas, de deux choses l'une :

Ou bien chaque saisie est poursuivie devant le même juge (ce qui suppose des immeubles situés dans le *même ressort*), et une jonction des procédures est *possible*. On notera qu'il est prévu à l'article 23, alinéa 1, du décret du 27 juillet 2006 qu'« En cas de jonction d'instances[1], la procédure est continuée par le créancier dont le commandement a été publié en premier » (pour quelques précisions, v. al. 2).

Ou bien les immeubles saisis ne sont pas dans le même ressort, et il convient normalement de poursuivre *séparément* les procédures.

§ 2. La subrogation dans les poursuites

509. – Cette subrogation permet de *substituer* au poursuivant un autre créancier dans la *conduite* de la procédure.

On sait en effet que si tous les créanciers saisissants sont associés à cette procédure, de même d'ailleurs que les créanciers inscrits (en conséquence de l'accomplissement des formalités prescrites : *supra*, n° 446), seul l'un d'entre eux (le poursuivant) dirige les poursuites. Or, il arrive que celui-ci ne joue pas le rôle qui lui est imparti : il peut, par exemple, se désintéresser de la procédure, parfois même paralyser intentionnellement

1. Si l'on se réfère à l'article 367, alinéa 1er, C. pr. civ., la « jonction d'instances » suppose une décision du juge à la demande des parties ou prise d'office.

celle-ci à la suite d'un accord frauduleux avec le saisi. Il était donc opportun de permettre à un autre créancier de se faire subroger dans les poursuites.

La matière fait l'objet de l'article 10 du décret du 27 juillet 2006 (mod. Décr. 12 févr. 2009), mais la subrogation est aussi visée dans des textes particuliers déjà rencontrés.

510. – S'agissant des *conditions*, on distinguera entre les personnes qui peuvent demander leur subrogation dans les droits du poursuivant et les causes de cette subrogation.

En ce qui concerne les *personnes*, l'article 10, alinéa 1, du décret vise d'abord *les créanciers inscrits*. Il vise ensuite les créanciers privilégiés dispensés d'inscription, énumérés, dans le Code civil, aux articles 2374, 1° *bis* (syndicat des copropriétaires pour le paiement de charges et travaux de copropriété) et article 2375 (créanciers bénéficiant d'un privilège général sur les immeubles) (pour plus de détails, v. ces textes).

En ce qui concerne les *causes* de la subrogation, sont visés (art. 10, al. 2, Décr.) les cas de *désistement* du créancier poursuivant, ainsi que de *négligence*, *fraude*, *collusion*. De même, toute autre cause de *retard imputable* à ce créancier peut justifier la subrogation.

En mettant à part l'hypothèse de désistement, on notera qu'une faute du poursuivant dans la conduite de la procédure est susceptible de justifier la subrogation : cette faute peut être intentionnelle (et parfois très grave puisque la fraude est visée), mais elle peut également consister dans une simple *négligence*.

On rappelle par ailleurs des applications particulières de la subrogation (art. 60, Décr. : hypothèse où le créancier poursuivant ne sollicite pas la vente – *supra*, n° 475 – ou encore article 21, alinéa 3, à propos du concours de saisies, quand le « précédent » créancier ne poursuit pas la procédure qui lui est dénoncée, *supra*, n° 508).

511. – S'agissant de la *procédure*, on remarquera que le créancier qui souhaite être subrogé doit solliciter la subrogation.

Celle-ci doit en effet être *demandée* par voie de demande incidente ou verbalement à l'audience d'adjudication (art. 10, al. 1, *in fine,* Décr.) : elle n'a pas lieu de plein droit (à la différence de ce qui se passe en matière de saisie mobilière : *supra*, n° 184). Une décision est donc nécessaire, étant précisé que si celle-ci *rejette* la demande de subrogation, elle n'est pas susceptible de recours, à moins qu'elle mette fin à la procédure (art. 10, al. 3, Décr.).

512. – En ce qui concerne enfin ses *effets*, la subrogation entraîne naturellement la *substitution* du créancier subrogé au poursuivant initial dans la conduite des poursuites. Ce dernier est au demeurant tenu, pour faciliter la tâche de son « successeur », de lui *remettre* les pièces de la procédure, sur récépissé (art. 10, al. 5, Décr. mod. Décr. 12 févr. 2009)[1].

Les conséquences logiques de cette modification de la situation juridique des deux intéressés doivent être tirées. C'est ainsi notamment que le poursuivant initial est libéré de l'obligation d'acquérir l'immeuble pour la mise à prix fixée, au cas d'absence d'enchérisseur à l'audience d'adjudication. En effet, c'est désormais le créancier subrogé qui *poursuit* la procédure : il est substitué « dans les poursuites et dans les droits et obligations fixés au cahier des conditions de vente… » (art. 10, al. 4) (sur ce cahier, *supra*, n° 447).

---

1. Tant que cette remise n'a pas lieu, le poursuivant n'est pas déchargé de ses obligations (même texte).

Sous-section II
Les incidents indépendants de la pluralité de créanciers

513. – On distinguera selon que ces incidents tiennent à la *saisie* elle-même (§ 1), qu'ils proviennent d'un *tiers* (§ 2) ou de l'*adjudicataire* (§ 3).

§ 1. Les incidents tenant à la saisie elle-même

514. – Seront successivement étudiées la *nullité* (A) et la *radiation* (B) de la saisie, puis les incidents consécutifs à la *caducité* et à la *péremption* du commandement (C).

A. Nullité de la saisie

515. – L'étude de la procédure de la saisie immobilière a permis de prendre conscience du grand nombre de formalités prescrites. Il est dès lors aisé de comprendre que les demandes en annulation sont certainement les incidents les plus fréquents.

Il faut toutefois éviter que la procédure puisse être remise en cause à tout moment. On verra que des règles ont été posées, qui témoignent, certes, du souci de protéger ceux qui peuvent légitimement se plaindre de l'inobservation des prescriptions légales, mais prennent parallèlement en compte la nécessité d'assurer un règlement aussi rapide que possible du contentieux des nullités, en permettant au saisissant de continuer les poursuites sans risquer, s'agissant tout au moins de nullité pour vice de *forme*, de se voir opposer (tardivement) les irrégularités de la procédure antérieure.

Dans le décret du 27 juillet 2006, la matière fait l'objet de l'article 11, en vertu duquel sont applicables les articles 112 à 121 du Code de procédure civile réglementant la nullité des actes de procédure[1]. Encore faut-il tenir compte des dispositions générales gouvernant les incidents de la saisie immobilière (art. 6 à 8, Décr.), dans la mesure où elles ne sont pas contraires aux dispositions susvisées du Code de procédure civile, auxquelles l'article 11 du décret renvoie *spécialement*. Sur ces bases, il convient d'examiner les *cas* dans lesquels l'annulation est susceptible d'intervenir (a), puis la *mise en œuvre* de la nullité (b), la possibilité de régularisation (c) et les effets de l'annulation (d).

a) Cas de nullités

516. – Il importe de distinguer entre des nullités pour *vices de forme* (1°) et des nullités pour *irrégularités de fond* (2°).

1° Nullité pour vice de forme

517. – On a eu l'occasion de relever que de nombreuses règles de forme applicables aux actes de la saisie immobilière sont prescrites *à peine de nullité*.

Cependant l'annulation pour vice de forme ne suppose pas seulement la méconnaissance de formes prescrites à peine de nullité (ou, à défaut, ayant un caractère substantiel) (art. 114, al. 1er, C. pr. civ.). Un *grief* est en outre nécessaire : la nullité implique

---

1. Sur cette réglementation, v. Couchez, *Procédure civile*, 15e éd., nos 189 et s.

l'existence d'un *préjudice* subi par la partie qui entend faire annuler l'acte qu'elle critique. Cette condition d'annulation d'un acte de procédure entaché d'un vice de forme est énoncée à l'article 114, alinéa 2, du Code de procédure civile : « La nullité ne peut être prononcée qu'à charge pour l'adversaire qui l'invoque de prouver le grief que lui cause l'irrégularité, même lorsqu'il s'agit d'une formalité substantielle ou d'ordre public ».

2° Nullité pour irrégularité de fond

518. – La procédure de saisie immobilière peut être affectée par des irrégularités de fond entachant tel ou tel de ses actes. S'agissant d'actes de procédure en général, le Code de procédure civile vise les irrégularités de fond découlant d'un défaut de *capacité* ou de *pouvoir* (v. art. 117), mais la validité d'une procédure d'exécution suppose (aussi) le respect d'autres règles de fond que celles qui sont relatives à ces conditions d'aptitude. On songe aux règles relatives aux *causes* de la saisie (titre exécutoire constant une créance liquide et exigible) ou à l'*objet* de la mesure d'exécution (bien saisissable...). Il n'est pas douteux que des actes de la saisie accomplis au mépris de ces règles vicient *fondamentalement* la *procédure*.

En raison de leur *gravité*, les irrégularités de fond sont susceptibles de sanction sans que soient exigées les conditions prévues dans les cas de vices de forme. Ainsi, les nullités pour irrégularités de fond sont encourues « sans que celui qui les invoque ait à justifier d'un grief et alors même que la nullité ne résulterait d'aucune disposition expresse » (art. 119, C. pr. civ.) : peu importe donc que l'irrégularité n'ait entraîné aucun préjudice *et* peu importe également que la méconnaissance de la règle invoquée ne soit pas expressément sanctionnée par la nullité.

b) Mise en œuvre de la nullité

519. – Sachant que les *formes* à observer pour contester la validité d'un acte de la procédure de saisie immobilière sont celles prévues pour toute contestation relative à cette saisie à l'article 7 du décret du 27 juillet 2006, *supra*, n° 502, il s'agit d'envisager ci-dessous deux questions : la première concerne les *personnes* ayant le droit de demander l'annulation, la deuxième a trait au *moment* où la nullité doit être invoquée.

1° Personnes pouvant invoquer la nullité

520. – *En principe*, toute partie à la procédure est apte à invoquer la nullité dès lors que – conformément au droit commun des actions – elle y a *intérêt*.

S'agissant de la nullité pour *vice de forme*, la nécessité d'un grief a déjà été relevée et la justification de celui-ci permet, à l'évidence, de caractériser l'intérêt à agir en annulation. S'agissant de la nullité pour *irrégularité de fond*, on sait que la sanction est encourue même en l'absence de grief de celui qui invoque l'irrégularité, ce qui ouvre plus largement la possibilité de faire annuler un acte. Il convient au demeurant de reconnaître à toute partie le droit d'invoquer une nullité de fond, tout au moins s'il y a eu atteinte à une règle *d'ordre public*. On remarquera à ce propos qu'en présence d'une telle atteinte, le juge a le *devoir* de relever *d'office* la nullité pour irrégularité de fond, en application de l'article 120 du Code de procédure civile. Le même article reconnaît par ailleurs au juge simplement le *pouvoir* (autrement dit la *faculté*) de relever d'office la nullité pour défaut de capacité d'ester en justice.

Cela étant, s'agissant des personnes susceptibles de soulever la nullité (de forme *ou* de fond) d'un acte de la procédure de saisie immobilière, il est classique de souligner certaines *limites* (encore qu'il soit sans doute opportun de réserver à cet égard les cas d'atteinte à l'ordre public).

C'est ainsi tout d'abord que l'on affirme qu'il convient de refuser à l'*auteur de l'irrégularité* (qui est très souvent le poursuivant) le droit d'invoquer la nullité.

Ensuite, il est traditionnellement admis que l'*adjudicataire* ne peut pas davantage exercer valablement l'action en nullité. Deux raisons sont généralement avancées à l'appui de cette solution : en premier lieu, l'adjudicataire ne peut être véritablement considéré comme une « partie » à la saisie (il est acquéreur *en conséquence* de la vente sur saisie); en second lieu, on veut éviter que celui-ci dispose du moyen de remettre en cause une adjudication qu'il peut éventuellement regretter[1].

2° Moment de la demande en annulation

521. – Les textes du Code de procédure civile auxquels l'article 11 du décret du 27 juillet 2006 renvoie *spécialement* en matière de nullité commandent de distinguer selon que la cause de la nullité est un vice de forme ou une irrégularité de fond.

522. – S'agissant de nullité pour *vice de forme*, on peut lire à l'article 112 du Code de procédure civile : « La nullité des actes de procédure peut être invoquée au fur et à mesure de leur accomplissement; mais elle est couverte si celui qui l'invoque a, postérieurement à l'acte critiqué, fait valoir des défenses au fond ou opposé une fin de non-recevoir ». Ces dernières précisions témoignent d'un régime rigoureux qui impose d'agir en annulation *sans tarder*. La rigueur du régime de l'action en nullité pour vice de forme est également attestée à l'article 113 du même code, aux termes duquel « Tous les moyens de nullité contre des actes de procédure déjà faits doivent être invoqués simultanément à peine d'irrecevabilité de ceux qui ne l'auraient pas été ».

Le texte de l'article 6 du décret du 27 juillet 2006 (*supra*, n° 501) est tout à fait en harmonie avec l'esprit des dispositions précitées du Code de procédure civile, et il importe, dans le respect de celles-ci (avec lesquelles il convient en effet de le combiner), d'en faire une stricte application en matière de nullité pour vie de forme. Dès lors, à peine d'irrecevabilité prononcée d'office, une telle nullité *ne peut* être invoquée *après l'audience d'orientation*, *sauf* évidemment si l'acte critiqué est postérieur à cette audience. Dans ce dernier cas, la nullité devra être invoquée dans un délai de quinze jours à compter de la notification de l'acte.

523. – S'agissant des nullités pour *irrégularité de fond*, en vertu de l'article 118 du Code de procédure civile, elles peuvent être invoquées « en tout état de cause, sauf la possibilité pour le juge de condamner à des dommages-intérêts ceux qui se seraient abstenus, dans une intention dilatoire, de les soulever plus tôt ».

La possibilité d'agir en annulation *tout au long de la procédure* est justifiée par la gravité des irrégularités en cause. La règle énergique de l'article 6 du décret du 27 juillet 2006, applicable « sauf disposition contraire » à toute contestation relative à la procédure de saisie immobilière, doit être *écartée* au bénéfice de la disposition (contraire) de l'article 118, précité, qui fait partie du corps de textes auxquels l'article 11 du décret renvoie *spécialement*.

---

1. V. cep. Civ. 2e, 14 janv. 1987, *D.* 1987. IR. 25, affirmant que la solution refusant à l'adjudicataire l'action en nullité ne s'applique pas en cas de nullité de *fond*. Sur cette décision, v. Perrot, *RTD civ.* 1987. 608 (cet auteur critique l'arrêt, dans lequel il voit d'ailleurs un arrêt d'espèce en raison de la gravité particulière du vice invoqué).

La formule de l'article 118 du Code de procédure civile (« en tout état de cause ») implique la possibilité d'invoquer la nullité de fond jusqu'à l'audience d'adjudication et même, dans l'hypothèse (exceptionnelle) où le jugement d'adjudication est susceptible d'appel (*supra*, n° 483), au cours de l'instance d'appel.

c) Possibilité de régularisation

524. – En vue d'éviter l'annulation (avec les conséquences – parfois graves – qui en résultent), les auteurs du Code de procédure civile ont prévu la possibilité de régulariser des actes entachés d'une cause de nullité. En raison du renvoi audit code opéré à l'article 11 du décret du 27 juillet 2006, la régularisation des actes de la procédure de saisie immobilière peut parfois intervenir, que l'on soit en présence d'un vice de forme ou d'une irrégularité de fond.

S'agissant d'actes susceptibles d'être annulés pour *vice de forme*, il est prévu que « La nullité est couverte par la régularisation ultérieure de l'acte si aucune forclusion n'est intervenue et si la régularisation ne laisse subsister aucun grief » (art. 115, C. pr. civ.).

S'agissant d'actes susceptibles d'être annulés pour *irrégularité de fond*, on peut lire à l'article 121 du code susvisé que « Dans les cas où elle est susceptible d'être couverte, la nullité ne sera pas prononcée si sa cause a disparu au moment où le juge statue ».

d) Effets de l'annulation

525. – Conformément au droit commun de l'annulation, le prononcé de la nullité entraîne la disparition rétroactive de l'acte annulé. Dans la mesure où cet acte constituait le fondement d'actes postérieurs, les effets de l'annulation s'étendent à la procédure subséquente.

À la vérité, pour apprécier la portée de cette règle, il faut prendre en compte la *nature* de l'irrégularité.

Si celle-ci est un simple *vice de forme*, les conséquences de la nullité pourront généralement être limitées. Sauf évidemment si est annulé le premier acte de saisie (c'est-à-dire le commandement), il n'y aura pas lieu de recommencer toute la procédure : on pourra en principe reprendre celle-ci à partir du dernier acte valable (autrement dit de celui qui a immédiatement précédé l'acte annulé).

Si la nullité est motivée par une *irrégularité de fond*, elle entraîne un véritable « effondrement » de la procédure, étant donné que les conditions de fond doivent normalement être remplies dès le début des opérations de saisie. Bien plus, il sera même généralement impossible de recommencer la procédure : en effet, si celle-ci est annulée par exemple en raison de l'insaisissabilité de l'immeuble, ou parce que le saisi n'est pas propriétaire de ce bien, une nouvelle procédure portant sur le même immeuble ne serait pas plus valable que la précédente.

B. Radiation de la saisie

526. – Cette radiation est une formalité qui concrétise la *mainlevée* de la saisie[1], et par laquelle il est donc constaté que cette saisie cesse de produire effet. La formalité

---

1. Pour une réflexion générale, v. D. Lebeau, « La mainlevée », *Rev. huissiers* 2004. 249.

consiste en une *mention* faite en marge du commandement publié au bureau des hypothèques.

La radiation peut être volontaire ou judiciaire.

Elle est dite *volontaire* lorsque la mainlevée qu'elle traduit est la conséquence d'un *accord* entre les parties. Le poursuivant abandonne donc les poursuites avec l'accord des autres intéressés, le nombre de ceux-ci (et corrélativement des consentements requis) variant selon les cas et notamment le degré d'avancement de la procédure. La radiation volontaire suppose le consentement du *poursuivant* et du *saisi* mais aussi, le cas échéant, celui d'autres personnes : doivent ainsi consentir les *créanciers saisissants postérieurs* dès lors que leur commandement a été mentionné en marge de la copie du premier commandement publié (art. 22, al. 3, Décr. 27 juillet 2006 : *supra*, n° 507 *in fine*), de même que les *créanciers inscrits*[1] à partir du moment où ont été mentionnées en marge de la copie du commandement publié l'assignation à comparaître et les dénonciations consécutives (art. 43, al. 2, Décr. : *supra*, n° 446).

La radiation *judiciaire* est celle qui résulte d'un jugement ayant ordonné la mainlevée de la saisie. Une telle mainlevée peut être par exemple consécutive à l'annulation de la saisie, ou être justifiée par le fait que tous les créanciers ont été désintéressés[2].

C. Caducité et péremption du commandement

La procédure de saisie peut être affectée par des incidents consécutifs à l'*inobservation* de certains *délais*, *sanctionnée*, selon le cas, par la caducité ou la péremption du commandement.

527. – La *caducité* du commandement est la sanction de l'inobservation de délais prévus par divers articles du décret du 27 juillet 2006 énumérés à l'article 12, alinéa 1 (mod. Décr. 12 févr. 2009) du même décret. Pour avoir une vue complète des délais prescrits à peine de caducité du commandement, il convient donc de se reporter aux articles visés par ce texte[3]. On relèvera, par exemple, les délais de publication du commandement (art. 18), de dénonciation du commandement aux créanciers inscrits (art. 40), de dépôt au greffe du cahier des conditions de vente (art. 44), ou encore le délai relatif à la publicité de la vente forcée (art. 64)…

Dès lors que l'un de ces délais n'a pas été respecté, toute partie intéressée peut *demander* au juge de l'exécution de *déclarer* la *caducité* du commandement (art. 12, al. 2) : une telle déclaration prive d'effet cet acte, et une réitération du commandement est nécessaire pour que les poursuites puissent être reprises.

On remarquera que la justification d'un *motif légitime* par le créancier poursuivant lui permet d'éviter la déclaration de caducité[4]. En outre, à supposer qu'une telle déclaration soit intervenue, le motif légitime que le poursuivant n'aurait pu invoquer en temps utile peut permettre que soit rapportée la déclaration de caducité (art. 12, al. 3 et 4; v. les précisions de l'alinéa 4 sur ce dernier point).

---

1. V., soulignant la nécessité du consentement des créanciers inscrits, à défaut duquel la mainlevée donnée par le poursuivant n'est pas opposable à ceux-ci, Civ. 2e, 21 oct. 2004, *Rev. huissiers* 2005. 116, obs. Leborgne.

2. Sur certaines difficultés relatives à la *portée* du jugement de radiation, v. Perrot, *RTD civ.* 1980. 626 (à propos de Civ. 18 avr. 1980, *D.* 1980. IR. 344, *JCP* 1980. IV. 240).

3. V. par ailleurs, s'agissant d'une disposition spécifique prévoyant également une caducité (art. 60, al. 3, devenu al. 2, Décr., *supra*, n° 475 et la note) dont le régime est *différent* de celui de la caducité de l'art. 20.

4. Pour une conception exigeante du « motif légitime », v. Aix-en-Provence, 21 nov. 2008, *Rev. huissiers* 2009. 109, obs. L. Llahi.

528. – La *péremption* du commandement sanctionne la méconnaissance d'un délai qui court *à partir* de la *publication* de cet acte. Il est en effet prévu que « Le commandement de payer valant saisie cesse de plein droit de produire effet si, dans les *deux ans* de sa publication, il n'a pas été mentionné en marge de cette publication un jugement constatant la vente du bien saisi » (art. 32, al. 1, Décr. ; v. al. 2 pour des cas de report du point de départ du délai).

La sanction édictée correspond à la nécessité d'éviter que les effets de la saisie se prolongent indéfiniment : les poursuites doivent être menées de manière à aboutir à une vente (*et* à la publication de celle-ci) dans un délai raisonnable.

On est en présence d'une péremption, à laquelle on ne saurait reconnaître un caractère automatique (à la différence de la solution qui avait pu être affirmée antérieurement). La constatation de la péremption doit en effet être *demandée*.

Il est prévu à cet égard à l'article 33 du décret du 27 juillet 2006 qu'à l'expiration du délai de deux ans « prescrit à l'article précédent et *jusqu'à* la *publication* du *titre de vente*[1], toute partie intéressée peut demander au juge de l'exécution de constater la péremption du commandement et d'ordonner la mention de celle-ci en marge de la copie du commandement publié au bureau des hypothèques ».

On notera que l'article 34 du décret prévoit la possibilité d'une *suspension* ou *prorogation* du délai de péremption. En effet, aux termes de ce texte, « Ce délai est suspendu ou prorogé, selon le cas, par la mention en marge de la copie du commandement publié d'une décision de justice ordonnant la suspension des procédures d'exécution, le report de la vente, la prorogation des effets du commandement ou la décision ordonnant la réitération des enchères ».

§ 2. Les incidents provoqués par des tiers (les demandes en distraction)

529. – Si un tiers est (ou se prétend) propriétaire d'un immeuble saisi, il peut exercer une *action en distraction*[2]*, qui est une forme de l'action en revendication, mais particulière car elle est exercée incidemment, en raison de la procédure de saisie. On a déjà rencontré une telle action dans le cadre des saisies mobilières* (*supra*, n° 191), et l'on sait qu'en cette matière il est impérieux qu'elle soit exercée *avant* la *vente* des biens saisis : c'est qu'en effet, après cette vente, l'adjudicataire de biens mobiliers est particulièrement bien protégé contre une action en revendication en raison des règles des articles 2276 et 2277 du Code civil. En matière immobilière, la situation est différente, dans la mesure où, même après la vente, le véritable propriétaire conserve le droit de revendiquer l'immeuble[3] : on sait en effet que l'adjudication, ne confère à l'adjudicataire d'autres droits que ceux appartenant au saisi (art. 2208, al. 2, C. civ.).

---

1. Cette précision signifie que la publication peut intervenir *au-delà* du délai prescrit à l'art. 32, al. 1, Décr. 27 juill. 2006. Cette solution correspond à la dernière jurisprudence de la Cour de cassation avant la réforme (v. 8e éd. de cet ouvrage, n° 493, p. 258), jurisprudence qui avait pu surprendre à une époque où l'on affirmait le caractère automatique de la péremption.

2. On suppose évidemment que cette personne n'est tenue de la dette ni personnellement, ni *réellement* sur l'immeuble saisi.

3. Pour le rappel de la règle, v. Civ. 2e, 23 oct. 1996, *D.* 1997. J. 159, note Prévault. V. encore Civ. 3e, 6 juin 2007, *D.* 2007. 1794.

Cependant, le véritable propriétaire a intérêt à agir avant l'adjudication : cela lui permet, d'une part, de bénéficier d'une procédure plus souple et rapide, d'autre part, d'éviter que le bénéficiaire de l'adjudication ne dispose, en raison de celle-ci, d'un « juste titre » qui, certes, ne suffit pas à lui conférer la qualité de propriétaire, mais lui permet tout de même éventuellement d'acquérir l'immeuble en vertu de la prescription abrégée de dix ans (art. 2272, C. civ.).

Dans le décret du 27 juillet 2006, un seul texte est spécifiquement consacré à la matière ici examinée (art. 9), mais il convient de tenir compte en outre de certaines dispositions générales et de solutions qu'impose la logique.

Les *conditions* (A), puis les *conséquences* (B) de la demande en distraction doivent être précisées.

A. Conditions de la demande en distraction

530. – S'agissant des conditions de *fond*, il faut en premier lieu souligner que la demande en distraction ne peut être formée que par le titulaire du *droit* objet de la saisie. Généralement, ce droit est celui de propriété, auquel cas seul le *propriétaire* de l'immeuble (ou celui qui se prétend tel) est qualifié pour agir en distraction : un usufruitier, par exemple, ne pourrait exercer valablement l'action (il ne perdra d'ailleurs pas sa qualité d'usufruitier du fait de l'adjudication); il n'en irait différemment que si la saisie portait directement sur le droit d'usufruit, auquel cas celui qui prétendrait être le véritable usufruitier, donc titulaire du droit objet de la procédure d'exécution, pourrait certainement agir en distraction.

Il convient d'ajouter que celui qui agit doit être un *tiers*, donc étranger à la saisie : autrement dit, une personne qui a la qualité de partie à la procédure de saisie ne saurait provoquer un tel incident. Certes, il ne serait pas interdit au débiteur saisi ou à un créancier partie à la procédure de faire valoir que l'immeuble saisi appartient en réalité à un tiers. Toutefois, il ne s'agirait pas alors d'une demande en *distraction* à proprement parler, mais plus exactement d'une demande en *nullité* de la saisie.

531. – S'agissant du *délai* dans lequel est possible la demande en distraction, est énoncée, à l'article 9 du décret du 27 juillet 2006, une règle libérale, aisément explicable en raison de la gravité d'une telle contestation (et donc de son enjeu) : « La demande en distraction de tout ou partie des biens saisis peut être formée en tout état de cause ». La formule utilisée permet la demande à *toute hauteur de la procédure*, sans donc que puisse être opposé l'article 6 du décret (sur ce texte, *supra*, n° 501)[1].

532. – S'agissant des *formes* à observer, la disposition générale de l'article 7 du décret précité est applicable : dès lors, la demande en distraction est formée par le dépôt au greffe de conclusions signées d'un avocat.

---

1. Avant la réforme, la demande en distraction était au demeurant admise jusqu'au jour de l'adjudication. La formule de l'article 9 du décret (possibilité de former cette demande « en tout état de cause » permet, au-delà de cette solution, d'envisager en outre, dans les cas [exceptionnels] où le jugement d'adjudication fait l'objet d'un appel (art. 88, al. 2, Décr.), une demande en distraction devant la cour d'appel. – Par ailleurs, on notera que le renvoi de l'article 109 du décret aux articles 5 à 12 et donc, entre autres, à l'article 9, relatif à la demande en distraction, implique la possibilité d'une telle demande au cours de la procédure même de distribution. Au-delà, si une action en distraction n'est plus recevable, demeure – on le sait (*supra*, n° 529) – la possibilité d'une action en revendication.

B. Conséquences de la demande en distraction

533. – En vertu de l'une des dispositions générales applicables à la procédure de saisie immobilière (*supra*, n° 502 *in fine*), « L'examen des contestations et des demandes incidentes ne suspend pas le cours de la procédure » (art. 7, al. 3, Décr. 27 juill. 2006). L'absence d'effet suspensif vaut pour tout « incident » (pour reprendre le terme générique), y compris donc pour une demande en distraction.

Avant la réforme de 2006, en raison de la gravité de ce type de contestation, le pouvoir du juge de *surseoir à la saisie* était prévu. Il était même admis que ce sursis *s'imposait* en cas de distraction *totale*, c'est-à-dire lorsque la distraction portait sur la totalité des biens saisis. En cas de distraction simplement partielle, donc lorsque la demande visait seulement une partie des biens faisant l'objet de la mesure d'exécution, si la procédure pouvait être poursuivie, elle ne pouvait l'être que pour les immeubles non visés par la demande[1].

Ces solutions n'ont pas été reprises par les auteurs de la réforme. Toutefois, même si la procédure n'est pas immédiatement suspendue en raison d'une demande en distraction, il serait opportun d'admettre au moins un sursis à l'adjudication, permettant d'éviter, le cas échéant, que cette procédure soit menée jusqu'à son terme. On sait cependant que les textes relatifs à un tel sursis sont très restrictifs (*supra*, n°s 473 et s.).

534. – Les autres conséquences à signaler varient selon le sens de la décision rendue sur la demande en distraction.

Si celle-ci est *rejetée*, la procédure est normalement poursuivie.

Si la demande est *accueillie*, il faut tenir comte de la distinction précédemment évoquée (n° 533). Au cas de distraction *totale* (l'immeuble distrait était le seul objet de la saisie), il y a évidemment un véritable effondrement de la procédure. Dans l'hypothèse de distraction *partielle*, les poursuites sont continuées sur les immeubles non distraits.

§ 3. Un incident consécutif au comportement de l'adjudicataire : la réitération des enchères

535. – La réitération des enchères a succédé à la procédure de « folle enchère ». Cette dernière expression faisait immédiatement penser à une enchère portée de manière irréfléchie, l'enchérisseur n'étant donc pas ensuite en mesure de payer le prix correspondant à son offre. On peut regretter l'abandon de l'ancienne formule, dans la mesure où la procédure qui a été substituée à la « folle enchère » correspond à une telle hypothèse[2] et où l'expression est utilisée en matière de saisie-vente (*supra*, n° 177).

Au-delà de l'appellation, on peut se demander (comme on le faisait à propos de la « folle enchère ») s'il est bien opportun d'examiner la question dans le cadre des incidents de saisie.

N'est-on pas en présence, plutôt que d'un « incident » de saisie, d'une « suite » de celle-ci ? Par hypothèse, l'adjudication est intervenue et, avec elle, la fin de la procédure de saisie. Toutefois, si, en conséquence du non-paiement, l'on est conduit à déclarer réso-

---

1. Sur la question, v. 8e éd. de cet ouvrage n° 504.

2. Antérieurement, cette procédure avait un domaine d'application plus étendu (v. 8e éd. de cet ouvrage, n° 507).

lue la première adjudication et à remettre l'immeuble en vente, n'est-ce pas la preuve que la procédure de saisie immobilière n'est pas vraiment terminée, et que l'incident est donc lié à elle ? Il n'est donc pas illégitime d'examiner la question avec les incidents de la saisie[1].

Les textes réglementant la matière sont les articles 100 à 106 du décret du 27 juillet 2006.

Il convient de présenter successivement les *conditions* (A), la *procédure* (B), et les *conséquences* (C) de la réitération des enchères.

A. Conditions de la réitération des enchères

536. – S'agissant des *causes* de la réitération des enchères, on peut lire à l'article 100 du décret du 27 juillet 2006 (mod. Décr. 12 févr. 2009) : « À défaut pour l'adjudicataire de payer dans les délais prescrits le prix, les frais taxés ou les droits de mutation, le bien est remis en vente... ». Autrement dit, dès lors que le prix *ou* les frais taxés *ou* les droits de mutation ne sont pas payés dans les deux mois suivant l'adjudication définitive (délai de l'article 83 du décret), la procédure de réitération des enchères est *prévue*.

Encore doit-on remarquer que cette « réitération » ne peut avoir lieu que si elle est *demandée*, ainsi qu'il résulte au demeurant de la suite de l'article 100 précité. En effet, la réitération des enchères est conçue comme une *possibilité*. Il ne suffit pas que l'on se trouve dans l'un des cas de défaut de paiement visés pour que s'ensuive nécessairement une procédure de réitération des enchères. Les intéressés peuvent préférer à celle-ci d'autres moyens légaux, comme, par exemple, une action en *exécution* de l'adjudication : ils peuvent donc éventuellement recourir à une saisie qui sera, cette fois, pratiquée sur les biens de... l'adjudicataire ![2]

537. – S'agissant des *personnes* directement en cause dans la procédure de réitération des enchères, il faut d'abord remarquer que le *droit de poursuivre* celle-ci est reconnue aux principaux intéressés : la procédure peut être poursuivie « à la demande du créancier poursuivant, d'un créancier inscrit ou du débiteur saisi » (art. 100, Décr.).

Quelle que soit la personne qui engage la procédure, celle-ci est normalement poursuivie *contre l'adjudicataire*. Le cas échéant, elle peut l'être contre ceux qui ont acquis de ce dernier des droits sur l'immeuble, donc ses ayants cause.

B. Procédure de réitération des enchères

538. – La personne qui entend poursuivre la procédure examinée doit commencer par demander au greffier la délivrance d'« un certificat constatant que l'adjudicataire n'a pas justifié de la consignation du prix ou du paiement des frais taxés ou des droits de mutation » (art. 101, al. 1, Décr. mod. Décr. 12 févr. 2009). Il est donc attesté, par ce moyen, que l'adjudicataire n'a pas exécuté des obligations mises à sa charge, ce qui justifie la réitération des enchères.

---

1. Dans l'ancien Code de procédure civile, la folle enchère était au demeurant réglementée dans le cadre des incidents de la saisie.
2. Pour la possibilité d'invoquer la résolution de l'article 1654 du Code civil : Civ 2e, 19 mai 1998, *D.* 1998. IR. 164.

Ce certificat doit être *signifié* au saisi, à l'adjudicataire et, le cas échéant, au créancier ayant sollicité la vente (art. 101, al. 2).

Outre les mentions prescrites pour les actes d'huissier de justice, la signification faite à l'adjudicataire comporte, à peine de nullité, la *sommation* d'avoir à *payer le prix*, les *frais* taxés et les droits de mutation dans un délai de *huit jours*, et le rappel de certains textes relatifs notamment aux conséquences du défaut de paiement et aux possibilités (et modalités) de contestation du certificat (art. 101, al. 3 mod. Décr. 12 févr. 2009).

C'est qu'en effet, l'adjudicataire peut contester ce certificat dans un délai de quinze jours suivant sa signification. Si ce droit est exercé, la décision du juge de l'exécution statuant sur la contestation n'est pas susceptible d'appel (art. 102).

En l'absence de contestation (ou si celle-ci est rejetée) et faute pour l'adjudicataire de satisfaire à la sommation qui lui a été faite, l'immeuble est remis en vente par la voie d'une nouvelle adjudication (art. 103, al. 1), dans les conditions de la première (art. 100).

Sur requête de la personne qui poursuit la réitération des enchères, une nouvelle audience de vente est fixée par le juge de l'exécution. La date de cette audience (qui est précédée de la *réitération* des formalités de *publicité* accomplies en vue de la précédente vente, avec, en outre, la mention du montant de l'adjudication) est comprise dans un délai de deux à quatre mois suivant la date de la signification du certificat du greffe à l'acquéreur. Il est précisé qu'en cas de contestation de ce certificat, le délai court à compter de la date de la décision de rejet (art. 103, al. 2 et 3).

Il y a lieu d'*informer* spécialement le débiteur saisi, le créancier poursuivant, les créanciers inscrits et l'adjudicataire défaillant de la date de la nouvelle audience. Cette information est assurée par le greffe au moyen d'une lettre recommandée avec demande d'avis de réception (art. 103, al. 4).

Le jour de l'audience, les enchères sont réitérées, selon les règles déjà présentées à propos de la précédente adjudication (*supra*, n°s 476 et s.).

C. Conséquences de la réitération des enchères

539. – Il résulte de ce qui précède que la procédure examinée débouche normalement sur une nouvelle adjudication[1]. Il importe dès lors de préciser les conséquences de la réitération des enchères à l'égard de l'adjudicataire défaillant (1°) et, compte tenu des réponses à la première question, de savoir qui sera considéré comme ayant été propriétaire de l'immeuble entre les deux adjudications successives (2°).

540. – 1° Aux termes de l'article 2212, alinéa 1, du Code civil, « À défaut de consignation du prix et de paiement des frais, la vente est résolue de plein droit ». À la vérité, le défaut d'exécution des obligations de l'adjudicataire *permet* la procédure de réitération des enchères, dont l'utilisation débouche sur un *nouveau* jugement d'adjudication[2].

Toujours est-il qu'en raison de la résolution de la première adjudication, le droit de propriété du premier adjudicataire *disparaît rétroactivement*. Autrement dit, l'adjudicataire défaillant est réputé n'avoir jamais été propriétaire de l'immeuble.

---

1. Il en irait cependant autrement si l'adjudicataire défaillant justifiait de l'*exécution* de ses obligations.

2. La résolution des droits de l'adjudicataire initial ne peut résulter que du nouveau jugement d'adjudication : Civ. 2e, 30 avr. 2002, *D.* 2002. 1598, *D.* 2002. 2646, obs. Julien.

Dès lors, en principe, les actes qu'il a pu passer relativement à l'immeuble *tombent*. Cependant, si les actes de *disposition* doivent se voir appliquer rigoureusement la règle[1], il convient d'admettre que les actes d'*administration* échappent à celle-ci.

541. – Perdant rétroactivement son droit de propriété, l'adjudicataire défaillant n'est pas pour autant dégagé de toute obligation.

C'est ainsi notamment que si le prix de la nouvelle adjudication est inférieur à celui de la première, *il est tenu de la différence* (en revanche, il ne tire pas de profit de la situation inverse, bien que celle-ci ne présente pas pour lui l'aspect « désagréable » qui vient d'être signalé !). Aux termes de l'article 2212, alinéa 2, du Code civil, « L'adjudicataire défaillant est tenu au paiement de la différence entre son enchère et le prix de la revente, si celui-ci est moindre. Il ne peut prétendre à la répétition des sommes qu'il a acquittées ». Par ailleurs, cet adjudicataire « conserve à sa charge les frais taxés » lors de la vente initiale. « Passé un délai de deux mois suivant celle-ci, il est tenu des intérêts au taux légal sur son enchère jusqu'à la nouvelle vente » (art. 106, al. 2, Décr. 27 juill. 2006).

542. – 2° Comme à propos de la surenchère (*supra*, n° 498), se pose ici la question de savoir qui est réputé avoir été propriétaire entre les deux adjudications successives. Elle doit être réglée de la même manière que dans l'hypothèse susvisée : c'est le *saisi*, qui était propriétaire jusqu'à la première adjudication, *qui est réputé l'être demeuré* jusqu'à la seconde (en conséquence de l'anéantissement rétroactif de la première).

543. – Le rapprochement qui vient d'être fait entre les solutions relatives à la réitération des enchères et celles concernant la surenchère incite, pour conclure, à s'interroger sur la possibilité d'une « combinaison » des deux procédures. La question est la suivante : après une adjudication sur réitération des enchères, une surenchère du dixième est-elle admissible ? Antérieurement à la mise en vigueur de la réforme de 2006, une telle surenchère était permise, mais *à condition* que la folle enchère n'ait pas été elle-même précédée d'une surenchère (art. 741, *b*, anc. C. pr. civ., abrogé par Ord. 21 avr. 2006)[2]. Les textes actuels ne prévoient pas cette possibilité… sans pour autant l'exclure !

---

1. À la vérité, dès lors que, par hypothèse, il n'y avait pas eu consignation du prix et paiement des frais, l'adjudicataire ne pouvait pas en principe accomplir valablement un acte de disposition (art. 2211, al. 2, C. civ.; v. *supra*, n° 490).
2. V., par ex., Civ. 2e, 15 janv. 2004, *D.* 2004. 472 (solution commandée par la règle « surenchère sur surenchère ne vaut »).

Troisième partie

Les procédures de distribution

544. – L'objectif de la saisie et de la « réalisation » consécutive des biens d'un débiteur est de permettre de payer le ou les créanciers de celui-ci. Le montant du prix de la vente (ou, le cas échéant, des sommes saisies)[1] devant donc être distribué, il a fallu prévoir des procédures de distribution.

L'une de ces procédures est relative à la distribution du prix de vente de *biens immobiliers*, et il est cohérent de l'examiner aussitôt après l'étude de la saisie immobilière[2], encore qu'elle puisse être utilisée, le cas échéant, pour répartir entre créanciers le prix d'un immeuble vendu en dehors de toute procédure d'exécution.

L'autre procédure a déjà été rencontrée dans le cadre des *saisies mobilières* (*supra*, n° 178), mais il conviendra de la préciser.

Dans cette (brève) partie, chacune des deux procédures à examiner fait l'objet d'un chapitre. Le premier est consacré à **la distribution du prix de l'immeuble** (Chapitre 1), le second à la **distribution consécutive à une saisie mobilière** (Chapitre 2).

---

1. V., s'agissant de la saisie-attribution, l'hypothèse particulière visée à l'article 43, alinéa 3, de la loi du 9 juillet 1991.
2. V. au demeurant, affirmant que la « saisie immobilière et la distribution du prix constituent les deux phases d'une même procédure », Cass. (av.), 16 mai 2008, *Rev. huissiers* 2008. 285, obs. Leborgne.

Chapitre 1

La distribution du prix de l'immeuble

545. – Les auteurs de l'ancien Code de procédure civile avaient réglementé une procédure, qualifiée de procédure d'*ordre*, permettant de répartir les sommes correspondant au prix de vente d'un immeuble (ou de droits réels immobiliers) entre des créanciers *inscrits* sur l'immeuble, et donc titulaires sur ce bien d'un privilège ou d'une hypothèque[1]. On peut aisément comprendre la raison de la qualification utilisée, une telle procédure étant destinée à établir un classement (un « ordre ») entre les différents créanciers, d'après le rang de leur sûreté, et la distribution s'opérant en fonction de ce classement. L'ouverture d'un « ordre » supposait une *pluralité de créanciers* inscrits et ne s'imposait véritablement que dans l'hypothèse où le prix de vente ne suffisait pas à désintéresser totalement ceux-ci.

Les auteurs de la réforme de 2006 ont abrogé les dispositions relatives à l'ordre et ont institué de nouvelles règles gouvernant la « distribution du prix de l'immeuble ». La matière fait l'objet des articles 2214 à 2216 du Code civil (dans la rédaction que leur a donnée l'ordonnance du 21 avril 2006) et 107 à 1251 du décret du 27 juillet 2006 (le dernier de ces articles ayant été ajouté par un décret du 23 décembre 2006). S'agissant du domaine d'application de ces textes, il est prévu que ceux-ci ont (aussi) en principe vocation à régir « la répartition entre créanciers du prix d'un immeuble vendu en dehors de toute procédure d'exécution, après purge des inscriptions » (art. 111, al. 1, Décr.), auquel cas la procédure est poursuivie par la partie la plus diligente devant le tribunal de grande instance (art. 111, al. 2, Décr.). Toutefois, c'est évidemment en tant qu'elle concerne la distribution du prix d'un immeuble vendu *sur saisie* que la procédure de distribution sera examinée dans nos développements. Une telle procédure ressortit, comme la saisie immobilière elle-même, à la compétence du *juge de l'exécution* (v. sur ce juge, *supra*, n° 411), étant précisé que le juge « territorialement compétent pour connaître de la procédure de saisie immobilière demeure compétent pour connaître de la procédure de distribution » (art. 108, Décr.).

546. – Le lien entre les deux procédures[2] ci-dessus visées n'est pas limité à la question de compétence. On sait au demeurant que les auteurs de la réforme de 2006 ont pris

1. Il convient toutefois de souligner que le créancier chirographaire qui a pratiqué une saisie immobilière, bien qu'étant « inscrit » en conséquence de la publication du commandement au bureau des hypothèques, ne bénéficie d'aucun droit de préférence de ce fait, *même par rapport aux autres créanciers chirographaires* : Civ. 3e, 26 mai 1992, *D.* 1993. somm. 280, obs. Julien.

2. On rappelle que, selon la Cour de cassation, il y a même une *seule* procédure, comportant deux phases (saisie immobilière et distribution du prix) : Cass. (av.) 16 mai 2008 préc. sous n° 544.

en compte, dans le cadre même de la procédure de saisie immobilière, la perspective de la distribution, en prévoyant d'ores et déjà la « préparation » de celle-ci. C'est à cette idée qu'il convient de rattacher notamment l'obligation dont est tenu le poursuivant de déposer un état hypothécaire, parallèlement au dépôt du cahier des conditions de vente (*supra*, n° 448), ainsi que la règle imposant aux créanciers inscrits auxquels a été dénoncé le commandement de payer valant saisie de déclarer leur créance dans un délai de deux mois à compter de la dénonciation (en conséquence de quoi il incombe au créancier poursuivant de se faire remettre par le greffe copie des créances produites en vue d'établir le projet de distribution dont il est question *infra*, n° 552) (*supra*, n°s 450 à 452) (sur cette question de la préparation de la distribution dès la saisie, v. ég. *supra*, n° 400 *ter*, *in fine*).

L'application de telles règles permet, à l'évidence, un gain de temps. De même, s'agissant de la phase de distribution proprement dite, les dispositions témoignent d'un souci de célérité. Alors que l'ancienne procédure (dite d'« ordre ») était longue et complexe, la volonté de simplification est manifeste et se traduit, entre autres, par une « déjudiciarisation » de la procédure en favorisant la distribution amiable. Il est évident que l'on s'est efforcé, autant que possible, de rapprocher les règles applicables à la distribution du prix de vente des immeubles de celles qui gouvernent la distribution du produit de la vente de meubles (*infra*, n°s 559 et s.).

547. – Quoi qu'il en soit, avant de réglementer successivement la distribution amiable et la distribution judiciaire, les auteurs du décret du 27 juillet 2006 ont édicté quelques « dispositions générales » qui viennent s'ajouter aux textes susvisés du Code civil, et notamment à l'article 2214 aux termes duquel : « Seuls sont admis à faire valoir leurs droits sur le prix de la vente le créancier poursuivant, les créanciers inscrits sur l'immeuble saisi à la date de la publication du commandement de payer valant saisie, les créanciers inscrits sur l'immeuble avant la publication du titre de vente et qui sont intervenus dans la procédure ainsi que les créanciers énumérés au 1° *bis* de l'article 2374 et à l'article 2375 » (l'« énumération » à laquelle renvoie ainsi l'article 2214 vise les créanciers privilégiés dispensés d'inscription : syndicat des copropriétaires, créanciers titulaires d'un privilège général sur les immeubles).

Sans revenir sur le texte relatif à la compétence du juge de l'exécution (cité *supra*, n° 545), on relèvera qu'il est tout d'abord prévu que « La distribution… est poursuivie à la diligence du créancier saisissant ou, à son défaut, du créancier le plus diligent ou du débiteur » (art. 107, Décr. mod. Décr. 12 févr. 2009), étant précisé que « les frais de la procédure de distribution, hormis ceux des contestations ou réclamations, sont avancés par la partie sollicitant la distribution et prélevés par priorité à tous autres » (art. 110, Décr.). Ensuite, les articles 5 à 12 du décret énonçant des « dispositions générales » régissant la procédure de la saisie immobilière sont déclarés applicables : il s'agit des textes concernant le principe de la représentation des parties par avocat, le moment et les formes des contestations et demandes incidentes, ainsi que les jugements consécutifs, la demande en distraction, la subrogation dans les poursuites, la nullité des actes de procédure et la caducité du commandement de payer valant saisie.

Après ces (longues) généralités, on examinera d'abord **la distribution amiable**, procédure *de principe* (Section I), puis **la distribution judiciaire**, conçue comme *subsidiaire* (Section II).

Section I

La distribution amiable

548. – Il convient de distinguer selon que la distribution concerne un *seul créancier* (§ 1) ou une *pluralité de créanciers* (§ 2).

§ 1. Créancier unique

549. – Dans le cas où il n'existe qu'un créancier admis à faire valoir ses droits sur le prix de vente en vertu de l'article 2214 du Code civil (sur ce texte, v. *supra*, n° 547), ce créancier « adresse au séquestre ou au consignataire une demande de paiement de sa créance par lettre recommandée avec demande d'avis de réception, dans un délai de deux mois suivant la publication du titre de vente » (art. 112, al. 1, Décr.).

Cette demande est motivée (art. 112, al. 2) et, s'agissant de l'hypothèse (seule examinée dans ces développements) où la distribution est consécutive à une saisie immobilière, doit être accompagnée des pièces suivantes : état hypothécaire certifié à la date de la publication du commandement de payer valant saisie; copie revêtue de la formule exécutoire du jugement d'orientation et, selon le cas, du jugement d'adjudication ou du jugement constatant la fin de l'instance à laquelle est annexée une copie du contrat de vente amiable; certificat du greffe du juge de l'exécution attestant qu'aucun créancier inscrit après la date de publication du commandement n'est intervenu dans la procédure, étant précisé qu'un tel certificat ne peut être délivré avant l'expiration d'un délai d'un mois suivant la publication du titre de vente (art. 112, al. 3 mod. Décr. 12 févr. 2009).

Dès lors que les documents produits ne démontrent pas l'existence d'un autre créancier répondant aux conditions de l'article 2214 du Code civil (plus haut rappelé), le séquestre ou le consignataire ne peut refuser le paiement. En cas de contestation, le juge de l'exécution est saisi par le créancier poursuivant ou le débiteur (art. 112, al. 6, Décr.).

En dehors évidemment du cas de contestation, le paiement doit être effectué dans le mois de la demande, délai à l'expiration duquel les sommes dues portent intérêt au taux légal (art. 112, al. 4). Dans le même délai, le séquestre ou le consignataire informe le débiteur du montant versé et, le cas échéant, lui remet le solde (art. 112, al. 5).

On remarquera enfin qu'en application de dispositions « communes » aux distributions examinées dans ce chapitre (art. 2216, C. civ. et art. 1251, Décr. 27 juill. 2006, aj. par Décr. 23 déc. 2006), si la distribution du prix n'est pas intervenue dans un délai de six mois suivant la consignation de ce prix, la consignation produit, à l'égard du débiteur, tous les effets d'un paiement à hauteur de la part du prix de vente qui sera remise au créancier après la distribution.

§ 2. Pluralité de créanciers

550. – Dans cette hypothèse, est prévue *l'actualisation des créances* (A) en vue de l'élaboration et de la notification d'un *projet de distribution* (B) dont les *suites* devront être précisées (C).

A. Déclaration actualisée des créances

551. – On connaît l'importance de la déclaration des créances à laquelle les créanciers sont tenus de procéder dans un délai de deux mois suivant la dénonciation qui leur est faite du commandement de payer valant saisie (art. 46, Décr.), l'inexécution de cette obligation de déclaration étant sanctionnée par une déchéance du bénéfice de leur sûreté pour la distribution du prix de vente de l'immeuble (art. 2215, d, C. civ.).

Encore a-t-il fallu prévoir, dans le cadre de la procédure de distribution, une actualisation de la déclaration des créances. Tel est l'objet de l'article 113 du décret du 27 juillet 2006 (mod. Décr. 12 févr. 2009) aux termes duquel « Lorsqu'il existe plusieurs créanciers répondant aux conditions de l'article 2214 du Code civil » (*supra*, n° 547), « la partie poursuivante notifie, dans les deux mois suivant la publication du titre de vente, une demande de déclaration actualisée des créances aux créanciers *inscrits*, ainsi que, si elle en a connaissance, aux créanciers énumérés au 1° *bis* de l'article 2374 et à l'article 2375 du Code civil », c'est-à-dire aux créanciers *privilégiés dispensés d'inscription* (syndicat des copropriétaires, créanciers titulaires d'un privilège général sur les immeubles).

Dans les quinze jours suivant la notification de la demande qui en est faite, le décompte actualisé doit être produit par conclusions d'avocat, faute de quoi le créancier est déchu des intérêts postérieurs à la déclaration prévue au 4° de l'article 41 (*supra*, n° 445) ou à l'article 47 (*supra*, n° 451). Lorsqu'une déclaration de créance n'avait pas été faite en vertu de ces dispositions, la demande de déclaration actualisée de créance vaut sommation au sens de l'article 2215 du Code civil : sur ce texte, *supra*, n° 445 *in fine* (art. 113, al. 2, Décr. mod. Décr. 12 févr. 2009).

On notera que si les créanciers qui n'ont pas initialement déclaré leur créance (en conséquence de la sommation qui leur avait été faite dans la dénonciation du commandement de payer valant saisie) sont *déchus* du bénéfice de leur *sûreté* pour la distribution du prix de vente de l'immeuble (art. 2215, C. civ.), ils ne sont pas pour autant nécessairement exclus de la distribution : il est en effet prévu qu'ils peuvent alors procéder à la déclaration (par conclusions d'avocat) « aux fins de se voir répartir le solde éventuel » (art. 113, al. 3, Décr.).

B. Projet de distribution

552. – Les formalités relatives à la déclaration actualisée des créances sont destinées à permettre l'élaboration d'un projet de distribution. Cette élaboration incombe à la partie poursuivante qui peut, à cette fin, convoquer les créanciers (art. 114, Décr.).

Cette partie dispose d'un délai d'un mois suivant l'expiration du délai dans lequel les créanciers doivent « actualiser » leur créance, pour *établir* et *notifier* le projet (art. 115, Décr.).

Les destinataires de la notification de ce document sont tout naturellement, outre le débiteur, les créanciers dont il a été question à propos de la (précédente) notification ayant eu pour objet la demande de déclaration actualisée des créances (*supra*, n° 551).

La notification du projet de distribution doit, à peine de nullité, contenir deux types de mentions : d'une part, il doit être indiqué qu'une contestation motivée peut être formée par acte d'avocat à avocat, auprès de la partie poursuivante, accompagnée des pièces justificatives nécessaires; d'autre part, il doit être précisé qu'à défaut de contestation dans le délai de quinze jours suivant la réception de la notification, le projet est réputé accepté et qu'il sera soumis au juge de l'exécution aux fins d'homologation (art. 116, Décr.).

C. Suites de la notification du projet de distribution

553. – Ces suites ne sont évidemment pas les mêmes selon que le projet notifié ne fait pas l'objet de contestation ou, qu'au contraire, il est contesté. Cela étant, quelle que soit l'hypothèse, le paiement devra intervenir.

554. – En l'*absence de contestation* ou de *réclamation* dans le délai prescrit (c'est-à-dire dans les quinze jours suivant la réception de la notification du projet de distribution), la partie poursuivante ou, à son défaut, toute partie au projet de distribution, sollicite l'homologation du projet par le juge de l'exécution. On remarquera que la demande d'homologation, formée par requête à laquelle doivent être jointes diverses pièces énumérées à l'article 121 du décret[1], doit intervenir dans un délai d'un mois suivant l'expiration du délai de contestation du projet. L'inobservation de ce délai est sanctionnée par l'irrecevabilité de la demande d'homologation. Cette solution a pu être jugée sévère[2], même s'il est vrai que le texte (art. 117, al. 1, Décr. mod. Décr. 12 févr. 2009) ne prévoit pas un relevé d'office par le juge de l'irrecevabilité.

Toujours est-il que dès lors qu'il est saisi dans le délai prescrit, le juge de l'exécution est appelé à conférer la force exécutoire au projet de distribution. Encore est-il précisé qu'il le fait « après avoir vérifié que tous les créanciers parties à la procédure et le débiteur ont été en mesure de faire valoir leurs contestations ou réclamations dans le délai prévu » (art. 117, al. 2, Décr.).

On notera que l'ordonnance par laquelle le juge statue sur la requête n'est pas susceptible d'appel (art. 121, dern. al. Décr.).

555. – En cas de *contestation*, il est remarquable (mais cohérent s'agissant de distribution amiable) que les auteurs de la réforme aient estimé qu'il incombait *d'abord* au requérant lui-même de tenter de parvenir à un accord pour la régler. À cette fin, il convoque les créanciers parties à la procédure et le débiteur, les intéressés devant ainsi être réunis dans un délai compris entre quinze jours et un mois suivant la première contestation (art. 118, Décr.).

Dès lors, si un accord peut être réalisé quant à la distribution du prix, il en est dressé un procès-verbal signé des créanciers et du débiteur, auxquels une copie en est remise ou leur est adressée (art. 119, al. 1 et 2).

Par requête, à laquelle sont jointes les pièces énumérées à l'article 121 du décret[3], la partie la plus diligente sollicite du juge de l'exécution qu'il confère la force exécutoire au procès-verbal d'accord produit. Pour faire droit à la requête, le juge est appelé à vérifier la régularité de l'acte qui lui est soumis (art. 119, al. 3).

---

1. S'agissant de l'hypothèse (examinée) où le prix de vente provient d'une saisie immobilière, ces pièces sont les suivantes : état hypothécaire postérieur à la publication de la vente ; justificatifs de réception du projet de distribution ; projet à distribution… ; cahier des conditions de vente ; jugement d'orientation ; selon le cas, jugement constatant la vente auquel est annexée la copie du contrat de vente amiable, ou jugement d'adjudication.

2. G.A. Sillard, « L'homologation dans la distribution amiable du prix de vente de l'immeuble saisi », *D*. 2008. 1783. – On remarquera que les auteurs du décret du 12 févr. 2009 ont porté à *un mois* la durée du délai, qui était initialement de quinze jours.

3. Sur ces pièces, v. note sous n° 554. On remarquera toutefois que dans le cas ici envisagé, le projet de distribution est remplacé par le procès-verbal d'accord.

L'ordonnance par laquelle le juge statue sur la requête n'est pas susceptible d'appel (art. 121, dern. al.).

556. – Qu'il y ait eu ou non contestation, la procédure doit déboucher sur le *paiement* des créanciers. En vertu de l'article 125 du décret du 27 juillet 2006, le séquestre ou le consignataire procède à ce paiement et remet, le cas échéant, le solde au débiteur. Il le fait dans le mois de la notification qui lui est faite, selon le cas, du projet de distribution homologué ou du procès-verbal d'accord revêtu de la formule exécutoire[1].

Il convient de souligner qu'en application des articles (déjà rencontrés) 2216 du Code civil et 125-1 du décret du 27 juillet 2006 (aj. par Décr. 23 déc. 2006), si la distribution du prix n'est pas intervenue dans un délai de six mois suivant la consignation de ce prix, la consignation produit, à l'égard du débiteur, tous les effets d'un paiement à hauteur de la part du prix de vente qui sera remise aux créanciers après la distribution.

Section II
La distribution judiciaire

557. – Ayant voulu favoriser la distribution amiable, les auteurs de la réforme de 2006 ont conçu la distribution judiciaire comme une procédure *subsidiaire*. Il est ainsi prévu qu'« À défaut de procès-verbal d'accord revêtu de la formule exécutoire... » (art. 122, al. 1, Décr.), le prix de vente doit être distribué judiciairement.

À cette fin, le juge de l'exécution est normalement saisi à la diligence de la partie poursuivante, qui requiert donc la distribution, en lui transmettant le projet qu'elle avait établi, un procès-verbal exposant les difficultés rencontrées ainsi que tous documents utiles (art. 122, al. 1, Décr.).

En l'absence de diligence du poursuivant, toute partie intéressée peut saisir le juge. S'agissant de l'hypothèse – à laquelle nous limitons nos développements – où la distribution porte sur des sommes provenant d'une vente sur saisie immobilière, la demande est formée, en application de l'article 7 du décret du 27 juillet 2006, par le dépôt au greffe de conclusions d'avocat. À défaut, elle est formée par assignation (art. 122, al. 2, Décr.).

On notera que, comme cela était prévu antérieurement, (v. art. 757, anc. C. pr. civ., abr.), les auteurs du décret du 27 juillet 2006 ont envisagé l'hypothèse où une « ventilation » est nécessaire. Il faut supposer que plusieurs immeubles sur lesquels portent des sûretés distinctes, dont bénéficient des créanciers différents, ont été vendus globalement (donc pour un prix unique). Une telle situation implique que l'on détermine, à partir de la somme globale provenant de la vente, la valeur de chaque immeuble : autrement dit, il faut « ventiler » le prix de vente, la distribution étant alors réglée séparément sur chaque immeuble.

---

1. On remarquera que la procédure de distribution amiable impliquant des notifications (et, le cas échéant, des convocations), les auteurs du décret du 27 juillet 2006 ont prévu (art. 120) que s'appliquent à cet égard les règles des notifications entre avocats, donc les articles 671 à 673 du Code de procédure civile, « sauf à procéder par voie de signification à l'égard du débiteur n'ayant pas constitué avocat » (aj. par Décr. 12 févr. 2009). Ils ont également déclaré applicable l'article 652 de ce même code.

À ce propos, il est actuellement prévu que dans le cas où « il y a lieu à ventilation du prix de plusieurs immeubles vendus collectivement, le juge, à la demande des parties ou d'office, peut désigner un expert par ordonnance », fixant alors « le délai dans lequel l'expert devra déposer son rapport au vu duquel la ventilation sera prononcée » (art. 123, Décr.).

Qu'il y ait ou non lieu à ventilation, il est prévu que le juge établit l'état de répartition et statue sur les frais de distribution (art. 124, al. 1, Décr.). L'appel contre le jugement établissant l'état de répartition a un effet suspensif (art. 124, al. 2, créé par Décr. 12 févr. 2009).

558. – S'agissant du *paiement* des créanciers, en application de l'article 125 du décret du 27 juillet 2006, il y est procédé par le séquestre ou le consignataire dans le mois de la notification qui lui est faite d'une copie revêtue de la formule exécutoire de la décision arrêtant l'état de répartition.

On rappelle enfin la disposition de l'article 125-1 du décret du 27 juillet 2006 (aj. par Décr. 23 déc. 2006) qui, en application de l'article 2216 du Code civil, fixe à six mois le délai à l'expiration duquel, à défaut de distribution, la consignation du prix de vente par l'acquéreur produit, à l'égard du débiteur, tous les effets d'un paiement à hauteur de la part du prix de vente qui sera remis aux créanciers après la distribution.

Chapitre 2

La distribution consécutive à une saisie mobilière

559. – Des deux procédures de distribution qui étaient réglementées dans l'ancien Code de procédure civile, on sait que l'une était la procédure d'ordre, à laquelle a été substituée, en 2006, une procédure de « distribution du prix de l'immeuble » (*supra*, n°s 545 et s.) : on rappelle que la qualification de l'ancienne procédure tenait au fait qu'elle avait pour objet de répartir le prix de vente d'un immeuble entre les créanciers « inscrits » (donc bénéficiant de sûretés) sur l'immeuble vendu, et qu'elle impliquait donc un *classement* de ces créanciers en fonction du rang de leur sûreté.

L'autre procédure était la *distribution par contribution*, destinée à permettre la répartition de sommes entre des créanciers chirographaires. Cette procédure était utilisable dans l'hypothèse de distribution consécutive à une *saisie mobilière*, mais elle l'était aussi dans les cas (peu fréquents) de saisie d'un immeuble non grevé d'hypothèque ou de privilège, ou encore pour distribuer entre créanciers chirographaires le *reliquat* du prix de vente d'un immeuble.

L'expression « distribution par contribution » est (également) aisée à expliquer. L'objectif d'une telle procédure (fondée sur le principe d'égalité des créanciers chirographaires d'un même débiteur) est de répartir, au prorata des créances respectives de ceux-ci, le montant des sommes à distribuer. En supposant que ces sommes ne soient pas suffisantes pour désintéresser totalement ces créanciers, ceux-ci ne sont payés que pour partie, proportionnellement au montant de leur créance, et *contribuent* donc à la « perte », en subissant en effet, en proportion de leur créance, les conséquences de l'insuffisance des deniers à répartir[1]. C'est là une différence importante par rapport à la première procédure visée plus haut, impliquant un classement des créanciers, et donc à vocation « inégalitaire », certains créanciers pouvant être totalement désintéressés, d'autres seulement partiellement, et les derniers ne rien recevoir, eu égard à leur rang et à l'insuffisance du produit de la vente.

560. – À la vérité, une précision s'impose quant au domaine de la *procédure* de distribution par contribution. La présentation ci-dessus peut laisser penser à un domaine limité à la seule hypothèse de répartition entre créanciers chirographaires. Or, même s'agissant d'une telle procédure, on ne saurait négliger l'hypothèse de créanciers bénéfi-

---

1. Un exemple chiffré (très simple) peut permettre de fixer les idées quant au système de distribution par contribution. On suppose que le montant de la somme à distribuer entre deux créanciers s'élève à 3 000 euros et que les créances de ceux-ci sont de 5 000 euros (pour le premier créancier) et de 2 500 euros (pour le second). La distribution sera opérée de manière à ce que le premier créancier, dont la créance est double de celle du second, reçoive précisément le double de ce que recevra ce dernier : ainsi, l'un obtiendra paiement de 2 000 euros, l'autre de 1 000 euros.

ciant de *causes de préférence* (autres évidemment que celles découlant d'une hypothèque ou d'un privilège immobilier, sûretés seulement prises en compte dans la distribution du prix de vente d'un bien immobilier). C'est le cas de créanciers titulaires d'un *privilège mobilier* : ces personnes, appelées à la distribution, ont vocation à être payées *avant* les créanciers chirographaires et à être totalement désintéressées (sauf évidemment si les sommes à distribuer n'atteignent même pas le montant de leur créance). Autrement dit, elles sont appelées à bénéficier de la distribution, mais – contrairement aux créanciers chirographaires – elles *n'ont pas à contribuer* à la perte. C'est la conséquence de la règle essentielle, aujourd'hui énoncée à l'article 2285 du Code civil, texte dans lequel, après l'affirmation que « Les biens du débiteur sont le gage commun des créanciers », il est précisé que « le prix s'en distribue entre eux par *contribution, à moins* qu'il n'y ait entre les créanciers des *causes* légitimes *de préférence* ». Dès lors, il est permis de dire que si la procédure en question a vocation à s'appliquer à tous les créanciers, la contribution (proprement dite) ne concerne que les créanciers chirographaires.

561. – On remarquera que si les textes relatifs à la procédure d'ordre n'ont été abrogés qu'en 2006, les dispositions applicables à la procédure de distribution par contribution l'avaient été par le décret du 31 juillet 1992, lequel, en application de l'article 38 de la loi du 9 juillet 1991, les a remplacées par la réglementation d'une procédure de « distribution des deniers » faisant l'objet des articles 283 à 293 dudit décret. Toutefois, si les auteurs de ces textes ont édicté d'autres règles de *procédure*, sans reprendre au demeurant l'ancienne appellation, l'article 2285 (préc.) du Code civil atteste la pérennité de la distribution par contribution. On a d'ailleurs pu continuer, après 1992, à opposer à la procédure d'ordre, impliquant nécessairement un classement des créanciers inscrits, la procédure « égalitaire » de distribution par contribution, alors même que les auteurs du décret avaient renoncé à utiliser cette expression[1].

À vrai dire, on pouvait hésiter à distinguer entre une procédure concernant exclusivement la répartition du prix de vente des immeubles, et une autre qui aurait été réservée à la distribution du prix de vente des meubles. C'est qu'en effet, si l'ordre n'était concevable qu'en matière immobilière, son ouverture n'était cependant pas inéluctable en cette matière, une place (marginale, certes) devant être ménagée, en l'absence de créanciers inscrits, à la procédure de distribution par contribution.

La réforme de 2006 a clarifié la situation. Il existe désormais une procédure, applicable d'une manière générale à la distribution du prix de vente de l'*immeuble*, dont le domaine est donc plus vaste que celui qui était assigné à l'ordre, et qui s'applique même d'ailleurs lorsqu'il n'y a qu'un seul créancier (*supra*, n° 549).

Il existe par ailleurs, s'agissant de distribution consécutive à une saisie *mobilière*[2], *la procédure réglementée par le décret du 31 juillet 1992, laquelle implique au demeurant, fondamentalement*, dans sa mise en œuvre, le respect de l'article 2285 du Code

1. L'abandon de cette terminologie a pu être expliqué par le fait que les dispositions de 1992 prennent *aussi* en compte l'hypothèse de créancier *unique*, auquel cas il ne peut être question d'une « distribution par contribution », le produit de la vente étant tout simplement remis à ce créancier, à concurrence du montant de sa créance (*infra*, n° 563).
2. On s'en tient, dans notre développement, à cette hypothèse, à laquelle s'appliquent précisément les dispositions susvisées du décret du 31 juillet 1992. S'agissant de distribution en dehors de toute voie d'exécution, des règles spécifiques ont été édictées par un décret du 14 août 1996, qui a ajouté au Code de procédure civile (qui était, à l'époque, encore « nouveau » !) les articles 1281-1 à 1281-12. À vrai dire, les procédures de 1992 et de 1996 procèdent d'un même esprit, même s'il existe entre elles quelques différences. Sur la question, v. Perrot et Théry, 2e éd., nos 931 et s. – On rappelle par ailleurs que des règles particulières s'appliquent à la répartition des sommes provenant d'une saisie de rémunération (*supra*, nos 302 et 303).

civil[1], même s'il n'est plus question dans les textes réglementaires (à vocation *procédurale*) de distribution par contribution. C'est de cette procédure qu'il doit être question exclusivement dans les développements qui suivent.

562. – Ainsi qu'il a été indiqué plus haut (nº 561), la procédure de distribution à examiner est actuellement réglementée aux articles 283 à 293 du décret du 31 juillet 1992. L'un des objectifs essentiels des auteurs de ces textes a été d'éviter, autant que possible, l'intervention du juge[2]. Autrement dit, normalement la procédure est *extrajudiciaire*. Elle ne devient judiciaire qu'en cas de contestation *et* – on le verra – que dans la mesure où celle-ci ne peut être réglée autrement que par un recours au juge, lequel est le *juge de l'exécution* (sur ce juge, *supra* nº 111 et s., et sur les perspectives d'avenir, spéc. nº 113 *ter*, 2°).

563. – Avant de préciser la procédure prévue par le décret du 31 juillet 1992, on remarquera qu'il ne peut évidemment y avoir de problème de *répartition* des sommes objet de la procédure de distribution que dans le cas de *pluralité de créanciers*. C'est qu'en effet, si l'on est en présence d'un *seul créancier*, celui-ci a vocation à recevoir les sommes en question *jusqu'à concurrence du montant de sa créance*. Aussi bien est-il disposé à l'article 283 du décret susvisé que « le produit de la vente est remis » à ce créancier « jusqu'à concurrence du montant de sa créance, en principal, intérêts et frais dans un délai d'*un mois* au plus tard à compter de la vente forcée ou, en cas de vente amiable, à compter du jour où le prix a été consigné », le solde devant être « remis au débiteur dans le même délai » (al. 1). Il est précisé qu'à l'expiration de ce délai, « les sommes qui sont dues portent intérêt au taux légal » (al. 2).

Dès lors, il reste à examiner la distribution dans l'hypothèse de **pluralité de créanciers.** Comme on l'a déjà souligné, la procédure prévue est en principe **extrajudiciaire** (Section I). Toutefois, dans certains cas, le **recours au juge** s'avère nécessaire (Section II).

Section I
Procédure extrajudiciaire

564. – La mission de *préparer* la répartition des sommes qui font l'objet de la procédure (§ 1), puis de *répartir* effectivement celles-ci entre les créanciers (§ 2) est confié à l'*agent* qui a été *chargé de la vente*[3] des biens dont le prix doit être distribué.

§ 1. Préparation de la répartition

565. – L'agent chargé de la vente doit préparer un *projet de répartition* du prix (des biens vendus) entre les créanciers (art. 284, al. 1, Décr. 31 juill. 1992. – Sur les éléments à prendre en compte pour l'élaboration du projet, v. al. 2, même art.).

---

1. Si le principe de la répartition par contribution, posé à l'article 2285 du Code civil a, en pratique, essentiellement pour domaine la distribution du prix de vente de meubles, il ne saurait être totalement écarté en matière immobilière, comme on l'a souligné plus haut (nº 559). Dans les hypothèses où il sera susceptible de s'appliquer en cette matière, il le sera dans le cadre de la procédure de distribution du prix de l'immeuble, examiné *supra*, nºs 545 et s.

2. On sait que le même objectif a été ultérieurement poursuivi, dans le cadre de la réforme de 2006, s'agissant de la distribution du prix de l'immeuble (*supra*, nº 546, *in fine*).

3. Sur les officiers ministériels ayant vocation à être de tels agents, v. *supra*, nº 176.

Un délai d'*un mois* est prescrit pour l'établissement de ce projet. Dans le cas de vente forcée, ce délai court à compter de la date de la vente; dans le cas de vente amiable, il court à compter du jour de la consignation du prix (art. 285, Décr.).

Dans ce *même délai*, le projet de répartition est *notifié* par lettre *recommandée* avec demande d'*avis de réception* au *débiteur* et à chacun des *créanciers* (*y compris* à ceux qui ne seraient pas compris dans la répartition faute de s'être manifestés dans les délais requis) (art. 286, al. 1). À peine de nullité, la notification doit indiquer au destinataire :

– d'une part, qu'il dispose d'un délai de *quinze jours* pour élever une *contestation* motivée (et accompagnée des pièces justificatives nécessaires) auprès de l'auteur du projet de répartition[1] ;

– d'autre part, qu'à défaut de réponse dans les délais impartis, il sera réputé avoir accepté le projet et que celui-ci deviendra *définitif* si aucune contestation n'est élevée (art. 286, al. 2).

§ 2. Répartition

566. – En l'absence de contestation dans le délai imparti, le projet de répartition devient *définitif.* Les créanciers ayant mis en œuvre une *mesure d'exécution forcée* doivent en conséquence être payés par l'agent chargé de la vente. S'agissant de ceux qui ont seulement pratiqué une saisie *conservatoire*, cet agent *consigne* les sommes qui leur reviennent (ces sommes ne pouvant leur être payées qu'après signification d'un acte de conversion) (art. 287).

567. – Il importe de souligner que, dans l'hypothèse où une contestation est élevée à la suite de la notification du projet de répartition, une répartition extrajudiciaire n'est pas encore à exclure totalement.

C'est qu'en effet, en pareille hypothèse, il est prévu que l'agent chargé de la vente provoque une *tentative de conciliation* : à cette fin, il convoque le débiteur et tous les créanciers à une réunion qui doit avoir lieu *dans le mois* qui suit la première contestation (art. 288).

Dès lors, si un accord est réalisé entre les intéressés, il en est dressé acte, une copie en étant remise ou adressée par lettre simple au débiteur et à tous les créanciers (art. 289 mod. Décr. 27 juill. 2006, al. 1 et 2). En conséquence de cet accord, il incombe cette fois encore à l'agent chargé de la vente de procéder au paiement (art. 289, al. 3).

Section II
Procédure judiciaire

568. – Dans deux types d'hypothèses, le *juge de l'exécution* a vocation à procéder à la répartition.

Tel est le cas tout d'abord lorsque le projet de répartition que l'agent chargé de la vente devait élaborer n'a pas été préparé dans les délais impartis : en effet, si l'on se

---

1. Il est spécialement (et seulement) question, à l'art. 286, 1°, Décr. de « l'huissier de justice », mais il faut entendre, plus largement, « l'agent chargé de la vente ».

trouve dans cette situation, « tout intéressé peut saisir le juge de l'exécution qui procède à la répartition » (art. 292, al. 1, Décr. 31 juill. 1992).

La procédure prend également un caractère judiciaire dans l'hypothèse où un projet de répartition ayant été normalement préparé et une contestation ayant été élevée à propos de celui-ci, cette contestation n'a pu être réglée par la conciliation des intéressés lors de la réunion provoquée par l'agent chargé de la vente (sur cette tentative de conciliation, v. *supra*, n° 567). En pareil cas, cet agent « établit un procès-verbal exposant les difficultés rencontrées; il joint les pièces nécessaires à la solution du litige et *saisit immédiatement* le juge de l'exécution du lieu de la vente en lui transmettant le dossier » (art. 290, al. 1, Décr. mod. Décr. 27 juill. 2006)[1].

Il appartient évidemment au juge saisi de la contestation de régler celle-ci et de procéder lui-même à la répartition.

569. – En application des règles générales relatives aux voies de recours contre les décisions du juge de l'exécution, un *appel* peut être formé dans les *quinze jours* suivant la notification de la décision par laquelle le juge a fixé la répartition (art. 28 et 29, Décr. 31 juill. 1992).

On notera enfin que les paiements doivent être effectués *huit jours au plus tard* après que la répartition est devenue définitive. À l'expiration de ce délai, les sommes dues portent intérêt au taux légal (art. 292, al. 2 et 3, Décr.).

---

1. Il est prévu que les sommes mises en répartition sont immédiatement consignées, le juge de l'exécution pouvant décider que les frais occasionnés par la contestation sont provisoirement prélevés sur ces sommes (art. 290, al. 2 et 3, Décr.).

Index alphabétique

Les chiffres renvoient aux numéros des paragraphes.

R

S

T

Table des matières

TITRE II

OPÉRATIONS D'EXÉCUTION

DEUXIÈME PARTIE

LES DIFFÉRENTES SAISIES

LIVRE I

LES SAISIES MOBILIÈRES

TITRE I

PROCÉDURES D'EXÉCUTION

SOUS-TITRE I

LES SAISIES DE MEUBLES CORPORELS

TITRE II

PROCÉDURES CONSERVATOIRES

LIVRE II

LA SAISIE IMMOBILIÈRE

Photocomposition : **SCM**, Toulouse

708458 - (I) - (2,2) - CSB-G - 80g - SCM - (CDR)

Achevé d'imprimer sur les presses de
SNEL Grafics sa
Z.I. des Hauts-Sarts - Zone 3
Rue Fond des Fourches 21 – B-4041 Vottem (Herstal)
Tél +32 (0)4 344 65 60 - Fax +32 (0)4 286 99 61
janvier 2010 – 49798

Dépôt légal : janvier 2010

Imprimé en Belgique